21世纪财税理论与实务丛书

中国税制

TAXATION IN CHINA

於鼎丞　魏　朗　高艳荣　编著

暨南大学出版社
JINAN UNIVERSITY PRESS
中国·广州

图书在版编目（CIP）数据

中国税制/於鼎丞，魏朗，高艳荣编著．—4 版．—广州：暨南大学出版社，2010.9（2012.1 重印）
（21 世纪财税理论与实务丛书）
ISBN 978－7－81135－636－6

Ⅰ.①中… Ⅱ.①於…②魏…③高… Ⅲ.税收制度—中国 Ⅳ.F812.422

中国版本图书馆 CIP 数据核字（2010）第 175815 号

出版发行：暨南大学出版社

地 址：中国广州暨南大学
电 话：总编室（8620）85221601
营销部（8620）85225284 85228291 85228292（邮购）
传 真：（8620）85221583（办公室） 85223774（营销部）
邮 编：510630
网 址：http：//www.jnupress.com http：//press.jnu.edu.cn

排 版：暨南大学出版社照排中心
印 刷：佛山市浩文彩色印刷有限公司

开 本：787mm×1092mm 1/16
印 张：21
字 数：435 千
版 次：1997 年 11 月第 1 版 2010 年 9 月第 4 版
印 次：2012 年 1 月第 17 次
印 数：70001—76000 册

定 价：38.00 元

第四版前言

随着我国经济体制改革和对外开放的逐步深化，各条战线正在不断增强贯彻落实科学发展观的自觉性，推动着经济社会更快更好地发展。税收在经济社会生活中的地位和作用日趋重要，已日益深入人们经济、社会生活的每一个方面，是解决好民生问题的一大热点。为此，人们也就愈加迫切地要求了解税制内容，掌握税制精神，学会正确运用税法，熟练计算应纳税额，等等。

为了适应人们学习掌握中国新税制的要求，1997 年我们编写了《中国税制》一书。在编写过程中，我们尽量体现“全面”、“实用”的精神，出版后得到了读者的好评。随着形势的发展，2001 年，我们按照变化发展了的税制编写了《中国税制（修订本）》（第二版），第二版继续保留了第一版的长处，更注重理论与实际的结合，以便让读者对中国现行税制有一个比较全面的了解。2008 年，随着形势的发展，我们不断吸纳读者的意见和建议，又编写了《中国税制（修订本）》（第三版）。在第三版中除了保留原有的优点外，更注重知识的实用性和体例的新颖性，书中不时插入“税收拾粹”、“小提示”、“趣味阅读”等内容，以激发读者的求知欲望；章后的“本章小结”、“主要名词”和“复习思考题”，再一次帮助读者加深对书本知识的理解，以便广大读者在税务实践中得到应用。

现在我们根据税收制度的新变化，又对第三版进行修订，以满足税收知识更新的需要。

本书第三版由於鼎丞编写一至六章，魏朗编写七至十二章，本次再版由高艳荣修订第一至第六章，魏朗修订第七至十二章，最后由於鼎丞总纂定稿。

在本书的编写过程中，我们采用了财政部、国家税务总局截至 2010 年 7 月发布的最新法规，参考、借鉴了国内外一些学者的研究成果，听取了税收实际工作者及研究生的一些意见，并得到了陈旭佳、欧媛媛、刘媛媛等研究生的大力支持，谨在此表示感谢。由于编写时间仓促，同时税收制度又在不断发展完善之中，书中错漏之处在所难免，敬请读者指正。

编　者

2010 年 7 月于暨南大学

目　录

而异是税收制度的特点。

二、税收制度的性质

税收制度属于上层建筑的范畴，是为经济基础服务的。一个国家的税收制度，不仅反映在一定社会条件下国家与纳税人之间以及纳税人相互之间的分配关系，而且反映该国的政权性质、经济政策和社会政策。税收制度作为社会经济制度和国家法制的重要组成部分，对社会经济的发展、社会秩序的安定等有着重大的影响。国家必然要利用税收制度来贯彻一定的方针政策，达到政治上、经济上的一定目的，促使社会经济朝着预定的方向发展。

税收拾粹

在我国，税收有着几千年的历史。以前的氏族公社是完全不用捐税的。据《史记》记载：自虞夏时，贡赋备矣。

在不同社会制度的国家，税收制度反映的分配关系不同。在我国有中国特色的社会主义制度下，税收制度充分体现了全体人民的意志和根本利益，为实现国家各个历史阶段的政治任务和经济任务服务，为巩固和发展社会主义经济基础服务。

三、税收制度的意义

（一）税收制度是税收分配关系的体现形式

税收分配关系是国家在征税过程中与各类纳税人之间发生的经济关系。我国现阶段的税收分配关系，主要包括国家与国有企业、集体企业、私营企业、个体经济、外资企业以及国家与个人的关系等方面。在现实生活中，这些分配关系是通过一部分社会产品由各类企业单位或个人向国家转移体现出来的，如国有企业把一部分产品交纳给国家体现国家与国有企业的税收分配关系，集体企业把一部分产品上交给国家体现国家与集体企业的税收分配关系，等等。而这种社会产品的转移，又是通过税收制度加以规定的，是按照税收制度的有关规定进行的。离开了税收制度的规定，就没有这些社会产品的转移，税收分配关系也就无法体现出来。因此，税收制度是税收分配关系的体现形式。正确处理税收分配关系，必须建立合理、完善的税收制度。

（二）税收制度是税收作用的实现形式

税收作用是税收分配所产生的效果，包括取得财政收入、调节经济、公平收入等方面。在现实生活中，税收分配过程都是按照税收制度的具体规定进行的。并且，不同的税制规定所产生的效果也不完全相同。例如，规定对烟、酒等特殊消费品征税，可以调节这些消费品的消费及生产；规定对企业及个人的所得征税，可以调节企业及个人的收入水平，等等。离开了税制的具体规定，税收的作用只能是一种潜在的功能，而无法现实地发挥税收的作用。

（三）税收制度是税收征纳工作的法律依据

税收分配关系的实现和税收作用的发挥，都离不开税收征纳工作。税收征纳工作包括征税和纳税两个方面。征税是国家税务机关依法向纳税人征收税款，纳税是各企业单位或个人依法履行纳税义务。征税和纳税都必须有所依据、有所遵循，而不能凭主观意志进行。税收制度就是税收征纳工作的法律依据。例如，向谁征、征多少、违反税法怎么处罚等，都必须在税制中加以规定。正因为如此，税收制度的建立、发展与改革，都必须有利于开展税收征纳工作。

第二节　税收制度的构成要素

税收制度由纳税人、征税对象、税目、税率、纳税环节、纳税期限、减税免税和违章处理等基本要素构成。

一、纳税人

纳税人即纳税义务人，是税法规定的直接负有纳税义务的单位和个人。各种税都有各自的纳税义务人。纳税人是税收制度最基本的要素之一。

> **小提示**
>
> 纳税人和负税人是否为同一人？税负转嫁在其中扮演了什么角色？

从法律角度划分，纳税人包括法人和自然人两种。法人是指按照法律程序设立，具备必要的生产经营条件，实行独立经济核算并能独立承担经济责任和行使经济权利的单位。在我国，法人包括国有企业、集体企业、私营企业、中外合资经营企业和外资企业等。自然人是指在法律上可以独立地享受民事权利并承担民事义务的公民个人，如从事工商营利事业的个人以及有应税收入和有应税财产的个人。

纳税人并不一定就是负税人。负税人一般是指税收的实际负担者。在实际生活中，有的税收由纳税人自己负担，纳税人本身是负税人；有的税收虽然由纳税人交纳，实际却由别人负担，纳税人并不是负税人，这就是通常所说的税负转嫁。所谓税负转嫁，是指纳税人和负税人不一致的现象，或是指纳税人将其所缴纳的税款通过各种方式转移给他人负担的过程。

各项税收一般由纳税人直接申报缴纳或由税务机关直接征收，但为了简化纳税手续，有效控制税源，方便纳税人，税法还规定了代收（扣）代缴人、税务代理人、委托代征人。

代收（扣）代缴义务人是指税法规定的向纳税人支付款项或向纳税人取得收入时代收（扣）代缴应纳税款的单位或个人。代收（扣）代缴人必须履行义务，否则也应承担法律责任。

税务代理人是指经有关部门批准，依照税法规定，在一定的代理权限内，以纳税人、扣缴义务人自己的名义代为办理各项税务事宜的单位或个人。税务代理是一种民事代理行为。理应享受我国民法通则规定的关于代理人的各项权利，履行一定的义务，承担一定的法律责任。

代征人是指按照税法规定，由税务机关指派、委托，代税务机关收缴税款的单位和个人。代征人一般要有由税务机关发给的代征税款委托证书。

二、征税对象

征税对象是税法规定的征税的目的物，亦称课税客体。

征税对象是一个税种区别于另一个税种的主要标的，是税收制度的基本要素之一。国家为了筹集财政资金和调节经济的需要，可以根据客观的经济需要选择多种多样的征税对象。

征税对象与税源紧密相关。税源是指税收的经济来源。各种税因征税对象的不同而有不同的经济来源。有的税种征税对象与税源是相同的，如所得税，其征税对象和税源都是纳税人的所得。有的税种两者则不相同，如财产税，其征税对象是应税财产，而税源是财产的收益或财产所有人的收入。掌握和了解税源的发展变化是税务工作的重要内容，它对制定税收政策和税收制度、开辟和保护税源、增加财政收入等方面都具有重要意义。

三、税目

税目是征税对象的具体项目，它具体规定一个税种的征税范围，体现了征税的广度。有些税种征税对象简单、明确，没有必要再另行规定税目。有些税种征税对象复杂，需要规定税目。如消费税以消费品为征税对象，但对哪些消费品征税，需要通过税目来规定。

设置税目有两种基本方法：一种是“列举法”，即按照每一种商品或经营项目分别设计税目，必要时还可在税目之下再划分若干个细目；另一种是“概括法”，即按照商品大类或行业设计税目。列举法的优点是界限清楚，便于掌握、对号入座；缺点是税目过多，不便查找。概括法的优点是税目较少，便于查找和记忆；缺点是税目过粗，不便于贯彻区别对待的原则，也容易产生税目交叉、界限不清等问题。

四、税率

税率是应纳税额与征税对象之间的比例，是应纳税额计算的尺度。它体现征税的深度，反映国家有关的经济政策与社会政策，它直接关系着国家的财政收入和纳税人的税收负担，是税收制度的中心环节，也是设计税制的主要议题。我国现行的税率大致可分为三种：

（一）比例税率

即对同一征税对象不论数额大小，只规定同一比例的税率。比例税率在具体运用上可分为以下几种：

（1）单一比例税率。即一种税只采用一种税率。

（2）行业比例税率。即按行业的不同规定不同的税率，同一行业采用同一税率。

（3）产品比例税率。即对不同产品规定不同税率，同一产品采用同一税率。

（4）地区差别比例税率。即对不同地区实行不同税率。

（5）幅度比例税率。即税法中规定一个幅度税率，各地可以根据本地区实际情况，在税法规定的幅度内确定一个比例税率。

（6）有起征点或免征额的比例税率。即对同一征税对象规定达到起征点后全额课征，或扣除免征额后按同一比例税率课征。

比例税率的优点：一是同一征税对象不同纳税人的税收负担相同，税负比较均衡合理，具有鼓励先进、鞭策后进的作用，有利于在同等条件下开展竞争；二是计算简便，有利于税收的征收管理。但是，比例税率的税收负担与负担能力不相适应，不能体现负担能力强者多征、负担能力弱者少征的原则，税收负担程度不尽合理，调节收入有局限性。

（二）累进税率

即按征税对象数额的大小划分若干等级，每个等级由低到高规定相应的税率，征税对象数额越大，税率越高。累进税率因计算方法和依据的不同，又可分为以下几种：

（1）全额累进税率。即对征税对象的全额按照与之相应等级的税率计算税额。当征税对象数额提高一个级距时，对征税对象全额都按提高一级的税率征税。

（2）全率累进税率。它与全额累进税率的原理相同，只是税率累进的依据不同。全额累进税率的依据是征税对象的数额，而全率累进税率的对象是某种比率，如销售利润率、资金利润率等。

> **小提示**
>
> 全额累进税率和超额累进税率有何相同与不同之处？

（3）超额累进税率。即把征税对象按数额大小划分为若干等级，每个等级由低到高规定相应的税率，当征税对象数额提高一个级距时，只对超过部分按照提高一级的税率征税，每个等级分别按该等级的税率计税。

（4）超率累进税率。它与超额累进税率的原理相同，只是税率累进的依据不是征税对象的数额，而是征税对象的某种比率。

全额累进税率和全率累进税率的优点是计算简便，但在两个级距的临界点，税负不合理。超额累进税率和超率累进税率的计算比较复杂，但累进程度缓和，税收负担较为合理。

（三）定额税率

亦称固定税额，是税率的一种特殊形式。它按照征税对象的计量单位规定固定税额，而不是按照课税对象规定征收比例，一般适用于从量计征的某些税种。定额税率在具体运用上又可分为以下三种：

（1）地区差别税额。即为了照顾不同地区的自然资源、生产水平和赢利水平的差别，根据各地区经济发展的不同情况对各地区分别制定不同的税额。

（2）幅度税额。即税法只规定一个税额幅度，由各地根据本地区实际情况，在税法规定的幅度内确定一个执行税额。

（3）分类分级税额。把征税对象划分为若干个类别和等级，对各类各级由低到高规定相应的税额。等级高的税额高，等级低的税额低，具有累进税的性质。

定额税率的优点：一是它是从量计征，而不是从价计征，有利于鼓励企业提高产品质量和改进包装装潢；二是计算简便；三是税额不受征税对象价格变化的影响，负担相对稳定。但是，由于税额一般不随征税对象价值的增长而增长，不能使国家财政收入随国民收入的增长而同步增长，所以在调节收入和适用范围上有局限性。

为了分析的需要，税率还可分为名义税率与实际税率、边际税率与平均税率等。

名义税率即法定税率，也就是税法规定的税率；实际税率是税收实际负担率。名义税率与实际税率之间，由于存在税前的大量扣除、经济的通货膨胀等因素，所以，会产生比较大的差异。

边际税率是指最后一个计税依据所适用的税率；而平均税率是全部应纳税额与收入之间的比率。边际税率与平均税率之间存在紧密的联系。在累进税制情况下，平均税率随边际税率的提高而提高，但平均税率低于边际税率；在比例税制情况下，边际税率就是平均税率。

五、纳税环节

纳税环节是征税对象在运动过程中交纳税款的环节。任何一种税都要确定纳税环节，有的税种纳税环节比较明确、固定，有的税种则需要在许多流转环节中选择和确定适当的纳税环节。如一种商品，在生产、批发、零售环节中，可以选择只在生产环节征税，称为“一次课征制”；也可以选择在两个环节征税，称为“两次课征制”；还可以在所有流转环节都征税，称为“多次课征制”。

确定纳税环节，是课税制度的一个重要问题。它关系到税制结构和税种的布局，关系到税款能否及时足额入库，关系到地区间税收收入的分配，同时也关系到企业的经济核算及是否便利纳税人交纳税款等问题。所以，选择、确定纳税环节的原则是：①有利于及时稳妥地集中税款；②符合纳税人纳税规律，便于征纳；③有利于经济发展和控制税源。

六、纳税期限

纳税期限是税法规定的纳税单位和个人缴纳税款的期限。它是税收的固定性、强制性在时间上的体现。从原则上讲，纳税人在取得应税收入或发生纳税义务后，应当立即向国家缴纳税款。但是，由于纳税人取得应税收入或发生纳税义务有阶段性，所以，不可能每取得一次应税收入或发生一次纳税义务就立即缴纳一次税款。为了简化纳税手续，便于纳税人经营管理，同时保证税款及时纳入国库，国家有必要根据各种税的不同特点和纳税人的具体情况分别规定不同的纳税期限。

纳税期限的确立，要有利于保证财政收入、加强监督管理和给纳税人以适当的便利。在具体做法上，可以分为按期纳税和按次纳税两种。按期纳税，即以纳税人发生纳税义务的一定时期如1天、3天、5天、10天、1个月、1年等作为纳税期限；按次纳税，即以纳税人发生纳税义务的次数作为纳税期限。由于纳税人需要一定时间对纳税期限内取得的应税收入和应纳税款进行结算并办理纳税手续，所以，还必须规定一个报缴税款的期限，如限定在纳税期满后多少时间内将税款缴入国库，到期未缴就要按违章处理。

七、减税免税

减税免税是税收制度中对某些纳税人和课税对象给予一定鼓励和照顾的一种规定。减税是对应纳税额少征收一部分，免税是对应纳税额全部免征。从某种意义上讲，减税和免税也是税率的一种辅助和补充手段。税率是根据社会经济发展的一般情况和社会平均负担能力来确定的，它可以适应普遍性、一般性的要求，而不能适应个别性、特殊性的要求。不同的纳税人和课税对象，由于受各种客观因素的影响，其负担能力往往有所差别。这就需要在统一税法的基础上，通过用这种差别相适应的灵活性来加以补充。因此，减免税是税法的严肃性和必要性相结合的体现，体现因地制宜、因事制宜的原则，是符合特殊情况实行特殊调节的一种手段。

减税免税作为税法构成的一个特殊组成部分，要注重经济效益和社会效益，严格按照税收法规和税收管理体制的规定执行。减税免税包括以下三项内容：

> **小提示**
> 起征点和免征额极易混淆，请仔细区分。

（1）起征点。起征点是课税达到征税数额开始征税的界限。课税对象的数额未达到起征点的不征税，达到或超过起征点的就要对课税对象的全部数额征税。起征点的高低，关系到征税面的扩大或缩小。确定起征点，可以把一部分收入较低的人排除在征税范围以外，实行合理负担的税收政策。

（2）免征额。免征额是在课税对象总额中免予征税的数额。它是按照一定标准从全部课税对象总额中预先减除的部分。免征额部分不征税，只就超过免征额的部分征税。免征额的高低也体现着征税面和税收负担量的变化。确立免征额，是对不同收入纳税人的一种普遍照顾，有利于降低税收负担。

（3）减税免税规定。减税免税规定是对特定的纳税人和特定的课税对象所作的某种程度的减征税款或全部免征税款的规定。在具体运用上，减税免税规定一般可分为两种类型：一种是根据国家的政策需要所作的统一的减免税规定，这类减免在税法中有明确的范围和期限，通常是列举项目，统一实行；另一种是根据某些纳税人的临时性或个别性的减税免税规定，这类减税免税多属于统一减税免税规定不能解决的特殊问题，不宜在税法中作出具体规定或统一规定，而且随着客观情况的发展变化，需要及时作出调整和补充，以保证减税免税的机动性和灵活性。

八、违章处理

违章处理是对纳税人违反税法行为所采取的教育处罚措施。它体现了税收的强制性，是保证税法正确贯彻执行、严肃纳税纪律的重要手段。通过违章处理，可以加强纳税人的法制观念，提高其依法纳税的自觉性，从而有利于确保国家财政收入稳定并充分发挥税收的职能作用。

第三节　税制原则

税制原则是制定税收制度必须遵循的准则。任何一个国家要建立适应本国政治、经济情况的科学、合理的税收制度，使税收制度发挥对社会政治、经济的积极推进作用，就必须遵循一定的原则。

税制原则受诸多主客观因素的制约。首先，税制原则要受一定的经济理论和经济思想的制约，有什么样的经济理论制度，就应有与之相适应的税制原则。其次，税制原则受一定的经济政策的制约。经济政策体现统治阶级的意志和利益，并制约国家的经济制度。税制原则也必然要体现各自国家的经济政策，根据经济政策的变化而变化。最后，税制原则受国家一定时期的客观经济条件和经济管理制度的制约，条件是制度存在的基础，一定的原则必然受一定客观条件的制约。

探求科学、正确的税制原则是建立科学、合理的税收制度的依据，是解决好税收分配活动中各种矛盾的准则，是实现国家政治、经济政策的重要手段，也是评价税收制度是否科学、合理的标准。历史上，对税收原则的探求由来已久。

一、西方国家的税收原则理论

税收原则最早由英国古典政治经济学创始人威廉·配第（1623—1687）提出，他在其最著名的代表作《赋税论》和《政治算术》中，首次较深入地阐明了税收原则理论问题。

威廉·配第的税收原则是围绕公平负担税收这一基本观点来论述的。他认为，税收应当贯彻“公平”、“简化”、“节省”三条标准。“公平”就是税收要对任何人、任何东西“无所偏袒”，税负也不能过重；“简便”，就是征税手续不能过于烦琐，方法要简明，使纳税人感到便利；而“节省”，是指征税费用不宜过多，应注意节约。威廉·配第特别强调税收的经济效果，反对重税负。他主张，应在国民经济的运动过程中把握住税收的经济效果，根据税收经济效果的优劣相应地决定税制结构的取舍。

继威廉·配第之后，德国的攸士第、意大利的费里等，都对税收原则理论进行了一定程度的研究。

（一）亚当·斯密的税收原则

中外税收学界认为，第一次将税收原则提升到理论高度，明确而系统地加以阐述的，是英国古典政治经济学家亚当·斯密（1723—1790）。亚当·斯密在其1776年出版的名著《国民财富的性质和原因的研究》中提出了税收的四项原则：

> **税收拾粹**
>
> 个人被征收的最高税额是一位名叫霍华德的富豪死后所缴纳的遗产税，税金高达3.36亿美元。

（1）平等原则。即一切国民，都须在可能的范围内按照各自能力的比例，即各自在国家保护下享有收入的比例，缴纳国赋，以维持政府的运转。

（2）确实原则。各国民应当完纳的赋税，必须是确定的，不得随意变更。完纳的日期、方法、数额，都应当让一切纳税人及其他人十分清楚明白。否则，每个纳税人，或多或少会为税吏的权力所左右。

（3）便利原则。各种赋税完纳的日期以及完纳的方法，须予纳税人以最大的便利。在时间上，应在纳税人收入率丰裕的时候征税；在方法上，应力求简便易行；在地点上，应将税务机关设在交通方便的场所；在形式上，应尽量采用货币形式。

（4）最少征收费用原则。在征税过程中，应尽量减少不必要的费用开支，所征税款应尽量归入国库，使国库收入与人民缴纳的差额最小。即一切赋税的征收，须使人民所付出的尽可能等于国家所得的。若人民所付出的多于国家所得的，就说明税收制度、政策以及税务官吏存在许多漏洞和问题。

（二）瓦格纳的税收原则

19 世纪下半叶，德国社会政策学派代表人物阿道夫·瓦格纳（1835—1917），进一步发展了税收原则理论。他倡导社会改良，主张国家运用包括税收在内的一切政治权力调节社会生活。瓦格纳将税收原则归纳为四大项九小点，亦称“四项九端原则”。

（1）财政收入原则。即税收要以保证财政支出、满足国家实现其职能的经费需要为主要目的。为此他提出了收入充分和收入弹性两个具体原则。

（2）国民经济原则。即国家征税不应阻碍国民经济的发展，更不能危害税源。为此，他提出了慎选税源和慎选税种两个具体原则。

（3）社会公平原则。国家要通过征税矫正社会财富分配不均、贫富两极分化的弊端，从而缓和阶级矛盾，达到运用税收政策实现社会改革的目的。这一原则又分为普遍和平等两个具体原则。

（4）税务行政原则。这一原则是对亚当·斯密税收原则的继承和发展。具体包括确实、便利、节省三方面的内容。

瓦格纳提出的税收原则，是资本主义从自由竞争阶段进入垄断阶段，在社会矛盾激化过程中产生的一个多中心的税收原则。西方税收学界视瓦格纳为前人税收原则理论的集大成者。

（三）当代西方税收原则

当代西方税收学界关于税收原则的理论，主要源于凯恩斯主义和福利经济学的思想，而且基本上是围绕着税收在现代经济生活中的职能作用来立论的。一致公认的、带有倾向性的两大原则是税收公平原则和税收效率原则。

1. 税收公平原则

当代西方税收学界认为，税收公平原则是设计和实施税收制度最重要或首要的原则。这是因为，税收的公平性对于维持税收制度的正常运转必不可少，同时，通过税收矫正收入分配不均或悬殊差距，对于维护社会稳定、避免社会动乱也是不可或缺的。

税收公平原则是指国家征税要使各个纳税人承受的负担与其经济状况相适应，并使各个纳税人之间的负担水平保持均衡。简单地说，就是指对所有纳税人都公正、平等相待。它包括两方面的含义：一是以同等的方式对待条件相同的人，因为税收不应是专断的或是有差别的，这可称作税收的“横向公平”或“水平公平”；二是经济能力或纳税能力不同的人应当缴纳数额不同的税收，即以不同的方式对待条件不同的人，这可称作税收的“纵向公平”或“垂直公平”。

2. 税收效率原则

西方税收学界所倡导的税收效率原则，是要求国家征税要有利于资源的有效配置和经济机制的有效运行，提高税务行政的管理效率。它具体分为税收的经济效率原则和税收本身的效率原则。

（1）税收的经济效率原则。这一原则主要是考察税收对经济资源配置和经济机制运行的影响状况。而检验税收经济效率的标准，一是税收的额外负担最小化，二是税收的额外收益最大化。

西方税收界引进“帕累托效率”概念来解释税收经济效率。他们认为，税收的征收活动同样存在“得者的所得和失者的所失”的比较问题。如果国家通过征税将社会资源从纳税人手中转移到政府部门手中所产生的影响，会使经济活动受阻，社会利益被削弱，那么，必然会产生税收的额外负担。相反，如果资源转移过程中所产生的影响会使经济活动得到促进，社会利益因此得到增加，那么，必然会产生税收的额外收益。不论上述的额外负担发生在哪一方面，均说明经济处于无效率或低效率状态，即税收的额外负担越大，给社会带来的消极影响就越大。因此，国家征税必须遵循这样一个原则：征税必须使社会承受的额外负担最小，以最小的额外负担换取最大的经济效率。同时，在增加税收的额外收益方面，主要途径是要非常重视税收的经济杠杆作用，区别各种不同情况，采用比较灵活、有效的措施，使经济保持在充分就业和物价稳定的水平。

（2）税收本身的效率原则。这一原则主要是考察税务行政管理方面的效率。而检验税收本身效率的标准，主要在于税收成本与税收收入的对比情况，即能否以最小的税收成本取得最大的税收收入。

税收成本，一般是指在税收征纳过程中所发生的各类费用支出。狭义上的税收成本，专指税务机关为征税而花费的行政管理费用；广义上的税收成本，除行政管理费用外，还包括纳税人纳税过程中所支付的费用。目前，大多数国家对其税收本身效率的考察，基本上是以税收征收费用占全部税收收入的比重为主要依据的。因此，必须寻求降低税收成本占税收收入比重的途径，最大限度地提高税收本身的效率。

二、我国的税收原则

我国古代的税收原则多散见于各史书之中，但多无系统性。较为突出的有西周的“量入为出”原则，西汉与唐代的“量出制入”原则和魏晋时期傅玄的“赋税三原则”。

此外，在我国历史上，还有许多思想家、理财家提出了“相地衰征”、“轻徭薄赋”、“什一而税”、“重本抑末”、“均贫富”、“不籍赡国”、“开源节流”等税收原则，这些原则大多具有积极的历史意义。

在社会主义现阶段，普遍认为我国税收应确立如下原则：

税收拾粹

我国税收自古有之，但历代对税的称谓有所不同。夏代称贡，商代曰助，周朝称彻。税这个名称最先出现于春秋时期，后改称赋，到汉代有算赋、口赋、更赋，后又改称租。隋唐五代称税为庸，宋代称粮，明代称之为饷，清朝有津贴、捐输之用。

（一）财政原则

财政原则即国家取得财政收入的原则，它的核心内容是兼顾需要与可能。这条原则吸收了古代“量入为出”和“量出制入”的理财治税的合理成分，是我国税收的一项重要原则。“需要”是指国家财政支出的需要，“可能”是指人民负担的可能。兼顾需要和可能就是“量出制入”与“量入为出”的正确结合。建立税收制度，必须考虑国家的需要，否则，国家职能就难以实现；但也必须考虑人民负担的可能，因为税收直接来源于人民。国家开支的需要与人民负担的可能是一对矛盾，“需要”有弹性，“可能”有极限，“需要”要受到“可能”的制约，人民负担的最大可能制约着国家需要的最高限度，正确解决这个矛盾的办法就是两者兼顾。

（二）经济原则

经济原则即发展经济的原则，它的核心内容是贯彻国家经济政策，充分发挥税收调节经济的作用。国民经济是税收的基础，只有经济发展，税源才能充足，国家的税收收入才能增多，人民的收入才能增加。毛泽东同志曾经指出：“财政政策的好坏固然足以影响经济，但是，决定财政的却是经济。”经济是财政的基础，税收是财政的来源，离开了经济发展，税收就成了无源之水、无本之木。因此，发展经济就成为税收的一项重要原则。

国家的经济政策是经济基础的客观反映，税收必须贯彻国家的经济政策，这样才能促进经济的发展。因此，贯彻国家的经济政策就成为税收发展经济原则的核心。

发展经济原则从另一方面来看，就是要充分发挥税收对经济的调节作用。我国税收具有调节经济的作用，只有这些作用通过税收制度充分发挥出来，我国经济才能得到更快的发展。因此，充分发挥税收调节经济的作用也就成为税收发挥经济原则的一个重要内容。我们万万不可忽视这一点。

（三）分配原则

分配原则即正确处理各种分配关系的原则，它的核心内容是实行合理负担。由于税收是一种无偿性的分配，它关系到各类纳税人的物质利益和税收负担，因此，这条原则就显得特别重要。

贯彻分配原则，具体要做到以下三点：一是按能纳税，能力强的多纳，能力弱的少纳，无纳税能力的不纳；二是实行公平税负，具有相同的纳税能力的人要负担相同的税负，获得超额收入的纳税人要多负担税负，作出相同主观努力的纳税人要得到相同的物质利益；三是贯彻社会政策，即根据国家特定的政治、经济目的，对不同纳税人或课税对象课以重税、轻税或免税。对这三点，要做到统筹兼顾。

（四）管理原则

管理原则即提高税收管理效益的原则，它的核心内容是便利征管，节省费用，方便纳税人。

便利征管是指税制的制定要有利于征收管理，在保证税收收入和发挥税收作用的前提下，尽量简化手续。

节省费用是指在征纳过程中节约征纳双方支付的税收费用，包括征收费用和奉行纳税费用。征收费用是指税务机关征税入库所支出的人员经费、办公费、税收诉讼费、宣传费、辅导讲习费、技术装备费等各项费用。征收费用的高低程度，可以用征收费用占税收入库数额的百分比表示，即征收费用率 = 征收费用/税收征收额 ×100% 。征收费用是一种直接管理费用。管理效益原则要求征收费用必须节省，要尽量缩小纳税人付出的税额与国库实际所收入的差额。

奉行纳税费用是指纳税人在纳税过程中所耽误的时间，花费的脑力、体力和金钱的耗费等。管理原则要求，税制的建立必须尽量减少纳税人在履行纳税义务时所花费的时间、精力和财力。

方便纳税人是指税制建立应充分给纳税人以方便，纳税时间、纳税方法、纳税地点等的规定都必须以方便纳税人为出发点。税法条文规定要详尽，不能模棱两可，使纳税人无所适从；条文解释、计算方法等要简单明了，使纳税人一看就懂，能够自行计算税款；纳税时间要适当，方法要简便，地点要就近。总之，税制的设计必须从方便纳税人出发，既不能搞“烦琐哲学”，又不能搞“模糊概念”。

第四节　税制结构

一、税制结构的概念

税制结构是一个国家根据其经济条件和经济发展的要求，分主次设置若干税种，并由这些税种相互联结、相互协调、相互补充所组成的税制总体格局，即由主体税和若干辅助税组成的税制总体格局。

在税制结构中，各个税类、税种的地位和作用是不尽相同的，有的税种居主导地位，称之为主体税。有的则处于次要地位或辅助地位，称之为辅助税。具体地说，主体税就是指其收入在整个税收收入中所占的比重较大，并且在调节经济方面也发挥着较为重要作用的税类（税种）。在一定的社会制度下，以什么税为主体税，是区别不同税制模式的一个重要标志。主体税的选择，是设计和建立合理税制结构模式的中心环节。辅助税就是指其收入在整个税收收入中所占的比重较小，在调节经济方面也处于次要或辅助补充地位的税种。

二、税制结构和税收制度

首先，税制结构在整个税收制度中处于关键地位。税制结构是否合理，是税收制度是否健全、完善，税收的职能作用能否充分发挥的前提。税制结构与税收制度是两个不同而又有内在联系的概念。税制结构是一个国家税收制度的基础内容，它从税制的总体格局方面反映一个国家在一定时期内税收制度模式的类型。税收制度则是指一个国家根据其税收总政策和税收制度建立原则的要求所制定的课税法规体系的总称。税制结构与税收制度均属于上层建筑范畴，两者的建立和发展，都取决于社会生产力水平、国民经济结构、生产资料所有制形式，以及经济管理体制等客观经济条件。当客观经济条件发生变化时，税制结构模式以及由此建立的税收制度也要相应变化。其次，税制结构决定税收制度的规模、内容和作用的范围。也就是说，只有税制结构合理，才可能由此建立完善的税收制度。否则，税收制度不可能做到科学、合理。

三、决定税制结构的条件

税制结构与经济条件和经济发展密切相关。在商品货币经济不发达的社会形态，由于生产力低下，税收的课征范围受到经济条件的制约，所以，只能采用直接对人或对物课征的直接税，因此，税收制度也只能采用较单一的税制结构。随着商品经济的发展和社会生产力的提高，国家有可能从多渠道课征税收，税种也日益繁多，税制结构亦日趋复杂。在现代商品经济社会，税收不仅是获取财政收入的手段，更要参与宏观经济运行机制的调节，税收已是调节社会再生产中的生产、分配、交换和消费相互关系的重要工具和调节宏观经济活动的有力杠杆。因此，税制结构也只能采用与税收职能作用相适应的复合税制结构。

> **税收拾粹**
>
> 征税的艺术，是尽可能多地拔取鹅毛，而让鹅的叫声最小。
>
> ——柯贝尔

决定税制结构的经济条件主要是指：

（一）经济发展水平

经济发展水平是决定一国税制结构的生产因素。经济发展水平的重要标志是人均国民生产总值，它直接制约着税收收入在国民生产总值中的比重，从而制约着税种的选择和配置、税目税率的确定及组合，最终对一个国家选择何种税制起制约作用。统计资料表明，人均国民生产总值越高，税收占国民生产总值的比重也就越高。1980 年，人均国民生产总值为 800 美元以下的国家，税收收入占国民生产总值的比重一般为 15%；人均国民生产总值为 1 500 美元左右的中等发达国家，税收收入占国民生产总值的比重一般在 20% 以上；人均国民生产总值在 1 万美元以上的发达国家，税收收入占国民生产总值的比重超过 30%。相应地，不发达国家人均国民生产总值过低，就不可能普遍征收个人所得税，只能实行以流转税为主体的税收制度。发达国家的人均国民生产总值较高，因此，国家可以实行以累进的所得税为主体的税收制度，全面贯彻公平原则，并进行总量调节。

我国是一个生产力水平不高、人均国民生产总值较低且发展十分不平衡的国家，现有的生产力水平、格局以及与之相适应的产业结构、分配结构、消费结构制约着税制结构。生产力水平高低不一、地区间发展差距过于悬殊的客观现状，要求在税制建设方面实行一些兼顾政策，既要讲税法统一，又要讲适当灵活；既要讲公平，又要承认差异。这样才更有利于发挥税收的调控作用。所以，实行绝对统一、公平的税收制度和税制结构在我国不仅有技术上的难度，而且有很多现实困难。因此，我国在过去较长时期以流转税为主要税种，以便贯彻行业、部门及地区发展政策。在所得税方面，采取一些有区别待遇的税收制度。实践证明，这样做基本上符合当时我国生产力发展的需要。

（二）经济形态与经济运行机制

经济形态是指一国的经济是自然经济还是计划经济或商品经济、市场经济。经济运行机制是指经济运行的调控机制。

经济形态与经济运行机制两者关系密切，共同对税制结构发挥制约作用。一般而言，经济形态不同，经济运行机制也就不同，税制结构也会因之而异；同一经济形态，处于不同发展阶段，其运行机制也会有所不同，税制结构在不同阶段也会产生差异。

在封建社会，自然经济居主导地位，商品经济不发达，除个别时期税收具有一定调节作用外，国家仅仅把税收作为筹集其财政收入的手段。因此，封建社会一般实行以田赋、丁税、关税等为主体的税制结构，其功能在于保证财政收入。

资本主义自由竞争时期，商品经济有了很大发展，以商品生产和流通为课税对象的流转税的比重逐渐上升，成为主体税种。

20世纪以来，资本主义发展进入新的阶段：一方面，商品经济高度发达；另一方面，社会经济矛盾加深，严重的经济危机不断发生。

根据凯恩斯的政策理论，经济危机的根源在于需求不足，使社会生产顺利进行的条件即总供给和总需求的平衡遭到破坏。因此，国家财政的任务主要是制定政策并采取相应手段以保持总供给和总需求的平衡关系。由于所得税具有全面实行累进制、贯彻公平原则、不易转嫁、富有弹性等特点，有很强的总量调节功能，因此被称作是“内在稳定器”，并逐渐成为西方国家的主体税种。而流转税等间接税则离开了主体税种的地位。这是因为流转税自身的缺点主要是易于转嫁，若作为主体税种，那么普遍发生的转嫁行为势必使国家宏观调控要达到的实行公平原则、缩小收入分配差距的效果被削弱。另外，由于西方国家对国民经济的调节主要是总量调节，而结构调节如对产品结构、产业结构等的调节主要是由市场调节，这也就不可能选择结构性调节功能很强的间接税种作为主体税。

在我国，经济形态和经济运行机制对税制结构的决定作用是非常明显的。新中国成立后到经济体制改革前，我国实行高度集中的计划经济，国家对国民经济的调控单纯依靠直接的计划手段，国民经济运行过程从宏观到微观的各个环节，均在国家的直接计划控制之下。而税收仅仅被视为组织财政收入的手段，从这一点出发，在所有制改造完成之后，便忽视甚至不承认税收的调节作用，经过几次简并税种，我国实际上只剩下一个工商税，税制结构也简化为近乎单一税制。

经济体制改革以来，我国放弃了过去那种高度集中的计划经济模式，从实行有计划的商品经济到现在的社会主义市场经济体系的建立，我国的企业实行两权分离，开始成为具有独立经济利益的经济实体。在这种背景下，实践要求国家变直接的计划调节为间接的经济调节，通过调节企业的利益来引导它们的经营行为，使其行为在适合自身利益的前提下，自动符合国家宏观调控的要求。因此，作为国家宏观调控手段的经济杠杆——税收便提上了改革日程。我国宏观调控的任务与西方国家不大相同。我国实行宏观调控，国家肩负着间接调节和结构性调节的双重职能。因此，一方面，针对性强、选择调节性强的流转税必然成为我国的主体税种；另一方面，适应多种经济成分，鼓励公平竞争，具有一定间接调节功能的企业所得税也成为我国的主体税种。

因此，现行的经济形态和经济运行机制决定了我国现阶段实行以流转税和所得税为主体税并行的主体税制结构。

（三）国民经济结构

国民经济结构内涵丰富，它包括产业结构、分配结构、交换结构、消费结构、部门结构和技术结构等方面。

首先，国民经济结构对税制结构有制约作用。在封建社会中，经济发展水平低，国民经济结构简单，农业是国民经济中最主要的部门，因此，决定税收收入主要来自农业，税制结构则相对简单，主要由田赋、人头税、财产税组成。资本主义商品经济高度发达。伴随着科学技术水平的不断提高，生产社会化深入发展，产业结构日趋复杂。由于各种产业特点不同，它们创造、实现国民收入和国民收入分配方式也各不相同，要能够有效组织收入并调节经济运行，必须建立与现行产业结构相适应的税制结构。

其次，国民收入部门结构对税种多少、税率高低和税基的宽窄起到制约作用。我国现阶段，税收主要来自工业、商业、交通运输等部门。在工业产品的生产流通过程中，企业创造的国民收入通过消费税和增值税上交国家。就所得税来说，主要来自企业收入，对个人所得课征的税收较少。

四、税制结构的作用

税制结构是整个税制建设的主体工程。税制结构合理与否，不仅关系税收职能作用的发挥和整个税制的健全和完善，而且关系到国家运用税收杠杆对宏观经济运行的综合调控能力。我国目前的税制结构是新中国成立以后经过几次较大的调整逐步演变而来的，经历了一个由繁到简、由简到繁再由繁到简的发展过程。尤其是两步利改税使我国税制结构发生了质的变化：由过去单一的税制结构变为多种税、多环节、多层次的复合税制结构；由过去以流转税为主体税的税制结构，变为流转税与所得税并重的税制结构。总的来看，现行的税收结构基本适应经济形势的需要，但依然存在着结构不尽合理的矛盾。因此，适当调整税种设置，进一步建立和完善市场经济体系下的经济运行机制具有十分重要的意义。

（一）合理的税制结构，能够充分体现税收的职能作用

税收属于分配范畴。它是以国家为主体无偿地参与国民收入分配的一种特定的分配。税收具有分配职能和调节经济职能，其职能具体体现在筹集财政资金和调节经济方面。税收的作用，主要通过税收政策以及由此制定的税收制度体现出来，即税收分配过程的职能作用是通过各个税种并以其建立的各项具体规定进行的。

如果税制结构不尽合理，税收的作用只能是一种潜在的功能，而无法现实地发挥出来。由此可见，只有建立合理的税制结构和完善的税收制度，才能有效地体现税收的职能作用。

（二）合理的税制结构，有利于促进国家宏观经济政策目标的实现

税收是国家宏观调控经济的重要杠杆之一。税制结构的合理与否，对于实现国家经济的社会总供给与社会总需求的平衡、积累与消费的比例平衡、资源的合理配置，以及生产力和产业结构的布局等宏观政策目标有着重要的宏观调控作用。

纵观新中国成立以来税制结构的发展变化可以看出，税制结构对国家宏观经济的影响是十分明显的。在国民经济恢复时期，国家经济政策的重点，是促进生产的恢复和发展，以及国家各项经济建设。按照这一要求，国家在沿用旧税制的基础上逐步形成了“多种税、多次征”的总体税制格局。在这种税制结构下，同一产品从产到销的整个流转过程中，要征收几种税、几次税。这对于增加财政收入、保障革命战争的供给、监督资本主义工商业的生产经营、稳定物价、平衡城乡负担、促进国民经济恢复和发展，以及配合对私有制的社会主义改造等方面起了积极的作用。党的十一届三中全会以后，我国进行了一系列改革，确立了建立社会主义市场经济的改革目标。国家对原有税制结构进行了全面改革，逐步形成了现有的税制结构。实践证明，这种税制结构，在保证财政收入和调节各地区、各部门以及各种经济成分之间的利益关系等方面都发挥了重要作用。

（三）合理的税制结构，能够体现各项税收改革和税收政策的要求

税收改革包含的内容较多，涉及的范围也较广，概括起来主要有两个方面：一是税收制度的改革，二是征收管理办法的改革。这些税收改革的根本要求，在于促进依法治税，自觉纳税，充分发挥税收的职能和作用。要实现这一要求，税制结构是否合理起着决定作用。税制结构建设是整个税收工作的基础环节，只有税制结构合理了，才能为各项税收改革创造前提条件，使改革沿着科学的轨道发展。反之，税制结构不合理、不健全，税种重叠，相互矛盾，再好的改革措施也难以奏效。

五、税制结构的分类

税制结构的分类是按一定标准，把性质相同或相近的税制体系（结构）加以归类。对税制结构进行分类研究，有助于把握税制结构发展变化的一般规律，了解不同结构税制的主要特点及其效应，为税制建设服务。税制结构可根据不同标准进行分类。

（一）根据税制中的税种数量不同，可以分为单一税制结构和复合税制结构

单一税制结构，即由一种税收构成的税制形式。18 世纪法国重农学派代表人物魁奈根据其“纯产品”学说，提出了土地单一税设想。此外，当时的一些资产阶级学者还提出过消费单一税、财产单一税、所得单一税等。由于这类单一税制构想在理论上违背了国民收入及其税收分配的一般规律，在财政上难以保证国家税收收入，在税收负担上有悖于公平合理的原则，因此，这种构想一直未能真正付诸实践。

复税制结构，指由两个以上税种构成的税制形式。由于复税制避免了单一税制存在的根本缺陷，具有经济上的适应性、功能上的全面性、财政上的保证性和负担上的合理性，所以，现已被世界各国广泛采用。复税制又可进一步划分为不同的税制结构。

（二）根据各种税收在税制中的地位不同，可以分为商品劳务税、所得税以及商品劳务税和所得税并重为主体的税制结构（或税制模式）

在以商品劳务税为主体的税制模式中，商品税或消费税居于主导地位，它在保证国家税收和体现国家的生产与消费政策等方面，有着特殊作用。在以所得税为主体的税制模式中，各种所得税起主导作用，这种作用尤其体现在调节收入分配、贯彻弹性负担原则和稳定经济运行等方面。商品劳务税和所得税并重的税制模式，能够兼顾两者的长处，但在如何衔接两者功能方面仍有一些需要深入探讨的问题。

（三）根据税收管理的权限不同，可以分为中央税制结构和地方税制结构

中央税制结构，主要指中央税制内不同税种之间相互关系的总体形式，它可以分为中央主体税之间的关系与中央辅助税之间的关系，以及主体税种之间与辅助税种之间的结合方式。地方税制结构的核心亦涉及上述关键问题。例如，在美国税制结构中，中央（联邦）税制以所得税为主体并辅之以遗产税、赠与税和社会保险税，组成直接税体系。地方（含州和地方两级）税制则以某几种间接税或销售税为主体，辅之以其他税种，组成地方两级税制结构。合理设计我国的中央、地方税制结构，特别是地方税制结构，是分税制改革所要解决的重大问题之一。

此外，税制结构还有其他分类方法。如根据税制管辖的范围不同，可以分为国内税制结构和涉外税制结构；根据税制管辖的区域不同，可以分为一般地区税制结构、经济特区税制结构、民族地区税制结构；按不同税系，可以分为所得税制结构、商品劳务税制结构、资源税制结构、财产税制结构、行为目的税制结构；如果以税制功能的不同为标准，可以分为一般税制结构、特定税制结构；如果以税制要素为标准，税制结构还可分得更细，这里不再一一列举。

【趣味阅读】

可笑可恼的胡须税

世界上一些国家如俄国、法国、英国等，在历史上曾开征过奇特的胡须税。

俄国沙皇彼得大帝时期，男子普遍以蓄留长胡须为美，但彼得大帝对此极为反感，认为胡须是一种多余无用的装饰品，且不利于清洁，所以征税以禁止留须。一开始人们接受不了，彼得大帝便下了一道法令：同意人们蓄留胡须，但要纳税，纳税多少与胡须的长短和留须人的社会地位成正比，且视留须者的社会地位累进征收，并对纳税后的留须者发给证照，规定将其挂于居住地的门前易见之处，以利征税人员检查、监督。如果有人留须而拒绝纳税，那么随身携带剪刀的检查人员，就会将其胡须付诸无情的一剪。

法国国王法兰西一世有一次和御林军一起喝酒，酒后又一起打雪仗，不小心打伤了嘴唇，为了掩饰伤口，不得已蓄留了胡须。因为国王留了胡须，全国也就上行下效起来。国王知道后，气愤至极：不行！胡须岂是人人随便可留的。于是规定只准贵族留胡须，一般平民百姓要想留胡须，必须缴纳胡须税。

英王亨利八世蓄留胡须，从而使臣民恢复了留须的时尚。伊丽莎白一世时，留须在全国极其盛行，尤其是宫廷的官宦们，更是别出心裁，不断翻新胡须式样。由于其作风浮华，不断招致清教徒们的抨击，所以政府开征了胡须税。

【本章小结】

1. 税收制度，简称“税制”，是国家征收税款的各种法令和办法以及税收管理体制的总称。税收制度有广义和狭义之分。

2. 税收制度的基本要素包括纳税人、征税对象、税目、税率、纳税环节、纳税期限、减税免税和违章处理等。

3. 在现阶段，我国的税收原则是财政原则、经济原则、分配原则和管理原则；当代西方的税收原则是税收公平原则和税收效率原则。

【主要名词】

税率　税制结构　起征点　免征额　税负转嫁

【复习思考题】

1. 税制原则有哪些?
2. 决定税制结构的条件是什么?
3. 税制结构有哪些分类?

第二章　我国税收制度的发展演变

我国的税收制度，是根据一定历史时期的政治、经济形势制定的，是为一定历史时期政治、经济任务服务的。因而，新中国成立五十多年来，随着政治、经济形势及国家政治、经济任务的发展变化，我国的税收制度也经历了一个发展演变的过程。

第一节　1950 年统一全国税政，建立新税制

在新中国成立以前，随着红色政权的建立，中国共产党在各革命根据地制定了相应的税收制度。当时的税收，主要是指为适应根据地在农村的情况而制定的农业税，此外，还包括对进出革命根据地的货物征收的进出口税，对根据地工商业征收的比较轻微的营业税、所得税、货物产销税、烟税、酒税、交易税、营业牌照税及牙行所得税等。革命根据地税收制度的建立，对于维持红色政权的存在、保障革命战争的供给、夺取全国胜利起到了重要的作用。同时，它也为新中国成立后建立税收制度积累了经验。

1947 年下半年，人民解放战争转入全国规模的进攻阶段，许多城市陆续解放，新解放区不断扩大。为了筹集足够的财源，保证把革命战争进行到底，红色政权必须在新解放区及时开展税收工作。但是，由于形势发展十分迅速，来不及制定新的税收制度，所以，中央决定，新解放区暂时基本沿用国民党统治时期的旧税法，除一些反动名目的捐税杂税予以废除外，其余在征收中逐步整理。实践证明，当时采取这种做法是完全正确的。它不仅适应了纳税人原有的习惯，便于及时组织收入，保证财政上的迫切需要，而且由于未变动税收负担，故有利于消除私营工商业者的顾虑，便于恢复生产，稳定市场。同时还争取到一些时间，去了解城市工商业的具体情况，为建立新税制做好准备。

税收拾粹

赋由贝和武二字组成。古代以贝代表珍宝、货币，以武说明用于军事、战争。税由禾、兑组合而成，是交换的意思，即农民交纳粮食，国君诸侯保护他们的土地和人身安全。这就是“赋税”二字的由来。

中华人民共和国成立后，摆在党和国家面前的中心任务是建立统一的政治经济

制度，迅速恢复国民经济。可是，当时的税收制度，从全国来看，既不统一，又有许多不合理的地方。各革命根据地继续沿用原来在敌人分割包围条件下各自制定的税收制度，办法不统一。新解放区经过整理、改造的旧税收，在税种、税目、税率等方面，也不统一。更为重要的是，新解放区沿用旧税法是为了适应半封建半殖民地的经济情况，新中国成立后虽然进行了一些整理和改造，但从根本上说还是不适应新形势的需要。这种情况，与全国统一的新形势、与迅速恢复国民经济的中心任务、与新中国成立初期财政上的迫切需要都很不适应。因此，统一全国税政，建立新税制，成了当时十分紧迫的任务。

为了统一全国税政，建立新税制，中央人民政府于1949年11月在北京召开了首届全国税务会议。会议根据《中国人民政治协商会议共同纲领》第四十条“国家的税收政策，应以保障革命战争的供给，照顾生产的恢复和发展及国家建设的需要为原则，简化税制，实行合理负担”的精神，制定了《全国税政实施要则》，并于1950年1月公布实施。

《全国税政实施要则》明确规定了新中国的税收政策、制度、管理体制、组织机构等一系列重要内容。它是统一全国税政、建立新税制的根本依据。关于税收制度，实施要则规定：除农业税外，全国开征14种税，即货物税、工商业税、盐税、关税、存款利息所得税、薪给报酬所得税、印花税、遗产税、交易税、屠宰税、房产税、地产税、特种消费行为税、使用牌照税。随后，中央人民政府又相继公布了各税税法，在全国范围内统一执行。以后，又公布了《中华人民共和国契税暂行条例》，开征了契税。

新税制的建立和全国财经工作的统一管理，使国家的财政经济情况开始好转，出现了经济开始回升、物价趋于稳定、财政收支接近平衡的局面。但随之而来的，是过去长期通货膨胀形成的虚假购买力由于物价的稳定而开始消失，一部分私营工商业的经营方式与新经济情况不相适应，因而出现了暂时性的市场萧条和生产缩减的现象。在税收方面，也由于有的税种税目过细、重复，征税规定不明确，计税手续烦琐等问题，出现了负担畸轻畸重的现象。为了扭转这种情况，党中央作出了争取财政经济情况根本好转、调整工商业与调整税收的决定。1950年7月，对税收作了进一步调整。

这次调整税收遵循了两大原则：一是巩固财政收支平衡，二是照顾生产的恢复与发展。调整的内容主要包括：①减并税种。决定暂不开征薪给报酬所得税；将地产税和房产税合并为城市房地产税。②减并税目。减并货物税和印花税的税目。③调低税率。盐税按原定税额减半征收；货物税、利息所得税及房地产税不同程度地调低了税率；工商业税中的所得税也增加了累进级数和级距，降低了税收负担。④改进征管。改进了工商税收的征税办法和纳税手续。

1951年4月，为了配合棉纱统购统销政策，保证财政收入，就棉花纱布公司统销的棉纱一项开征了棉纱统销税。

1952 年 9 月，前政务院财经委员会批准公布施行了《中华人民共和国船舶吨位税暂行办法》。

我国的工商税收制度，经过上述统一和调整，已经基本建立起来了。新的工商税收制度是一种多种税、多次征的复税制。采取这多种税、多次征的税收制度，是由当时五种经济成分同时并存，特别是由于资本主义工商业大量存在的情况决定的。它有利于从各经济成分、各生产环节和流通环节取得财政收入；有利于调节各阶级、各经济成分的收入水平；有利于对资本主义工商业进行监督检查，防止他们逃避税收，限制他们获取过多的利润；同时也有利于加强对其他经济成分的财政监督，限制违法经营活动。实践证明，当时这样的税收制度是完全正确的。

农业税方面，1950 年 9 月，中央人民政府政务院公布《新解放区农业税暂行条例》，建立了新解放区的农业税制，这是一种差别较大的全额累进税制。它按全年平均每人收入粮食的多少分为 40 级，税率 3% ~40%，对收入 20 万斤粮食以上者，包括加征在内，负担可达到 80%，而对平均每人收入粮食不足 150 斤者则予以免税。当时采取这种税收制度，是与新解放区尚未进行土地改革，仍然存在地主、富农经济的情况相适应的。它对打击地主经济、限制富农经济、扶植贫农发展生产，起了重要作用。

第二节　1953 年的税制修正

经过全党、全国人民的共同努力，到 1952 年底，新中国胜利完成了恢复国民经济的任务。随着国民经济的恢复和发展，社会主义经济在整个国民经济中的比重不断提高，新的商业网点大量建立。与此相适应，国民经济中工商企业的经营方式和商品流通渠道也发生了很大变化。国营工业企业生产的计划性日益加强，国营商业和合作社大量采取委托加工、代购代销和内部调拨等经营方式，私营企业则趋于采取联合经营、深购远销、产销直接见面等经营方式，从而使商品流转环节大为减少。这样，原来的一些税制规定就与经济形势不相适应了。首先，由于社会主义经济日益壮大，原来以私人工商业为主要纳税人的复杂的征税办法，在一定程度上不利于国家的计划管理和国营企业的经济核算，不利于进一步活跃商品流通和有计划地发展国民经济。其次，由于减少了商品流转环节，继续实行原来多种税、多次征的办法使批发营业税明显减少，以致出现了“经济日渐繁荣，税收相对下降”的局面，为了使税收制度适应已经变化了的经济形势，既能促进经济发展，又能保证财政收入，从 1953 年 1 月起，国家对税收制度进行了修正。

这次修正税制，是根据“保证税收，简化手续”原则进行的。其主要内容有：

（1）试行商品流通税。从征收货物税的品目中，选择酒、麦粉、水泥等22种基本上可由国营经济控制的产品，把它们原在生产环节应纳的货物税、营业税及其附加、印花税与在商业批发及商业零售环节应纳的营业税及印花税加以合并，只征收一次商品流通税。把棉纱统销税和棉花交易税合并为商品流通税的一个税目，凡已纳商品流通税的商品，在以后各个流转环节上，均不再征收其他税。

（2）调整货物税。除上述22种征收货物税的产品改征商品流通税外，对征收货物税的产品，将原来交纳的营业税及其附加及印花税均并入货物内征收；粮食、土布交易税也改为征货物税；同时，简并了货物税税目。

（3）调整屠宰税。将屠宰商应纳的营业税及其附加和印花税均并入屠宰税内征收。

（4）修订工商业税。对工商业税中的营业税，除了将工业企业交纳的一部分分别并入商品流通税和货物税以及将屠宰商交纳的部分并入屠宰税之外，对工商企业，将其交纳的营业税及其附加和印花税均并入营业税内征收，并把工业品批发环节应纳的营业税移到工业环节征收。

（5）简化交易税。除将粮食、土布交易税并入货物税外，停征了药材交易税。原交易税中只保留牲畜交易税。

（6）取消特种消费行为税。将其中的电影、戏剧及娱乐部分的税目改为征文化娱乐税，其余税目并入营业税内征收。

1953年，是我国进入大规模社会主义改造的第一年。这一年夏季，党中央召开的全国财经工作会议制定了过渡时期税收工作的任务和政策，强调要使税收成为保护和发展社会主义、半社会主义经济，有步骤、有条件、有区别地利用、限制、改造资本主义工商业的工具，强调在税收政策上对公私经济应区别对待，繁简不同。在这个方针的指导下，对修正的税制又作了一些修改和补充。例如，除对国营企业批发工业品继续不征营业税外，对私营批发商业一律恢复征收营业税，改变了税制修正中出现的公私批发商一律不纳营业税的现象；对私营工商业继续征收所得税，对公私合营经济则视其程度逐步按国营企业待遇，在征纳手续上也采取了一些繁简不同的办法。采取这些措施，对发展国营经济、扶植合作社经济、加强对私营经济的社会主义改造起了重要作用。

经过1953年税制修正，我国税收计有14个税种，即商品流通税、货物税、工商业税、盐税、关税、农（牧）业税、利息所得税、印花税、牲畜交易税、屠宰税、城市房地产税、车船使用牌照税、文化娱乐税、契税。与1950年确立的税制相比，税种虽未减少，税制体系与结构也基本上未变，但多种税、多次征的办法有了一些变化。例如，工业企业交纳的主要税种有所减少，原交纳的货物税、营业税及其附加和印花税等分别并入商品流通税和货物税；部分产品由道道征税改为从生产到销售只征一次税；营业税的征税范围也有所缩小。这些修正与当时有利于国营企业经济核算、促进商品流通的要求是相适应的。

第三节 1958年改革工商税制，统一全国农业税制

一、改革工商税制

1956年，我国基本上完成了对生产资料私有制的社会主义改造。社会经济结构由多种经济成分并存变为基本上单一的社会主义经济，税收征纳关系也由以资本主义工商业为重点变为以社会主义全民所有制和集体所有制经济为重点。从而，原来在多种经济成分并存条件下制定的税收制度，也就不再适应新的社会主义经济情况，不再适应社会主义企业加强经济核算的要求。因此，有必要对工商税收制度进行一次较大的改革。

1958年9月，根据“基本上在原有税负基础上简化税制”的方针，对工商税收制度进行了改革。这次改革的主要内容，是把原来的货物税、商品流通税、营业税、印花税加以合并，试行工商统一税。工商统一税是向一切从事工业品生产、农产品采购、外货进口、商业零售、交通运输和服务性业务的单位和个人，按其商品销售收入金额、购入商品支付金额和业务收入金额征收的一种税。工商统一税的税目分为两部分：一部分是工农业产品，它大体是根据产品性质、用途和部门分工相接近、积累水平相接近等原则来划分的，如卷烟、酒、棉纱等。另一部分是商业零售、交通运输和服务性业务。工商统一税采用比例税率，基本上一个税目一个税率。个别税目因产品种类较多，且积累水平高低悬殊，因而分订几个税率。工商统一税有以下几个纳税环节：工业品在工业销售环节纳税，通过商业零售的，另在零售环节纳税；农产品（只就列举的烟叶、茶叶、鱼类等11种产品）在采购环节纳税，通过商业零售的，另在零售环节纳税；其他没有列举的农产品，只在商业零售环节纳税；进口外货在进口环节纳税，由海关代征；交通运输和服务性业务在经营单位取得收入后纳税。

> **税收拾粹**
>
> 好牧羊人的职责是剪羊毛，而不是扒羊皮。
>
> ——提布瑞斯·恺撒

工商统一税是在货物税、商品流通税、营业税和印花税四种税的基础上制定的。但它并不是四种税的简单合并，与原来四种税相比，它有如下几点变化：

第一，简化了纳税环节。对工农业产品基本上实行两次课征制，改变了过去工、农产品批发一次征一次税的办法。

第二，简化了征税办法。一是简化计税价格。工业产品一律改为按销售收入计税。二是减少对中间产品的征税。对工业企业自己制造并用于本企业连续生产的“中间产品”原来规定有26种产品要在生产过程中征收中间产品税，改革后，只保留对棉纱、白酒、皮革三种产品继续征收中间产品税，其余的五金、钢铁等20

多种中间产品均不再征税。

第三，在原税负基础上，对个别利润过大或过小的产品，适当调整了税率。

第四，对协作生产、新兴企业作了某些减税、免税照顾。

这次改革以后，于1959年停征了利息所得税。1962年，为了配合农村集市的管理，开征了集市交易税，后又因农村集市贸易情况发生变化，于1964年保留税种，暂停征收。1963年，为改变“个体经济的负担轻于集体经济，合作商业的负担轻于其他集体经济”的不合理状况，调整了工商所得税的负担，并相应地改进了各种税的征收办法。1966年，为了配合宣传上的需要，停征了文化娱乐税。

经过这次改革，除农业税外，我国实际开征的共有9种税，即工商统一税、工商所得税、关税、盐税、牲畜交易税、城市房地产税、车船牌照使用税、屠宰税等。改革后的税制与原税制相比，税制体系和结构基本未变，但多种税、多次征的状况进一步发生了变化。商、货、营、印四税合一，使税种大大减少。纳税环节统一实行两次课征制，使税制进一步简化。

二、统一全国农业税制

新中国成立初期，由于革命根据地与新解放区的情况不同，农业税制度也不同。革命根据地经过土地改革，不仅没收了地主的土地，而且没收了富农多余的土地。各阶层占有的土地已大体平均，因而采用了比例税制。新中国成立以后，各革命根据地还是沿用解放战争时期制定的农业税制度。土地改革以前，占全国农业人口2/3的新解放区为了打击地主经济，贯彻党的阶级路线和合理负担的政策，按照1950年制定的《新解放区农业税条例》，实行差距很大的全额累进税制。1952年，新解放区虽然基本上完成了土地改革，消灭了地主阶级的封建土地所有制，没收了富农的出租地，土地占有情况已不像土改前那样相差悬殊，但是富农经济仍旧存在。为了限制富农经济，还不能立即实行比例税制，只能实行差距较小的全额累进税制。

1956年农业合作化以后，不管是老解放区还是新解放区，个体经济都走上了合作化道路，成为集体经济。在这种情况下，继续实行两种农业税制已无必要。为了适应农村这种新的变化，1958年6月，国务院公布了《中华人民共和国农业税条例》，废除了原来的农业税制，统一了全国农业税制度。这次改革，对巩固和发展农村集体经济、正确处理国家与农民的分配关系、加强工农联盟，有着重要作用。

第四节　1973 年简并税制

文化大革命期间，在“左”的思潮影响下，认为原来的工商税制税种过多，税目、税率复杂，企业要同时交纳几种税，征收办法烦琐，不利于企业的经济核算。在这种情况下，1973 年又对工商税收进行了一次较大的改革。

这次改革所遵循的原则，是“在基本上保持原税负的前提下，合并税种，简化征税办法”。改革的主要内容，是把企业原来交纳的工商统一税及其附加、城市维护税、车船使用牌照税、屠宰税、盐税合并为工商税，但盐税仍执行原征税办法。

改革后的工商税与企业原工商统一税及其附加、城市房地产税、车船使用牌照税、屠宰税相比，有以下一些变化：

第一，把原工商统一税的税目由 108 个减为 44 个，税率由 141 个减为 82 个。

第二，在基本保持原税负的基础上，对少数税率作了调整。

第三，简化了连续生产的中间产品、委托加工产品的征税办法和手续。

经过这次改革，除农业税外，我国实际只开征 8 种税，即工商税、工商所得税、牲畜交易税、城市房地产税、车船使用牌照税、屠宰税、关税、契税。改革后的税制与原税制相比，税制体系与结构并未发生大的变动。但是，企业交纳的税种大为减少。国营企业只征工商税，集体企业只征工商税与工商所得税两种税。

这次改革，由于片面追求税制简化，不适当地合并税种，使税收无法更好地发挥调节经济杠杆的作用。几种地方税被挤掉，也影响了地方对这些税源的关心。同时，由于工商税一般按经营的行业分别设计税目、税率，要求一个企业只适用一两个税率，因而，它也不适应客观经济情况，在实际执行中，又不得不逐渐恢复按产品规定不同的税率。

第五节　1979—1993 年的税制改革

一、改革税制的必要性

1979 年以来，我国的税收制度进行了一次全面的改革。这次改革的必要性，是由原税制存在的缺陷和经济体制改革的客观要求决定的。

第一，原税制不能适应经济情况的新变化，必须进行改革。经过上述几次较大改革，我国的税收制度由繁变简，并且越来越简化，与客观经济情况不相适应。1978 年中共十一届三中全会以后，党和国家把工作重心转移到社会主义现代化建设上来，并从1979年开始，贯彻“调整、改革、整顿、提高”方针，对经济结构进行重大调整，对经济体制进行重大改革。同时，实行对外开放，努力发展我国与其他国家的经济技术交往。这样，原来过于简化的税收制度就与经济形势更不适应了。

（1）社会经济结构发生重大变化，由基本单一的公有制结构，转变为以公有制为基础、多种经济成分同时并存和多种经营方式共同发展的结构，如城镇发展个体经济、农村推行家庭联产承包责任制等，都要求有与之相适应的税收制度。而原来的税收制度对集体经济特别是个体经济限制过严，不能适应这一要求。其中农业税制是按照合作化后集体劳动、统一经营的模式制定的，也不适应这一要求。

（2）部门结构和产业结构发生重大变化，由重“重工”、轻“轻工”，重加工、轻采掘，重农业、轻林牧副渔，转变为农轻重各部门、各行业协调发展，要求有与之相适应的税收制度。而原来的税收制度，是为适应过去的部门结构、产业结构及产品结构而制定的，在税率和征收办法上有许多不合理的地方，其中，农业部一直着重对农业征税，而对多种经营兼顾不够，不能适应这一要求。

税收拾粹

最早的遗产税征收行为可追溯到古埃及。

最早的遗产税成文法律文件形成于古罗马。

近代最早的遗产税是荷兰于1588年开征的。

具有现代意义的遗产税制度于1696年在英国诞生。

（3）国家对经济的管理方式发生重大变化，由以直接控制为主转变为以间接控制为主，在计划管理上，指令性计划的范围逐步缩小，指导性计划和市场调节的范围逐步扩大，在调节手段上，行政办法逐步减少，经济办法逐步增加，要求充分发挥税收的经济杠杆作用。而原来的税收制度，税种过少，一个企业只征一两种税，没有与企业生产经营的许多方面，如财产、土地占有、成本管理、利润分配等直接挂钩，对由于自然资源、技术装备、地理交通等客观因素形成的级差收入，也无法予以调节，不能适应这一要求。

（4）对外经济往来日益发展，要求有一套完整的、适应对外经济开放政策需要的涉外税法。而原来没有这方面的税法，不能适应这一要求。

此外，原来的税收制度、许多税种的立法程序，也不符合法制建设的要求。

要想使税收制度适应经济形势的新变化，推动改革开放的进行，就必须对原来的税收制度进行一次全面的改革。

第二，改革国家与国营企业之间的收入分配关系，要求在税收制度上进行相应的改革。新中国成立以来，国家与国营企业的收入分配长期实行由国家统收统支、统负盈亏的制度，即企业把全部纯收入上交国家，企业花钱需层层上报，由财政批准下拨，企业亏损由财政如数弥补。这种分配制度，使企业既无动力，也无压力，不利于充分调动企业的积极性、发挥企业应有的活力。

为了改变这种分配体制，1978 年试行过企业基金制度，1979 年以后又先后实行过各种形式的利润留成制和盈亏包干。这对调动企业积极性、发挥企业活力有一定的作用。但是，由于企业情况千差万别，留成比例和包干基数很难定得合理，并且利润多了可以多分成，利润少了却不一定少分成，甚至出现了包盈不包亏的现象。这既不利于调动企业改善经营管理的积极性，也不利于保证财政收入的稳定增长。当时认为，要正确处理国家与国营企业之间的收入分配关系，必须实行以税代利，取消利润上交形式，改为按国家规定的税种、税率向国家上交税金的方式。以税代利对处理国家与国营企业之间的收入分配关系具有很多优越性。它可以把国家与企业的分配关系以税法形式固定下来，国家的财政收入可以得到保证，企业也有了法定的收入来源，在生产增长、经济利益提高的情况下，国家和企业的收入都可增加。企业税后利润归自己支配，实行自负盈亏，这使得企业内有动力，外有压力，从而可以增强活力，促进经济发展。

要实行以税代利，就必须建立与之相适应的税收制度，从而必须对税收制度进行相应的改革。

1984 年，实行了利改税，在执行过程中又逐渐改为税利承包制度。数年的实践证明，承包制也有诸多弊病，后来逐步向税利分流方向过渡。

二、改革税制的指导思想和原则

1979 年以来的税制改革，是在经济体制改革不断深入的过程中逐步进行的。1981 年制订工商税制改革方案时，规定这次改革的指导思想是：认真贯彻“调整、改革、整顿、提高”方针，合理调节各方面的经济利益，正确处理企业、个人之间的关系以及中央与地方的关系，充分发挥税收的作用，促进国民经济的发展。遵循这一指导思想，这次改革的原则主要有以下几条：

（1）适应经济情况的复杂性和经济性质、经济形式的多样性，逐步恢复一些税种，增加一些税种，使每个税种在生产经营的各个领域发挥各自不同的作用。

（2）逐步把国营企业上缴利润改为征收所得税，以促进企业加强经济核算，改善经济管理，增加财政收入。

（3）根据国家经济政策要求，按不同部门、不同行业和不同产品规定高低不同的税率，从经济利益上调节生产和消费的关系，使微观经济活动与宏观决策相适应。并根据对外贸易与经济政策，从税收上鼓励扩大出口，保护国内生产，促进利用外资和引进先进技术设备。

（4）在价格不能大动的情况下，用税收杠杆调整一部分企业的利润，适当解决企业之间因价格和资源条件不同而形成的利润水平悬殊问题。避免因税制改革导致物价上涨，从而增加人民负担。

（5）在保证国家财政收入的前提下，兼顾地方、部门、企业的经济利益，以调动各方面的积极性。

（6）将各项工商税收入划分为中央税、地方税、中央和地方共享税，使中央和地方政府都有相应的财政税收管理权。

三、税制改革的主要内容

（一）流转课税的改革

（1）1984年10月，将原工商税按征税对象性质划分为产品税、增值税、营业税和盐税四种税。产品税是将原工商税中对产品征税的部分划分出来设置的一种税。与原工商税相比，把按行业设置税目税率在较大范围内进行了调整，出口产品和中间产品的征税办法也作了一些改进。随着增值税范围的扩大，产品税的征收范围相对缩小。

增值税是在1979年以来逐步扩大试点的基础上形成的一个税种，从1979年起，选择原工商税中机器机械与农业机具两个行业在部分地区试行增值税。1982年7月，将试行范围扩大到自行车、缝纫机、电风扇三种产品。从1983年1月起，在全国范围内对上述两个行业三种产品试行增值税。1984年10月，制定出《中华人民共和国增值税条例（草案）》，同时将实施范围扩大到汽车、机动船舶、轴承、钢坯、钢材、印染绸缎及西药等产品。1986年，为推动横向经济联合，将实施范围扩大到日用机械、日用电器、电子产品、搪瓷制品和保温瓶。1987年7月，又对部分轻工产品改征增值税。此后，又多次扩大增值税的征税范围。实行增值税的产品，已达31个税目。

营业税是把原工商税中对商业、交通运输及各种服务性业务征税的部分划分出来形成的一个税种。与原工商税相比，营业税扩大了征税范围，把建筑业、出版业、娱乐业列为征税项目，税率也作了适当调整。1988年，又将典当业列为营业税的一个新增税目。

盐税在1973年并入工商税，但仍按原办法征收。1984年工商税制全面改革时，盐税从工商税中重新划分出来，单独制定税收条例，成为一个独立税种。

（2）修订关税。

①1980年1月，先后对涉及200多个税号的进口税税率作了较大调整。1980年2月，停征了仅有的四种产品的出口关税。1982年6月，确定对煤炭、生铁等34种产品征收出口关税。1987年1月，国家又决定对煤炭、生铁、桂皮、当归等16种产品停征出口关税。

②1985年3月，制定了《中华人民共和国进出口关税条例》，健全了关税法规。同时，以国际上通行的《海关合作理事会商品分类目录》为基础修订了《中华人民共和国海关进出口税则》，较大范围地调整了关税税率，降低了税率水平。

（二）资源课税的建立

1984 年 10 月，开征了资源税，征税对象为开发原油、天然气、煤炭等自然资源的企业。1986 年，又由按产品销售利润率计征改为从量定额征收，改进了征税办法。

开征资源税和盐税，我国初步形成了资源课税体系。

（三）完善收益课税

（1）实行国营企业利改税，开征国营企业所得税和调节税。

1979 年开始，陆续在部分省、市、自治区的国营企业进行“以税代利”试点。1983 年，在总结试点经验的基础上，在全国范围内进行利改税的第一步改革。即对有赢利的国营企业普遍征收所得税，大中型企业征收所得税后的利润，一部分按核定的留利水平留给企业，其余部分根据企业不同情况分别采取不同办法上交国家，小型企业征收所得税后的利润归企业自己支配。由于第一步利改税并未做到完全以税代利，税后利润分配办法还比较纷繁，企业之间的留利水平也存在相差悬殊的问题，于是，1984 年 10 月，进行了利改税的第二步改革。大中型企业征收所得税后，利润超过核定留利水平的，交纳调节税，小型企业税后利润归企业支配，实行自负盈亏。

（2）将工商所得税改为集体企业所得税。

1980 年 10 月，对工商所得税进行了调整。合作商店改按集体工商企业的税率征税，个体商业亦按集体工商企业的负担水平确定税率征税。1981 年，“二轻”系统的集体企业实行增长利润按一定比例减征工商所得税的办法。1985 年，将工商所得税改为集体企业所得税，同时调整了税率，减轻了集体企业税收负担。

（3）1986 年 1 月，开征城乡个体工商业户所得税。城乡个体工商业户不再按集体企业所得税办法纳税。

（4）1987 年 1 月，开征个人收入调节税。

（5）1988 年，为加强对私营企业的引导、监督，合理调节私营企业的收入，国家决定开征私营企业所得税。

（6）调整农业税。

①从 1979 年起，对农村的低产缺粮生产队，每人平均口粮在起征点以下的，免征农业税。1983 年，由于农村经济情况好转，故而停止执行此项规定。

②1981 年 6 月，规定了各地区农林特产收入征税的原则和范围。1983 年，对农林特产收入征收农业税作了统一规定。

③1985 年，农业税由征收实物改为折征代金。

（四）涉外税收体系的建立

（1）1980 年 9 月，开征了中外合资经营企业所得税，对我国境内的中外合资经营企业征税。同时，开征了个人所得税，对在我国境内居住的外国人取得的各项所得征收所得税。1982 年 1 月，对我国境内的外国企业，开征外国企业所得税。

（2）对经济特区、经济开发区和沿海开放城市，规定了一些特殊的税收优惠办法。

（3）1991 年 7 月，为进一步扩大对外开放，继续采取多种形式吸引外商投资，进一步贯彻沿海经济发展战略，积极发展和扩大对外经济合作与技术交流，根据“优惠不减、税负不增”的原则，将中外合资经营企业所得税与外国企业所得税合并为外商投资企业和外国企业所得税。新税法在原来的基础上实现了三个统一，即统一税率、统一税收优惠待遇、统一税收管辖权。

（五）特别行为课税体系的建立

> **税收拾粹**
>
> 税收上的任何特权都是不公平的。
>
> ——伏尔泰

（1）1982 年 7 月，为了促进企业加速以煤代油的进程，解决能源利用结构的不合理问题，对一切单位用于锅炉和工业窑炉做燃料用的原油和重油，开征了烧油特别税。

（2）1983 年 10 月，为了加强对基本建设投资规模的控制，调节基本建设投资结构，国家对用预算外资金和自筹资金进行基本建设的单位和个人，开征了建筑税。1991 年 4 月，为了进一步贯彻产业政策控制固定资产投资规模，引导投资方向，调整投资结构，保证国家重点建设，对所有的固定资产投资，普遍开征了固定资产投资方向调节税，原建筑税同时废止。

（3）1984 年 6 月，为了促进资金制度的改革，控制盲目发放奖金，对未实行工资总额与经济效益挂钩浮动的国营企业，开征了国营企业奖金税。为平衡企业间的税负，合理控制消费基金的过快增长，1985 年，又先后开征了集体企业资金税、事业单位奖金税，并对实行工资总额与经济效益挂钩浮动的国营企业，开征国营企业工资调节税。

（4）1987 年 4 月，为了加强对土地的管理，合理利用土地资源，保护耕地，稳定农业生产，控制非农业占用耕地，对全国范围内占用农用耕地建房或者从事其他非农业建设的单位和个人，开征了耕地占用税。

（5）1988 年 10 月，为了保障各种经济凭证的法律效力，维护社会主义商品经济的秩序，维护国家权益，增强人们的纳税观念，对各类经济合同、产权转移书据、营业账簿、权利、许可证照等凭证开征了印花税。

（6）1988 年，为了合理引导消费，提倡勤俭节约的社会风尚，控制大吃大喝，反对铺张浪费，同时为地方增加财政收入，对在饭店、酒店、宾馆、招待所及其他饮食营业场所举办达到一定标准的筵席，开征了筵席税，由举办单位和个人缴纳。

（7）1989 年 2 月，为了加强对彩色电视机和小轿车的销售管理，控制超前消费，对生产和进口的彩色电视机和小轿车，开征了特别消费税。

（六）逐步完善地方税

（1）1983 年 1 月，在总结过去各地征税经验的基础上，制定了全国统一的

《牲畜交易税暂行条例》，进而统一了全国的牲畜交易税制度。

（2）1985 年，为了加强城市维护建设，扩大和稳定城市维护建设的资金来源，决定对一切缴纳产品税、增值税、营业税的单位和个人，开征城市维护建设税。

（3）1986 年 10 月，为了加强对房产的占有和车船使用的管理，恢复开征房产税和车船税。

（4）1988 年 11 月，为了合理利用城镇土地，调节土地级差收入，提高土地使用效益，加强土地管理，对大中城市、县城、建制镇、工矿区范围内使用土地的单位和个人，开征了城镇土地使用税。

经过上述税制的全面改革，我国的税种主要有产品税、增值税、营业税、关税、进口调节税、船舶吨税、城市维护建设税、资源税、盐税、国营企业所得税、国营企业调节税、集体企业所得税、私营企业所得税、城乡个体工商业户所得税、农（牧）业税、个人收入调节税、外商投资企业和外国企业所得税、个人所得税、烧油特别税、固定资产投资方向调节税、国营企业工资调节税、国营企业奖金税、集体企业奖金税、事业单位奖金税、印花税、特别消费税、筵席税、屠宰税、集市交易税、牲畜交易税、房产税、土地使用税、耕地占用税、车船税、城市房地产税、车船使用牌照税等。此外，对外商投资企业执行工商统一税办法。

第六节　我国现行税制体系

1994 年，我国对在第二步利改税基础上形成的税制实施全面改革。这次税制改革是在发展社会主义市场经济的历史背景下，参照国际惯例进行的。因此，这次改革的意义，无论是从它所涉及的范围，还是从变革的深刻性上来说，都不亚于前两步利改税。可以说，1994 年的税制改革是改革开放以来我国税收改革进程中的重要转折点，是我国税制建设史上新的里程碑。

一、1994 年税制改革的必要性

在 1984 年第二步利改税和工商税制全面改革的基础上形成的税制体系，对于促进对外开放和经济发展、加强宏观调控、改善国家和企业之间的分配关系、保证财政收入的持续增长，都曾起了积极作用。但是，受整个经济体制改革进程的制约，原税制体系也开始暴露出一些弊端，无法适应社会主义市场经济发展的要求。

（一）1994 年前税制存在的问题

在一定程度上还保留着计划经济体制下国家用行政手段管理经济的痕迹，难以适应我国发展社会主义市场经济的要求，主要表现在以下几个方面：

（1）企业所得税按不同所有制企业分别设置税种，税率不一、优惠各异，地

区之间政策也有差别，造成税负不公平，不利于企业在市场中进行公平竞争。

（2）国家与企业的分配关系很不规范，出现了名义税率高、实际税率低的现象。

（3）在以计划价格为主的条件下设计的流转税税率档次过多，高低差距很大。

（4）地方税收收入规模过小，中央与地方的税收管理权限划分不够合理，不利于中央与地方彻底实行分税制。

（5）内外资企业实行两套税制，引起企业相互攀比，竞相争取税收优惠，矛盾日益突出。

（6）个人所得税、个人收入调节税、城乡个体工商业户所得税的法律法规不统一、不规范，不利于发挥调节社会收入分配的作用。

（7）税收调控的范围和程度不能适应生产要素全部进入的要求。随着我国对外开放的进一步发展，我国国际经贸活动的扩大，商品、资金、技术、劳动力等各种生产要素的跨国流动将会日益增加，客观上要求我国与世界各国之间的税收制度和税收政策要相互协调，以避免税收对生产要素的流通产生阻碍作用。

（二）改革的必要性

党的“十四大”明确提出，我国经济体制改革的目标是建立社会主义市场经济体制。市场经济不仅要求国家在税收上为企业提供公平的纳税条件，而且要求国家对企业由直接管理转变为间接管理，政府部门不再直接干预企业生产和经营的具体事务，而主要是通过财政、税收、价格、金融等经济杠杆来调节、规范企业的经营活动。在经济杠杆体系中，税收是一个重要的经济杠杆，它在调节经济中的统一性、权威性、普遍性、针对性、灵活性等特点是其他经济杠杆所不能代替的。因此，建立和发展社会主义市场经济需要对税制作相应的改革。具体来说，其必要性体现在以下五个方面：

（1）建立社会主义市场经济体制的需要。

我国社会主义市场经济体制的建立、发展与完善，要求建立一套与之相适应的税收制度。市场经济要求统一税法，公平税负，简化税制，合理分权，发挥中央与地方的积极性，规范分配格局。原税制内外不一致，造成税负不公平；税制过于繁杂，不便于征管；中央与地方的收入分配不合理，不利于理顺分配关系，不能适应市场经济的要求，因此必须进行改革。

（2）加强宏观调控的需要。

宏观调控是国家为了保证国民经济快速、协调、健康地发展，采取经济的、法律的乃至行政的手段对经济运行施加影响，适当干预，这是当代市场经济国家的普遍做法。当前，在我国新旧体制转换过程中，出现了许多新的矛盾和问题，必须加强宏观调控，而税收是国家实施宏观调控的重要手段。因此，深化改革，建立一套新的、完善而健全的税收制度，对于解决当前的问题和制定长远规划都是十分必要的。

（3）整个经济体制配套改革的需要。

> **税收拾粹**
>
> 税收与你获得的利益如影随形。
>
> ——爱默生

经济体制改革是一个系统工程，正在进行的财政体制、税收制度、金融体制、外贸体制、国有资产管理体制等各项改革之间的关系是互为条件、互相储存、互相促进的。税制改革是其中不可缺少的重要一环，税制改革搞好了，可以为深化其他改革创造有利条件。同样，税收制度的改革与完善，也离不开其他方面改革的深化。

（4）理顺分配关系的需要。

我国原分配关系，包括国家与企业的分配关系、中央与地方的分配关系，既不合理，也不规范。因此，建立科学合理的税制非常重要，十分紧迫，它有利于从法律的角度正确处理各方面的经济利益关系，调动各方面的积极性，促进经济的发展。

（5）与国际惯例相衔接的需要。

市场经济是开放的经济，我国经济是国际经济的有机组成部分。因此，随着我国市场经济体制的建立，必然要求建立一套与国际惯例相适应的经济管理制度，包括按照公平税负、中性、透明的原则建立内外一致的税收管理制度，以利于改革开放的进一步深入和扩大。

二、1994 年税制改革的指导思想和基本原则

1994 年税制改革的指导思想是统一税法、公平税负、简化税制、合理分权、理顺分配关系、规范分配方式、保障财政收入，建立符合社会主义市场经济要求的税制体系。根据这个指导思想确立的税制改革的原则是：

（1）有利于调动中央和地方的积极性，加强中央的宏观调控能力。调整税制结构，合理划分税种和确定税率，实行分税制，为理顺中央与地方的分配关系奠定基础。逐步提高税收收入占国民生产总值的比重，合理确定中央财政收入和地方财政收入的比重。

（2）有利于发挥税收调节个人收入和地区间经济发展的作用，促进经济和社会协调发展，实现共同富裕。

（3）实现公平税负，促进平等竞争。通过统一企业所得税和完善流转税，使各企业之间税负大致公平，为企业在市场中进行平等竞争创造条件。

（4）体现国家产业政策，促进经济结构的调整，促进国民经济持续、快速、健康发展和整体效益的提高。

（5）简化、规范税制。取消与经济发展不适应的税种，合并重复设置的税种，开征一些新税种，实现税制的简化和合理。参照国际惯例，采用较为规范的方式，

保护税制的完整，以利于维护税法的统一性和严肃性。

三、1994 年税制改革的主要内容

按照改革的指导思想和基本原则，1994 年税制改革全面改革了流转税，统一了企业所得税，规范了个人所得税，调整、归并了地方税，并开征了一些特殊调节的税种。全部工商税种由 31 个减少到 18 个，具体包括增值税、消费税、营业税、企业所得税、外商投资企业和外国企业所得税、个人所得税、资源税、土地增值税、城市维护建设税、土地使用税、房产税、车船税、证券交易税、印花税、遗产税和赠与税、固定资产投资方向调节税、屠宰税、筵席税。具体内容如下：

（一）流转税制的改革

流转税是改革的重中之重。按照充分体现公平、中性、透明、普遍的原则，在保持总体税负不变的情况下，参照国际上流转税制改革的一般做法，改变了原流转税按产品分设税目，分税目制定差别税率的传统做法，确定了在生产和流通环节普遍征收增值税，在此基础上选择少数产品再征收一次消费税，对提供劳务、转让无形资产和销售不动产保留征收营业税的模式。改革后的流转税由增值税、消费税和营业税组成，统一适用于内资企业和外资企业，取消对内资企业征收的产品税以及对外商投资企业和外国企业征收的工商统一税。原征收产品税的农林牧水产品，改为征收农业特产税和屠宰税。

（二）企业所得税制改革

企业所得税改革分两步进行，第一步从 1994 年起先统一内资企业所得税，相应取消国有企业所得税、集体企业所得税和私营企业所得税，待条件成熟后再统一内外资企业所得税。从 1994 年 1 月 1 日起，内资企业按《中华人民共和国企业所得税暂行条例》缴纳企业所得税，外资企业仍按原适用的《中华人民共和国外商投资企业和外国企业所得税法》税种缴纳企业所得税。第二步从 2008 年 1 月 1 日起，我国内外资企业统一适用新的企业所得税。

（三）个人所得税制改革

个人所得税改革是把原个人所得税、个人收入调节税和城乡个体工商业户所得税合并，建立统一的个人所得税。《中华人民共和国个人所得税法（修正案）》已于 1993 年 10 月 31 日在八届人大四次会议上通过，于 1994 年 1 月 1 日起实施。

（四）其他税种改革

主要内容有：开征土地增值税、证券交易税、遗产税和赠与税；改革城市维护建设税；调整、撤并其他一些零星税种，包括取消集市交易税、牲畜交易税、奖金税和工资调节税，将盐税并入资源税中，将特别消费税和烧油特别税并入消费税；取消对外商投资企业、外国企业，以及外籍人员征收的城市房地产税和车船使用牌照税，实行统一的房产税和车船税；调高土地使用税税额；下放屠宰税和筵席税。

原有税种中保留的有外商投资企业和外国企业所得税、印花税、固定资产投资方向调节税。

（五）征管制度改革

在税制改革的同时，税收征管制度也进行着相应的改革。改革的目标是建立以自行申报纳税和优化服务为基础，以计算机网络为依托，简化征收，重点稽查的新征管模式。

（1）普遍推行纳税申报制度。纳税申报是纳税人履行纳税义务的首要环节，纳税申报制度建立以后，对不按期申报的，要进行经济处罚；不据实申报的，视为偷税行为，依法严惩，以形成纳税人自我约束的机制。

（2）积极推行税务代理制度。按照国际通行的做法，实行会计师事务所、律师事务所、税务咨询机构等社会中介机构代理办税的制度。

（3）建立严格的税务稽核稽查制度。普遍推行纳税申报和税务代理制度以后，税务机关的主要力量将转向日常的、重点的税务稽核和稽查。

（4）加快推进税收征管信息化的进程。这是建立严密、有效的税收监控网络的必由之路。先从城市和重点税种做起，逐步形成全国性的、纵横贯通的税收征管计算机网络。

税收拾粹

据不完全统计，美国有80多种税，日本有50多种税，匈牙利有60多种税。我国1994年税制改革之前有30多种税，税制改革后仍有20多种税。

四、现行税制体系

现行税制体系是以流转税与所得税并重，其他税类为辅助税种的复税制体系。各税类包括的具体税种如下：

（1）流转税类。包括增值税、消费税、营业税、关税等，此类税种所取得的收入约占整个税收收入的70%。

（2）所得税类。包括企业所得税、个人所得税等。

（3）财产税类。包括房产税、契税、城镇土地使用税、车船税、土地增值税等。

（4）行为目的税类。包括印花税、城市维护建设税、固定资产投资方向调节税、耕地占用税、屠宰税、筵席税等。

经过1994年的改革，我国的税制体系及其税种收入在中央和地方之间的划分情况，如下表所示。

我国的税制体系及其税种收入在中央和地方之间的划分情况表

税类	税种	中央税	地方税	共享税	备注
流转税类	增值税			√	中央 75%，地方 25%
	消费税	√			
	营业税		√		按部门划分
	关税（船舶吨税）	√			含海关代征的工商税收
所得税类	企业所得税		√		自 2008 年 1 月 1 日起，两税合一，统一征收企业所得税
	外商投资企业和外国企业所得税	√			
	个人所得税		√		
资源税类	资源税		√ √		海洋石油资源税划归中央
财产税类	房产税		√		
	契税		√		
	城镇土地使用税		√		
	车船税		√		
	车辆购置税	√			
	土地增值税		√		
	遗产税与赠与税		√		未开征
行为目的税类	证券交易税			√	未开征
	印花税		√		
	城市维护建设税		√		
	固定资产投资方向调节税		√		已停征
	耕地占用税		√		
	筵席税		√		已停征
	屠宰税		√		已停征
	农（牧）业税		√		2006 年 1 月 1 日取消
	农业特产税		√		财政部门负责，从 2004 年起取消除烟叶外的农业特产税

【趣味阅读】

刘伯温智谏减税

据说，刘伯温辅佐朱元璋完成帝业、建立明朝后，回到家乡青田察访民情。当他来到水南岭时，看到几个衙役正押着一个相貌忠厚的农民走过，刘伯温问旁边的农民："他犯了什么罪?"这个农民唱起山歌来回答："三年大旱三年灾，百家种田百家哀，缸无粒米怎完税？官吏日日捕人来。"当刘伯温经调查得知当地确遭三年大旱而田赋未减时，决心请求洪武帝给青田百姓减免田赋。于是，他在岭头村子住下，连夜写奏章，一直到天亮才写好。

洪武帝朱元璋上朝后，从太监手里接过刘伯温的奏章，边看边念："青田，青田，叠石成田。田无水，民无粮，赋粮减半、减半再减半……"这时，只见刘伯温从容地跨出一步，跪下磕头说："谢主隆恩!"朱元璋这才恍然大悟，原来中了刘伯温的计，可是君无戏言，就只好同意减掉青田部分田赋。据说青田人民感激刘伯温的恩情，为纪念他，就把他通宵达旦写奏章所住的村子，取名为"章旦"。

【本章小结】

1. 1973 年简并税制改革所遵循的原则，是"在基本上保持原税负的前提下，合并税种，简化征税办法"。

2. 1994 年税制改革全面改革了流转税，统一了企业所得税，规范了个人所得税，调整、归并了地方税，并开征了一些特殊调节的税种。全部工商税种由 31 个减少到 18 个。

【主要名词】

流转税　行为目的税　财产税　所得税

【复习思考题】

1. 1973 年简并税制改革的主要内容是什么？
2. 1994 年税制改革所遵循的基本原则有哪些？
3. 我国现行的税制体系是什么？

附：税种演变示意图

1950 年建立新税制
流转税
货物税、工商业税、关税（船舶吨税）
所得税
存款利息所得税
资源税
盐税
财产税
遗产税、交易税、城市房地产税、车辆使用牌照税、契税
行为目的税
印花税、屠宰税、特种消费行为税、农业税
1953 年税制修订
流转税
货物税、工商业税、关税（船舶吨税）、商品流通税
所得税
存款利息所得税
资源税
盐税
财产税
遗产税、交易税、城市房地产税、车辆使用牌照税、契税
行为目的税
印花税、屠宰税、农业税、文化娱乐税
1958 年
工商税制改革
统一农业税
流转税
工商统一税、关税（船舶吨税）
所得税
工商所得税
资源税
盐税
财产税
交易税、城市房地产税、车辆使用牌照税
行为目的税
屠宰税、农业税

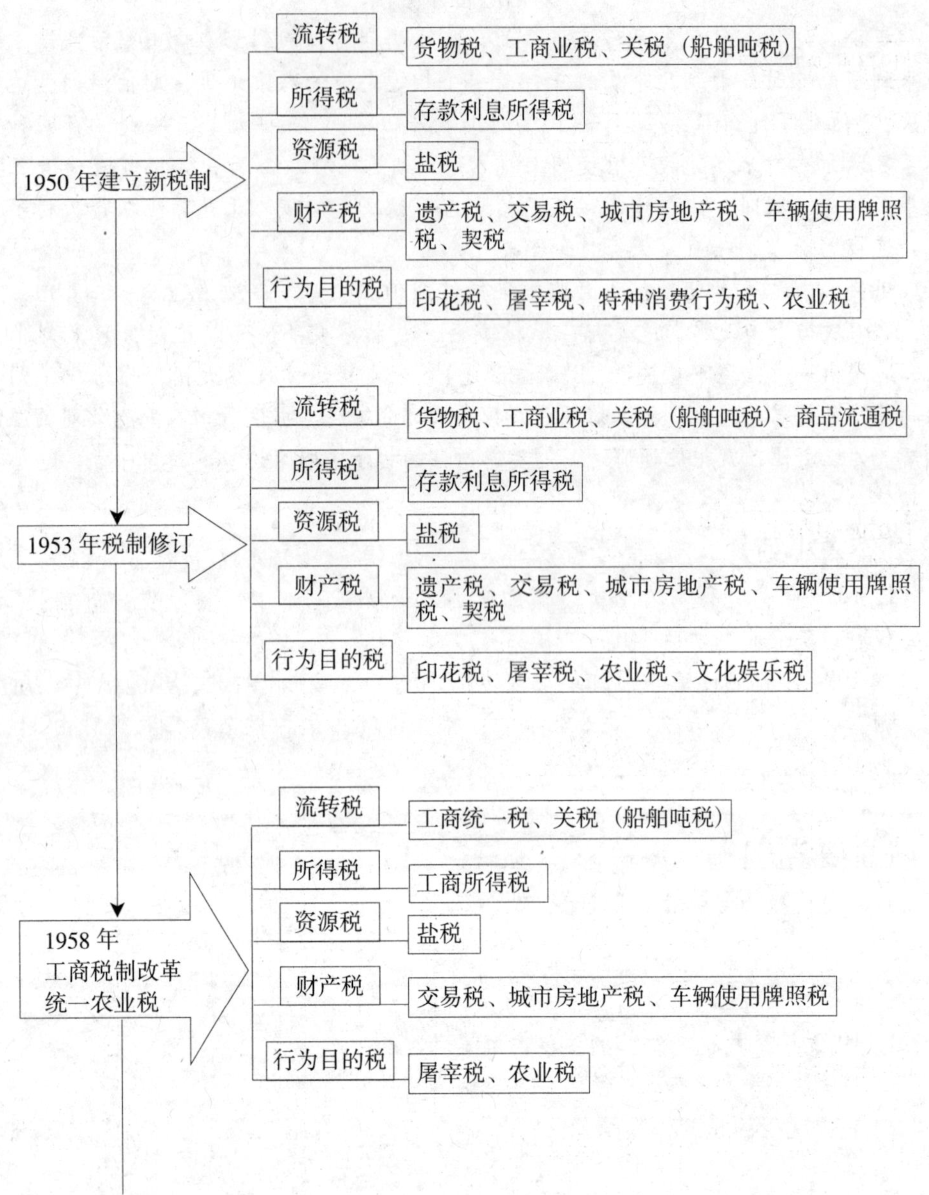

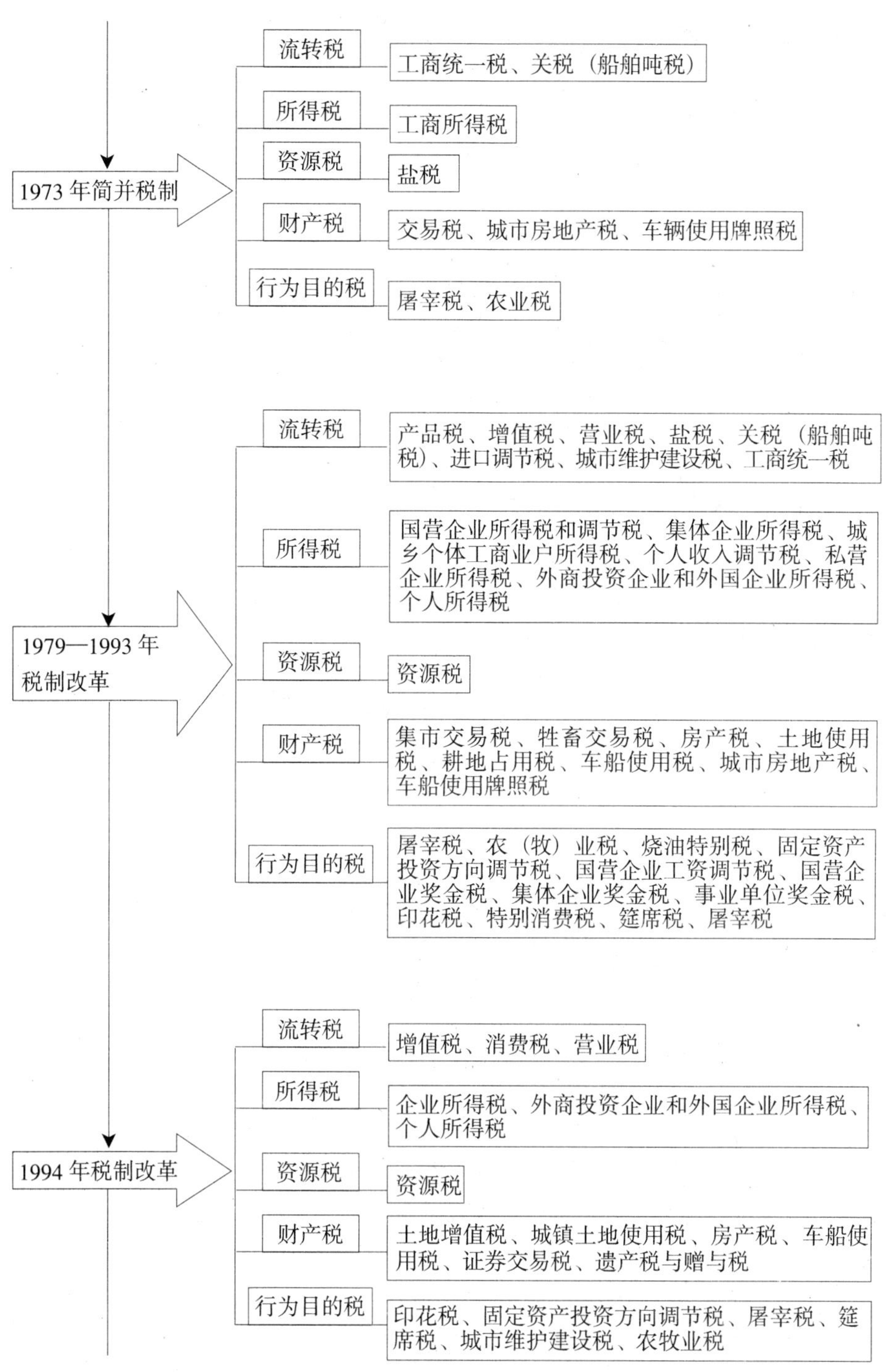
1973年简并税制
流转税
工商统一税、关税（船舶吨税）
所得税
工商所得税
资源税
盐税
财产税
交易税、城市房地产税、车辆使用牌照税
行为目的税
屠宰税、农业税
1979—1993年税制改革
流转税
产品税、增值税、营业税、盐税、关税（船舶吨税）、进口调节税、城市维护建设税、工商统一税
所得税
国营企业所得税和调节税、集体企业所得税、城乡个体工商业户所得税、个人收入调节税、私营企业所得税、外商投资企业和外国企业所得税、个人所得税
资源税
资源税
财产税
集市交易税、牲畜交易税、房产税、土地使用税、耕地占用税、车船使用税、城市房地产税、车船使用牌照税
行为目的税
屠宰税、农（牧）业税、烧油特别税、固定资产投资方向调节税、国营企业工资调节税、国营企业奖金税、集体企业奖金税、事业单位奖金税、印花税、特别消费税、筵席税、屠宰税
1994年税制改革
流转税
增值税、消费税、营业税
所得税
企业所得税、外商投资企业和外国企业所得税、个人所得税
资源税
资源税
财产税
土地增值税、城镇土地使用税、房产税、车船使用税、证券交易税、遗产税与赠与税
行为目的税
印花税、固定资产投资方向调节税、屠宰税、筵席税、城市维护建设税、农牧业税

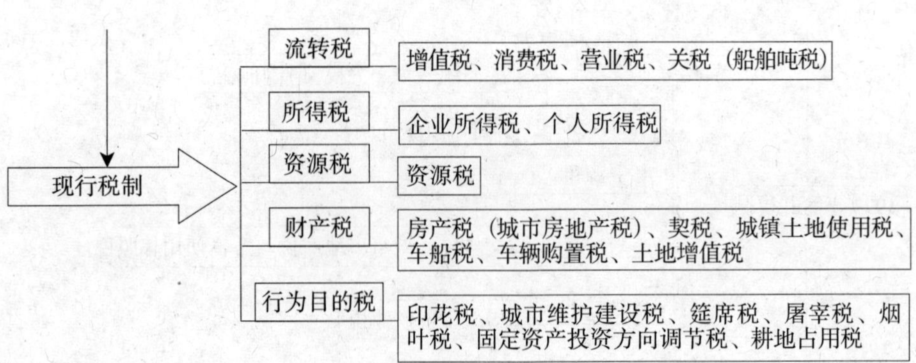
现行税制
流转税
增值税、消费税、营业税、关税（船舶吨税）
所得税
企业所得税、个人所得税
资源税
资源税
财产税
房产税（城市房地产税）、契税、城镇土地使用税、车船税、车辆购置税、土地增值税
行为目的税
印花税、城市维护建设税、筵席税、屠宰税、烟叶税、固定资产投资方向调节税、耕地占用税

第三章　增值税

> 增值税仅就增值额课征，税不重征，公平税负的特点突出。自 1954 年在法国首先推行后，至今世界上已有数十个国家和地区课征增值税。我国于 1979 年引进增值税并开始进行试点，1994 年的税制改革扩大了增值税的征税范围，实行价外税，建立规范化的增值税。目前，增值税与消费税、营业税互相配合构成了新的流转税体系。增值税属于中央和地方的共享税，无论是对保证国家财政收入，还是对社会经济的调节，都起着十分重要的作用。增值税是我国的主体税种，并将继续发挥其重要作用。
>
> 读者通过本章可以了解以下内容：增值税的基本原理，增值税的类型、特点与作用，增值税的纳税人、征税范围、税率等规定，以及增值税的特殊计税方式。

第一节　增值税概述

一、增值税及增值额的概念

所谓增值税，是指以增值额为课税对象所征收的一种税。把握增值税及其计税原理，首先必须理解什么是增值额。

（1）概括地说，增值额可以看作是差价，即因提供应税的商品或劳务而取得的收入价格（不包括该商品或劳务的购买者应交的增值税在内）与该项商品或劳务的外购成本价格（不包括为这些外购项目所支付的增值税）之间的差额。

（2）从经济理论上看，任何一种商品或劳务的价值均由 C、V、M 三部分构成。其中，C 为生产经营过程中消耗掉的补偿价值，即由上一生产经营环节转移过来的投入物品或劳务的价值。商品或劳务价值扣除 C 以后的部分，即为该商品或劳务的新增价值 $V+M$。其中，V 为劳动力的补偿价值，M 是剩余产品价值。

> **税收拾粹**
>
> 根据国家税务总局网站（http：//www. chinatax. gov. cn/n480462/index. html）公布的资料，2009 年我国国内增值税的税收收入总额为 18 820 亿元，成为我国目前最大的税种。

（3）从一个企业商品或劳务的生产经营全过程分析，增值额是指该企业商品或劳务的销售额扣除外购商品或劳务金额，即非增值项目金额之后的余额。也就是这个单位创造的没有纳过税的那部分价值额。所以，就全社会而言，全部商品的增值额，大体上等于从社会商品总价值中扣除 C 后的余额，在财务上相当于净产值，包括工资、利润、利息、租金和其他属增值性的因素。

（4）就商品经营的全过程而言，增值额是该商品经历的从生产到流通各个环节的增值额之和。换言之，一个商品在生产经营全过程中的增值额，即等于该商品的最后销售额。例如，某商品的最后销售额为 1 000 元，假定这 1 000 元是经过以下生产和流转环节逐步形成的：

环节	进价（元）	增值（元）	售价（元）
原材料生产	0	200	200
半成品生产	200	300	500
产成品生产	500	350	850
商品批发	850	50	900
商品零售	900	100	1 000

可见，该商品的最后销售额 1 000 元，正是这个商品在五个生产经营环节中创造的增值额之和（200 + 300 + 350 + 50 + 100 = 1 000）。

需要指出的是，实行增值税时，一个国家据以征税的增值额并不完全等于理论上的增值额。其原因在于：一个国家在具体的税收制度设计上，都以本国的经济发展水平和国家财政收入需要为客观基础。经济发展水平较高的国家，可能把扣除范围规定得宽一些，从而也就缩小了应税增值额；经济发展水平较低的国家，从财政收入需要出发，可能把扣除范围定得窄一些，从而使应税增值额相应扩大。从这一点讲，我们又可以说，增值税是以法定增值额为课税对象征收的一种税。

二、增值税的类型

作为增值税课税对象的增值额，在各国增值税制度中，受诸多因素的影响，其内涵和外延不尽一致。一般来说，用于生产商品或劳务的外购投入物品包括：①原材料及辅助材料；②燃料、动力；③包装物品；④低值易耗品；⑤外购劳务；⑥固定资产（如机器设备、土地建筑物等）。各国增值税制度通常允许将①至⑤项列入扣除项目，从商品或劳务的销售额中予以扣除。但是，对第⑥项即外购固定资产价值的扣除处理，则因国情而异，有的允许全额抵扣，有的允许部分抵扣，有的则不予抵扣，由此，各国增值税可以分为以下三种类型：

(一) 生产型增值税

在计算增值税时，只允许将上述①至⑤项列为扣除项目，而不允许将外购固定资产的价款（包括年度折旧）从商品或劳务的销售额中抵扣。其增值额的计算公式为：

增值额 = 销售收入 - 外购商品及劳务支出(付现成本)
= 折旧 + 工资 + 利润 + 其他增值性收入

由于作为增值税税基的增值额相当于国民生产总值（GNP），故称“生产型增值税”。

税收拾粹

2003 年 10 月，中共十六届三中全会明确提出“增值税由生产型转为消费型，将设备投资纳入增值税抵扣范围”；从 2004 年 9 月 1 日起在东北老工业基地的八个行业进行增值税转型试点；2007 年 7 月 1 日，在东北试点的基础上，增值税转型拓展到中部六省市继续试点。2009 年 1 月 1 日增值税转型在全国范围内铺开。

(二) 收入型增值税

在计算增值税时，除允许将上述①至⑤项列为扣除项目外，还允许将当期固定资产折旧从商品和劳务的销售额中予以扣除。其增值额的计算公式为：

增值额 = 销售额 - 外购商品及劳务支出(付现成本) - 折旧
= 工资 + 利润 + 其他增值性收入

由于作为增值税税基的增值额相当于国民生产净值(NNP)或国民收入，故称“收入型增值税”。

(三) 消费型增值税

在计算增值税时，除允许将上述①至⑤项列为扣除项目外，还允许从商品和劳务销售额中扣除当期购进固定资产总额。其增值额的计算公式为：

增值额 = 销售额 - 全部外购商品及劳务支出
= 工资 + 利润 + 其他增值性收入

由于这种增值税不对资本投入品课征，而只是对消费品课征，故称“消费型增值税”。

综上分析不难看出，作为增值税税基的增值额，在不同国家范围大小不一，而实际征收中遇到的情况又远比上述规定复杂。因此，上述增值额的含义仅仅是一个税收上的概念，真正作为增值税计税依据的增值额，必须通过其法律依据——增值税法规才能确定。

三、增值税的产生与发展

增值税在其诞生以来的短短 50 多年时间里，先后为世界上数十个国家所采用。时间之短，发展之迅速，是其他任何税种所不能及的。

早在第一次世界大战结束时，美国耶鲁大学教授托马斯·S. 亚当斯以及担任政府顾问的德国人万·西蒙斯博士就曾提出过增值税的设想。随后一些国家也曾进行过具有某些增值税性质的销售税改革设想，但由于各种原因，都没有形成真正的增值税制度。直至第二次世界大战结束后的1954年，法国才率先采用增值税并取得成功。法国增值税的成功实行，引起了世界各国的重视，认识到这是一个很科学的税制，从20世纪70年代开始，增值税在全世界迅速推广，并已在一些国家成为主体税种。

在我国，随着经济体制改革的深入发展，重复征税的问题日益突出。为此，从1979年开始，我国在认真总结商品劳务税发展经验的基础上，借鉴国外的经验，研究增值税在我国实行的可行性问题。1980年，财政部决定在柳州、长沙、襄樊、上海等城市，选择重复征税矛盾较突出的机器机械和农业机具两个行业进行试点。1982年，财政部制定了《增值税暂行办法》，决定从1982年起在全国范围内对上述两个行业的产品以及对电风扇、缝纫机、自行车三项产品在全国范围内试行增值税。1984年的工商税制全面改革中，国务院正式颁布了《中华人民共和国增值税条例（草案）》，使增值税正式成为我国一个独立的税种。随后，我国又根据实际情况进一步扩大了增值税的征税范围，使增值税覆盖了绝大部分工业品。1987年，我国对增值税的计算方法和扣除项目作了统一规定，使增值税制度向规范化迈进了一大步。社会主义市场经济体制确立以后，改革和完善增值税愈显迫切。1993年底，国务院颁布了《中华人民共和国增值税暂行条例》（以下简称《条例》），规定对产制环节、商品流通环节以及加工、修理修配环节实行普遍征收、凭发票注明税款抵扣的增值税制，这标志着较为规范的增值税制在我国已经确立和实施。

四、增值税的计税原理

增值税以增值额为计税依据，而增值额从相加的角度来说相当于工资加上利润，从相减的角度来说等于产出减去投入。因此，增值税可以采用以下四种计税方法：

直接相加法：应纳增值税额 =（工资 + 利润）× 税率

间接相加法：应纳增值税额 = 工资 × 税率 + 利润 × 税率

直接减除法：应纳增值税额 =（产出 − 投入）× 税率

间接减除法（即扣税法）：应纳增值税额 = 产出 × 税率 − 投入 × 税率

在上述四种计税方法中，第1、2种方法要求直接依据利润、利息、租金等增值性项目计算增值税。由于这些项目的认定、计算极为困难，有的在财务核算上时滞性较大，不便于增值税的准确计算

税收拾粹

一些国家曾采用直接减除法来计算增值税，如贝宁、毛里塔尼亚等国家，但其经验表明这种做法存在不少问题，如若不是按第一笔交易开具发票，就无法将减除项目仅限于已纳税的投入，也无法解决投入大于应纳税收入的问题等。

和及时征收，所以，各国均未采用这两种方法。第 3 种方法虽然绕开了上述困难，但在依据进销差额确定增值额时，有些项目需要减税，账户记载要求十分精确，且税款计算涉及成本、费用核算，实行起来难度也很大。因此，世界各国大多实行第 4 种方法，即扣税法。因为采用凭发票注明税款进行扣税来计算增值税，不仅计税科学、严谨，而且简便、易行。我国在增值税初行阶段曾同时采用过扣额法和扣税法，1986 年后统一改为扣税法。从 1994 年起，计税方法得到进一步完善，统一实行凭增值税专用发票注明税款进行抵扣的增值税制度。

根据扣税法计算增值税，其计税原理为：在每一个应税阶段，对销售商品或提供劳务所产生的相应计税基础，按适用税率计算销项税额，然后减去已经直接影响构成商品或劳务价格各组成部分成本的进项税额（其金额已在购货发票上注明），即为应纳增值税额。使用这种方法，税额的计算可以按周进行，也可以按月、按季或按年进行，因而，这是一种能最及时地计算应纳增值税额并允许增值税使用多档税率的方法，其在技术上和法律上远较其他计税方法优越。

五、增值税的特点

（一）征税范围广泛，税源充裕

作为增值税税基的增值额遍及社会经济的各部门、各行业和各企业。人们不论是从事矿产开发、工业制造，还是销售货物或提供劳务，都会在劳动过程中创造商品和劳务的附加值，因此，增值税可以课征经济活动的各领域、各环节。例如，欧共体国家的增值税，其征税范围就涉及农业、工业、商业、服务业等领域，以及生产、批发、零售等环节。我国的增值税范围已覆盖从工业生产到商业经营等所有货物销售和部分劳务销售的广阔领域。

（二）对增值额征税，税不重征

增值税只对销售额中属于本生产经营单位创造的尚未征过税的那部分价值征税，而对销售额中由其他单位创造并已经征过增值税的那部分价值不征税，从而避免了一般流转税按销售额全值征税所产生的重复征税问题。

（三）普遍征税，道道征税

普遍征税是从横的方面而言，对所有的生产经营单位，只要其生产经营中有增值，就有承担增值税的义务，征收面非常普遍。道道征税是从纵的方面而言，即对所有的商品生产经营环节，不论多少，均应按照增值税的规定征税。这样，增值税与旧的按流转额全值课税的税种比较，既解决了重复征税问题，又保持了普遍征税、道道征税、税收进款均衡等特点。

（四）同一商品，同一税负

增值税不因生产或流通环节的变化而影响税收负担。同一种商品，只要最后销售额相同，不论经过多少经营环节，其应纳的增值税额是相同的。这是因为，一种商品的总税负是由各个生产经营环节的分税负累加而成的，也就是说，增值税对商品各个环节征税税额之和与该商品最后销售环节的销售额全值乘以增值税税率得出的税额是一致的。因此，不论在何种情况下，增值税是同一商品，同一税负。

（五）税收负担具有转嫁性

增值税后一阶段纳税人总是前一阶段纳税人已缴税款的负担者，商品和劳务的购买者总是销售者已纳税款的归宿。当税负随商品流转移至最终销售环节时，消费者便成为增值税的最终归宿。因此，增值税在西方国家被视为一种典型的间接税，税收负担具有转嫁性。

第二节　增值税的征税范围和纳税人

一、增值税的征税范围

我国自实行增值税以来，通过不断总结经验，其征税范围不断扩大，现已覆盖整个工业生产领域和商品流通领域，以及一部分劳务服务领域。现行的《条例》明确规定，增值税的征税范围为：在中华人民共和国境内销售的货物，或者提供的加工、修理修配劳务以及进口货物。其具体征税范围如下：

（一）应税货物

应税货物，是指除土地、房屋和其他建筑物等不动产之外的有形动产，即包括不动产以外的所有用于销售的产品、商品，以及电力、热力和气体。企业单位和个人凡在我国境内销售货物，即销售货物的起运地在中国境内，不论是从受让方取得货币，还是获得货物或其他经济利益，都应视为有偿转让货物的销售行为，该货物就属于增值税的征税范围。

（二）应税劳务

纳入增值税范围的劳务是指加工、修理修配。其中，加工，是指受托加工货物，即由委托方提供原料及主要材料，受托方按照委托方的要求制造货物并收取加工费的业务。经加工形成的货物，其所有权仍归委托方。修理修配，是指受托对损伤或丧失功能的货物进行修复，使其恢复原状和功能的业务。货物的生产企业为搞好售后服务，支付给经销企业修理费用，作为经销企业为用户提供售后服务的费用支出，对经销企业从货物的生产企业取得的“三包”收入，应按“修理修配”征收增值税。

企业、单位和个人凡在我国境内提供上述劳务，即应税劳务的发生地在我国境内，则不论受托方是以货币形式收取加工费，还是从委托方取得货物或其他经济利益，都应视为有偿销售行为，均应征收增值税。但是，单位或个体经营者聘用的员工为本单位雇主提供的加工、修理修配劳务，不在征税之列。

（三）进口货物

进口货物，是指经国境进入我国境内的货物。我国税法规定，凡进入我国国境或关境的货物，不论是否销售，在报关进口环节，除了依法缴纳关税之外，还必须缴纳增值税。

> **小提示**
>
> 在一项代销行为中，将货物托于他人销售的一方和销售代销物的一方都要交税。该部分的学习应该注意以下几点：
>
> （1）委托方的纳税义务发生时间为收到代销清单当天、没有收到代销清单而收到钱当天、没有收到代销清单但是到了180日，而受托方的纳税义务发生时间为售货当天。
>
> （2）委托方的计税依据为合同的代销价、结算价，而受托方的计税依据为实际销售价。
>
> （3）当受托方取得委托方开具专用发票且委托方已算销项税，受托方方可抵扣进项税。
>
> （4）受托方若还收取手续费，则其纳税环节如下：
>
> 先要交纳营业税 = 手续费 × 5%
>
> 还要交纳增值税 $=\frac{\text{售价(包括手续费)}}{1+17\%}\times 17\%$

（四）视同销售的应税货物

一般来说，对货物征收增值税要以货物所有权的有偿转让为前提。但是，在实际经营活动中，经常出现以下三种情形：第一种情形是转让货物但未发生产权转移；第二种情形是虽然货物产权发生了变动，但货物的转移不一定采取直接的销售方式；第三种情形是货物产权没有发生变动，货物转移也未采取销售形式，而是用于类似于销售的其他用途。对于以上三种特殊情形，《条例》基于货物经营的实质内容，为了平衡各类经营方式或各类货物之间的税收负担，便于税源的控管，规定对这类货物视同销售，征收增值税。单位或个体经营者的下列行为，视同销售：

（1）将货物交付给他人代销。纳税人在将货物交由代销机构时，货物所有权发生转移，委托方应作销售收入申报纳税，受托的代销方所代销商品销售后就销售收入申报纳税。作为委托方，收到代销清单后才能开具增值税专用发票，确认收入；如果在发货的同时就已经开具增值税专用发票，就应按发票金额计算缴纳增值税，代销清单不起作用。委托方不能从销售收入中将支付给受托方的手续费直接从销售收入中扣除。如销售实现100元，支付5元手续费，销售收入应该按100元记账，而不是95元。如果按95元就是坐支。

（2）销售代销货物。销售代销货物和将货物交付他人代销是货物销售过程中两个相互联系的环节。纳税人接受委托方交付的代销货物销售后，作销售收入申报纳税，接受的专用发票作进项税额抵扣。受托代销方为委托方代销货物，对其从购货方取得的全部价款，均应当征收增值税，不得抵减按销售额的一定比例提取的代销手续费。

（3）设有两个以上分支机构并实行统一核算的纳税人，将货物从一个机构移送到另一机构用于销售，但相关机构设在同一县（市）内的除外。

此项规定所称“用于销售”，是指受货机构发生以下情形之一的经营行为：一是向购货方开具发票；二是向购货方收取货款。

受货机构的货物移送行为有上述两项情形之一的，应当向所在地税务机关缴纳增值税；未发生上述两项情形的，则应由总机构统一缴纳增值税。如果受货机构只就部分货物向购买方开具发票或收取货款，则应区别不同情况计算，并分别向总机构所在地或分支机构所在地缴纳税款。

对于这一条，在实际工作中，应分情况处理：

①凡是不在同一县（市）的相关机构间相互移送货物但不用于销售，所移送的货物（原料、半成品等）经加工后收回，不属于货物销售性质，在移送环节不征收增值税。

②如所移送的货物不再收回，直接用于销售的，应按上述规定执行（纳税地点在分支机构所在地）。经加工后销售的，总机构和分支机构应当分别向各自所在地主管税务机关申报纳税；经国家税务总局或其授权的税务机关批准，可以由总机构汇总向总机构所在地主管税务机关申报纳税。

> **小提示**
>
> 视同销售行为第（4）、（5）、（6）、（7）、（8）项的主要区别在于考虑将购进的货物用于什么方面的行为。若将购进的货物用于外部转移（如对外投资、分配给股东或投资者、无偿赠送他人），则视同销售，计算销项税；若将购进的货物用于内部消耗（如用于非应税项目、集体福利或个人消费），则不视同销售，无须计算销项税。

③如所移送的货物不再收回，也不直接用于销售的，比如赠与他人，也有纳税义务，但纳税地点在总机构所在地。

④纳税人以总机构的名义在各地开立账户，通过资金结算网络在各地向购货方收取货款，由总机构直接向购货方开具发票的行为，不具备上述规定的受货机构向购货方开具发票、向购货方收取货款两种情形之一，其取得的应税收入应当在总机构所在地缴纳增值税。

（4）将自产或委托加工的货物用于非应税项目。

（5）将自产、委托加工或购买的货物作为投资，提供给其他单位或个体经营者。

（6）将自产、委托加工或购买的货物分配给股东或投资者。

（7）将自产、委托加工的货物用于集体福利或个人消费。

（8）将自产、委托加工或购买的货物无偿赠与他人。

（五）混合销售

混合销售，是指纳税人的同一项生产经营业务既涉及增值税应税货物又涉及非应税劳务的销售行为。由于销售货物应征收增值税，而提供非应税劳务即提供不属于增值税应税范围的劳务，如交通运输、建筑业、金融保险业、邮电通信业、文化体育业、娱乐业、服务业等，应征收营业税。因此，对同一项涉及货物及非应税劳务的混合销售行为，有必要划清增值税和营业税的征税界限。

（1）从事货物的生产、批发或零售的企业、企业性单位及个体经营者的混合销售行为（包括以从事货物的生产、批发或零售为主，并兼营非增值税劳务的企业、企业性单位及个体经营者的混合销售行为），均视为销售货物，征收增值税。

这里的“以从事货物的生产、批发或零售为主，并兼营非增值税劳务”，是指纳税人的年货物销售额与非增值税劳务营业额的合计数中，年货物销售额超过50%，非增值税劳务营业额不到50%。在上述范围以外的其他单位和个人的混合销售行为，视为销售非应税劳务，不征增值税，而征营业税。

例如，一家装饰材料商场在销售一笔装饰材料的过程中，同时提供安装服务，是一种混合销售行为。由于商场属于货物销售企业，其做出的混合销售行为，应视同销售货物，对取得的销售款和安装费用一并征收增值税。又如，一家歌舞厅在从事娱乐业经营的过程中同时获得酒水饮料销售收入，也是一种混合销售行为。由于歌舞厅本身不是从事货物生产销售的企业，因此，其混合销售行为应视为销售非应税劳务，不征收增值税，而应将娱乐业收入与酒水饮料销售收入一并征收营业税。

（2）对以从事非增值税应税劳务为主，并兼营货物销售的单位与个人，虽然其混合销售行为应视为销售非应税劳务，但并不征收增值税。如果其设立单独机构经营货物销售并单独核算，该单独机构应视为从事货物生产、批发或零售的企业、企业性单位，该单位发生前述混合销售行为时应当征收增值税。

小提示

混合销售指既涉及交增值税的活动，又涉及交营业税的活动，并且这些活动之间是没有从属关系的。

（3）从事运输业务的单位与个人，发生销售货物并负责运输所售货物的混合销售行为。

（4）自2002年9月1日起，纳税人以签订建设工程施工总包或分包合同（包括建筑、安装、装饰、修缮等工程总包或分包合同，下同）方式开展经营活动时，销售自产货物、提供增值税应税劳务并同时提供建筑业劳务（包括建筑、安装、修缮、装饰、其他工程作业，下同），同时符合以下条件的，对销售自产货物和提供增值税应税劳务取得的收入征收增值税，对提供建筑业劳务取得的收入（不包括按规定应征收增值税的自产货物和增值税应税劳务收入）征收营业税：

①具备建设行政部门批准的建筑业施工（安装）资质；

②签订的建设工程施工总包或分包合同中单独注明建筑业劳务价款。

凡不同时符合以上条件的，对纳税人取得的全部收入征收增值税，不征收营业税。

以上所称建筑业劳务收入，以签订的建设工程施工总包或分包合同上注明的建筑业劳务价款为准。

纳税人通过签订建设工程施工合同，销售自产货物、提供增值税应税劳务的同时，将建筑业劳务分包或转包给其他单位和个人的，对其销售的货物和提供的增值税应税劳务征收增值税；同时，签订建设工程施工总承包合同的单位和个人，应扣缴提供建筑业劳务的单位和个人取得的建筑业劳务收入的营业税。

上述所称自产货物是指：①金属结构件：包括活动板房、钢结构房、钢结构产品、金属网架等产品；②铝合金门窗；③玻璃幕墙；④机器设备、电子通信设备；⑤国家税务总局规定的其他自产货物。

纳税人销售自产货物、提供增值税应税劳务并同时提供建筑业劳务，应向营业税应税劳务发生地地方税务局提供其机构所在地主管国家税务局出具的纳税人属于从事货物生产的单位或个人的证明，营业税应税劳务发生地地方税务局根据纳税人持有的证明按有关规定征收营业税。

税收拾粹

葡萄牙为了防止增值税偷税行为，特别规定：任何人只要开出注明所供应货物已纳的增值税款的发票等票据，即使是非企业主，也要按发票上注明的税额纳税。

(5) 邮政部门发行报刊征收营业税；其他单位和个人征收增值税。

(6) 电信单位（电信局及经电信局批准的其他从事电信业务的单位）自己销售无线寻呼机、移动电话，并为客户提供有关电信劳务服务的，属于混合销售业务，征收营业税；对单独销售无线寻呼机、移动电话，不提供有关电信劳务服务的，征收增值税。

(7) 纳税人销售软件产品并随同销售一并收取的软件安装费、维护费、培训费等收入，应按照增值税混合销售的有关规定征收增值税，并可享受软件产品增值税即征即退政策。

对软件产品交付使用后，按期或按次收取的维护费、技术服务费、培训费等不征收增值税。

纳税人受托开发软件产品，著作权属于受托方的征收增值税，著作权属于委托方或属于双方共同拥有的不征收增值税。

(8) 企业为销售货物利用自备铁路（公路）专用线承运货物，向购货方收取内段运费，属混合销售行为，应作为所售货物的销售额一并征收增值税。

(9) 纳税人的销售行为是否属于或属于哪一种混合销售行为，由国家税务总局所属征收机关确定。

（六）兼营非应税劳务

纳税人兼营非应税劳务的行为与混合销售行为既有联系又有区别。它们的共同点是，纳税人在生产、经营过程中同时涉及销售货物和提供非应税劳务两类经营项目。不同点是，混合销售行为是指同一项业务中同时涉及销售货物和提供非应税劳务，两者具有紧密相连的从属关系；而兼营非应税劳务通常是指纳税人兼有销售货物和提供应税劳务两类经营项目，并且这两种经营业务并不发生在同一业务中，不具有直接的联系和从属关系。

《中华人民共和国增值税暂行条例实施细则》（以下简称《细则》）规定，“纳税人兼营非应税劳务的，应分别核算货物或应税劳务和非应税劳务的销售额。不分别核算或不能准确核算的，其非应税劳务应与货物或应税劳务一并征收增值税”。对于纳税人兼营的非应税劳务，是否应当一并征收增值税，由国家税务总局所属征收机关确定。

小提示

必须指出《细则》有一种例外的情况：

一般的运输企业交3%的营业税；若运输企业自己销售货物并且运输所卖货物，则不按《细则》的规定按照营业税的混合销售处理，而是征收增值税。

例如，一家装饰材料商场既从事销售装饰材料，又对外承接安装、装饰业务，这是一种兼营行为。如果该商场将销售材料收入和安装、装饰营业额分别核算，则销售材料收入应征增值额，安装、装饰营业额应征营业税。如果该商场没将销售材料收入和安装、装饰营业额分别核算，则应将销售收入和营业额合并在一起，征收增值税。

（七）其他货物销售

（1）货物期货（包括商品期货和贵金属期货），应当征收增值税。

（2）银行销售金银的业务。

（3）基本建设单位和从事建筑安装业务的企业附设工厂、车间生产的水泥预制构件、其他构件或建筑材料，如果用于本单位或本企业的建筑工程的应视同销售，在移送使用环节征税。

（4）集邮商品（如邮票、首日封、邮折等）的生产、调拨，以及邮政部门以外的其他单位和个人销售的，均征收增值税。

（5）邮政部门销售的邮票、首日封。

（6）典当业的死当物品销售业务和寄售业代委托人销售寄售物品的业务。

（7）缝纫业务。

（8）除经中国人民银行和商务部批准经营融资租赁业务的单位所从事的融资租赁业务外，其他单位从事的融资租赁业务，租赁的货物的所有权转让给承租方，征收增值税；租赁的货物的所有权未转让给承租方，不征收增值税。

（9）印刷企业接受出版单位委托，自行购买纸张，印刷有统一刊号（CN）以及采用国际标准书号编序的图书、报纸和杂志，按货物销售数量征收增值税。

（八）一些易混淆，但不征收增值税的行为

（1）基本建设单位和从事建筑安装业务的企业附设的工厂、车间在建筑现场制造的预制构件。

（2）因转让著作所有权而发生的销售电影母片、录像带、录音磁带的业务，以及因转让专利技术和非专利技术的所有权而发生的销售计算机软件的业务。

（3）供应或开采未经加工的天然水（如水库供应农业灌溉用水、工厂自采地下水）。

（4）邮政部门销售集邮商品。

（5）转让企业全部产权涉及的应税货物的转让，不属于增值税的征税范围，不征收增值税。

（6）对商业企业向供货方收取的与商品销售量、销售额无必然联系，且商业企业向供货方提供一定劳务的收入，如进场费、广告促销费、上架费、展示费、管理费等，不属于平销返利，不冲减当期增值税进项税金，应按营业税的适用税目税率征收营业税。

（7）对从事热力、电力、燃气、自来水等公用事业的增值税纳税人收取的一次性费用，凡与货物的销售数量有直接关系的，征收增值税；凡与货物的销售数量无直接关系的，不征收增值税。

（8）对增值税纳税人收取的会员费收入不征收增值税。

（9）按债转股企业与金融资产管理公司签订的债转股协议，债转股原企业将货物资产作为投资提供给债转股新公司的，免征增值税。

二、增值税的纳税人

（一）增值税的纳税义务人

与增值税的征税范围相适应，凡在中华人民共和国境内销售货物或者提供加工、修理修配劳务以及进口货物的单位和个人，都是增值税的纳税人。增值税的纳税人有以下几种类型：

（1）从事货物销售的单位和个人。

（2）提供加工、修理修配劳务的单位和个人。

（3）从事货物进口的单位和个人。

上述单位包括国有企业、集体企业、私有企业、股份制企业、其他企业和行政单位、事业单位、军事单位、社会团体和其他单位。上述个人是指个体经营者和其他个人。从1994年1月1日起，外商投资企业和外国企业及外国人凡从事货物销售或进口，提供应税劳务的，都是增值税的纳税义务人。

税收拾粹

有些国家征收增值税并不仅限于持续的或经常性的活动。如挪威的税法规定：交易金额大于规定限额的孤立交易也要登记纳税。葡萄牙、阿根廷、塞内加尔等国家的增值税税法规定：任何人独立进行的交易活动，即使是偶然的，也要交纳增值税。

（4）企业租赁或承包给他人经营的，以承租人或承包人为纳税人。

（5）货物期货的增值税纳税人规定：交割时采取由期货交易所开具发票的，以期货交易所为纳税人；交割时采取由供货会员单位直接将发票开给购货会员单位的，以供货会员单位为纳税人。

（二）增值税的扣缴义务人

境外的单位或个人在境内销售应税劳务而在境内未设经营机构的，其应纳税款以代理人为扣缴义务人，没有代理人的，以购买者为扣缴义务人。

（三）增值税的小规模纳税人和一般纳税人

国家为了方便征管，将增值税纳税人根据其生产经营规模大小和会计核算健全与否两项标准，分为小规模纳税人和一般纳税人。

> **税收拾粹**
>
> 哥伦比亚用四条标准来判定商人能否使用简易的征税办法：
>
> （1）他不能是法人；
>
> （2）他的净收入必须小于400万哥伦比亚元；
>
> （3）他在前一年年底的总资产必须低于规定的数字；
>
> （4）他的经营机构不能超过两个。

1. 增值税小规模纳税人的认定

小规模纳税人是指年销售额在规定标准以下，并且会计核算不健全，不能按规定报送有关税务资料的增值税纳税人。凡适合下列情况之一的，可确定为小规模纳税人：

（1）从事货物生产或提供应税劳务的企业（含企业性单位和个体工商户，下同），以及以从事货物生产或提供应税劳务为主，并兼营货物批发或零售的企业，年应税销售额在50万元以下的。

（2）除前所规定以外的纳税人，年应税销售额在80万元以下的。

（3）个人、非企业性单位，以及不经常发生应税行为的企业，可选择按小规模纳税人纳税。

（4）个体、工商户以外的个人按小规模纳税人纳税。

对小规模纳税人的确认，由主管税务机关依税法规定的标准认定。

《增值税小规模纳税人征收管理办法》规定，只要小规模企业的财务核算健全，即该企业有会计，有账册，能够正确计算进项税额、销项税额和应纳税额，并能按规定报送有关税务资料，并且年应税销售额不低于30万元的，可以认定为增值税一般纳税人。但年应税销售额在80万元以下的小规模商业企业和企业性单位，以及以从事货物批发或零售为主，并兼营货物生产或提供应税劳务的企业和企业性单位，无论财务核算是否健全，一律不得认定为增值税一般纳税人。

2. 增值税一般纳税人的认定

增值税一般纳税人是指年应税销售额超过《细则》规定的小规模纳税人标准的企业和企业性单位。凡符合下列条件的，为一般纳税人：

（1）年应税销售额超过小规模纳税人标准，且会计核算健全的企业和企业性单位。

（2）年应税销售额超过30万元但不到100万元，但会计核算健全的商业企业以外的其他企业。

（3）纳税人总分支机构实行统一核算，其总机构年应税销售额超过小规模企业标准，但分支机构是商业企业以外的其他企业，年应税销售额未超过小规模企业标准的，其分支机构可申请办理一般纳税人认定手续。

对纳税人虽然符合一般纳税人条件，但不申请办理一般纳税人认定手续的，应按应税销售额依照增值税税率计算应纳税额，不得抵扣进项税额，也不得使用增值税专用发票。

(4) 从2002年1月1日起，对从事成品油销售的加油站，无论其年应税销售额是否超过80万元，一律按增值税一般纳税人征税。

(5) 从2004年7月1日起，新办小型商贸企业必须自税务登记之日起，一年内实际销售额达到80万元，方可申请一般纳税人资格认定。

> **小提示**
>
> 增值税一般纳税人与小规模纳税在以下几方面不同：
>
> (1) 一般纳税人能使用增值税专用发票；小规模纳税人则不能。
>
> (2) 一般纳税人采用标准计税方法：应纳税额 = 销项税额 - 进项税额；小规模纳税人采用简易计税方法：应纳税额 = 销售额 × 征收率。
>
> (3) 一般纳税人的税率与小规模纳税人的征收率不同。

新办小型商贸企业在被认定为一般纳税人之前一律按照小规模纳税人管理。一年内销售额达到80万元以后，税务机关对企业申报材料以及实际经营、申报缴税情况进行审核评估，确认无误后方可认定其为一般纳税人，并相继实行纳税辅导期管理制度（以下简称辅导期一般纳税人管理）。辅导期结束后，经主管税务机关审核同意，可转为正式一般纳税人，按照正常的一般纳税人管理。

(6) 设有固定经营场所和拥有货物实物的新办商贸零售企业以及注册资金在500万元以上、人员在50人以上的新办大中型商贸企业在进行税务登记时，提出一般纳税人资格认定申请的，可认定为一般纳税人，直接进入辅导期，实行辅导期一般纳税人管理。辅导期结束后，经主管税务机关审核同意，可转为正式一般纳税人，按照正常的一般纳税人管理。

对经营规模较大，拥有固定的经营场所、固定的货物购销渠道、完善的管理和核算体系的大中型商贸企业，可不实行辅导期一般纳税人管理，而直接按照正常的一般纳税人管理。

(7) 认定一般纳税人还是小规模纳税人的权限，在县级及县级以上国家税务机关。

第三节　增值税的税率和征收率

一、增值税的税率

现行增值税税率分为两档，即17%（基本税率）和13%（低税率）。

（一）基本税率适用的范围

基本税率适用于除低税率和零税率货物以外的其他货物，以及加工、修理修配劳务。

> **税收拾粹**
>
> 欧盟各国现行增值税的税率：奥地利是20%；比利时是21%；丹麦是25%；芬兰是22%；法国是20.6%；德国是16%；希腊是18%；爱尔兰共和国是21%；意大利是19%；荷兰是17.5%；葡萄牙是17%；西班牙是16%；瑞典是25%；英国是17.5%。

（二）低税率适用的范围

（1）粮食、食用植物油。

（2）自来水、暖气、冷气、热水、煤气、石油液化气、天然气、沼气、居民用煤炭制品。

（3）图书、报纸、杂志。

（4）饲料、化肥、农药、农机、农膜。

（5）国务院规定的其他货物。

（三）适用税率的特殊规定

（1）纳税人兼营不同税率的货物或应税劳务，应分别核算不同税率的货物或应税劳务的销售额。未分别核算销售额的，从高适用税率。

（2）纳税人销售不同税率的货物或应税劳务，并兼营应当一并征收增值税的非应税劳务的，其非应税劳务亦按高税率即按增值税税率征税。

（3）自2009年1月1日起，铜矿砂及其精矿（非黄金价值部分）、镍矿砂（非黄金价值部分）、纯氯化钠、未焙烧的黄铁矿、石英、云母粉、天然硫酸钡（重晶石）等，适用税率由原来的13%恢复到17%。

二、增值税的征收率

增值税的征收率，是指货物或应税劳务在某一生产流通环节应纳税额与销售额的比率，是计算纳税人销售货物或提供应税劳务在该征税环节应纳税额的尺度。与增值税税率不同，征收率只是计算纳税人应纳税额的一种尺度，不能体现货物或劳务的整体税收负担水平。

增值税法定征收率为3%，适用于小规模纳税人。

（一）适用4%征收率的范围

（1）一般纳税人销售货物居于下列情形之一的，按简易办法依照4%征收率计算增值税：

①寄售商店代销寄售物品（包括居民个人寄售的物品在内）；

②典当业销售死当物品；

③经国务院或国务院授权机关批准的免税商店零售免税货物。

（2）一般纳税人销售旧货（指进入二次流通的具有部分使用价值的货物，含旧汽车、旧摩托车和旧游艇，但不包括自己使用过的物品），按4%的征收率减半征收增值税，不得抵扣进项税额。计算公式为：

销售额＝含税销售额÷(1＋4%)

应纳税额 = 销售额 ×4% ÷2

(3) 小规模纳税人销售自己使用过的固定资产和旧货按照下列办法征收增值税:

销售额 = 含税销售额 ÷(1 +3%)

应纳税额 = 销售额 ×2%

(4) 商业企业经销国家执法机关的罚没物资，暂按简易办法依4%的征收率征税，并可填开专用发票，但不得计算进项税额。

(5) 对拍卖行受托拍卖增值税的应税货物向购买方收取的全部价款和价外费用，应按4%的征收率征收增值税。

拍卖货物属免税范围内的，经所在地县级税务机关批准，免征增值税。

对拍卖行向委托方收取的手续费征收营业税。

(二) 适用6%征收率的范围

(1) 一般纳税人销售自产的下列货物，可选择按6%计税，但不得抵扣进项税额:

①县以下小型水力发电单位（包括县级及县级以下小水电企业）生产的电力;

②建筑用和生产建筑材料所用的砂、土、石料;

③用自己采掘的砂、土、石料或其他矿物连续生产的砖、瓦、石灰;

④商品混凝土（仅限于以水泥为原料生产的水泥混凝土）;

⑤用微生物、微生物代谢产物、动物毒素、人或动物的血液或组织制成的生物制品;

⑥自来水。

生产以上货物的一般纳税人也可按对一般纳税人的规定计算增值税，但一经确定三年不能变更。

(2) 一般纳税人销售自来水比照上述规定，按6%征收增值税。

(3) 对增值税一般纳税人生产销售的商品混凝土按规定应当征收增值税的自2000年1月1日起按6%的征收率征收增值税，但不得开具专用发票。

第四节　增值税的税收优惠

一、增值税的减免原理

由于增值税的计税原理不同于传统间接税，所以，增值税减免所带来的效应也要比传统间接税复杂得多。因此，世界各国对增值税的减税免税，尤其是对最终销售以前各个环节的免税，控制得极为严格。主要基于以下理由:

(1) 增值税属于价外税，生产经营者是纳税人，但非负税人，税款最终转嫁给消费者负担。因此，对最终销售环节以前的生产经营者给予减税或免税，毫无意义。

（2）增值税为了避免对外购商品的重复征税，实行进项税额抵扣制，形成环环相扣的抵扣“链条”。只要不是在最终销售环节免税，而是对其中某一环节给予免税，势必生成抵扣“链条”的断裂，使得上一环节减少的税收负担转移给下一个环节负担。

（3）减免不仅扰乱了应税商品的价格体系，而且，作为增值税最终归宿的消费者，在制造、批发等中间环节免税的情况下，并不会从减免中受益。

（4）享受增值税减免优惠的生产经营者不仅不会从减免中受益，而且还会由于免税产品不能享有进项税额抵扣权，以及由于免税企业销售免税产品，不能出具专用发票等扣税凭证，导致购买者不愿从免税企业购进商品的消极效应。

正是基于上述考虑，我国现行增值税的减免政策较为严格，除农业产品外，不再搞某一环节减免。与原增值税相比，减免税的范围大为缩小，减免税权也高度集中。

税收拾粹

斯里兰卡政府目前指定一个特别委员会来研究和解决基本生活消费品价格上涨问题，其计划采取的措施包括在近期取消奶制品、大米和食糖的增值税等。

二、增值税的免税政策

（一）《条例》规定免征增值税项目

（1）农业生产者销售的自产农业产品；

（2）避孕药品和用具；

（3）古旧图书；

（4）直接用于科学研究、科学实验和教学的进口仪器、设备；

（5）外国政府、国际组织无偿援助的进口物资和设备；

（6）来料加工、来件装配和补偿贸易所需进口的设备；

（7）由残疾人组织直接进口供残疾人专用的物品；

（8）个人销售自己使用过的物品；

（9）关于增值税的起征点：销售货物的月销售额2 000～5 000元；提供应税劳务的月销售额1 500～3 000元；按次纳税的销售额，每次（日）150～200元。

自2004年1月1日起，对于销售水产品、畜牧产品、蔬菜、果品、粮食等农产品的个体工商户，以及以销售上述农产品为主的个体工商户，其起征点一律确定为月销售额5 000元；按次纳税的，起征点一律确定为每次（日）销售额200元。

小提示

对农产品的征税行为请区别对待以下三类纳税人：

（1）农产品生产者（如农民个人和果园、养鸡场、养鱼场等的主人）销售农产品时免征增值税；

（2）农产品经营者（如水果批发站、农产品零售商等）销售农产品时按13%的税率征税；

（3）农产品加工者（如食品加工厂等）销售时按17%的税率征税。

（二）若干农业生产资料

（1）下列货物自 1998 年 1 月 1 日起继续免征增值税：

①饲料。其中免税饲料范围包括：单一大宗饲料（只限于糠麸、酒精、酒糟、油饼、骨粉、鱼粉、饲料级磷酸氢钙）、混合饲料、配合饲料、复合预混料、浓缩饲料、用于动物饲养的粮食。但是饲料添加剂、饲料添加剂预混料不属于免税饲料范围。

②农膜。

③生产销售的除尿素以外的氮肥、除磷酸二铵以外的磷肥以及以免税化肥为主要原料的复混肥。

④批发和零售的种子、种苗、化肥、农药、农机。

（2）尿素。自 2005 年 7 月 1 日起，对国内企业生产销售的尿素产品增值税由先征后返 50% 调整为暂免征收增值税。

（三）部分资源综合利用产品

（1）企业生产原料中掺兑废渣的比例在 30% 以上，生产的建材产品，免征增值税。

（2）黄金矿砂（包括伴生金矿）和冶炼企业生产销售的黄金，免征增值税。

（3）以废旧轮胎为全部生产原料生产的胶粉。

（4）再生水。指对污水处理厂出水、工业排水（矿井水）、生活污水、垃圾处理厂渗透（滤）液水源进行回收，经适当处理后达到一定水质标准，并在一定范围内重复利用的水资料。

（四）残疾人用品及残疾人提供劳务

供残疾人专用的假肢、轮椅、矫形器（包括上肢矫形器、下肢矫形器、脊椎侧弯矫形器），免征增值税。

（五）粮食

对承担粮食收储任务的国有粮食购销企业销售的粮食，免征增值税。

（六）废旧物资回收经营单位

自 2001 年 5 月 1 日起，对废旧物资回收经营单位销售其收购的废旧物资免征增值税。

废旧物资，是指在社会生产和消费过程中产生的各类废弃物品，包括经过挑选、整理等简单加工后的各类废弃物品。利用废旧物资加工生产的产品不享受废旧物资免征增值税的政策。

（七）校办企业

（1）具备规定条件的学校办企业，生产的应税货物凡用于本校教学科研方面的，免征增值税。

（2）县级以上（含县级）党委正式批准成立的党校所办的企业，生产的应税货物凡用于本校教学科研方面的，免征增值税。

（八）农村电网维护费

自 1998 年 1 月 1 日起，对农村电管站在收取电价时一并向用户收取的农村电网维护费（包括低压线路损耗和维护费以及电工经费）给予免征增值税的照顾。

（九）血站供应

自 1999 年 11 月 1 日起，对不以营利为目的的血站供应给医疗机构的临床用血免征增值税。

（十）铁路货车修理

自 2001 年 1 月 1 日起，对铁路系统内部单位为本系统修理货车的业务，免征增值税。

（十一）污水处理费

对各级政府及主管部门委托自来水厂（公司）随水费收取的污水处理费，免征增值税。

税收拾粹

近期，秘鲁政府颁布了扩大向水力发电公司提供的提前退还增值税优惠措施实施范围的法律，并规定为推动此类电站建设私有投资发展，拟提供税务优惠措施。

三、增值税的即征即退政策

（一）福利企业

对符合规定条件的福利企业，执行增值税即征即退的优惠政策。

（二）计算机软件产品

一般纳税人销售其自行开发生产的计算机软件产品，可按法定 17% 的税率征收后，对实际税负超过 6% 的部分实行即征即退政策。

（三）部分资源综合利用产品

自 2001 年 1 月 1 日起，对下列货物实行增值税即征即退政策：

（1）利用煤炭开采过程中伴生的舍弃物油母页岩生产加工的页岩油。

（2）以废旧沥青混凝土为原料生产的再生沥青混凝土。其中，废旧沥青混凝土用量占生产原料比重不低于 30%。

（3）以垃圾为燃料生产的电力或热力。

（4）采用旋窑法工艺生产并且原料中掺兑废渣比例不低于 30% 的水泥（包括水泥熟料）。

四、增值税的先征后返政策

（一）储备物资

对国家物资储备局系统销售的储备物资，采取增值税先征后返政策。

（二）钾肥

自 2004 年 12 月 1 日起，对化肥生产企业生产销售的钾肥，由免征增值税改为实行先征后返政策。

五、增值税的减征政策

纳税人销售下列自产货物实行增值税即征即退50%的政策：

（1）以退役军用发射药为原料生产的涂料硝化棉粉。退役军用发射药在生产原料中的比重不低于90%。

（2）对燃煤发电厂及各类工业企业产生的烟气、高硫天然气进行脱硫生产的副产品。

（3）以废弃酒糟和酿酒底锅水为原料生产的蒸汽、活性炭、白碳黑、乳酸、乳酸钙、沼气。

（4）以比重不低于60%的煤矸石、煤泥、石煤、油母页岩为燃料生产的电力和热力。

（5）利用风力生产的电力。

六、增值税的其他优惠政策

属于增值税一般纳税人的生产、经营单位从国有粮食购销企业购进的免税粮食，可依据购销企业使用防伪税控系统开具的专用发票注明的税额抵扣进项税额。

第五节　增值税的销项税额

增值税的销项税额是按税率计算并应向购买方收取的增值税税额。其计算公式为：销项税额 = 销售额 × 税率。其中，税率为税法给定的增值税税率。显然，销项税额计算的关键是销售额的确定。

一、销售额的一般规定

销售额为纳税人销售货物或者提供应税劳务从购买方所收取的全部价款和一切价外费用，包括价外向购买方收取的手续费、补贴、基金、集资费、返还利润、包装费、储备费、优质费、包装物租金、运输装卸费、奖励费、违约金（延期付款利息）、代收款项、代垫款项及其他各种性质的价外收费。但下列项目不作为价外费用：

（1）向购买方收取的增值税税额。

> **小提示**
>
> 关于“代垫运费”条款规定的例子：
>
> 假定现在广州的卖方付了运费，但是这张运输的发票却开给了外地的买方，这些钱肯定是卖方为买方垫付的，将来肯定是要从买方收回的，所以不计入卖方的计税依据中。

（2）受托加工应征消费税的消费品所代收代缴的消费税。

（3）同时符合以下条件的代垫运费：承运部门将运费发票开具给购货方，并由纳税人将该项发票转交给购货方的。

（4）纳税人销售货物的同时代办保险而向购买方收取的保险费，以及从事汽车销售的纳税人向购买方收取的代购买方缴纳的车辆购置税、牌照费。

（5）纳税人代有关行政管理部门收取的费用，凡同时符合以下条件的，不属于价外费用，不征收增值税：①经国务院、国务院有关部门或省级政府批准；②开具经财政部门批准使用的行政事业收费专用票据；③所收款项全额上缴财政或虽不上缴财政但由政府部门监管，专款专用。

（6）收取未退还的经营保证金，属于经销商因违约而承担的违约金，应当作为价外费用征收增值税；对其已退还的经营保证金，不属于价外费用，不征收增值税。

> **小提示**
>
> 关于价外费用的学习要注意以下两点：
>
> （1）价外费用一定要向购买方收取；
>
> （2）价外费用一定要换算成不含税价款。
>
> 一般情况下价外费用的换算方式为：$\frac{价外费用}{1+17\%}\times 17\%$
>
> 适用于13%税率价外费用的换算方式为：$\frac{价外费用}{1+13\%}\times 13\%$

（7）除此之外，凡价外费用，无论其会计制度如何核算，均应并入销售额计算应纳税款。

二、价款和税款合并收取情况下的销售额

纳税人销售货物或者提供应税劳务，一般应向购买者开具增值税专用发票，并在专用发票上分别注明销售额和销项税额，但是，在一些情况下不能开具增值税专用发票时，如一般纳税人销售货物或者提供应税劳务给消费者，以及小规模纳税人销售货物或者提供应税劳务的，只能开具普通发票，从而发生价款和税款合并收取的现象。在这种情况下，应将含增值税的销售额换算为不含税的销售额。换算公式为：

$$销售额=\frac{含税销售额}{1+增值税税率}$$

上式中的税率在计算小规模纳税人销售额的情况下应为征收率。

三、特殊销售方式的销售额

在市场竞争过程中，纳税人会采取某些特殊、灵活的销售方式销售货物，以求扩大销售、占领市场。这些特殊销售方式及销售额的确定方法是：

1. 以折扣方式销售货物

折扣销售是销货方为鼓励购买者多买而给予购货方的价格优惠，即购买愈多，价格愈低。这里的折扣销售是我们常说的商业折扣，而非现金折扣。由于折扣是在实现销售时同时发生的，因此，规定为："纳税人采取折扣方式销售货物，如果销售额和折扣额同在一张发票上'金额'栏分别注明的，可以按折扣后的销售额征收增值税；如果将折扣额另开发票，或将折扣额未开在'金额'栏的，不论其在财务上如何处理，均不得从销售额中减除折扣额。"

对于实物折扣，该实物款额不能从货物销售额中减除，且该实物应按《条例》"视同销售货物"中的"赠送他人"计算征收增值税。

对出版单位委托发行图书、报纸、杂志等支付给发行单位的经销手续费，在征收增值税时按"折扣销售"的有关规定办理。

2. 以旧换新方式销售货物

以旧换新销售，是纳税人在销售过程中，折价收回同类旧货物，并以折价款部分冲减货物价款的一种销售方式。税法规定，纳税人采取以旧换新方式销售货物的，应按新货物和同期销售价格确定销售额。

对金银首饰以旧换新业务，可以按销售方实际收取的不含增值税的全部价款征收增值税。

3. 还本销售方式销售货物

所谓还本销售，是指销货方将货物出售之后，按约定的时间，一次或分次将购货款部分或全部退还给购货方，退还的货款即为还本支出。纳税人采取还本销售货物的，不得从销售额中减除还本支出。

税收拾粹

不同国家对于以货易货方式销售货物的规定是不同的，如丹麦规定：如果进行易货交易的双方均为申报纳税的企业主，可以就增值税部分向当事人一方征收增值税。而比利时规定：当一个企业主出售货物给另一企业主，并凭此货物购买另一企业主同样种类、同样质量的等额货物，并且两个企业主决定不作为销售对待，则不必缴纳增值税。

4. 采取以物易物方式销售货物

以物易物是指购销双方不是以货币结算，而是以同等价款的货物相互结算，实现货物购销的一种方式。税法规定，以物易物双方都应既作销售又作购买处理，即以各自发出的货物核算销售额并计算销项税额，以各自收到的货物核算购货额并计算进项税额。

5. 包装物及包装物押金

（1）销售免税货物时出借、出租和出售的包装物。

如果销售免税货物时出借、出租和出售包装物的，应分情况处理：①对不单独计价的包装物随免税货物销售额免征增值税；②对包装物单独计价，但免税货物与包装物在同一张发票上分别注明的，对包装物可随免税货物免征增值税；③对包装物单独计价并另开发票和记账核算的，应按相应的适用税率征收增值税。

（2）包装物押金。

纳税人为销售货物而出租、出借包装物收取的押金，单独记账核算的，不并入销售额征税。但对因逾期未收回包装物不再退还的押金，应按所包装货物的适用税率征收增值税。若销售的货物属免税货物范围，其收取的包装物押金，无论是否退还，应随同所包装的免税货物免征增值税。

所谓"逾期"，是以一年为限。纳税人为销售货物出租、出借包装物而收取的押金，无论包装物周转使用期限长短，超过一年（含一年）以上仍不退还的均并入销售额征税。

自 1995 年 6 月 1 日起，对销售除啤酒、黄酒外的其他酒类产品而收取的包装物押金，无论是否返还以及会计上如何核算，均应并入当期销售额征税。对销售啤酒、黄酒所收取的押金，按上述一般押金的规定处理。

四、售价明显偏低且无正当理由的情况下及发生视同销售行为而无销售额情况下的销售额

纳税人销售货物或应税劳务的价格明显偏低且无正当理由的，或者是纳税人发生了视同销售货物的行为而无销售额，主管税务机关有权核定其销售额。其确定顺序及方法如下：

> **小提示**
>
> 由于增值税是价外税，所以，在计算时不包含在组成计税价格的税基中；而消费税是价内税，所以在计算时要包含在组成计税价格的税基中。

（1）按纳税人当月同类货物的平均销售价格确定。

（2）按纳税人最近日期销售同类货物的平均销售价格确定。

（3）用以上两种方法均不能确定其销售额的情况下，可按组成计税价格确定销售额。计算公式为：

组成计税价格 = 成本 ×（1 + 成本利润率）

属于应征消费税的货物，其组成计税价格应加计消费税税额。计算公式为：

组成计税价格 = 成本 ×（1 + 成本利润率）+ 消费税税额

其中，"成本"分为两种情况：属于销售自产货物的为实际生产成本；属于销售外购货物的为实际采购成本。成本利润率由国家税务总局确定。一般情况下，成本利润率为 10%，但属于从价定率征收消费税的货物，其成本利润率见"消费税"一章。

五、混合销售的销售额

属于征收增值税的混合销售，其销售额为货物销售额和非应税劳务销售额的合计数。

六、兼营非应税劳务的销售额

兼营应一并征收增值税的非应税劳务，其销售额为货物和非应税劳务销售额的合计数，即既包括货物销售额，又包括非应税劳务的销售额。

七、销售退回或折让当期的销售额

一般纳税人因销货退回或折让而退还给购买方的增值税，应从发生销售退回或折让当期的销售额中扣减，以当期的净销售额计算销项税额。

但要注意的是，销售回扣不得从销售额中减除，并且所得税前也不可以扣除销售回扣。

综上所述，纳税人发生货物或应税劳务的销售行为后，应分别依照上述规定，依据销售额和法定税率计算销项税额，按规定开具增值税专用发票，并向购买方收取增值税税额。

第六节　增值税的进项税额

增值税的进项税额，是指购货方购进货物或应税劳务时承担的该货物或应税劳务的增值税额。在实行凭发票注明税款进行抵扣的征收制度中，它有三个特点：

（1）进项税额是由货物或应税劳务的销售方缴纳，但在购进环节由购进方支付或负担的税款。

（2）除三种特殊抵扣项目以外，进项税额通常是在法定抵扣票据上计算并注明，而非由购进方计算的。

（3）进项税额是购货方在销售货物或应税劳务时，可以从销售税额中予以扣除的税款。因此，进项税额的抵扣数额与增值税收入成反比关系。

正确审定进项税额，严格按照税法规定进行进项税额抵扣，是保证增值税制度贯彻实施和保障国家财政收入的重要环节。为此，《条例》和《细则》对进项税额的抵扣范围、条件、数额及方法作了专门规定。

一、允许抵扣的进项税额

（一）允许抵扣的进项税额的一般规定

根据税法的规定，准予从销项税额中抵扣的进项税额，限于下列增值税扣税凭证上注明的增值税额：

（1）从销售方取得的增值税专用发票上注明的增值税额；

（2）从海关取得的完税凭证上注明的增值税额。

（二）允许抵扣的进项税额的特殊规定

除了上述一般规定外，针对纳税人实际经营和计税中的一些特殊情况，税法对下列三项业务规定了准予计算进项税额并从销项税额中抵扣的政策。

1. 购进农业产品

（1）购进农业产品准予抵扣的进项税额，按照买价和13%的扣除率计算。计算公式为：

进项税额 = 买价 × 扣除率

这里所称的买价，包括纳税人购进农业产品在农产品收购发票或销售发票上注明的价款和按规定缴纳的烟叶税。

（2）购进烟叶产品，对烟叶税纳税人按规定缴纳的烟叶税，准予并入烟叶产品的买价计算增值税的进项税额。其计算公式如下：

烟叶收购金额 = 烟叶收购价款 ×（1 + 10%）

应纳烟叶税额 = 烟叶收购金额 × 税率（20%）

准予抵扣的进项税额 =（烟叶收购金额 + 应纳烟叶税额）× 扣除率

其中：10%为价格补贴。

（3）增值税一般纳税人向小规模纳税人购买的农业产品，可视为免税农业产品，按13%的扣除率计算进项税额。

（4）一些农业生产单位销售自产农产品，可以开具普通发票，为简化手续，对一般纳税人购进农业产品取得的普通发票，可以按普通发票上注明的价款计算进项税额。

2. 一般纳税人外购应税货物（固定资产除外）以及销售应税货物所支付的运输费

（1）对一般纳税人外购应税货物（固定资产除外）以及销售应税货物而支付的运输费用，除按规定不并入销售额的代垫运费以外，根据运费结算单据（普通发票）所列运费金额按照7%的扣除率计算进项税额准予扣除，但随同运费支付的装卸费、保险费等其他杂费不得计算扣除进项税额。

（2）纳税人购买或销售免税货物所发生的运输费用，不得计算进项税额抵扣。

（3）准予抵扣的运费结算单据（普通发票），是指国有铁路、民用航空、公路和水上运输单位开具的货票，以及从事货物运输的非国有运输单位开具的套印全国统一发票监制章的货票，不包括取得的货运定额发票。

准予抵扣的货物运费金额是指在运输单位开具的货票上注明的运费、建设基金，不包括随同运费支付的装卸费、保险费等其他杂费。

（4）纳税人购进、销售货物所支付的运输费用明显偏高、经过审查不合理的，不予抵扣运输费用。

（5）对一般纳税人外购和销售货物（固定资产除外）所支付的管道运输费用，可以根据套印全国统一发票监制章的运输费用结算单据（普通发票）所列运费金额，按7%的扣除率计算进项税额抵扣。

（6）纳税人购进货物或应税劳务，支付运输费用，所支付款项的单位，必须与开具抵扣凭证的销货单位、提供劳务的单位一致，才能申报抵扣进项税额，否则不予抵扣。

税收拾粹

有些国家对抵扣额的分摊采用最小比例舍弃法，如英国规定：如果纳税人的无抵扣免税活动的投入物很小，为了方便确定可抵扣的投入物额，其免税销售部分可以忽略不计，有关纳税期内的全部销售均视同应税销售，也就是说所有的投入物已缴纳的增值税都可以抵扣。这种做法既减轻了税务局的工作负担，又简化了抵扣额的计算，方便了纳税人。

（7）增值税一般纳税人购进或销售货物（固定资产除外）所支付的运输费用（包括未列明的新增的铁路临管线及铁路专线运输费用）准予抵扣。准予抵扣的范围仅限于铁路运输企业开具的各种运营费用和铁路建设基金，随同运费支付的装卸费、保险费等其他杂费不得抵扣。

（8）一般纳税人取得的国际货物运输代理业发票和国际货物运输发票，不得计算抵扣进项税额。

（9）一般纳税人在生产经营过程中所支付的运输费用，允许计算抵扣进项税额。

（10）一般纳税人购进或销售货物（东北以外地区固定资产除外）通过铁路运输，并取得铁路部门开具的运输发票，如果铁路部门开具的铁路运输发票托运人或收货人名称与其不一致，但铁路运输发票托运人栏或备注栏注有该纳税人名称的（手写无效），该运输发票可以作为进项税额抵扣凭证，允许计算抵扣进项税额。

一般纳税人取得的汇总开具的运输发票，凡附有运输企业开具并加盖财务专用章或发票专用章的运输清单，允许计算抵扣进项税额。

（11）一般纳税人取得的项目填写不齐全的运输发票（附有运输清单的汇总开具的运输发票除外），不得计算抵扣进项税额。

（12）一般纳税人采取邮寄方式销售、购买货物所支付的邮寄费，不允许计算进项税额抵扣。

3. 不能取得增值税专用发票的购进废旧物资

生产企业增值税一般纳税人购入废旧物资回收经营单位销售的废旧物资，可按照废旧物资回收经营单位开具的由税务机关监制的普通发票上注明的金额，按10%计算抵扣进项税额。

特别需要指出的是，以上三类准予抵扣的进项税额，必须以纳税人在购进货物或应税劳务时，取得并保存法定的增值税扣税凭证为前提，同时还要求在这些扣税凭证上按规定注明增值税额及其他有关事项。否则，对进项税额不予抵扣。

4. 关于购置税控收款机纳税抵扣的计算

增值税纳税人和营业税纳税人，购置税控收款机都可以抵扣税款。增值税纳税人抵扣的是增值税，营业税纳税人抵扣的是营业税。

增值税一般纳税人有增值税专用发票的，按发票税额抵免。

小规模纳税人购进税控收款机如果取得的是普通发票，可依下列公式计算抵免税额：

$$可抵免税额=\frac{价款}{1+17\%}\times 17\%$$

当期应纳税额不足抵免的，未抵免部分可在下期继续抵免。

5. 商业企业采取以物易物、以货抵债、以物投资方式交易的进项抵扣

对商业企业采取以物易物、以货抵债、以物投资方式交易的，收货单位可以凭以物易物、以货抵债、以物投资书面合同以及与之相符的增值税专用发票和运输费用普通发票确定进项税额，报经税务机关批准予以抵扣。

对企业相互间采取以物易物、以货抵债、以物投资方式销售或交易的，不论账务上如何处理都应按规定征收增值税，一般纳税人应开具增值税专用发票。收货单位可凭以物易物、以货抵债、以物投资书面合同以及与之相符的增值税专用发票和运输费用普通发票确定进项税额，报经税务机关批准予以抵扣。

二、不准予抵扣的进项税额

在计算增值税时，以下项目的进项税额不得从销项税额中抵扣：

（1）用于非应税项目的购进货物或应税劳务。

其中，“非应税项目”是指提供非应税劳务、转让无形资产、销售不动产以及固定资产在建工程。后者包括纳税人新建、改建、扩建、修缮、装饰建筑物，无论会计制度规定如何核算，均属于固定资产在建工程。

（2）用于免征增值税项目的购进货物或应税劳务。

（3）用于集体福利或个人消费的购进货物或应税劳务。

（4）非正常损失的购进货物。

这类货物损失是指生产经营过程中除正常损耗外的损失，包括自然灾害损失、因管理不善造成货物被盗窃、发生霉烂变

小提示

不准予抵扣的进项税额的第2、3、4项的根源在于视同销售行为的第（4）、（5）、（6）、（7）、（8）项关于购进的货物的有关规定。前面我们讲到，若将购进的货物用于外部转移（如对外投资、分配给股东或投资者、无偿赠送他人），则视同销售，计算销项税，并且其购进的货物的进项税税金可以进行抵扣；若将购进的货物用于内部消耗（如用于非应税项目、集体福利或个人消费），则不视同销售，无须计算销项税，同时其外购货物的进项税税金不可以进行抵扣，并且要特别注意的是，已经抵扣的这部分进项税要进行进项税额转出。

质等损失，以及其他非正常损失。

要正确区分非正常损失与废品之间的区别。所谓废品，是指由于生产过程中的技术原因造成的产品质量不符合国家规定的技术标准，不能按原规定用途使用的产品或半成品。由此产生的废品损失是一种生产性损失，不属于非正常损失的范围。因此，工业企业降价销售这部分产品，应按规定征收增值税，其相应的进项税额允许抵扣。但是，产品入库后，由于保管不善或在销售过程中出现变质或损坏的，不属于废品。由此造成的损失属非正常损失的范围，其耗用的进项税额应转出。

（5）非正常损失的在产品、产成品所耗用的购进货物或应税劳务。

以上第 1 ~ 5 项的购进货物或应税劳务由于均未用于应征增值税的项目，所以，这些项目的进项税额不得从货物或应税劳务的销项税额中扣除。

如果纳税人将已经抵扣税款的购进货物或应税劳务的进项税额用于上述第 1 ~ 5 项的各个项目，根据《细则》的规定，“应将该项购进货物或应税劳务的进项税额从当期发生额中扣减。无法准确确定该项进项税额的，按当期实际成本计算应扣减的进项税额”。

> **小提示**
>
> 兼营免税项目或非应税项目的进项税额应该按照应税项目、非应税项目收入额占整个收入额的比重来划分。

三、兼营免税项目或非应税项目的抵扣规定

纳税人兼营免税项目或非应税项目（不包括固定资产在建工程）的，要求准确划分应税项目与免税项目或非应税项目的进项税额，以确定不得抵扣的免税项目或非应税项目的进项税额。无法准确划分不得抵扣的进项税额，按下列公式计算：

$$\text{不得抵扣的进项税额} = \left(\text{当月全部进项税额} - \text{当月可准确划分用于应税项目、免税项目及非应税项目的进项税额}\right) \times \frac{\text{当月免税项目销售额、非应税项目营业额合计}}{\text{当月全部销售额、营业额合计}} + \text{当月可准确划分用于免税项目和非应税项目的进项税额}$$

四、兼有简易征收办法计算增值税额时的抵扣规定

对既有按简易办法计算增值税额又有不按简易办法计算增值税额的一般纳税人，如果无法准确划分不得抵扣的进项税额，应按下列公式计算：

$$\text{不得抵扣的进项税额} = \frac{\text{当月全部进项税额} \times \text{当月按简易办法计税的货物销售额}}{\text{当月全部销售额}}$$

五、其他规定

（1）免税货物恢复征税后，其免税期间外购的货物，一律不得作为当期进项税额抵扣。恢复征税后收到的该项货物免税期间的增值税专用发票，应当从当期进项税额中剔除。

（2）对商业企业向供货方收取的与商品销售量、销售额挂钩（如以一定比例、金额、数量计算）的各种返还收入，均应按照平销返利行为的有关规定冲减当期增值税进项税金。应冲减进项税金的计算公式调整为：

$$当期应冲减进项税金=\frac{当期取得的返还资金}{1+所购货物适用增值税税率}\times 所购货物适用增值税税率$$

商业企业向供货方收取的各种收入，一律不得开具增值税专用发票。

第七节　增值税的计算

一、一般纳税人的计算方法

增值税采用扣税法计算本环节应纳税额，即凭扣税凭证从当期销项税额中减去当期进项税额。计算公式为：

应纳税额＝当期销项税额－当期进项税额

销项税额和进项税额的计算在本章前面两节中已有阐述，这里不再赘述。

为了保证计算应纳税额的合理性、准确性，纳税人必须严格把握“当期”这个时间限定，只有在纳税期限内实际发生的销项税额、进项税额，才是法定的当期销项税额或当期进项税额。

1. 当期销项税额

当期销项税额是指纳税期限内各纳税义务发生时间所发生的销项税额。因此，对销售货物或应税劳务计入当期销项税额的时间限定于纳税义务发生时间（详见本章第九节中纳税义务发生时间及纳税期限）。

2. 当期进项税额

当期进项税额是指纳税期限内满足进项税额申报抵扣时间所抵扣的进项税额。税法规定，增值税一般纳税人购进货物或应税劳务，其进项税额申报抵扣的时间如下：

（1）增值税一般纳税人申请抵扣的防伪税控系统开具的增值税专用发票，必须自该专用发票开具之日起180日内到税务机关认证，否则不予抵扣进项税额。认证通过的防伪税控系统开具的增值税专用发票，应在认证通过的当月按照增值税有关规定核算当期进项税额并申报抵扣，否则不予抵扣进项税额。

（2）增值税一般纳税人取得的海关完税凭证，应当在开具之日起180日后的第一个纳税申报期结束之前向主管税务机关申报抵扣，逾期不得抵扣进项税额。

（3）增值税一般纳税人取得的废旧物资发票，应当在开具之日起180日后的第一个纳税申报期结束之前向主管税务机关申报抵扣，逾期不得抵扣进项税额。

在实际计算应纳税额时，一些纳税人可能因各种原因发生购销不均衡，出现当期销项税额小于当期进项税额，导致进项税额不足抵扣的情况。《条例》规定，当期进项税额不足抵扣的部分，可以结转下期继续抵扣，不能办理退税。

例1：某食品厂某年6月销售奶粉给某批发单位，开出专用发票一张，分别收取价款和税款38 000元和6 460元，本月以优惠价销售可口可乐1 200瓶给本厂职工，每瓶单价1.5元，取得收入1 800元，以出厂价每瓶3元销售可口可乐1 500瓶给某单位，开出普通发票，金额为5 265元，代运输公司收取运输费585元（运输公司的运费发票是开具给食品厂，上面注明运费500元、装卸费85元）。月初购进上述产品所需原料时取得专用发票两张，其中，奶粉原料价款和税款分别为10 000元和1 700元，可口可乐原料价款和税款分别为1 000元和170元，并在当月进行了认证。请计算该厂应纳的增值税税额。

解：①销售奶粉给某批发单位应税销售额＝38 000（元）

②销售可口可乐给本厂职工，由于其销售价格偏低，故应以其当月的销售价格计算应税销售额。

应税销售额＝1 200×3＝3 600（元）

③销售可口可乐给某单位，其中代垫运费按税法规定应作为价外费用并入应税销售额。

$$应税销售额=\frac{5\,265+585}{1+17\%}=5\,000（元）$$

④该厂全月销项税额＝（38 000＋3 600＋5 000）×17%＝7 922（元）

⑤该厂全月进项税额＝1 700＋170＋500×7%＝1 905（元）

⑥该厂全月应纳税额＝7 922－1 905＝6 017（元）

例2：同例1，如该厂月初购进奶粉原料价款和税款分别为50 000元和8 500元，可口可乐原料价款和税款分别为3 000元和510元。请计算该厂应纳的增值税税额。

解：①该厂全月销项税额＝7 922（元）

②该厂全月进项税额＝8 500＋510＋500×7%＝9 045（元）

③该厂当月进项税额不足抵扣部分1 123（7 922－9 045）元可结转下期继续抵扣。

二、简易征收办法的计算方法

采用简易征收办法计算应纳税额时，不得抵扣进项税额。由于增值税是一种价外税，不论是一般的扣税法还是简易征收办法，都应按不含税销售额计算。若销售货物或应税劳务采取销售额和应纳税额合并定价的，则应将销售额换算成不含税销售额。计算公式为：

$$应纳税额 = 销售额 \times 征收率$$

$$不含税销售额 = \frac{含税销售额}{1 + 征收率}$$

例3：某个体户开办修车行，10月修理收入额为9 460元，购进修理材料3 000元，并持有增值税专用发票，发票上注明的税额为510元。请计算该个体户10月应纳的增值税税额。

解：个体户作为小规模纳税人，应采用简易征收办法，其购进材料的进项税额不得抵扣。

①应税销售额 $= \frac{9\ 460}{1+3\%} \approx 9\ 184.5$（元）

②应纳税额 $= 9\ 184.5 \times 3\% \approx 275.5$（元）

三、进口货物应纳税额的计算方法

进口货物一律按照组成计税价格和规定的税率计算进口环节应纳的增值税税额，不得抵扣任何税额。组成计税价格的计算公式为：

$$组成计税价格 = 关税完税价格 + 关税$$

属于征收消费税的进口货物，还需在组成计税价格中加上消费税。计算公式为：

$$组成计税价格 = 关税完税价格 + 关税 + 消费税$$

$$应纳税额 = 组成计税价格 \times 税率$$

对于进口货物征收增值税，之所以不允许抵扣任何税额，其原因有二：一是当今世界许多国家对本国出口商品都实行免税或退税政策，使其以不含税价格进入他国市场。因此，这类商品通常无税可扣。二是即使在少数国家的出口商品的价格中仍然含有商品劳务税，但根据国际惯例，进口国政府有权不予抵扣，否则，就会形成进口国对出口国商品进行财政补贴。

个人携带或邮寄进境自用物品的增值税，连同关税一起计征。具体办法另定。

例4：某进出口公司20××年1月3日从国外进口电脑一批，海关核定的关税到岸价格为8万元，进口的关税税率为150%。请计算该进出口公司进口时应纳的增值税税额。

解：①组成计税价格 = 80 000 + 80 000 × 150% = 200 000（元）

②进口时应纳税额 = 200 000 × 17% = 34 000（元）

例5：例4中的进出口公司当年1月销售电脑200台给某商场，取得的增值税专用发票上注明的价款为270 000元，销售给某个体户（小规模纳税人），取得销售收入35 100元。请计算该进出公司20××年1月应纳的增值税税额。

解：①该进出口公司当月应税销售额 $= 270\ 000 + \frac{35\ 100}{1 + 17\%}$

$= 300\ 000$（元）

②该进出口公司当月销项税额 = 300 000 × 17% = 51 000（元）

③该进出口公司当月进口电脑，并已缴纳增值税，取得海关的完税凭证。

该进出口公司当月进项税额 = 34 000（元）

④该进出口公司当月应纳税额 = 51 000 − 34 000 = 17 000（元）

四、电力产品应纳增值税的计算方法

电力产品属于特殊的产品，为了加强电力产品增值税的征收管理，根据《中华人民共和国税收征收管理法》、《中华人民共和国增值税暂行条例》、《中华人民共和国增值税暂行条例实施细则》及其有关规定，结合电力体制改革以及电力产品生产、销售特点，生产、销售电力产品的单位和个人为电力产品增值税纳税人，自2005年2月1日起，按以下规定计算缴纳增值税：

（一）计税销售额

电力产品增值税的计税销售额为纳税人销售电力产品向购买方收取的全部价款和价外费用，但不包括收取的销项税额。价外费用是指纳税人销售电力产品在目录电价或上网电价之外向购买方收取的各种性质的费用。

（二）征税办法

（1）发电企业（电厂、电站、机组，下同）生产销售的电力产品，按照以下规定计算缴纳增值税：

①独立核算的发电企业生产销售电力产品，按照现行增值税有关规定向其机构所在地主管税务机关申报纳税；具有一般纳税人资格或具备一般纳税人核算条件的非独立核算的发电企业生产销售电力产品，按照增值税一般纳税人的计算方法计算增值税，并向其机构所在地主管税务机关申报纳税。

②不具有一般纳税人资格且不具有一般纳税人核算条件的非独立核算的发电企业生产销售的电力产品，由发电企业按上网电量，依核定的定额税率计算发电环节的预缴增值税，且不得抵扣进项税额，向发电企业所在地主管税务机关申报纳税。计算公式为：

预征税额 = 上网电量 × 核定的定额税率

（2）供电企业销售电力产品，实行在供电环节预征、由独立核算的供电企业统一结算的办法缴纳增值税，具体办法如下：

①独立核算的供电企业所属的区县级供电企业，凡能够核算销售额的，依核定的预征率计算供电环节的增值税，不得抵扣进项税额，向其所在地主管税务机关申报纳税；不能核算销售额的，由上一级供电企业预缴供电环节的增值税。计算公式为：

预征税额 = 销售额 × 核定的预征率

②供电企业随同电力产品销售取得的各种价外费用一律在预征环节依照电力产品适用的增值税税率征收增值税，不得抵扣进项税额。

（3）实行预缴方式缴纳增值税的发、供电企业按照隶属关系由独立核算的发、供电企业结算缴纳增值税，具体办法为：独立核算的发、供电企业月末依据其全部销售额和进项税额，计算当期增值税应纳税额，并根据发电环节或供电环节预缴增值税税额，计算应补（退）税额，向其所在地主管税务机关申报纳税。计算公式为：

应纳税额 = 销项税额 - 进项税额

应补（退）税额 = 应纳税额 - 发（供）电环节预缴增值税税额

独立核算的发、供电企业当期销项税额小于进项税额不足抵扣，或应纳税额小于发、供电环节预缴增值税税额形成多缴增值税时，其不足抵扣部分和多交增值税税额可结转下期抵扣或抵减下期应纳税额。

（4）发、供电企业的增值税预征率（含定额税率，下同），应根据发、供电企业上期财务核算和纳税情况，考虑当年变动因素来测算核定，具体权限如下：

①跨省（自治区、直辖市）的发、供电企业增值税预征率由预缴增值税的发、供电企业所在地和结算增值税的发、供电企业所在地省级国家税务局共同测算，报国家税务总局核定。

②省（自治区、直辖市）范围内的发、供电企业增值税预征率由省级国家税务局核定。

发、供电企业预征率的执行期限由核定预征率的税务机关根据企业生产经营的变化情况确定。

（5）不同投资、核算体制的机组，由于隶属于各自不同的独立核算企业，所以应按上述规定分别缴纳增值税。

（6）对其他企事业单位销售的电力产品，按现行增值税有关规定缴纳增值税。

（7）实行预缴方式缴纳增值税的发、供电企业，销售电力产品取得的未并入上级独立核算发、供电企业统一核算的销售收入，应单独核算并按增值税的有关规定就地申报、缴纳增值税。

（8）实行预缴方式缴纳增值税的发、供电企业生产销售电力产品以外的其他货物和应税劳务，如果能准确核算销售额的，在发、供电企业所在地按适用税率计算缴纳增值税。不能准确核算销售额的，按其隶属关系由独立核算的发、供电企业统一计算缴纳增值税。

（三）销售电力产品的纳税义务发生时间

（1）发电企业和其他企事业单位销售电力产品的纳税义务发生时间为电力上网并开具确认单据的当天。

（2）供电企业采取直接收取电费结算方式的，销售对象属于企事业单位，为开具发票的当天；属于居民个人，为开具电费缴纳凭证的当天。

（3）供电企业采取预收电费结算方式的，为发出电量的当天。

（4）发、供电企业将电力产品用于非应税项目、集体福利、个人消费的，为发出电量的当天。

（5）发、供电企业之间互供电力的，为双方核对计数量，开具抄表确认单据的当天。

（6）发、供电企业销售电力产品以外其他货物，其纳税义务发生时间按《条例》及《细则》的有关规定执行。

第八节　出口货物退（免）税

出口货物退（免）税，是增值税、消费税中一项主要的税收制度，也是我国调节出口贸易的重要手段之一。出口货物退（免）税的具体办法，由国务院主管税务部门制定。

一、出口货物退（免）税基本政策

对出口货物实行退（免）税是国际上一条通行的税收规则和做法，是一种国际惯例。当今世界上许多国家如法国、英国、卢森堡、葡萄牙、瑞典等都实行了出口货物退（免）税制度。

世界各国为了鼓励本国货物出口，在遵循 WTO 基本规则的前提下，一般都采取优惠的税收政策。有的国家采取对该货物出口前所包含的税金在出口后予以免税的政策。我国则根据本国的实际情况，采取出口退税与免税相结合的税收政策。由于我国目前的出口体制尚不成熟，拥有出口经营权的企业还限于少部分须经国家批准的企业，并且我国生产的某些货物如稀有金属等仍不能满足国内需求，因此，对某些非生产性企业及国家紧缺的货物采取限制从事出口业务或限制该货物出口，不予出口退（免）税。

目前，我国的出口货物税收政策分为以下三种形式：

1. 出口免税并退税

出口免税是指对货物在出口销售环节不征收增值税、消费税，这是把货物出口环节与出口前的销售环节同样视为一个征税环节；出口退税是指对货物在出口前实际承担的税收负担，按规定的退税率计算后予以退还。

2. 出口免税不退税

出口免税与上述第一项含义相同。出口不退税是指适用这个政策的出口货物因在前一道生产、销售环节或进口环节是免税的，因此，出口时该货物的价格中本身就不含税，也就无须退税。

3. 出口不免税也不退税

出口不免税是指对国家限制或禁止出口的某些货物的出口环节视同内销环节，照常征税；出口不退税是指对这些货物出口不退还出口前其所负担的税款。适用该政策的主要为税法列举限制或禁止出口的货物，如天然牛黄、麝香、白银等。

二、出口退（免）税的货物范围

（一）享受出口退（免）税货物的基本条件

对出口的增值税、消费税应税货物，除国家明确规定不予退（免）税的货物外，都属于出口退（免）税的货物范围。“出口货物”一般必须具备以下三个条件：

（1）必须是属于增值税、消费税征税范围的货物。这两种税的具体征收范围及其划分，按增值税、消费税条例的规定执行。

（2）必须是报关离境的出口货物，也就是输出海关的货物。对在我国境内销售不报关离境的货物，不论出口企业是以外汇结算还是以人民币结算，也不论企业在财务和其他管理上作何处理，都不能作为出口货物予以退（免）税。

（3）必须是在财务上作对外销售处理的货物。现行外贸企业财务会计制度规定：出口商品销售时必须取得单据并向银行办理交单后才能作为销售收入的实现。不同运输情况要求的单据不同，具体说：陆运要求取得承运货物收据或铁路联运运单；海运要求取得出口货物的装船提单；空运要求取得空运单。出口货物销售价格一律以离岸价（FOB）折算成人民币入账。

> **税收拾粹**
>
> 瑞典、挪威、奥地利等国，对为再出口而临时进口的商品，采取分别按进口和出口的纳税办法对待，即进口时缴纳增值税，在制造、加工、改装、修复的过程中也缴纳增值税，最终出口这类商品时则适用零税率退税。

（二）享受出口免税的货物范围

不符合上述条件，但属于下列情况之一的，也可退税：

（1）对外承包工程公司运出境外用于对外承包项目的货物。

（2）对外承接修理修配业务的企业用于对外修理修配的货物。

（3）外轮供应公司、远洋运输供应公司销售给外轮、远洋国轮而收取外汇的货物。

（4）出口企业在国内采购并运往境外作为在国外投资的货物。

（5）利用外国政府贷款和国际金融组织贷款采取国际招标方式，国内企业中标的机电产品或外国企业中标再分包给国内企业供应的机电产品，凡属于《外商投资项目不予免税的进口商品目录》所列商品的，不予退（免）税；其他机电产品按现行有关规定办理退（免）税。

（6）境外带料加工装配业务所使用的出境设备、原材料和散件。

（7）对外补偿贸易及易货贸易、小额贸易出口的货物。

（8）对港、澳、台贸易的货物。

（9）自1995年1月1日起，对外驻华使馆、领事馆在指定的加油站购买自用汽油、柴油的增值税实行退税。

（10）保税区内企业从区外有进出口经营权的企业购进货物，保税区内企业将这部分货物出口或加工后再出口的货物。

（11）保税区外的出口企业委托保税区内仓储企业仓储并代理报关离境的货物。

（12）自1995年7月1日起，经商贸部批准设立的外商投资性公司，为其所投资的企业代理出口其自产货物，如其所投资的企业属于外商投资新企业及老企业的新上项目，被代理出口的货物可给予退（免）税；如其所投资的企业属于2000年前其出口货物要求继续实行免税的老企业被代理出口的货物在2001年前实行免税。

（13）出口加工区外的企业运入出口加工区的货物。

（14）自1996年9月1日起，国家旅游局所属中国免税品公司统一管理的出境口岸免税店销售的卷烟、酒、工艺品、丝绸、服装和保健品六大类国产产品。

（15）自2000年7月1日起，出口企业出口的甲胺磷、罗菌灵、氰戊菊酯、甲基硫菌灵、克百威、异丙碱、对硫磷中的乙基对硫磷等货物。

（16）自1997年12月23日起，外国驻华使（领）馆及其外交人员购买的列名中国产物品。

（17）自1999年9月1日起，商贸部下达的国家计划内出口的原油。

（18）自1999年9月1日起，外商投资企业采购的国产设备。

（19）出口企业从小规模纳税人购进并持普通发票的抽纱、工艺品、香料油、山货、草柳竹藤制品、渔网渔具、松香、五倍子、生漆、鬃尾、山羊板皮、纸制品12类货物。

（三）特准不予退税（免）税的出口货物

国家规定下列出口货物不予退还或免征增值税、消费税：

（1）原油。

（2）援外出口货物。

（3）国家禁止出口的货物，包括天然牛黄、麝香、铜及其合金、白金等。

（4）出口企业从农业生产者直接收购出口的免税农产品。

（5）从小规模纳税人购进的并持普通发票的，除列举特准退税的12类货物之外的出口货物。

（6）非指定经营企业出口原高税率货物和贵重货物。

（7）有出口卷烟经营权的企业出口国家出口计划外的卷烟。

（8）自1995年7月1日起，非保税区运往保税区的货物。

（9）生产企业自营或委托非自产货物。

（10）出口企业以“四自三不见”方式成交出口的货物。涉嫌骗税的出口货物在未查清之前，也不得退税。

（四）对生产企业出口的下列四类产品，视同自产产品给予退（免）税

（1）生产企业出口外购的产品，凡同时符合以下条件的，可视同自产货物办理退税。

①与本企业生产的产品名称、性能相同的。

②使用本企业注册商标或外商提供给本企业使用的商标的。

③出口给进口本企业自产产品的外商的。

（2）生产企业外购的与本企业所生产的产品配套出口的产品，若出口给进口本企业自产产品的外商，符合下列条件之一的，可视同自产产品办理退税。

①用于维修本企业出口的自产产品的工具、零部件、配件。

②不经过本企业加工或组装，出口后能直接与本企业自产产品组合成成套产品的。

（3）凡同时符合下列条件的，主管出口退税的税务机关可认定其为集团成员，集团公司（或总厂，下同）收购成员企业（或分厂，下同）生产的产品，可视同自产产品办理退（免）税。

①经县级以上政府主管部门批准为集团公司成员的企业，或由集团公司控股的生产企业。

②集团公司及其成员企业均实行生产企业财务会计制度。

③集团公司必须将有关成员企业的证明材料报送主管出口退税的税务机关。

（4）生产企业委托加工收回的产品，同时符合下列条件的，可视同自产产品办理退税。

①必须与本企业生产的产品名称、性能相同，或者是用本企业生产的产品再委托深加工收回的产品。

②出口给进口本企业自产产品的外商。

③委托方执行的是生产企业财务会计制度。

④委托方与受托方必须签订委托加工协议。主要原材料必须由委托方提供。受

托方不垫付资金，只收取加工费，开具加工费（含代垫的辅助材料）的增值税专用发票。

上述外购货物可以退税的比例、退税计算办法以及所需要的凭证等，按《国家税务总局关于明确生产企业出口视同自产产品实行免、抵、退税办法的通知》（国税发〔2002〕152号）执行。

三、出口退税的税率

出口货物的退税率，是出口货物的实际退税额与退税计税依据的比例。根据有关规定，现行出口货物的增值税退税率有17%、13%、11%、8%、6%、5%六档。

四、出口货物退税的计算方法

（一）“免、抵、退”的计算方法

生产企业自营或委托外贸企业代理出口（以下简称生产企业出口）自产货物，除另有规定外，增值税一律实行免、抵、退税管理办法。这里所称的生产企业，是指独立核算，经主管国税机关认定为增值税一般纳税人，并且具有实际生产能力的企业和企业集团。增值税小规模纳税人出口自产货物继续实行免征增值税办法。

实行免、抵、退税办法的“免”税，是指对生产企业出口的自产货物免征本企业生产销售环节增值税；“抵”税，是指生产企业出口自产货物所耗用的原材料、零部件、燃料、动力等所含应予退还的进项税额，抵扣内销货物的应纳税额；“退”税，是指生产企业出口的自产货物在当月内应抵扣的进项税额大于应纳税额时，对未抵扣完的部分予以退税。

小提示

“免、抵、退”的计算方法小结如下：

1. 若出口企业的全部原材料均从国内购进，则分五步计算。

（1）剔税：计算不得免征和抵扣的税额（原因在于出口货物的退税率与国内采购时所负担的税率不一致，如国内采购时负担税率为17%，但是生产出来的产品出口退税率为13%，这意味着出口企业要负担的4%不予退税）。

免征和抵扣的税额＝出口货物离岸价×外汇人民币牌价×（出口货物征税率－出口货物退税率）

（2）抵税：计算应纳增值税（若大于0则交税，若小于0则表明期末有未抵扣完的增值税，即为出口货物在国内采购而负担的增值税可以退税）。

当期应纳税额＝内销的销项税额－（进项税额－不得免征和抵扣的税额）－上期留抵税额

（3）限额：计算免抵退税额。

免抵退税额＝出口货物离岸价×外汇人民币牌价×出口货物退税率

（4）退税：比较（2）、（3）两步，择其小者退税。

（5）倒挤：确定当期免抵税额。

当期免抵税额＝当期免抵退税额－当期应退税额

1. 当期应纳税额的计算

当期应纳税额＝当期内销货物的销项税额－（当期进项税额－当期免抵退税不得免征和抵扣税额）

其中，免抵退税不得免征和抵扣税额的计算如下：

免抵退税不得免征和抵扣税额＝出口货物离岸价×外汇人民币牌价×（出口货物征税率－出口货物退税率）－免抵退税不得免征和抵扣税额抵减额

免抵退税不得免征和抵扣税额抵减额＝免税购进原材料价格×（出口货物征税率－出口货物退税率）

2. 免抵退税额的计算

免抵退税额＝出口货物离岸价×外汇人民币牌价×出口货物退税率－免抵退税额抵减额

其中：

（1）出口货物离岸价（FOB）以出口发票计算的离岸价为准。出口发票不能如实反映实际离岸价的，企业必须按照实际离岸价向主管国税机关进行申报，同时，主管税务机关有权依照《中华人民共和国税收征收管理法》、《中华人民共和国增值税暂行条例》等有关规定予以核定。

（2）免抵退税额抵减额的计算公式为：

免抵退税额抵减额＝免税购进原材料价格×出口货物退税率

免税购进原材料包括从国内购进免税原材料和进料加工免税进口料件，其中进料加工免税进口料件的价格为组成计税价格，计算公式为：

进料加工免税进口料件的组成计税价格＝货物到岸价＋海关实征关税和消费税

小提示

2. 若出口企业有进料加工业务，税法规定对进口原材料先免交增值税。但是，这种进口原材料今后将作为加工的对象，包含在出口产品的成本中，所以在出口退税计算时这部分免税购进进口原材料不予退税。

其操作如下：

在上述五步计算的（1）、（3）的计算中将免税购进进口原材料的价格从出口货物的销售额中剔除掉。

（1）剔税：计算不得免征和抵扣的税额。

免征和抵扣的税额＝（出口货物离岸价－免税购进进口原材料的价格）×外汇人民币牌价×（出口货物征税率－出口货物退税率）

（2）抵税：计算应纳税额。

当期应纳税额＝内销的销项税额－（进项税额－不得免征和抵扣的税额）－上期留抵税额

（3）限额：计算免抵退税额。

免抵退税额＝（出口货物离岸价－免税购进进口原材料的价格）×外汇人民币牌价×出口货物退税率

（4）退税：比较（2）、（3）两步，择其小者退税。

（5）倒挤：确定当期免抵税额。

当期免抵税额＝当期免抵退税额－当期应退税额

3. 当期应退税额和免抵税额的计算

（1）如当期期末留抵税额 ≤ 当期免抵退税额，则：

当期应退税额＝当期期末留抵税额

当期免抵税额＝当期免抵退税额－当期应退税额

（2）如当期期末留抵税额＞当期免抵退税额，则：

当期应退税额＝当期免抵退税额

当期免抵税额＝0

当期期末留抵税额根据当期增值税纳税申报表中“期末留抵税额”确定。

例6：某自营出口的生产企业为增值税一般纳税人，适用的增值税税率为17%，退税率为15%。20××年11月的生产经营情况如下：外购原材料、燃料取得增值税专用发票，注明支付价款850万元、增值税税额144.5万元，材料、燃料已验收入库；外购动力取得增值税专用发票，注明支付价款150万元、增值税税额25.5万元，其中20%用于企业基建工程；以外购原材料80万元委托某公司加工货物，已支付加工费并取得增值税专用发票，注明价款30万元、增值税税额5.1万元，支付加工货物的运输费用10万元并取得运输公司开具的普通发票。内销货物获得不含税销售额300万元，支付销售货物运输费用18万元并取得运输公司开具的普通发票；出口销售货物取得销售额500万元。

请采用“免、抵、退”法计算该企业11月应纳（或应退）的增值税税额。

解：①进项税额：

外购材料、燃料＝144.5（万元）

外购动力＝25.5×80%＝20.4（万元）

委托加工业务＝5.1＋10×7%＝5.8（万元）

销售货物运输费＝18×7%＝1.26（万元）

当月进项税额＝144.5＋20.4＋5.8＋1.26＝171.96（万元）

②出口不予免抵退税额＝500×（17%－13%）＝20（万元）

③应纳税额＝300×17%－（171.96－10）＝－110.96（万元）

④出口货物“免抵退税额”＝500×13%＝65（万元）

⑤应退税额＝65（万元）

留抵下月抵扣税额＝110.96－75＝35.96（万元）

（二）“先征后退”的计算方法

外贸企业以及实行外贸企业财务制度的工贸企业收购货物出口，其出口销售环节的增值税免征；其收购货物的成本部分因外贸企业在支付收购货款的同时也支付了生产经营该类商品的企业已纳的增值税款，因此，在货物出口后按收购成本与退税率计算退税退还给外贸企业，即外贸企业实行“先征后退”的计算方法。具体规定如下：

（1）出口货物单独设立库存账和销售账记载的，应依据购进出口货物增值税专用发票所列明的进项金额为计税依据；对库存出口商品采用加权平均价核算的企业，也可根据适用不同退税率的货物按下列公式确定：

应退税额＝出口货物数量×加权平均购进单价×退税率

（2）从小规模纳税人购进特准退税的出口货物，应退税额按下列公式确定：

$$应退税额=\frac{普通发票所列销售金额}{1+征收率}\times 退税率$$

从小规模纳税人购进持有税务机关代开的增值税专用发票的出口货物，应退税额按下列公式确定：

应退税额＝增值税专用发票上注明的销售金额×退税率

（3）外贸企业委托生产企业加工收回后报关出口的货物，退税计税依据为购买加工货物的原材料、支付加工货物的工缴费等专用发票所列明的进项金额。应按原材料的退税率和加工费的退税率分别计算应退税款，加工费的退税率按出口产品退税率确定。

（三）出口企业出口视同内销货物的计算

出口企业出口下列货物，除另有规定者外，视同内销货物计提销项税额或征收增值税。

（1）国家明确规定不予退（免）增值税的货物。

（2）出口企业未在规定期限内申报退（免）税的货物。

（3）出口企业虽已申报退（免）税，但未在规定期限内向税务机关补齐有关凭证的货物。

（4）出口企业未在规定期限内申报开具“代理出口货物证明”的货物。

（5）生产企业出口的除四类视同自产产品以外的其他外购货物。

（6）出口企业在办理认定手续前已出口，但超过出口退税申报期限的货物。

一般纳税人以一般贸易方式出口上述货物时，销项税额的计算公式为：

$$销项税额=\frac{出口货物离岸价格\times 外汇人民币牌价}{1+法定增值税税率}\times 法定增值税税率$$

一般纳税人以进料加工复出口贸易方式出口上述货物以及小规模纳税人出口上述货物时，应纳税额的计算公式为：

$$应纳税额=\frac{出口货物离岸价格\times 外汇人民币牌价}{1+征收率}\times 征收率$$

对上述应计提销项税额的出口货物，生产企业如已按规定计算免抵退税不得免征和抵扣税额并已转入成本科目的，可从成本科目转入进项税额科目；外贸企业如已按规定计算征税率与退税率之差并已转入成本科目的，可将征税率与退税率之差及转入应收出口退税的金额转入进项税额科目。

出口企业出口的上述货物若为应税消费品，除另有规定者外，出口企业为生产企业的，须按现行有关税收政策规定计算缴纳消费税；出口企业为外贸企业的，不退还消费税。

对出口企业按上述规定计算缴纳增值税、消费税的出口货物，不再办理退税。

对已计算免抵退税的，生产企业应在申报纳税当月冲减调整免抵退税额；对已办理出口退税的，外贸企业应在申报纳税当月向税务机关补缴已退税款。

（四）以实物投资出境的设备及零部件的出口退税计算

企业以实物投资出境的设备及零部件（包括实行扩大增值税抵扣范围政策的企业在实行扩大增值税抵扣范围政策以前购进的设备），实行出口退（免）税政策。实行扩大增值税抵扣范围政策的企业以实物投资出境的在实行扩大增值税抵扣范围政策以后购进的设备及零部件，不实行单项退税政策，实行免、抵、退税政策。

企业以实物投资出境的外购设备及零部件按购进设备及零部件的增值税专用发票计算退（免）税；企业以实物投资出境的自用旧设备，按照下列公式计算退（免）税：

$$应退税额 = \begin{matrix}增值税专用发票所列明\\的金额（不含税额）\end{matrix} \times \frac{设备折余价值}{设备原值} \times 适用退税率$$

设备折余价值 = 设备原值 − 已提折旧

企业以实物投资出境的自用旧设备，须按照《中华人民共和国企业所得税条例》的规定向主管税务机关备案的折旧年限计算提取折旧，并计算设备折余价值。税务机关接到企业出口自用旧设备的退税申报后，须填写“旧设备折旧情况核实表”，并交由负责企业所得税管理的税务机关核实无误后办理退税。

第九节　增值税的征收与缴纳

一、增值税的纳税义务发生时间

纳税人发生了增值税征税范围内的应税行为，必须依法履行纳税义务。其纳税义务发生时间在税法中作了明确规定：

（1）纳税人采取直接收款方式销售货物，不论货物是否发出，其纳税义务发生时间均为收到销售额或取得索取销售额的凭据，并将提货单交给买方的当天。

（2）纳税人采取托收承付和委托银行收款方式销售货物，其纳税义务发生时间为发出货物并办妥托收手续的当天。

（3）纳税人采取赊销和分期收款方式销售货物，其纳税义务发生时间为销售合同规定的收款日期的当天。

（4）纳税人采取预收货款结算方式销售货物，其纳税义务发生时间为发出货物的当天。

（5）纳税人委托其他纳税人代销货物，其纳税义务发生时间为收到代销单位代销清单的当天。

企业在委托代销货物的过程中，无代销清单纳税义务发生时间的确定如下：

①纳税人以代销方式销售货物，在收到代销清单前已收到全部或部分货款的，其纳税义务发生时间为收到全部或部分货款的当天。

②对于发出代销商品超过180日仍未收到代销清单及货款的，视同销售实现，一律征收增值税，其纳税义务发生时间为发出代销商品满180日的当天。

（6）纳税人发生按规定视同销售货物的行为，除将货物交付他人代销及销售代销货物外，其纳税义务发生时间均为货物移送的当天。

（7）纳税人销售应税劳务，其纳税义务发生时间为提供劳务同时收讫价款或者取得索取价款的凭据的当天。

（8）进口货物的纳税义务发生时间为报关进口的当天。

二、增值税的纳税期限

增值税的纳税期限，可根据纳税人的不同情况和应纳税额的大小等因素实行按日、按月或按次缴纳。具体规定如下：

（1）增值税的纳税期限分别为1日、3日、5日、10日、15日或1个月。不能按期纳税的，可以按次纳税。纳税人的纳税期限，由主管税务机关根据纳税人应纳税额的大小分别核定。以1个月为一期的纳税人，应于期满后10日内申报纳税；以1日、3日、5日、10日或15日为一期的纳税人，应于纳税期满后5日内预缴税款，次月1日起10日内申报纳税并结清上月应纳税款。

（2）进口货物应纳的增值税，应当自海关填发税款缴纳证的次日起，7日内缴纳税款。

（3）纳税人出口适用零税率的货物，向海关办理报关出口手续后，凭出口报关单等有关凭证，按月向税务机关申报该项出口货物的退税。

三、增值税的纳税地点

增值税的纳税地点既关系到是否方便征纳，还关系到是否有利于处理地区与地区之间的财政分配关系。因此，纳税地点的确定必须科学、合理。《条例》第二十二条及其《细则》规定：

（1）固定业户应向所在地主管税务机关申报纳税。总机构和分支机构不在同一县（市），又不在同一省（自治区、直辖市）范围内的，应分别向其所在地主管税务机关申报纳税；经国家税务总局或其授权的税务机关批准，分支机构的应纳税款也可以由总机构向总机构所在地主管税务机关申报缴纳。如果固定业户的总分支机构不在同一县（市），但在同一省（自治区、直辖市）范围内的，其分支机构应纳的增值税是否可由总机构汇总缴纳，由省级税务机关决定。

（2）固定业户到外县（市）销售货物的，应当向其机构所在地主管税务机关申请开具外出经营活动税收管理证明，向其机构所在地主管税务机关申报纳税。未持有其机构所在地税务机关核发的外出经营活动管理证明，到外县（市）销售货物或应税劳务的，应向销售地主管税务机关申报纳税；未向销售地主管税务机关申报纳税的，由其机构所在地主管税务机关补征税款。

（3）非固定业户销售货物或应税劳务，应向销售地主管税务机关申报纳税。未向销售地主管税务机关申报纳税的，由其机构所在地或居住地主管税务机关补征税款。

（4）进口货物的应纳税款，向报关地海关申报缴纳，由海关代征。

（5）境外的单位或个人在境内销售应税劳务而在境内未设经营机构的，其应纳税款以代理人为扣缴义务人；没有代理人的，以购买者为扣缴义务人。

国家税务总局可以根据征收管理需要，对纳税地点作出特殊规定。

四、增值税一般纳税人纳税申报办法

纳税人进行纳税申报时必须实行电子信息采集。使用防伪税控系统开具增值税专用发票的纳税人必须在抄报税成功后，方可进行纳税申报。纳税人在申报时必须提供以下资料：

1. 必报资料

（1）“增值税纳税申报表（适用于增值税一般纳税人）”及其附列资料；

（2）使用防伪税控系统的纳税人，必须报送记录当期纳税信息的IC卡（明细数据备份在软盘上的纳税人还需报送备份数据软盘）、“增值税专用发票存根联明细表”及“增值税专用发票抵扣联明细表”；

（3）“资产负债表”和“损益表”；

（4）“成品油购销存情况明细表”（由从事成品油零售业务的纳税人填报）；

（5）主管税务机关规定的其他必报资料。

纳税申报实行电子信息采集的纳税人，除向主管税务机关报送上述必报资料的电子数据外，还需报送纸质的“增值税纳税申报表（适用于一般纳税人）”（主表及附表）。

税收拾粹

在欧洲国家中，多数国家对溢付税额采取立即退还的方式，如瑞典、挪威、法国、德国、爱尔兰等。还有一些国家则采取留抵下期应纳税额，但至年终如仍未抵完则予以退税，如卢森堡、比利时、意大利等。

2. 备查资料

（1）已开具的增值税专用发票和普通发票存根联；

（2）符合抵扣条件并且在本期申报抵扣的增值税专用发票抵扣联；

（3）海关进口货物完税凭证、运输发票、购进农产品普通发票及购进废旧物资普通发票的复印件；

（4）收购凭证的存根联或报查联；

（5）代扣代缴税款凭证存根联；

（6）主管税务机关规定的其他备查资料。

备查资料是否需要在当期报送，由各省级国家税务局确定。

【趣味阅读】

申渐高讽谏免杂税

申渐高是南唐时候的一个艺人，经常在宫中的宴会上奏乐。他生性诙谐幽默，敢于为民众说话。南唐皇帝李升在位时，国力薄弱，军粮储备不足，官府横征暴敛，人们深受苛捐杂税之害，不胜其苦。一年久旱不下雨，祈雨也没有应验。一天，李升在宫苑中同群臣饮酒时说："现在京郊下起雨来，唯独京城不下雨，难道我们监狱中有冤枉的事违背了天意吗?"群臣都不知如何回答。这时，申渐高走上前来笑着说："雨水害怕抽税，所以不敢进京城呀!"李升猛然醒悟，大笑道："是京城中赋税过重了吧?"于是当日就下诏免去一切不合理的税负，其他税负也有所减免。

【本章小结】

1. 增值额是因提供应税的商品或劳务而取得的收入价格与该项商品或劳务的外购成本价格之间的差额。增值税就是以增值额为课税对象所征收的一种税。

2. 各国增值税可以分为以下三种类型：生产型增值税、收入型增值税、消费型增值税。我国目前实行的是生产型增值税，但在东北三省正在进行增值税改革的试点工作。

3. 增值税可以采用以下四种计税方法：直接相加法、间接相加法、直接减除法和间接减除法。目前，世界上大多数国家实行的是第四种方法。

4. 增值税的特点包括征税范围广泛，税源充裕；对增值额征税，税不重征；普遍征税，道道征税；同一商品，同一税负；税收负担具有转嫁性。

5. 增值税的征税范围为在我国境内销售的货物，或者提供的加工、修理修配劳务以及进口货物等。此外，还应包括视同销售、混合销售、兼营非应税劳务的应税货物。

6. 增值税的纳税人包括纳税义务人和扣缴义务人。其中，纳税义务人又包括一般纳税人和小规模纳税人。

7. 现行增值税税率分为两档，即17%和13%。除此之外，税法还规定了6%和4%两档增值税征收率。

8. 增值税的税收优惠政策包括增值税的免税政策、即征即退政策、减征政策和其他优惠政策。

9. 我国现行增值税应纳税额的计算采用购进扣税法，销项税额与进项税额之差为应纳税额。

10. 小规模纳税人按销售额和规定的3%的征收率计算应纳税额，不得抵扣进项税额。

11. 进口货物，按照组成计税价格和规定的税率计算应纳税额，不得抵扣任何税额。

12. 我国对出口货物实行退（免）税，即对出口货物适用零税率，而且还可以退还以前环节已纳税款。

13. 增值税的征收管理包括纳税义务发生时间、纳税期限、纳税地点和增值税发票管理等。

【主要名词】

增值额　生产型增值税　消费型增值税　视同销售　混合销售　兼营非应税劳务　纳税义务人　扣缴义务人　一般纳税人　小规模纳税人　销项税额　进项税额　组成计税价格　出口退税

【复习思考题】

1. 增值税的类型有哪几种？为什么我国要在东北三省进行增值税改革的试点工作？

2. 增值税的特点包括哪些？为什么目前在世界范围内增值税成为一种越来越受欢迎的税种？

3. 视同销售货物的行为有哪些？每一项在税收实务上的操作是怎样的？

4. 比较混合销售、兼营非应税劳务的相同点和不同点。试分析两者在税收实务上的具体操作。

5. 特殊销售方式下销售额的确定方法有哪些？每一项在税收实务上的操作是怎样的？

6. 进项税额抵扣除了以票抵扣外还有哪些方式？这些方式在税收征管工作中是否存在一定的漏洞？

7. 出口货物“免、抵、退”的计算方法是怎样的？为什么要分为五步进行计算？其原理是什么？

第四章　消费税

消费税是在货物普遍征收增值税的基础上，再选定一些需要特殊调节的消费品征收的一种税。这是1994年税制改革后增加的新税种，对于引导消费方向、调节消费结构，进而影响生产结构、增加国家财政收入等方面，都有着重要意义。

消费税属于中央税，开征此税有助于加强和改善政府尤其是中央政府对经济的宏观调控能力，完善我国的分税制管理体系。

读者通过本章可以了解以下内容：消费税的沿革、特点、类型与立法精神，消费税的11个税目，定额与比例税率的规定，消费税的计税方法。

第一节　消费税概述

一、消费税的概念

消费税是以特定消费品或消费行为为课税对象征收的一种税，属于商品税、劳务税的范畴。它在保证国家财政收入、体现国家经济政策等方面具有十分重要的作用。目前，世界上已有一百多个国家开征了这一税种或类似税种。如韩国开征的特种消费税，德国开征的联邦消费税，欧洲许多国家开征的烟税、酒精饮料类税等，均属消费税的范围。

小提示

在现实生活中，有一些商品由于种种原因要限制其消费，有的商品（如烟、酒）若过度使用对人体是有害的，有的则属于不可再生资源，有的属于高耗能消费品（如小汽车、摩托车），还有一些属于奢侈品（如贵重首饰、珠宝玉石）。国家为了限制这些商品的消费，对这一类型的商品征收一道消费税，以此调节消费结构，引导消费方向。

消费税不仅为当今世界各国所普遍征收，而且在我国也有着十分久远的历史。早在公元前81年，汉昭帝为避免酒的专卖“与商人争市利”，改酒专卖为征税，允许各地的地主、商人自行酿酒卖酒，每升酒缴税四文，纳税环节在酒销售之后，而不是在出坊（酒坊）时缴纳，这可以说是我国较早的消费税。

新中国成立后，1950年统一全国税制，建立新税制，曾开征了特种消费行为税，这一税种包含娱乐、筵席、冷食、旅馆四个税目，在发生特种消费行为时征收。其中，“筵席、冷食、旅馆三种有关食住方面的消费行为，其消费额在一般日常生活水平限度以内者，不算特种消费，不应负税”，即规定有起征点。“至于娱乐方面的消费，则不是一般日常生活的绝对需要，所以不规定起征点。”1988 年 9 月 22 日，国务院针对社会上存在的不合理消费现象开征了筵席税。1989 年 2 月 1 日，为缓解彩色电视机、小轿车的供求矛盾，开征了彩色电视机特别消费税和小轿车特别消费税。此外，我国于 1984 年 9 月 18 日颁布开征的产品税和增值税的课税范围涉及大部分消费品，也具有一定的消费税性质。1993 年底，为使税制适应市场经济体制的需要，国务院正式颁布了《中华人民共和国消费税暂行条例》，并于 1994 年 1 月 1 日起实施，决定在增值税普遍征收的基础上，再对部分消费品征收消费税，以贯彻国家产业政策和消费政策。但随着我国经济的快速发展，现行消费税制逐渐出现了一些问题：一是征税范围偏窄，不利于在更大范围内发挥消费税的调节作用；二是原来确定的某些属于高档消费品的产品，这些年已经逐渐具有大众消费的特征；三是有些应税品目的税率结构与国内产业结构、消费水平和消费结构的变化不相适应；四是消费税促进节约资源和环境保护的作用有待加强。因此，财政部、国家税务总局于 2006 年 3 月 21 日联合下发通知，自 2006 年 4 月 1 日起，对我国现行消费税的税目、税率及相关政策进行了部分调整。

小提示

消费税与增值税的区别：

(1) 征税范围不同：消费税的范围更窄。征消费税的一定征增值税，征增值税的不一定征消费税。

(2) 征税对象不同：消费税是对销售额征收；增值税是对增值额征收。

(3) 征税环节不同：消费税是单一环节征收；而增值税是在道道环节征收。

(4) 税率不同：消费税是差别税率；增值税税率较单一。

(5) 价税关系不同：消费税是价内税；增值税是价外税。

二、消费税的特点

消费税与其他税种相比，具有以下几个特点：

（一）征税范围具有限制性

消费税仅以特定消费需要进行特殊调节的部分最终消费品为课税对象。列举征税的品目只有 14 个，可以分为三大类：第一类是某些奢侈品、高档消费品；第二类是某些不可再生的资源类消费品；第三类是为配合产业结构调整而需要在一定时期内限制生产的长线产品。除此之外，对其他消费品和消费行为不征收消费税。

（二）征税环节具有单一性

为了加强源泉控制，防止税款流失，消费税的纳税环节主要确定在产制环节或进口环节。也就是说，应税消费品在生产环节、委托加工环节或进口环节征税之后，不再征收消费税。个别消费品的纳税环节为零售环节。无论在哪个环节征税，都实行单环节征收。以零售环节为纳税环节的应税消费品，在零售环节以前的诸环节都不征收消费税。

（三）税率（税额）具有差异性

消费税属于国家运用税收杠杆对某些消费品进行特殊调节的税种。为了有效体现国家政策，消费税的平均税率水平一般定得比较高，并且不同征税项目的税负差异较大，对需要限制或控制消费的消费品，通常征税较重。我国现行消费税是与增值税相互配合而设置的。这种办法在对某些需要特殊调节的消费品在征收增值税的同时，再征收一道消费税，从而形成了一种双层次调节的间接税体系。

（四）征收方法具有灵活性

消费税根据每一课税对象的不同特点确定不同的征收方法，既可以采取从价定率征收方法，也可以采取从量定额征收方法，还可以采取既按从价定率又按从量定额征收的复合征收方法。

（五）税负具有转嫁性

消费税是对消费应税消费品的课税。因此，税负归宿应为消费者。为了简化征收管理，我国消费税直接以应税消费品的生产经营者为纳税人，于进口环节或产制、销售环节或零售环节缴纳税款，并成为商品价格的一个组成部分向购买者收回，消费者为税负的最终归宿。

三、消费税的类型

古今中外的消费税种类较多，依据不同标准，一般可以分为以下几种类型：

（一）按征税领域不同，分为国内消费税和国境消费税

在广义的消费税体系中，属于消费税的税种很多，征税范围也比较广，但从征税领域的角度划分，大致可归于两大部分：一部分属于在国内生产并出厂销售的应税消费品，一部分属于从国外进口的应税消费品。对国内生产销售的消费品征税，称为国内消费税；对报关进口的应税消费品征税，则称为国境消费税。国境消费税包括关税在内。目前，各国实际征收的消费税并未区别国内与国境单设税种，而仅在不同税种中区分了消费税的这两大征税领域。

税收拾粹

2006 年，欧盟 25 国财长就欧盟成员国房屋修缮及相关服务的消费税税率问题达成协议，使欧盟各国得以继续维持 5.5% 的消费税税率特许权至 2010 年，使原本于 2005 年 12 月 31 日到期的该项税率法规又延长了 5 年。

（二）按征税项目多寡不同，分为单项消费税和综合消费税

各国消费税的征税项目数量差异较大。有的征税项目较多，如印度列举征税的项目达一百多种，而有的只有几种甚至一种，如一些国家征收的石油税、烟税、啤酒税、赌具税、彩票税、茶叶税、打猎税等，每一个消费税一般只有一个征税项目。前者可称为综合消费税，后者可称为单项消费税。与此相对应，实行综合消费税的国家一般只开征一种消费税，把需要调节的诸多应税项目列入一个税法中。而实行单项消费税的国家，按征税项目分别设置了较多的税种，单独立法征收。

（三）按税基不同，分为直接消费税和间接消费税

所谓直接消费税，即以消费支出额为计税依据的消费税，也称“支出税”。它按纳税人的消费支出数额，即个人总收入减去储蓄部分的余额计征，属于一种特殊性质的所得税，因而带有直接税的色彩。由于这种税的税源、计税依据均不易掌握，征管难度大，印度、斯里兰卡等国曾经试行过这种支出税，但均以失败告终。间接消费税则是以消费品（或消费行为）的价格或数量为计税依据的消费税。它一般由生产者缴纳，间接地由购买者（消费者）负担，属于商品劳务税性质，带有间接税的色彩。一般人们所说的或各国普遍征收的消费税，属于后一种消费税。

（四）按征税目的不同，分为一般消费税和特别消费税

凡是对人们日常消费品征收的消费税，称为一般消费税。虽然相对于未列入征税项目的消费品来说，对应税消费品征税也属于特殊调节，但是这些消费品如火柴、糖、茶等毕竟属于人们日常消费的物品，因而，征税只具有一般的财政意义。相反，凡是对少数人消费或需要加以限制消费的物品征收的消费税，称为特别消费税，如有的国家对奢侈品征收的消费税，便属此类。不过，由于各国的消费水平及国情不同，生活必需品或奢侈品的划分标准也不尽一致，因此，判定和划分一般消费税和特殊消费税通常只具有政府意义。

第二节　消费税的征税范围和纳税人

一、消费税的征税范围

消费税的征税范围为在中华人民共和国境内生产、委托加工和进口应税消费品。应税消费品凡采取以下方式生产经营，且起运地在我国境内的，均列入消费税的征税范围。具体包括以下情况：

（1）纳税人生产销售的应税消费品。其中包括纳税人用于换取生产资料和消费资料、支付代购手续费或者销售回扣，以及在销售数量之外另外付给购货方或中间人作为奖励和报酬的应税消费品。所谓销售，是指有偿转让应税消费品及其所有权的行为，即以从受让方取得货币、货物、劳务或其他经济利益上的好处为条件，转让应税消费品所有权的行为。

（2）纳税人自产自用的应税消费品。包括直接用于连续生产产品并构成产品生产成本的应税消费品；用于其他方面，指纳税人用于生活福利设施、专项工程、基本建设和其他非生产机构，用于销售产品或者提供劳务，以及用于馈赠、赞助、集资、职工福利、奖励等方面的应税消费品。其中纳税人自产自用的应税消费品，用于连续生产应税消费品的，不纳税。

（3）委托加工的应税消费品。指由委托方提供原料和主要材料，受托方只收取加工费和代垫部分辅助材料加工的应税消费品。对于由受托方提供原料生产的应税消费品，或者受托方将原材料卖给委托方，然后再接受加工的应税消费品，以及由受托方以委托方名义购进原材料生产的应税消费品，不论纳税人在财务上是否作销售处理，都不得作为委托加工的应税消费品，而应当按照销售自制应税消费品缴纳消费税。但是，将委托方收回后的委托加工产品用于连续生产的，允许将委托方代扣代缴的税款从委托方的应纳消费税额中予以扣除。

（4）进口的应税消费品。指由境外报关进口的应税消费品。

小提示

委托加工与自制销售是不同的。若属于委托加工，受托方仅仅是代收代缴消费税，本身并没有纳税义务，真正的纳税义务在委托方；此时，受托方所缴的增值税等于加工费乘以17%。若属于自制销售，此时消费税的纳税义务在受托方，委托方没有纳税义务；而此时，受托方所缴的增值税等于销售额乘以17%。

二、消费税的纳税人

（一）消费税的纳税人

消费税的纳税人为在中华人民共和国境内从事生产、零售和进口应税消费品的单位和个人。具体包括以下几种类型：

（1）生产销售除金银首饰以外的其他应税消费品的单位和个人；

（2）零售金银首饰、钻石和钻石饰品的单位和个人；

（3）委托加工应税消费品的单位和个人；

（4）进口应税消费品的单位和个人。

上述单位是指在我国境内从事生产、零售和进口应税消费品的国有企业、集体企业、私有企业、股份制企业、外商投资企业和外国企业、其他行政单位、事业单位、军事单位、社会团体及其他单位。

上述个人指个体经营者及其他个人，包括外国人。

（二）消费税的扣缴义务人

税法规定，纳税人委托加工应税消费品时，由受托方在向委托方交货时代收代缴消费税。若受托方为个体经营者，一律由委托方收回后在委托方所在地缴纳消费税。

第三节　消费税的税目、税率和减免

一、消费税的税目

消费税是在普遍征收增值税的基础上，对部分消费品征收的一种税。消费税的征税范围是根据目前我国消费水平和消费政策及财政需要，并借鉴国外的经验和做法制定的。现行消费税的税目适用范围如下：

（一）烟

凡是以烟叶为原料加工生产的产品，不论使用何种辅料，均属于本税目的征收范围。包括甲类卷烟、乙类卷烟、雪茄烟、烟丝 4 个子目。自 2001 年 5 月 1 日起，卷烟的征收范围按每标准条的调拨价格分为两类计征。

> **税收拾粹**
>
> 美国消费税的课税品包括载人汽车及零配件、大客车、拖车式活动房屋、轮胎、汽车、柴油、润滑油、烈性酒、啤酒、果酒、卷烟、雪茄烟、鼻烟、嚼烟、烟丝、公用电话、保险、航运、娱乐、赌博、枪支、子弹等。

（二）酒及酒精

本税目下设粮食白酒、薯类白酒、黄酒、啤酒、其他酒、酒精 6 个子目。

对饮食业、商业、娱乐业举办的啤酒屋（啤酒坊）利用啤酒生产设备生产的啤酒，应当征收消费税。

（三）化妆品

本税目征收范围包括各类美容、修饰类化妆品，高档护肤类化妆品和成套化妆品。

美容、修饰类化妆品是指香水、香水精、香粉、口红、指甲油、胭脂、眉笔、唇笔、蓝眼油、眼睫毛以及成套化妆品。

舞台、戏剧、影视演员化妆用的上妆油、卸装油、油彩不属于本税目的征收范围。

高档护肤类化妆品征收范围另行制定。

（四）贵重首饰及珠宝玉石

本税目征税范围包括各种金银珠宝首饰和经采掘、打磨加工的各种珠宝玉石。

对出国人员免税商店销售的金银首饰征收消费税。

（五）鞭炮、焰火

本税目征收范围包括各种鞭炮、焰火。通常分为 12 类，即喷花类、旋转类、火箭类、吐珠类、线香类、小礼花类、烟雾类、造型玩具类、爆竹类、摩擦擦炮类、组合烟花类、礼花弹类。

体育项目中使用的发令纸、鞭炮药引线，不按本税目征收。

（六）成品油

本税目包括汽油、柴油、石脑油、溶剂油、航空煤油、润滑油和燃料油 7 个子目。

（1）汽油。汽油是轻质石油产品的一大类。本税目征收范围包括辛烷不小于 66 的各种汽油。用其他原料、工艺生产的汽油，也属于本税目的征收范围。以汽油组分为主，辛烷值大于 50，经调和可以用作汽油发动机燃料的非标油品，也属于汽油的征收范围。

（2）柴油。柴油为轻质石油产品的一大类，由天然或人造石油经脱盐、初馏、催化裂化调和而得。柴油易燃易爆，挥发性低于汽油。柴油按用途分为轻柴油、重柴油、军用柴油和农用柴油。本税目征收范围包括倾点在－50号至30号的各种柴油。以柴油组分为主、经调和精制可以用作柴油发动机的非标油品，也属于柴油的征收范围。

（3）石脑油。石脑油又叫轻汽油、化工轻油，是以石油加工生产的或二次加工汽油经加氢精制而得的用于化工原料的轻质油。

石脑油的征收范围包括除汽油、柴油、煤油、溶剂油以外的各种轻质油。

（4）溶剂油。溶剂油是以石油加工生产的用于涂料和油漆生产、食用油加工、印刷油墨、皮革、农药、橡胶、化妆品生产的轻质油。

溶剂油的征收范围包括各种溶剂油。

（5）航空煤油。航空煤油也叫喷气燃料，是以石油加工生产的用于喷气发动机和喷气推进系统中作为能源的石油燃料。

航空煤油的征收范围包括各种航空煤油。

（6）润滑油。润滑油是用于内燃机、机械加工过程的润滑产品。润滑油分为矿物性润滑油、植物性润滑油、动物性润滑油和化工原料合成润滑油。

润滑油的征收范围包括以石油为原料加工的矿物性润滑油、矿物性润滑油基础油。植物性润滑油、动物性润滑油和化工原料合成润滑油不属于润滑油的征收范围。以植物性、动物性和矿物性基础油（或矿物性润滑油）混合掺配而成的“混合性”润滑油，不论矿物性基础油（或矿物性润滑油）所占比例高低，均属于润滑油的征税范围。

（7）燃料油。燃料油也称重油、渣油。

燃料油征收范围包括用于电厂发电、船舶锅炉燃料、加热炉燃料、冶金和其他工业炉燃料的各类燃料油。

（七）汽车轮胎

汽车轮胎是指用于各种汽车、挂车、专用车和其他机动车上的内、外胎。

自2001年1月1日起，对“汽车轮胎”税目中的子午线轮胎免征消费税，对翻新轮胎停止征收消费税。

（八）小汽车

小汽车是指由动力驱动，具有4个或4个以上车轮的非轨道承载的车辆。

本税目征收范围包括含驾驶员座位在内的最多不超过9个座位（含9座）的在设计和技术特性上用于载运乘客和货物的各类乘用车和含驾驶员座位在内的座位数在10至23座（含23座）的在设计和技术特性上用于载运乘客和货物的各类中轻型商用客车。

用排气量小于1.5升（含1.5升）的乘用车底盘（车架）改装、改制的车辆属于乘用车征收范围。用排气量大于1.5升的乘用车底盘（车架）或用中轻型商用客车底盘（车架）改装、改制的车辆属于中轻型商用客车征收范围。改装、改制车辆是指经省级发改委审核批准，并报国家发改委备案、列入国家发改委《车辆生产企业及产品公告》的公告车辆类别代码（产品型号或车辆型号代码数字字段的第一位数）为5的专用汽车（特种汽车）。

税收拾粹

从2005年4月1日起，罗马尼亚提高和新征部分商品消费税，其范围包括影视用品、音响器材、微波炉及空调（20%），数码相机及摄像机（30%）。由于一些家电产品以前不征收消费税，如数码相机等，为此，在4月1日要征收消费税的前几日，家电商店出现抢购风潮。

含驾驶员人数（额定载客）为区间值(如8至10人，17至26人)的小汽车，按其区间值下限人数确定征收范围。

电动汽车不属于本税目征收范围。

车身长度大于7米(含7米)，并且座位数在10至23座(含23座)的商用客车，不属于中轻型商用客车征税范围，不征收消费税。

（九）摩托车

本税目征收范围包括轻便摩托车、摩托车。

（十）高尔夫球及球具

高尔夫球及球具是指从事高尔夫球运动所需的各种专用装备，包括高尔夫球、高尔夫球杆及高尔夫球包（袋）等。

高尔夫球是指重量不超过45.93克、直径不超过42.67毫米的高尔夫运动比赛、练习用球；高尔夫球杆是指被设计用来打高尔夫球的工具，由杆头、杆身和握把三部分组成；高尔夫球包（袋）是指专用于盛装高尔夫球及球杆的包（袋）。

本税目征收范围包括高尔夫球、高尔夫球杆、高尔夫球包（袋）。高尔夫球杆的杆头、杆身和握把属于本税目征收范围。

（十一）高档手表

高档手表是指销售价格（不含增值税）每只在10 000元（含10 000元）以上的各类手表。

本税目征收范围包括符合以上标准的各类手表。

（十二）游艇

游艇是指长度大于8米小于90米，船体由玻璃钢、钢、铝合金、塑料等多种材料制作，可以在水上移动的水上浮载体。按照动力划分，游艇分为无动力艇、帆艇和机动艇。

本税目征收范围包括艇身长度大于8米（含8米）小于90米（含90米），有内置发动机，可以在水上移动，一般为私人或团体购置，主要用于水上运动和休闲娱乐等非营利活动的各类机动艇。

（十三）木制一次性筷子

木制一次性筷子，又称卫生筷子，是指以木材为原料经过锯段、浸泡、旋切、刨切、烘干、筛选、打磨、倒角、包装等环节加工而成的各类一次性使用的筷子。

本税目征收范围包括各种规格的木制一次性筷子。未经打磨、倒角的木制一次性筷子属于本税目征税范围。

（十四）实木地板

实木地板是指以木材为原料，经锯割、干燥、刨光、截断、开榫、涂漆等工序加工而成的块状或条状的地面装饰材料。实木地板按生产工艺不同，可分为独板（块）实木地板、实木指接地板、实木复合地板三类；按表面处理状态不同，可分为未涂饰地板（白坯板、素板）和漆饰地板两类。

本税目征收范围包括各类规格的实木地板、实木指接地板、实木复合地板及用于装饰墙壁、天棚的侧端面为榫、槽的实木装饰板。未经涂饰的素板属于本税目征税范围。

二、消费税的税率

消费税依据应税消费品的具体情况分别采用比例税率、定额税率和复合税率。

（一）比例税率

比例税率主要适用于那些供求矛盾突出、价格差异较大、计量单位不规范的应税消费品，包括烟、除黄酒和啤酒以外的应税酒、化妆品、鞭炮、焰火、贵重首饰、汽车轮胎、摩托车、小汽车等。

在设计每种产品具体适用税率时，主要考虑了以下四个方面：一是要能够体现国家的产业政策和消费政策；二是要能够正确引导消费方向，有效地限制超前消费的倾向，起到调节供求关系的作用；三是要有一定的财政意义，适当积累财政资金；四是要考虑应税消费品的原有负担水平。

（二）定额税率

定额税率主要适用于那些供求基本平衡、价格差异不大、计量单位规范的消费品，包括啤酒、黄酒及成品油。

小提示

定额税率与比例税率的优缺点各是什么？

（三）复合税率

1. 粮食白酒、薯类白酒

粮食白酒、薯类白酒消费税税率由《中华人民共和国消费税暂行条例》规定的比例税率调整为定额税率和比例税率。

（1）定额税率：粮食白酒、薯类白酒每斤（500克）0.5元。

（2）比例税率：

①粮食白酒（含以果木或谷物为原料的蒸馏酒，下同）20%。

下列酒类产品比照粮食白酒适用20%比例税率：粮食和薯类、糠麸等多种原料混合生产的白酒；以粮食白酒为酒基的配置酒、泡制酒；以白酒或酒精为酒基，凡酒基所用原料无法确定的配置酒、泡制酒；对以粮食原酒作为基酒与薯类酒精或薯类酒进行勾兑生产的白酒。

②薯类白酒20%。

③对企业生产的白酒应按照其所用原料确定适用税率。凡是既有外购粮食或自产或外购粮食白酒（包括粮食酒精），又有自产或外购薯类和其他原料酒（包括酒精）的企业，其生产白酒所用的原料无法分清的，一律按粮食白酒征收消费税。

2. 卷烟

（1）定额税率：生产环节每标准箱（50 000支，下同）150元（每支0.003元）。

（2）比例税率：

①每标准条（200支，下同）调拨价格在70元（含70元，不含增值税）以上的卷烟生产环节税率为56%。

②每标准条调拨价格在70元（不含增值税）以下的卷烟生产环节税率为36%。

③下列卷烟一律适用56%的比例税率：白包卷烟，手工卷烟，自产自用没有同牌号、规格调拨价格的卷烟，委托加工没有同牌号、规格调拨价格的卷烟，未经国务院批准纳入计划的企业和个人生产的卷烟。

> **小提示**
>
> （1）进口卷烟的税率规定与国内生产销售卷烟的税率规定有所不同。进口卷烟税率的确定须经过两个步骤。
>
> （2）进口卷烟价格的计算与委托加工卷烟、自产自用卷烟的计税价格确定也不同。后者暂不考虑从量计征的消费税税额，而进口卷烟要考虑。

④卷烟批发环节适用5%的比例税率。

⑤进口卷烟消费税适用比例税率的价格按以下办法确定：

$$\text{每标准条进口卷烟确定消费税适用比例税率的价格} = \frac{\text{关税完税价格} + \text{关税} + \text{消费税定额税率}}{1 - \text{消费税税率}}$$

其中，关税完税价格和关税为每标准条的关税完税价格和关税税额；消费税定额税率为每标准条0.6元（依据现行消费税定额税率折算而成）；消费税税率固定为36%。

每标准条进口卷烟确定消费税适用比例税率的价格大于或等于70元人民币的，适用比例税率为56%；每标准条进口卷烟确定消费税适用比例税率的价格小于70元人民币的，适用比例税率为36%。

（四）适用税率的规定

（1）纳税人兼营不同税率的应税消费品，应当分别核算不同税率应税消费品的销售额、销售数量。未分别核算销售额、销售数量，或者将不同税率的应税消费品组成成套消费品销售的，应按适用税率中的最高税率计征消费税。

（2）将不同税率的应税消费品组成成套消费品销售，或者将应税与非应税消费品组成成套消费品销售的，应将应税消费品中适用的高税率与混合在一起的销售额、销售数量相乘，得出应纳消费税税额。

消费税税目税率（税额）表

税　目	计税单位	税率（税额）	全国平均利润率	备　注
一、烟				
1. 卷烟*				1 标准箱 =50 000 支
（1）每标准条（200 支，下同）调拨价格在 70 元（含 70 元，不含增值税）以上	标准箱	150 元 56%	10%	每标准条（200 支）进口卷烟确定消费税适用比例税率的价格 =（关税完税价格 + 关税 + 消费税定额税率）/（1 - 消费税税率）
（2）每标准条调拨价格在 70 元（不含增值税）以下		36%	5%	
（3）批发环节		5%		
2. 雪茄烟		36%	5%	
3. 烟丝		30%	5%	
二、酒及酒精				
1. 粮食白酒	斤	0.5 元 20%	10%	从量定额税的计量单位按实际销售商品重量确定，如果实际销售商品是按体积标注计量单位的，应按 500 毫升为 1 斤换算，不得按酒的度数折算
2. 薯类白酒	斤	0.5 元 20%	5%	
3. 黄酒	吨	240 元	5%	1 吨 =962 升
4. 啤酒				1 吨 =988 升 啤酒消费税单位税额按照出厂价格（含包装物及包装物押金）划分档次，上述包装物押金不包括供重复使用的塑料周转箱的押金
（1）每吨啤酒出厂价格（含包装物及包装物押金）在 3 000 元（含 3 000 元，不含增值税）以上的	吨	250 元		
（2）每吨啤酒出厂价格在 3 000 元（不含 3 000 元，不含增值税）以下的	吨	220 元		
（3）娱乐业、饮食业自制啤酒	吨	250 元		
5. 其他酒		10%	5%	
6. 酒精		5%	5%	
三、化妆品		30%	5%	包括成套化妆品。

（续上表）

税　目	计税单位	税率（税额）	全国平均利润率	备　注
四、贵重首饰及珠宝玉石			6%	
1. 金银首饰、铂金首饰和钻石及钻石饰品		5%		
2. 其他		10%		
五、鞭炮、焰火		15%	5%	
六、成品油				
1. 汽油				
（1）含铅汽油	升	1.40元		1吨=1 388升
（2）无铅汽油	升	1.00元		
2. 柴油		0.8元		1吨=1 176升
3. 石脑油		1.00元		1吨=1 385升
4. 溶剂油		1.00元		1吨=1 282升
5. 润滑油		1.00元		1吨=1 126升
6. 燃料油		1.00元		1吨=1 015升
7. 航空煤油		0.8元		1吨=1 246升
七、汽车轮胎		3%	5%	
八、小汽车				
1. 乘用车				
（1）气缸容量（排气量，下同）在1.0升（含1.0升）以下的		1%		
（2）气缸容量在1.0升至1.5升（含1.5升）的		3%		
（3）气缸容量在1.5升至2.0升（含2.0升）的		5%		
（4）气缸容量在2.0升至2.5升（含2.5升）的		9%	8%	
（5）气缸容量在2.5升至3.0升（含3.0升）的		12%		
（6）气缸容量在3.0升至4.0升（含4.0升）的		25%		
（7）气缸容量在4.0升以上的		40%		
2. 中轻型商用客车		5%	5%	

（续上表）

税　目	计税单位	税率（税额）	全国平均利润率	备　注
九、摩托车				
1. 气缸容量在250毫升（含）以下的		3%	6%	
2. 气缸容量在250毫升以上的		10%		
十、高尔夫球及球具		10%	10%	
十一、高档手表		20%	20%	
十二、游艇		10%	10%	
十三、木制一次性筷子		5%	5%	
十四、实木地板		5%	5%	

*卷烟批发环节消费税，不论何种牌号，均按其销售额（不含增值税）计征消费税。纳税人销售给纳税人以外的单位和个人的卷烟于销售时纳税。纳税人之间销售的卷烟不缴纳消费税。

卷烟批发企业的机构所在地，总机构与分支机构不在同一地区的，由总机构申报纳税。卷烟消费税在生产和批发两个环节征收后，批发企业在计算纳税时不得扣除已含的生产环节的消费税款。

三、消费税的减免规定

（1）石脑油、溶剂油、润滑油、燃料油暂按应纳税额的30%征收消费税，航空煤油暂缓征收消费税。

值得注意的是，石脑油、溶剂油、润滑油、燃料油应根据实际销售数量按通知规定的税率申报纳税。按消费税应纳税额的30%缴税。

（2）子午线轮胎免征消费税。免征消费税的子午线轮胎仅指外胎。子午线轮胎的内胎与外胎成套销售的，依照《中华人民共和国消费税暂行条例》第三条规定执行。

（3）为保护生态环境，促进低污染排放汽车的生产和消费，推进汽车工业技术进步，经国务院批准，自2000年1月1日起对生产销售达到低污染排放限值的小轿车、越野车和小客车减征30%的消费税。

第四节　消费税的计算

现行消费税考虑不同应税消费品的价格变化情况和方便征纳等因素，分别采用从价计税、从量计税和复合计税三种计税方式。

一、从价定率计算应纳税额的方法

（一）销售应税消费品的计税方法

纳税人生产销售应税消费品，以销售额为计税依据，按规定税率计算应纳税额。其计算公式为：

应纳税额 = 应税消费品的销售额 × 适用税率

> **小提示**
>
> 征消费税的同时必须征增值税。在从价定率计算销售应税消费品时，消费税销售额的确认基本同增值税，但在下列情况下有所不同：
>
> （1）啤酒、黄酒的包装物押金计算不同。
>
> （2）委托加工应税消费品不同。
>
> （3）以自产的应税消费品用于换取生产资料和消费资料、投资入股和抵偿债务等方面时不同。

“销售额”包括纳税人在价格之外向购买方收取的一切价外费用。所谓“价外费用”，是指价外收取的基金、集资款、返还利润、补贴、违约金（延期付款利息）和手续费、包装费、储备费、优质费、运输装卸费、代收款项、代垫款项以及其他各种性质的价外收费。其中，代垫款项不包括同时符合下列条件的代垫运费：①承运部门的运费发票开具给购货方的；②纳税人将该项发票转交给购货方的。

其他价外费用，无论是否属于纳税人的收入，均应并入销售额计算征税。

“销售额”不包括应向购买方收取的增值税税款。如果纳税人应税消费品的销售额中未扣除增值税税款或者因不能开具增值税专用发票而发生价款和增值税税款合并收取的，在计算消费税时，应当换算为不含增值税税款的销售额。其换算公式为：

$$应税消费品的销售额 = \frac{含增值税的销售额}{1 + 增值税税率或征收率}$$

应税消费品连同包装物销售的，无论包装物是否单独计价，也不论在财务上如何核算，均应并入应税消费品的销售额中征收消费税。如果包装物不作价随同产品销售，而是收取押金，此项押金可不并入应税消费品销售额中征税。但对因逾期未收回包装物而不再退还的押金和已收取一年以上的押金，则应转作应税消费品的销售额，按照适用税率征收消费税。

> **小提示**
>
> 啤酒、黄酒的包装物押金如果不逾期，则不用交增值税、消费税；如果逾期，只交增值税，不交消费税。其原因在于啤酒、黄酒计算消费税时是从量而非从价，所以即使逾期也无须缴纳消费税。

对既作价随同应税消费品销售，又另外收取押金的包装物押金，凡纳税人在规定的期限内不予退还的，均应并入应税消费品的销售额，按照应税消费品的适用税率征收消费税。

例1：某烟厂生产烟丝，某年6月销售烟丝取得销售收入120 000元（包含增值税销项税额）。请计算该厂6月份应纳的消费税税额。（已知烟丝适用税率为30%）

解：①销售烟丝的计税销售额 $=\frac{120\ 000}{1+17\%}=102\ 564.1$（元）

②应纳税额 $=102\ 564.1\times30\%=30\ 769.23$（元）

（二）自产自用应税消费品的计税方法

纳税人自产自用的应税消费品，凡用于除连续生产应税消费品以外的其他方面的，应按照生产同类消费品的销售价格计税；没有同类消费品销售价格的，按照组成计税价格计税。

自产自用应税消费品的具体计税方法如下：

（1）有同类消费品销售价格的，其计算公式为：

应纳税额 = 同类消费品销售单价 × 自产自用数量 × 适用税率

（2）没有同类消费品销售价格的，按照组成计税价格计税。其计算公式为：

$$组成计税价格=\frac{成本+利润}{1-消费税税率}$$

应纳税额 = 组成计税价格 × 适用税率

其中，“成本”是指应税消费品的产品生产成本；“利润”是指根据应税消费品的全国平均成本利润率计算的利润。应税消费品的全国平均成本利润率由国家税务总局确定。具体规定见税目税率表。

> **小提示**
>
> 委托加工时，消费税与增值税的征收有以下不同：
>
> （1）纳税人不同：增值税的纳税人是受托方；消费税的纳税人是委托方。
>
> （2）计税依据不同：增值税的计税依据是加工费；消费税的计税依据是受托方的同类消费品的销售价格（或组成计税价格）。

例2：某企业将生产的葡萄酒作为福利分发给职工，其生产成本为7 500元，成本利润率为10%。本企业无同类产品销售价格，请计算该企业应纳消费税税额。（已知葡萄酒适用税率为10%）

解：①组成计税价格 $=\frac{7\ 500+7\ 500\times10\%}{1-25\%}=11\ 000$（元）

②应纳税额 $=11\ 000\times10\%=1\ 100$（元）

（三）委托加工应税消费品的计税方法

委托加工的应税消费品，按照受托方的同类消费品的销售价格计税；没有同类消费品销售价格的，按照组成计税价格计税。

（1）有同类消费品销售价格的，其计算公式为：

应纳税额 = 同类消费品销售单价 × 委托加工数量 × 适用税率

（2）没有同类消费品销售价格的，按照组成计税价格计税。其计算公式为：

$$组成计税价格 = \frac{材料成本 + 加工费}{1 - 消费税税率}$$

应纳税额 = 组成计税价格 × 适用税率

其中，“材料成本”，是指委托方所提供加工材料的实际成本。委托加工应税消费品的纳税人，必须在委托加工合同上如实注明（或以其他方式提供）材料成本，凡未提供材料成本的，受托方所在地主管税务机关有权核定其材料成本。“加工费”，是指受托方加工应税消费品向委托方所收取的全部费用（包括代垫辅助材料的实际成本）。

上述（二）、（三）中“同类消费品销售价格”，是指纳税人或代收代缴义务人当月销售的同类消费品的销售价格。如果当月同类消费品各期销售价格高低不同，应按销售数量加权平均计算。但销售的应税消费品有以下情况之一的，不得列入加权平均计算：

（1）销售价格明显偏低且无正当理由的；

（2）无销售价格的。

如果当月无销售或者当月未完结，应按照同类消费品上月或最近月份的销售价格计税。

例 3：甲企业委托乙企业加工一批葡萄酒，甲企业提供原材料及辅料，计实际成本为 80 000 元，支付乙企业加工费 2 800 元。适用消费税税率为 10%。本企业无同类酒销售价格，请计算该批产品应纳消费税税额。

$$解：组成计税价格 = \frac{80\ 000 + 2\ 800}{1 - 10\%} = 92\ 000（元）$$

应纳税额 = 92 000 × 10% = 9 200（元）

（四）进口应税消费品的计税方法

进口的应税消费品，实行从价定率办法计算应纳税额，一律按照组成计税价格计算纳税。其计算公式为：

$$组成计税价格 = \frac{关税完税价格 + 关税}{1 - 消费税税率}$$

应纳税额 = 组成计税价格 × 适用税率

> **小提示**
>
> 企业将进口的应税消费品在国内继续加工生产，并且在加工生产后出售，要缴纳消费税，而且所缴消费税可以按生产领用原则扣除在进口环节所缴的消费税。

例 4：某进出口公司某月进口一批化妆品，关税完税价格 8 万元，已知化妆品关税税率为 100%，消费税税率为 30%。请计算该公司进口时应纳的增值税税额和消费税税额。

解：①进口关税 = 80 000 × 100% = 80 000（元）

$$②组成计税价格 = \frac{(80\ 000 + 80\ 000)}{1 - 30\%} = 228\ 571.43（元）$$

③进口时应纳增值税税额 = 228 571.43 × 17% = 38 857.14（元）

④进口时应纳消费税税额 = 228 571.43 × 30% = 68 571.43（元）

（五）若干特殊规定

1. 计税价格的核定

应税消费品计税价格明显偏低且无正当理由的，税务机关有权核定其计税价格。应税消费品计税价格核定权限规定如下：①甲类卷烟和粮食白酒的计税价格由国家税务总局核定；②其他应税消费品的计税价格由省（自治区、直辖市）国家税务局核定；③进口应税消费品的计税价格由海关核定。

2. 自设非独立核算门市部销售应税消费品的计税规定

纳税人通过自设非独立核算门市部销售和自产应税消费品，应当按照门市部对外销售额或者销售数量计税。

例5：某摩托车生产企业为增值税一般纳税人，6月份将生产的某型号摩托车30辆，以每辆出厂价12 000元（不含增值税）给自设非独立核算的门市部；门市部又以每辆16 380元（含增值税）售给消费者。请计算该企业6月份应纳的消费税税额。

> **小提示**
>
> 消费税在“换”、“投”、“抵”的情况下以同类消费品的最高售价确定销售额，其规定带有一定的惩罚性质。而以上3种行为缴纳增值税时，按当月同类货物的加权平均售价、最近日期销售同类货物的加权平均售价以及组成计税价格确定销售额。

解：①摩托车适用消费税税率10%。

②企业的计税依据是非独立核算门市部对外的销售额。

③应纳税额 $=\dfrac{16\ 380}{1+17\%}\times 30\times 10\%$

$=420\ 000\times 10\%$

$=42\ 000$（元）

3. 对应税消费品用于其他方面的计税规定

纳税人以自产的应税消费品用于换取生产资料和消费资料、投资入股和抵偿债务等方面，应当以纳税人同类应税消费品的最高销售价格作为计税依据，计算征收消费税。

例6：某日化公司（一般纳税人）9月发生以下购销业务：

（1）9日销售化妆品400箱，每箱不含税单价600元；13日销售化妆品500箱，每箱不含税单价650元。

（2）将100箱化妆品当做节日礼品发放给职工。

（3）用200箱化妆品与某纸业公司换取产品用包装箱。

请计算该公司9月份应纳的消费税税额和增值税销项税税额。（消费税税率为30%）

解：①加权平均单价 $=\dfrac{400\times 600+500\times 650}{400+500}=627.78$（元）

②销售化妆品应纳消费税税额 = (400 × 600 + 500 × 650 + 100 × 627.78 + 200 × 650) × 30%
= 227 333.4（元）

③增值税销项税税额 = (400 × 600 + 500 × 650 + 100 × 627.78 + 200 × 627.78) × 17%
= 128 066.78（元）

二、从量定额计算应纳税额的方法

（一）计算公式

从量定额计算应纳税额的计算公式为：

应纳税额 = 应税消费品的销售数量 × 单位税额

（二）销售数量的确定

（1）销售应税消费品的，为应税消费品的销售数量。

（2）自产自用应税消费品的，为应税消费品的移送使用数量。

（3）委托加工应税消费品的，为纳税人收回的应税消费品数量。

（4）进口的应税消费品，为海关核定的应税消费品进口征税数量。

> **小提示**
>
> 从量定额计算自产自用、委托加工及进口应税消费品的消费税时，其计税依据的确定与增值税有所不同。
>
> 组成计税价格 = 成本 + 利润 + 消费税
>
> 如某啤酒厂自产啤酒5吨，无偿提供给某美食节，已知每吨成本为3 000元（出厂价大于3 000元/吨），无同类售价，成本利润率为10%。
>
> 应纳消费税税额 = 5 × 250 = 1250（元）
>
> 组成计税价格 = 5 × 3 000 × (1 + 10%) + 1 250
> = 17 750（元）
>
> 应纳增值税税额 = 17 750 × 17% = 3 017.5（元）

三、复合计税方法

计算应纳税额的一般公式为：

应纳税额 = 销售数量 × 定额税率 + 销售额 × 比例税率

（一）粮食白酒、薯类白酒消费税的计税办法

粮食白酒、薯类白酒的计税依据如下：

（1）生产销售粮食白酒、薯类白酒，从量定额计税办法的计税依据为粮食白酒、薯类白酒的实际销售数量。

（2）进口、委托加工、自产自用粮食

> **小提示**
>
> 税法规定，在复合计税的情况下，其组成计税价格的计算只包含从价定率情况下的消费税，暂不考虑从量计征的消费税税额。这是因为从量税并非本来就有的，它是2001年以后才开始征收的，是在原来从价税的基础上另外征收的一道税，因此，无须计入组成计税价格中。
>
> 但是，必须注意，在考虑进口环节卷烟消费税的计算时，其从量定额的消费税需计入组成计税价格。

白酒、薯类白酒，从量定额计税办法的计税依据分别为海关核定的进口征税数量、委托方收回数量、移送使用数量。

（3）生产销售、进口、委托加工、自产自用粮食白酒、薯类白酒从价定率计税办法的计税依据应考虑从量计征的消费税税额。

例7：某酒厂将自产特制粮食白酒2 000斤用于厂庆庆祝活动，每斤白酒成本12元，无同类产品售价。请计算该酒厂应纳的消费税税额和增值税销项税额。

解：①从量征收的消费税 $=2\ 000\times0.5=1\ 000$（元）

从价征收的消费税 $=\dfrac{12\times2\ 000\times(1+10\%)+2\ 000\times0.5}{1-20\%}\times20\%=6\ 850$（元）

应纳消费税税额 $=1\ 000+6\ 850=7\ 850$（元）

② 增值税销项税额 $=\dfrac{12\times2\ 000\times(1+10\%)+2\ 000\times0.5}{1-20\%}\times17\%=5\ 822.5$（元）

（二）卷烟消费税的计税办法

1. 生产销售卷烟

（1）从量定额计税办法的计税依据为卷烟的实际销售数量。

（2）从价定率计税办法的计税依据为卷烟的调拨价格或者核定价格。

其中，调拨价格是指卷烟生产企业通过卷烟交易市场与购货方签订的卷烟交易价格。调拨价格由国家税务总局按照中国烟草交易中心（以下简称交易中心）和各省烟草交易（订货）会（以下简称交易会）2000年各牌号、规格卷烟的调拨价格确定，并作为卷烟计税价格对外公布。核定价格是指不进入交易中心和交易会交易、没有调拨价格的卷烟，应由税务机关按其零售价倒算一定比例的办法核定计税价格。核定价格的计算公式为：

$$\text{某牌号规格卷烟核定价格}=\frac{\text{该牌号规格卷烟市场零售价格}}{1+35\%}$$

计税价格和核定价格确定以后，执行计税价格的卷烟，国家每年根据卷烟实际交易价格的情况，对个别市场交易价格变动较大的卷烟，以交易中心或者交易会的调拨价格为基础对其计税价格进行适当调整。执行核定价格的卷烟，由税务机关按照零售价格变动情况进行调整。

（3）实际销售价格高于计税价格和核定价格的卷烟，按实际销售价格征收消费税；实际销售价格低于计税价格和核定价格的卷烟，按计税价格或核定价格征收消费税。

（4）非标准条包装卷烟应当折算成标准条包装卷烟的数量，依其实际销售收入计算确定其折算成标准条包装后的实际销售价格，并确定适用的比例税率。折算的实际销售价格高于计税价格的，应按照折算的实际销售价格确定适用比例税率；折算的实际销售价格低于计税价格的，应按照同牌号规格标准条包装卷烟的计税价格和适用税率征收消费税。

2. 进口卷烟、委托加工卷烟、自产自用卷烟

(1) 进口卷烟、委托加工卷烟、自产自用卷烟从量定额计税的依据分别为海关核定的进口征税数量、委托方收回数量、移送使用数量。

(2) 委托加工卷烟、自产自用卷烟从价定率计税为同类应税消费品售价或组成计税价格，其公式为：

$$组成计税价格=\frac{成本+利润+自产自用或委托加工数量\times定额税率}{1-消费税税率}$$

(3) 进口卷烟从价定率计税的计税依据为组成计税价格。其计算公式为：

$$进口卷烟消费税组成计税价格=\frac{关税完税价格+关税+消费税定额税}{1-进口卷烟消费税适用比例税率}$$

在确定进口卷烟消费税适用比例税率时，应先计算每标准条进口卷烟的价格。其计算公式为：

$$\begin{array}{c}每标准条进口卷烟确定消费税\\适用比例税率的价格\end{array}=\frac{关税完税价格+关税+消费税定额税}{1-消费税税率（36\%）}$$

如果计算得出的每标准条进口卷烟确定消费税适用比例税率的价格大于等于70元人民币，适用比例税率56%；反之，则适用比例税率36%。

例8：某烟草进出口公司从国外进口卷烟8万条（每条200支），支付买价200万元，支付到达我国海关前的运输费用12万元、保险费用8万元。关税完税价格220万元。假定进口卷烟关税税率为20%。请计算该公司进口卷烟时应纳的消费税税额和增值税税额。

解：(1) 进口卷烟应纳关税 $=220\times20\%=44$（万元）

(2) 进口卷烟消费税的计算：

①定额消费税 $=8\times0.6=4.8$（万元）

②每标准条进口卷烟确定消费税适用比例税率的价格 $=\dfrac{\frac{220+44+4.8}{8}}{1-36\%}$

$=52.5$（元）

因为每标准条价格小于70元，所以适用36%的税率。

从价应纳消费税税额 $=\dfrac{220+44+4.8}{1-36\%}\times36\%=151.2$（万元）

企业进口时共应纳消费税税额 $=151.2+4.8=156$（万元）

(3) 进口卷烟应纳增值税税额 $=\dfrac{220+44+4.8}{1-36\%}\times17\%=71.4$（万元）

3. 卷烟生产企业购进卷烟直接销售的计税问题

对既有自产卷烟，又委托联营企业加工与自产卷烟牌号、规格相同卷烟的工业企业（以下简称卷烟回购企业），从联营企业购进后再直接销售的卷烟，对外销售时不论是否加价，凡是符合下述条件的，不再征收消费税；不符合下述条件的，则征收消费税。

> **小提示**
>
> 卷烟的销售有其特殊性，实行的是国家专卖。在卷烟的回购业务中，其联营企业生产的卷烟不能直接向市场销售，应该先卖给卷烟厂，由卷烟厂通过烟草专卖中心进行批发和销售。所以，当联营企业销售卷烟给卷烟厂时要缴纳消费税，而卷烟厂再卖给他人时可不再缴纳消费税。

（1）回购企业在委托联营企业加工卷烟时，除提供给联营企业所需加工卷烟牌号外，还需同时提供税务机关已公示的消费税计税价格。联营企业必须按照已公示的调拨价格申报缴纳消费税。

（2）回购企业将联营企业加工卷烟回购后再销售的卷烟，其销售收入应与自产卷烟的销售收入分开核算，以备税务机关检查；如不分开核算，则一并计入自产卷烟销售收入征收消费税。

四、消费税已纳税额抵扣的计算方法

（一）消费税税额抵扣的规定

下列应税消费品准予从消费税应纳税额中扣除原料已纳的消费税税款：

（1）以外购或委托加工收回的已税烟丝生产的卷烟。

（2）以外购或委托加工收回的已税化妆品生产的化妆品。

（3）以外购或委托加工收回的已税珠宝玉石生产的贵重首饰及珠宝玉石①。

（4）以外购或委托加工收回的已税鞭炮焰火生产的鞭炮焰火。

（5）以外购或委托加工收回的已税汽车轮胎（内胎和外胎）生产的汽车轮胎。

（6）以外购或委托加工收回的已税摩托车生产的摩托车。

> **小提示**
>
> 在14个税目中，除酒及酒精、高档手表、游艇、小汽车外，其余10个税目都有扣税规定，但成品油中只有石脑油和润滑油两个子税目能扣税。
>
> 扣税只对同一税目，即购入该税目的已税商品，仍用于生产该税目的商品，可以抵扣。如购入该税目的已税商品，用于生产另一税目的商品，则不能扣税。

---

① 纳税人用外购的已税珠宝玉石生产的改在零售环节征收消费税的金银首饰（镶嵌首饰），在计税时一律不得扣除外购珠宝玉石的已纳税款。

（7）以外购或委托加工收回的已税杆头、杆身和握把为原料生产的高尔夫球杆。

（8）以外购或委托加工收回的已税木制一次性筷子为原料生产的木制一次性筷子。

（9）以外购或委托加工收回的已税实木地板为原料生产的实木地板。

（10）以外购或委托加工收回的已税石脑油为原料生产的应税石脑油。

（11）以外购或委托加工收回的已税润滑油为原料生产的润滑油。单位和个人外购润滑油大包装经简单加工改成小包装或者外购润滑油不经加工只贴商标的行为，视同应税消费品的生产行为。单位和个人发生的以上行为应当申报缴纳消费税。准予扣除外购润滑油已纳的消费税税款。

但要注意的是，允许扣除已纳税款的应税消费品只限于从工业企业购进的应税消费品和进口环节已缴纳消费税的应税消费品，对从境内商业企业购进应税消费品的已纳税款一律不得扣除。

（二）抵扣凭证

准予从消费税应纳税额中扣除原料已纳消费税税款的凭证按照不同行为分别规定如下：

> **小提示**
>
> 消费税的扣税与增值税的扣税有相似之处：都必须有法定的抵扣凭证。但两者的抵扣时间不同：增值税在购入时就能抵扣进项税；而消费税是先购入，领用时再抵扣。

1. 外购应税消费品连续生产应税消费品

（1）纳税人从增值税一般纳税人（仅限生产企业，下同）购进应税消费品，外购应税消费品的抵扣凭证为外购应税消费品增值税专用发票（含销货清单）。纳税人未提供规定的专用发票和销货清单的不予扣除外购应税消费品已纳消费税。

（2）纳税人从增值税小规模纳税人购进应税消费品，外购应税消费品的抵扣凭证为主管税务机关代开的增值税专用发票。主管税务机关在为纳税人代开增值税专用发票时，应同时征收消费税。

2. 委托加工收回应税消费品连续生产应税消费品

委托加工收回应税消费品的抵扣凭证为“代扣代收税款凭证”。纳税人未提供“代扣代收税款凭证”的，不予扣除受托方代收代缴的消费税。

3. 进口应税消费品连续生产应税消费品

进口应税消费品的抵扣凭证为“海关进口消费税专用缴款书”，纳税人不提供“海关进口消费税专用缴款书”的，不予抵扣进口应税消费品已缴纳的消费税。

（三）抵扣税款的计算方法

上述规定的准予从消费税应纳税额中扣除原料已纳消费税税款的计算公式按照不同行为分别规定如下：

1. 外购应税消费品连续生产应税消费品

（1）实行从价定率办法计算应纳税额。

当期准予扣除外购应税消费品已纳税款 = 当期准予扣除外购应税消费品买价 × 外购应税消费品适用税率

当期准予扣除外购应税消费品买价 = 期初库存外购应税消费品买价 + 当期购进的外购应税消费品买价 − 期末库存的外购应税消费品买价

外购应税消费品买价为纳税人取得规定的准予抵扣的发票（含销货清单）注明的应税消费品的销售额。

（2）实行从量定额办法计算应纳税额。

当期准予扣除外购应税消费品已纳税款 = 当期准予扣除外购应税消费品数量 × 外购应税消费品单位税额 × 30%

当期准予扣除外购应税消费品数量 = 期初库存外购应税消费品数量 + 当期购进外购应税消费品数量 − 期末库存外购应税消费品数量

小提示

在美国，无论是网上购物、邮购，还是电视购物，只要是跨州进行交易的，就不用缴纳消费税。

外购应税消费品数量为规定的准予抵扣的发票（含销货清单）注明的应税消费品的销售数量。

（3）外购石脑油为原料在同一生产过程中既生产应税消费品又同时生产非应税消费品的，外购石脑油已缴纳的消费税税款抵扣额的计算。

以外购或委托加工收回石脑油为原料生产乙烯或其他化工产品，在同一生产过程中既可以生产出乙烯或其他化工产品等非应税消费品，又可以生产出裂解汽油等应税消费品的，外购或委托加工收回石脑油允许抵扣的已纳税款计算公式为：

①外购石脑油。

当期准予扣除外购石脑油已纳税款 = 当期准予扣除的外购石脑油数量 × 收率 × 单位税额 × 30%

$$收率 = \frac{当期应税消费品产出量}{生产当期应税消费品所有原料投入数量} \times 100\%$$

②委托加工收回的石脑油。

当期准予扣除的委托加工成品油已纳税款 = 当期准予扣除的委托加工石脑油已纳税款 × 收率

$$收率 = \frac{当期应税消费品产出量}{生产当期应税消费品所有原料投入数量} \times 100\%$$

以外购或委托加工收回石脑油为原料生产乙烯或其他化工产品的生产企业，应按照上述计算公式分别计算 2003 年、2004 年、2005 年年平均收率，将计算出的年平均收率报主管税务机关备案。

例9：某卷烟厂用外购已纳税烟丝生产卷烟，当月批发销售额为180万元（每标准条不含增值税调拨价格为180元，共计40标准箱），当月月初库存外购烟丝账面余额为70万元，当月购进烟丝30万元，月末库存外购烟丝账面余额为50万元。请计算该厂当月销售卷烟应纳消费税税额。（卷烟适用比例税率为56%，定额税率为150元/标准箱，烟丝适用比例税率为30%，上述款项均不含增值税）

解：①当月应纳消费税税额 $=180\times56\%+40\times0.015=101.4$（万元）

②当月准予扣除外购烟丝已纳税款 $=(70+30-50)\times30\%=15$（万元）

③生产环节应纳消费税税额 $=101.4-15=86.4$（万元）

2. 委托加工收回应税消费品连续生产应税消费品

当期准予扣除的委托加工应税消费品已纳税款＝期初库存的委托加工应税消费品已纳税款＋当期收回的委托加工应税消费品已纳税款－期末库存的委托加工应税消费品已纳税款

委托加工应税消费品已纳税款为代扣代收税款凭证注明的受托方代收代缴的消费税。

例10：某卷烟厂委托某烟丝加工厂加工一批烟丝，卷烟厂提供的烟叶在委托加工合同上注明的成本金额为60 000元。烟丝加工完，卷烟厂提货时支付的加工费为3 700元，并支付了烟丝加工厂按烟丝组成计税价格计算的消费税税款。卷烟厂将这批加工好的烟丝全部用于生产卷烟50标准箱并在当期全部予以批发销售。按调拨价向购货方开具的增值税专用发票上注明的价税合计款为1 053 000元。请计算该厂销售卷烟的应纳消费税税额。（烟丝消费税税率为30%）

解：①委托加工烟丝组成计税价格 $=\dfrac{60\ 000+3\ 700}{1-30\%}=91\ 000$（元）

②烟丝的消费税税额 $=91\ 000\times30\%=27\ 300$（元）

③卷烟不含税价款 $=\dfrac{1\ 053\ 000}{1+17\%}=900\ 000$（元）

④每标准条的调拨价 $=\dfrac{\dfrac{900\ 000}{50}}{250}=72$（元）

每标准条调拨价大于70元，适用税率为56%。

⑤应纳消费税税额 $=900\ 000\times56\%+50\times150-27\ 300+900\ 000\times5\%=529\ 200$（元）

3. 进口应税消费品

当期准予扣除的进口应税消费品已纳税款＝期初库存的进口应税消费品已纳税款＋当期进口应税消费品已纳税款－期末库存的进口应税消费品已纳税款

进口应税消费品已纳税款为“海关进口消费税专用缴款书”注明的进口环节

消费税。

4. 当期投入生产的原材料的申报抵扣

对当期投入生产的原材料可抵扣的已纳消费税大于当期应纳消费税情形的，在目前消费税纳税申报表未增加上期留抵消费税填报栏目的情况下，采用按当期应纳消费税的数额申报抵扣，不足抵扣部分结转下一期申报抵扣的方式处理。

五、消费税出口退税的计算方法

（一）消费税的出口退税率

出口消费税应税货物，退税率（或税额）为消费税暂行条例规定的税率或单位税额，即“征多少，退多少”。

企业经营多种出口货物，应将不同税率的货物分开核算和申报，凡划分不清适用税率的，一律从低适用税率计算退税。

（二）出口退税的计算依据

（1）对采用比例税率征税的消费品，其退税依据是从工厂购进货物时，计算征收消费税的价格。对含增值税的购进金额应换算成不含增值税的金额作为计算退税的依据。其计算公式为：

$$\text{不含增值税的购进金额}=\frac{\text{含增值税的购进金额}}{1+\text{增值税税率或征收率}}$$

（2）对采用定额税率征收消费税的消费品，其退税依据是出口报关的数量。

（三）应退税额的计算

外贸企业出口或代理出口货物的应退消费税税额，应分别按上述计算依据和税目税率（税额）表规定的税率(单位税额)计算。其计算公式为：

应退消费税额 = 出口消费品的工厂销售额(出口数量) × 税率

例 11：2007 年 3 月，某外商投资企业 A 将 1 000 套化妆品销售给外贸公司 B，由 B 公司自营出口，每套售价 100 元人民币（不含增值税），消费税税率为 30%，当月 B 公司将全部化妆品出口，售价为每套 20 美元，按当月 1 日汇率 1 美元等于 7.8 元人民币折算，并向税务机关申请退税。请计算 B 公司应退的增值税税额和消费税税额。(增值税的退税率为 9%)

解：本题中外商投资企业 A 视同国内销售，不能享受出口退税待遇，而外贸公司 B 为自营出口，能享受出口退税。

①B 公司应退增值税税额 = 1 000 × 100 × 9% = 9 000（元）

②B 公司应退消费税税额 = 1 000 × 100 × 30% = 30 000（元）

第五节　消费税的征收与缴纳

一、消费税的纳税环节和纳税义务发生时间

消费税的纳税环节分别确定在生产环节、委托加工环节和进口环节。已缴消费税的消费品在商业批发、商业零售等环节，不再征收消费税。

（1）生产环节在中国境内生产的应税消费品，由生产者于销售时纳税（金银首饰另有规定）。根据销货方式和结算方式的不同，纳税人纳税义务发生时间分别规定为：

①纳税人采取赊销和分期收款方式销售货物，其纳税义务发生时间为销售合同规定的收款日期当天。

②纳税人采取托收承付和委托银行收款方式销售货物，其纳税义务发生时间为发出货物并办妥托收手续的当天。

③纳税人采取预收货款结算方式销售货物，其纳税义务发生时间为发出货物的当天。

④纳税人采取其他结算方式的，其纳税义务发生时间为收到销售额或取得索取销售额凭据的当天。

小提示

金、银、钻石、钻石饰品、白金在零售环节缴纳消费税，其他如珍珠、宝石、翡翠、珊瑚、玛瑙等则在生产环节缴纳消费税。

（2）金银首饰消费税在零售环节征收，生产、批发和进口环节均不征收消费税。

纳税人销售金银首饰，其纳税义务发生时间为收到销售额或取得索取销售额凭据的当天。

（3）纳税人自产自用的应税消费品，凡用于连续生产应税消费品的，不纳税。凡用于其他方面的，其纳税义务发生时间为移送使用的当天。

（4）委托加工环节。纳税人委托加工的应税消费品，其纳税义务发生时间为纳税人提货的当天。

（5）进口环节。纳税人进口的应税消费品，其纳税义务发生时间为报关进口的当天。

二、消费税的纳税期限

消费税的纳税期限，可根据纳税人的不同情况和应纳税额的大小等因素，实行按日、按月或按次缴纳。具体规定如下：

（1）消费税的纳税期限分别为1日、3日、5日、10日、15日或1个月。不能按期纳税的，可以按次纳税。纳税人的纳税期限，由主管税务机关根据纳税人应纳税额的大小分别核定。以1个月为一期的纳税人，于期满后10日内申报纳税；以1日、3日、5日、10日或15日为一期的纳税人，纳税期满后5日内预缴税款，次月1日起10日内申报纳税并结清上月应纳税款。

（2）进口货物应纳的消费税，应当自海关填发税款缴纳凭证的次日起7日内缴纳税款。

（3）纳税人出口适用零税率的货物，向海关办理报关出口手续后，凭出口报关单等有关凭证，按月向税务机关申报该项出口货物的退税。

三、消费税的纳税地点

（1）纳税人销售的应税消费品，以及自产自用的应税消费品，除国家另有规定的外，应当向纳税人核算地主管税务机关申报纳税。

（2）委托加工的应税消费品，由受托方向所在地主管税务机关缴纳消费税税款。

（3）进口的应税消费品，由进口人或者其代理人向报关地海关申报纳税。

（4）纳税人到外县（市）销售或委托外县（市）代销自产应税消费品的，于应税消费品销售后，回纳税人核算地或所在地缴纳消费税。

（5）纳税人的总机构与分支机构不在同一县（市）的，应在生产应税消费品的分支机构所在地缴纳消费税。但经国家税务总局及所属税务分局批准，纳税人分支机构应纳消费税税款也可由总机构汇总向总机构所在地主管税务机关缴纳。

对纳税人的总机构与分支机构不在同一省（自治区、直辖市）的，如需改由总机构汇总在总机构所在地纳税的，须经国家税务总局批准；对纳税人的总机构与分支机构在同一省（自治区、直辖市）内，而不在同一县（市）的，如需改由总机构汇总在总机构所在地纳税的，须经省级税务机关批准。

【趣味阅读】

美国税收趣闻

美国是一个税收制度极为发达的国家，税收不仅与企业经济活动息息相关，还覆盖了公众日常生活的方方面面，下面介绍几条美国税收的趣闻：

赠送礼物要交税：在美国，恋人或情人之间互赠礼物，要依法纳税。礼物价值超过1万美元的，应按18%的税率缴税；礼物价值超过3万美元，其适用税率达到55%。所赠礼物范围包括飞机票、差旅费、服装等。所以，有些情人一旦翻脸吵架，甚至会向税务部门举报以报复对方。

离婚税：美国加利福尼亚州实行一种简便的离婚办法。它规定，结婚不满两年，未生儿育女且又无贵重财产的夫妻，只需向州政府法律部门邮寄30美元的离婚税款，并承诺双方无争执地处理财产，离婚即自动生效。

卧室定税收：在美国，由于各州税法不尽相同，因此，常闹出一些笑话。例如，有一户人家的房子正处在两州交界线上，主人应该向谁纳税呢？这难倒了联邦政府。经过反复权衡，联邦当局作出一项“英明”决策：卧室处于哪一州，就向哪一州交税。在他们看来，住宅的其他部分都是次要的，只有卧室最为重要。

浪费奢华要交税：在美国用公款请客吃饭，要按饭金的50%在饭后两小时内向税务局缴纳税款。

【本章小结】

1. 消费税是以特定消费品或消费行为为课税对象征收的一种税，属于商品税、劳务税的范畴。它在保证国家财政收入、体现国家经济政策等方面具有十分重要的作用。

2. 消费税与其他税种相比，具有以下几个特点：征税范围具有限制性；征税环节具有单一性；税率（税额）具有差异性；征收方法具有灵活性；税负具有转嫁性。

3. 消费税的类型：按征税领域不同，分为国内消费税和国境消费税；按征税项目多寡不同，分为单项消费税和综合消费税；按税基不同，分为直接消费税和间接消费税；按征税目的不同，分为一般消费税和特别消费税。

4. 消费税的征税范围为在中华人民共和国境内生产、委托加工和进口应税消费品。应税消费品凡采取以下方式生产经营，且起运地在我国境内的，均列入消费税的征税范围。

（1）纳税人生产销售的应税消费品。

（2）纳税人自产自用的应税消费品。

（3）委托加工的应税消费品。

（4）进口的应税消费品。

5. 现行消费税的税目适用范围如下：烟、酒及酒精、化妆品、贵重首饰及珠宝玉石、鞭炮、焰火、成品油、汽车轮胎、小汽车、摩托车、高尔夫球及球具、高档手表、游艇、木制一次性筷子、实木地板。

6. 现行消费税考虑不同应税消费品的价格变化情况和方便征纳等因素，分别采用从价计税、从量计税和复合计税三种计税方式。

7. 自产自用的应税消费品，用于连续生产应税消费品的，不纳税；用于其他方面的，于移送使用时纳税。

8. 委托加工应税消费品是指委托方提供原料和主要材料，受托方只收取加工费和代垫部分辅助材料加工的应税消费品。

9. 进口应税消费品实行从价定率和从量定额两种办法计算应纳税额。

10. 消费税的征收管理包括纳税义务发生时间、纳税期限、纳税地点、税款报缴方法等内容。

【主要名词】

消费税　从价计税　从量计税　复合计税　自产自用　委托加工

【复习思考题】

1. 为什么要实行消费税？消费税本身有哪些主要特点？

2. 试述在不同标准情况下消费税的分类。

3. 复合计税的办法并不是原来就有的，它是2001年以后才开始实施的。为什么国家要在原来从价税的基础上另外征收一道从量税？当时出台此项法规的背景是什么？

4. 在计算消费税时，为什么要扣除原料已纳消费税税款？

5. 委托加工应税消费品是如何界定的？为什么要区别委托加工和自制销售两种行为？

6. 消费税有哪些报缴方法？

第五章　营业税

营业税历史悠久，征收简便易行，有利于国家及时、稳妥、可靠地取得财政收入；营业税征收面广，有利于公平税负，促进社会主义市场经济体制的建立和发展。改革后的营业税基本保持原税负和简便易行的中性原则，并将继续发挥其应有的作用。

读者通过本章可以了解以下内容：营业税的沿革、特点与作用，营业税的征税范围和纳税人，营业税的9个税目与比例税率，营业税的计税依据和应纳税额的计算，营业税的优惠政策。

第一节　营业税概述

一、营业税的概念

营业税是以在我国境内提供应税劳务、转让无形资产或销售不动产所取得的营业额为征税对象而征收的一种税。

营业税在我国具有十分悠久的历史。周代对“商贾虞衡”的课税，汉代对商人征收的“算缗钱”，明代开征的“市肆门摊税”，清代开征的当税、牙税、屠宰税等，都具有营业税的性质。南京国民党政府成立后，于1928年7月制定了《营业税办法大纲》，但因税率过高，实施不久就停征了。1931年6月修改制定了《营业税法》，并明确营业税为地方收入。

新中国成立后，原政务院于1950年公布了《工商业税暂行条例》，规定将工商业应纳的营业税和所得税合称为工商业税，并规定凡在我国境内的工商业营利事业，无论是本国人还是外国人经营，一律依法缴纳营业税。1958年税制改革时，将当时实行的货物税、商业流通税、印花税以及工商业税中的营业税部分，合并为工商统一税，不再征收营业税。1973年全国试行工商税，将工商统一税并入其中。为了适应经济发展的要求，改变税

税收拾粹

根据2006年中国统计年鉴的资料显示，2005年我国地方税收收入总额中营业税税收收入总额达到了4 102.82亿元，占地方税收收入总额的32.24%。营业税是我国目前最大的地方税税种。

制过于简单的状况，充分发挥不同税种的特定作用，第二步利改税将工商税中的商业和服务业等单列出来征收营业税。1993 年进行的税制改革，根据社会主义市场经济要求，以建立规范的税制为基本目标，将商品生产、流通全过程都改征增值税，同时对加工、修理修配行业改征增值税，重新修订、颁布了《中华人民共和国营业税暂行条例》，将营业税的课税范围限定为提供应税劳务和无形资产以及销售不动产，而且适用于内、外资企业，建立了统一、规范的营业税制。

二、营业税的特点

与其他商品课税相比，营业税具有以下特点：

（1）计税依据为营业额全额，税额不受成本、费用高低影响，对于保证财政收入的稳定增长具有十分重要的作用。

（2）按行业设计税目税率，营业税实行行业征收，现行营业税征税范围为增值税征税范围之外的所有经营业务，因而，税率设计的总体水平一般较低。但由于各经营业务赢利水平高低不同，因此，在实际税负设计中，往往采取按不同行业、不同经营业务设立税目、税率的方法，实行同行业同税率，不同行业不同税率。目前营业税主要实行 3%、5% 和 8% 的比例税率，另有一档幅度比例税率为 5% ~20%。

（3）实行多环节征税，营业税对商品每经过一个流转环节都要征收一道营业税，这就不同于消费税、关税等只对一个环节征税。

三、营业税的作用

在我国，随着增值税这一新型商品劳务税的兴起，营业税在财政、经济中的地位略有下降，但由于目前增值税的征税范围有限，因此，营业税仍是我国商品劳务税体系中的主体税种之一，也是地方税体系中的主体税种。征收营业税仍具有重要的财政、经济意义。

（一）有利于及时、广泛、可靠地取得财政收入

营业税的征收面比较广，不论是城市还是乡村，不论是内资企业还是外资企业，只要发生应税行为，并取得营业额就要纳税，它适用于体现一切有营业收入的单位和个人都要纳税的原则。随着我国第三产业的不断发展，营业税的收入也将逐步增长。同时，营业税一般以营业收入额为计税依据，不受经营单位成本费用高低的影响，只要发生营业行为，取得营业收入，就要纳税，这有利于及时、稳妥地取得财政收入。

（二）体现国家政策，促进各行业协调发展

营业税按不同行业的经营业务及其赢利水平，确定征免界限，设计差别税率。对一些有利于社会稳定、发展的福利单位和教育、卫生部门，给予免税；对一些关

系国计民生的行业采用低税率，如交通运输、邮政电信、文化体育等适用3%的税率；而对营业收入较高的歌厅、舞厅、高尔夫球场等适用20%的高税率，充分体现营业税既可以保证财政收入，又可以照顾与人民生活密切相关行业发展的立法精神，以便较好地发挥税收对第三产业发展的调节作用。

（三）公平税负，促进企业改善经营管理

营业税按行业设计税率，同一行业同一税率。由于对同一行业采用相同税率，企业取得的营业额中所含税金的比重显然是相同的。如果企业加强经营管理，降低成本费用，企业利润就会增加；反之，成本费用上升，企业利润就会下降。因此，经营管理好的企业，税负不提高，有利于激励企业不断开拓进取；经营管理欠佳的企业，税负也不降低，有利于鞭策落后企业改善经营管理。

第二节　营业税的征税对象和纳税人

一、营业税的征税对象

营业税的征税对象是在我国境内有偿提供应税劳务、转让无形资产或销售不动产的行为。

（1）所谓在我国境内发生，具体指以下情形：

①所提供的应税劳务发生在境内；

②在境内载运旅客或货物出境；

③在境内组织游客旅游；

④所转让的无形资产在境内使用；

⑤所销售的不动产在境内；

⑥境内保险机构提供的除出口货物保险外的保险劳务；

⑦境外保险机构以境内的物品为标的提供的保险劳务。

> **小提示**
>
> 关于境内的界定，应注意以下几点：
>
> （1）关于货运业务的，要求货物的起运地在境内，而与目的地是否在境内无关；
>
> （2）关于旅游业务的，要求其组团在境内，而去哪里旅游并不重要；
>
> （3）关于保险业务的，主要看其标的物是否在境内。

凡是有上述情形之一者，即视为在中国境内发生了税法规定的应税营业行为，应当征收营业税。

（2）有偿是指取得货币、货物或其他经济利益。但在实际中要注意以下几点：

①单位或个体经营者聘用的员工为单位或雇主提供应税劳务，不在征税范围内。

②有偿包括发生应税行为的独立核算单位或者独立核算单位内部非独立核算单位向本独立核算单位以外单位和个人收取货币、货物或其他经济利益，但不包括独立核算单位内部非独立核算单位从本独立核算单位内部收取货币、货物或其他经济

利益。因此，纳税人必须将为本独立核算单位内部提供应税劳务、转让无形资产、销售不动产取得的收入和为本独立核算单位以外单位和个人提供应税劳务、转让无形资产、销售不动产取得的收入分别记账，分别核算。凡是分别记账、未分别核算的，一律征收营业税。

③企业以承包或承租形式将资产提供给内部职工和其他人员经营，企业不提供产品、资金，只提供门面、货柜及其他资产，收取固定的管理费、利润或其他名目价款的，如承包者或承租者向工商部门领取了分支机构营业执照或个体工商业户营业执照，则属于企业向分支机构或个体工商业户出租不动产和其他资产，企业向分支机构和个体工商业户收取的全部价款，不论其名称为何，均属于从事租赁业务取得的收入，均应按“服务业—租赁”征收营业税。如承包者或承租者未领取任何类型的营业执照，则企业向承包者或承租者提供各种资产所收取的各种名目的价款，均属于企业内部的分配行为，不征收营业税。

> **小提示**
>
> 在同一个流转额的流转过程中，只缴纳增值税、营业税两税中的一种，两者是平行关系，不存在交叉关系。

二、营业税的纳税人

（一）营业税纳税人的一般规定

在中华人民共和国境内提供《中华人民共和国营业税暂行条例》规定的劳务（以下简称应税劳务）、转让无形资产或销售不动产的单位和个人，为营业税的纳税义务人。

这里所称“单位”是指国有企业、集体企业、私营企业、股份制企业、其他企业和行政单位、事业单位、军事单位、社会团体及其他单位，包括外商投资企业和外国企业。以上负有营业税纳税义务的单位，在核算形式上是指发生应税行为，并向对方收取货币、货物或其他经济利益的单位，包括独立核算单位和不独立核算单位。

这里所称“个人”是指个体工商户及有其他应税经营行为的个人。

（二）营业税纳税人的特殊规定

（1）铁路运营业的纳税人。其中，中央铁路以铁道部为纳税人。合资铁路的纳税人是合资铁路公司，其所属的站、段不作为纳税人。地方铁路的纳税人为地方铁路管理机构。基建临管运营业务的营业税以基建临管线管理机构为纳税人。

（2）从事其他交通运输业务并负有营业税纳税义务的单位，为从事运输业务并计算盈亏的单位。

（3）企业租赁或承包给他人经营的，以承租人或承包人为纳税人。建筑安装工程实行分包和转包形式的，其纳税人是分包人和转包人，而非总承包人。

（4）行政事业机关的收费除同时符合下述条件不征税以外，其他收费一律照章征税，并以收费单位或机关为营业税的纳税人。不属于征税范围的收费条件是：①国务院、省级人民政府或其所属财政、物价部门以正式文件允许收费，而且收费标准符合文件规定的；②所收费用由立法机关、司法机关、行政机关自己直接收取的。

（5）金融保险业纳税人是指：①银行，包括人民银行、商业银行、政策性银行；②信用合作社；③证券公司；④金融租赁公司、证券基金管理公司、财务公司、信托投资公司、证券投资基金；⑤保险公司；⑥其他经中国人民银行、中国证监会、中国保监会批准成立且经营金融保险业务的机构等。

（三）营业税的扣缴义务人

为了方便税款的征收管理，防止税源流失，对不经常发生的应税行为或时效性较强的应税行为，采取由法定机构或由税务机关指定的机构和个人代为扣缴的形式进行征收。营业税扣缴义务人包括：

（1）委托金融机构发放贷款，以受托发放贷款的金融机构为扣缴义务人；金融机构接受其他单位或个人的委托，为其办理委托贷款业务时，如果将委托方的奖金转给经办机构，由经办机构将资金贷给使用单位或个人，由最终将贷款发放给使用单位或个人并取得贷款利息的经办机构代扣委托方应纳的营业税。

（2）建筑安装业务实行分包或者转包的，以总承包人为扣缴义务人。

（3）境外单位或个人在境内发生应税行为而在境内未设经营机构的，以代理人为扣缴义务人；没有代理人的，以受让者或购买者为扣缴义务人。

（4）单位或个人进行演出由他人售票的，以售票者为扣缴义务人。演出经纪人为个人的，其办理演出业务的应纳税款以售票者为扣缴义务人。

（5）分保险业务，以初保人为扣缴义务人。

（6）个人转让专利权、非专利技术、商标权、著作权、商标等无形资产的，其应纳税款以受让者为扣缴义务人。但外国企业向我国境内企业单独销售软件或随同销售邮电、通信设备和计算机等货物一并转让与这些货物使用相关的软件，国内受让企业进口上述软件，无论是否缴纳了关税和进口环节增值税，其所支付的软件使用费，均不再扣缴外国企业的营业税。

（7）财政部规定的其他扣缴义务人。

第三节　营业税的税目和税率

一、营业税的税目

（一）交通运输业

交通运输业是指使用运输工具或人力、畜力将货物或旅客送达目的地，使其空间位置得到转移的业务活动。由于空间位置移动所依据的自然条件、所采用的运输工具，以及活动的范围条件不同，可将交通运输分为陆路运输、水路运输、航空运输、管道运输和装卸运输。

（1）陆路运输。是指通过陆路（地上或地下）运送货物或旅客的运输业务。包括铁路运输、公路运输、缆车运输、索道运输及其他陆路运输。

（2）水路运输。是指通过江、河、湖、川等天然水道、人工水道或海洋航道运送货物或旅客的运输业务。打捞比照水路运输征税。

（3）航空运输。是指通过空中航线运送货物或旅客的运输业务。通用航空业务和航空地面服务业务比照航空运输纳税。

（4）管道运输。是指通过管道设施输送气体、液体、固体物资的运输业务。

（5）装卸搬运。是指使用装卸搬运工具或人力、畜力，将货物在运输工具之间、装卸现场之间或运输工具与装卸现场之间进行装卸和搬运的业务。搬家公司比照装卸搬运征税。

（6）凡与运营业务有关的各项劳务活动均属交通运输业税目的征税范围。

（7）对远洋运输企业从事程租、期租业务和航空运输企业从事湿租业务取得的收入，按“交通运输业”税目征收营业税。

程租业务，是指远洋运输企业为租船人完成某一特定航次的运输任务并收取租赁费的业务。

期租业务，是指远洋运输企业将配备有操作人员的船舶承租给他人使用一定期限，承租期内听候承租方调遣，不论是否经营，均按日向承租方收取租赁费，发生的固定费用（如人员工资、维修费用等）均由船东负担的业务。

湿租业务，是指航空运输企业将配备有机组人员的飞机承租给他人使用一定期限，承租期内听候承租方调遣，不论是否经营，均按一定标准向承租方收取租赁费，发生的固定费用（如人员工资、维修费用等）均由承租方负担的业务。

（8）自2005年6月1日起，对公路经营企业收取的高速公路车辆通行费收入统一按3%的税率征收营业税。

（二）建筑业

建筑业是指建筑安装工程作业。本税目的征税范围包括建筑、安装、修缮、装饰、其他工程作业。

（1）建筑。是指新建、改建、扩建各种建筑物、构筑物的工程作业。包括与建筑物相连的各种设备或支柱、操作平台的安装或装设工程作业，以及各种窑炉和金属结构工程作业在内。

（2）安装。是指生产设备、动力设备、起重设备、运输设备、传动设备、医疗实验设备及其他各种设备的装配、安置工程作业。包括与设备相连的工作台、梯子、栏杆的装设工程作业和被安装设备的绝缘、防腐、保温、油漆等工程作业在内。

(3) 修缮。是指对建筑物、构筑物进行修补、加固、养护、改善，使之恢复原来的使用价值，或延长其使用期限的工程作业。

(4) 装饰。是指对建筑物、构筑物进行修饰，使之美观或具有特定用途的工程作业。

(5) 其他工程作业。是指上述工程作业以外的各种工程作业。如代办电信工程、水利工程、道路修建、疏浚、钻井（打井）、拆除建筑物或构筑物、平整土地、搭脚手架、爆破等工程作业。

(6) 管道煤气集资费（初装费）。管道煤气集资费（初装费）是用于管道煤气工程建设和技术改造，在报装环节一次性向用户收取的费用。

小提示

基本建设单位、从事建筑安装业务的企业所附设的单位生产建筑材料用于本单位的建筑工程纳税问题：

(1) 若生产地点在本单位的工厂、车间里，则意味着这是一个固定场所的批量生产，这时，生产出来的货物用于自建工程，视同销售，缴纳增值税；

(2) 若生产地点在本单位承包的工程现场，即所承包的工程已包含水泥等预制构件，则将其建筑材料的货款并入总承包额缴纳营业税。

(7) 泥浆工程。是指为钻井作业提供泥浆和工程技术服务的行为。纳税人按照客户要求，为钻井作业提供泥浆和工程技术服务的行为，应按提供泥浆工程劳务项目，照章征收营业税，不征收增值税。

(8) 通信线路工程和输送管道工程所使用的电缆、光缆和构成管道工程主体的防腐管段、管件（弯头、三通、冷弯管、绝缘接头）、清管器、收发球筒、机泵、加热炉、金属容器等物品均属于设备，其价值不包括在工程的计税营业额中。

其他建筑安装工程的计税营业额也不应包括设备价值，具体设备名单可由省级地方税务机关根据各自的实际情况列举。

（三）金融保险业

金融保险业是指经营金融、保险的业务。本税目的征税范围包括金融和保险。

(1) 金融。是指经营货币资金融通的业务，包括贷款、融资租赁、金融商品转让、金融经纪业和其他金融业务。

①贷款。是指将资金有偿贷与他人使用（包括以贴现、押汇方式）的业务。以货币资金投资但收取固定利润或保底利润的行为，也属于贷款业务。按资金来源不同，贷款分为外汇转贷业务和一般贷款业务两种。

外汇转贷业务，是指金融企业直接向境外借入外汇资金，然后再贷给国内企业或其他单位、个人。各银行总行向境外借入外汇资金后，通过下属分支机构贷给境内单位或个人使用的，也属于外汇转贷业务。

一般贷款业务，是指除外汇转贷以外的各种贷款。

②融资租赁（也称金融租赁）。是指经中国人民银行或对外经济贸易合作部批准可从事融资租赁业务的单位所从事的具有融资性质和所有权转移特点的设备租赁业务。

③金融商品转让。是指转让外汇、有价证券或非货物期货的所有权的行为。包括股票转让、债券转让、外汇转让、其他金融商品转让。

④金融经纪业务和其他金融业务。是指受托代他人经营金融活动的中间业务，如委托业务、代理业务、咨询业务等。

（2）保险。是指以通过契约形式集中起来的资金来补偿被保险人的经济利益的业务。

①境内提供保险业务。有下列情形之一者，为在境内提供保险劳务，应按规定缴纳营业税：一是境内保险机构提供的保险劳务，但境内保险机构为出口货物提供的保险除外。二是境外保险机构以在境内的物品为标的提供的保险劳务。

②保险公司所属投资公司的投资业务。采取投资入股形式，按投资比例参与利润分成取得的收入，属利润分红性质，不征收营业税；采取投资贷款形式取得的利息收入，属经营金融业务收入，应按投资贷款利息收入缴纳营业税。

③保险公司经营的非保险业务。保险公司经营非保险业务取得的收入，按照所适用的税目、税率缴纳营业税。

④国外分得的保险费收入不纳税。保险公司从国外分得的保险费收入，不征收营业税。

⑤出口信用保险不征税。为了支持中国机电产品出口，中国人民保险公司受国家委托办理出口信用保险业务。其具体业务分为短期出口信用保险和中长期出口信用保险。前者是对出口货物的收汇风险提供的保险；后者是以出口货物为龙头，带动中国劳务、技术等出口的信用保险。鉴于此项出口信用保险业务，与《中华人民共和国营业税暂行条例实施细则》第八条第一款规定的“境内保险机构为出口货物提供保险”的性质相同，因此，可不作为境内提供保险，视为非应税劳务，不征收营业税。

> **小提示**
>
> 这里的“出口信用保险业务”包括出口信用保险业务和出口信用担保业务。

⑥保险公司的摊回分保费用不征收营业税。

（四）邮电通信业

邮电通信业是指专门办理信息传递的业务。本税目的征税范围包括邮政和电信。

（1）邮政。是指传递实物信息的业务，包括传递函件或包件、邮汇、报刊发行、邮务物品销售、邮政储蓄及其他邮政业务。

①传递函件或包件。是指传递函件的业务以及与传递函件或包件相关的业务。传递函件，是指收寄信函、明信片、印刷品的业务。传递包件，是指收寄包裹的业务。传递函件或包件相关的业务，是指出租信箱、对进口函件或包件进行处理、保管逾期包裹、附带货载及其他与传递函件相关的业务。

②邮汇。是指为汇款人传递汇款凭证并兑取的业务。

③报刊发行。是指邮政部门代出版单位收订、投递和销售各种报纸、杂志的业务。

④邮务物品销售。是指邮政部门在提供邮政劳务的同时，附带销售与邮政业务有关的各种物品（如信封、信纸、汇款单、邮件包装用品等）的业务。

⑤邮政储蓄。是指邮电部门办理储蓄的业务。

⑥其他邮政业务。是指上述业务以外的各项邮政业务。

⑦自2006年1月1日起，对国家邮政局及其所属邮政单位提供邮政普遍服务和特殊服务业务（具体为函件、包裹、汇票、机要通信、党报党刊发行）所取得的收入免征营业税。享受免税的党报党刊发行收入按邮政企业报刊发行收入的70%计算。

（2）电信。是指用各种电传设备传输电信号来传递信息的业务，包括基础电信业务和增值电信业务。

①基础电信业务。是指提供公共网络基础设施、公共数据传送和基本语音通信服务的业务，具体包括固定网国内长途及本地电话业务、移动通信业务、卫星通信业务、因特网及其他数据传送业务、网络元素出租出售业务、电信设备及电路的出租业务、网络接入及网络托管业务、国际通信基础设施国际电信业务、无线寻呼业务和转售的基础电信业务。

②增值电信业务。是指利用公共网络基础设施提供的电信与信息服务的业务，具体包括固定电话网增值电信业务、移动电话网增值电信业务、卫星网增值电信业务、因特网增值电信业务、其他数据传送网络增值电信业务等服务。

（3）若干与“邮电通信业”征税范围相关的事项：

①集邮商品的生产、调拨和销售。集邮商品包括邮票、小型张、小本票、明信片、首日封、邮折、集邮簿、邮盘、邮票目录、护邮袋、贴片及其他集邮商品。集邮商品的生产、调拨缴纳增值税，不缴纳营业税。邮政部门销售集邮商品，应该缴纳营业税。但邮政部门以外的其他单位与个人销售的集邮商品，不纳营业税，应当缴纳增值税。

②销售无线寻呼机和移动电话。电信单位（电信局及经电信局批准的其他从事电信业务的单位）销售无线寻呼机和移动电话，并为客户提供有关的电信劳务服务，属于混合销售，应缴纳营业税；对单纯销售无线寻呼机和移动电话，不提供有关电信劳务服务的，不缴纳营业税，应当缴纳增值税。

③邮政汇兑资金存款。邮政部门将邮政汇兑资金存入人民银行或其他金融机构，其取得的利息收入，不征收营业税。但是人民银行或其他金融机构向邮政部门发放贷款，不论其用途如何，其取得的利息收入，应一律按“金融保险业”税目征收营业税。

④信息台电话服务。电信部门开办的信息台，利用电话开展有偿咨询等业务取得的收入，应按“邮电通信业”税目征收营业税。非电信部门开办的信息台，其向用户提供电话信息服务的业务收入，应按“服务业”税目征收营业税。

⑤公用电话业务。目前，经营公用电话业务的方式有三种：一是邮电局自办；二是委托代办，即设“公用电话亭”作为邮电局的经营网点，由代办人经营，所收通话费全部上交邮电局，由邮电局付给代办人劳务费；三是兼办，即私人住宅、小卖店及其他单位用自用电话兼办公用电话业务。邮电局按月收取管理费，并按自用电话收费标准收取电话费。兼办人按公用电话向通话人收取电话费。针对以上三种情况，规定：邮电局自营公用电话业务收取的电话费、通过“公用电话亭”由代办人收缴的电话费以及向兼办人收取的管理费和电话费，均应计入邮电局的业务收入，按“邮电通信业”税目征收营业税。代办人取得的劳务费和兼办人按公用电话向通话人收取的全部通话费减去支付给邮电局的管理费、电话费后的余额，均应按“服务业”项目中的“代理业”细目征收营业税。

⑥“集中受理”业务。也称为“一点服务”，其业务特点是电信部门应集团客户的要求，为该集团所属的众多客户提供跨地区的出租电信线路业务，以便该集团所属的众多客户在全国范围内保持特定的通信联络。在结算方式上，由一个客户（以下简称客户代表）代表本集团所有客户，统一与客户代表所在地的电信部门结算价款，再由客户代表所在地的电信部门将全部价款分别支付给参与提供跨地区电信业务的各地电信部门，“集中受理”业务应缴纳营业税。

⑦电信部门销售电话卡取得的收入。电信部门及其下属的电话号簿公司（包括独立核算与非独立核算的号簿公司）销售电话号簿业务取得的收入，一律征收营业税，不征收增值税。

（五）文化体育业

文化体育业是指经营文化、体育活动的业务。本税目的征税范围包括文化业和体育业。

（1）文化业。是指经营文化活动的业务，包括表演、播映和其他文化业。经营游览场所的业务，比照文化业征税。

①表演。是指进行戏剧、歌舞、时装、健美、杂技、民间艺术、武术、体育等表演活动的业务。

②播映。是指通过电台、电视台、音响系统、闭路电视、卫星通信等无线或有线装置传播作品，以及在电影院、影剧院、录像厅及其他场所放映各种节目的业务。

广告的播映不按本税目纳税，按“服务业”税目中的“广告业”细目征收营业税。

除了播映广告外，对电视台开展的有偿收视（听）节目而收取的费用，应按

"文化体育业"税目征收营业税。

③其他文化业。是指经营上述活动以外的文化活动的业务，如各种展览、培训活动，文学、艺术、科技讲座、演讲、报告会，图书馆的图书资料借阅业务等。

④经营游览场所的业务。是指公园、动（植）物园及其他各种游览场所销售门票的业务。但不包括在游览场所举办的游艺、游乐活动，这些活动应按"娱乐业"税目征税。

（2）体育业。是指举办各种体育比赛和为体育比赛或体育活动提供场所的业务。但是，对以租赁方式为文化活动、体育比赛提供场所，不按本税目纳税，应按"服务业"税目中的"租赁业"细目征税。

（六）娱乐业

娱乐业是指为娱乐活动提供场所和服务的业务。

（1）本税目征税范围包括经营歌厅、舞厅、卡拉OK歌舞厅、音乐茶座、台球、高尔夫球场、保龄球馆、游艺场等娱乐场所，以及娱乐场所为顾客进行娱乐活动提供服务的业务。

（2）上述娱乐场所为顾客进行娱乐活动提供的饮食服务及其他各种服务，均属于本税目征收范围。

（3）对俱乐部、交易所或类似的会员制经济、文化、体育组织，在会员入会时收取的会员费、席位费、资格保证金和其他类似费用，均属于本税目征收范围。

（4）单位和个人开办网吧所取得的收入，按"娱乐业"税目征收营业税。

（七）服务业

服务业是指利用设备、工具、场所、信息或技能为社会提供服务的业务。其征收范围包括代理业、旅店业、饮食业、旅游业、仓储业、租赁业、广告业和其他服务业。

（1）代理业。是指代委托人办理受托事项的业务，包括代购代销货物、代办进出口、介绍服务和其他代理服务。

①代购代销货物。是指受托购买货物或销售货物，按实购额或实销额进行结算并收取手续费的业务。需要注意的是，营业税对代购代销货物征税，不是针对货物有偿转让这个过程的经营业务，而是对代理者为委托方提供的代购或代销货物的劳务行为征税。

代购，是指受托方按照协议或委托方的要求，从事商品的购买，并按发票购进价格与委托方结算（原票转交）。税法规定，代购货物行为，凡同时具备以下条件的，不论企业的财务和会计账务如何处理，均应征收营业税：第一，受托方不垫付资金；第二，销货方将增值税专用发票开具给委托

> **小提示**
>
> 代购货物的手续费可以缴纳增值税，也可以缴纳营业税。代销业务的手续费只需缴纳营业税。

方，并由受托方将该项发票转交给委托方；第三，委托方按代购实际发生的销售额和增值税额与委托方结算货款，并另收取手续费。如不同时满足这些条件，则应将手续费作为价外费用并入货物的销售额征收增值税。

代销，是指受托方按委托方的要求销售委托方的货物，并收取手续费的经营活动。税法规定，对于代销行为，其受托方取得的手续费不论如何结算，也不论是否作为销售货物的价格或价外收费都要征收增值税，它仍属营业税的征收范围。

②代办进出口。是指受托办理商品或劳务进出口的业务。

③介绍服务。是指中介人介绍双方商谈交易或其他事项的业务。

④其他代理服务。是指受托办理上述事项以外的其他事项的业务。

⑤金融经纪业、邮政部门的报刊发行业务，不按本税目征收营业税。

⑥福利彩票机构发行销售福利彩票取得的收入不征收营业税。对福利彩票机构以外的代销单位取得的手续费收入，应当按“服务业”税目中的“代理业”细目征收营业税。

其中，福利彩票机构包括福利彩票销售管理机构和与销售管理机构签有电脑福利彩票投注站代理销售协议书，并直接接受福利彩票销售管理机构的监督、管理的电脑福利彩票投注点。

⑦对社保基金投资管理人、社保基金托管人从事社保基金管理活动所取得的收入，依照税法的规定征收营业税。

（2）旅店业。是指提供住宿服务的业务。

（3）饮食业。是指通过同时提供饮食和饮食场所的方式，为顾客提供饮食消费服务的业务。

饭店、餐厅及其他饮食服务场所，为顾客在就餐的同时进行自娱自乐形式的歌舞活动所提供的服务，按“娱乐业”税目征收营业税。

（4）旅游业。是指为旅游者安排食宿、交通工具和提供导游等旅游服务的业务。

单位和个人在旅游景点经营索道取得的收入按“服务业”税目中的“旅游业”细目征收营业税。

（5）仓储业。是指利用仓库、货场或其他场所代客贮放、保管货物的业务。

（6）租赁业。是指在约定的时间内将场地、房屋、物品、设备或设施等转让他人使用的业务。

①融资租赁按“金融保险业”税目征收营业税。但仅限于经中国人民银行批准经营融资租赁的企业和经对外贸易经济合作部批准经营融资租赁的外商投资企业和外国企业。其他单位从事融资租赁业务，应按“服务业”税目中的“租赁业”细目征收营业税。

②单位和个人将承租的场地、房屋、物品、设备或设施等再转租给他人使用，

也属于租赁行为，由于转租而取得的租金收入，应按“服务业”税目中的“租赁业”细目征收营业税。

③对远洋运输企业从事光租业务和航空运输企业从事干租业务所取得的收入，按“服务业”税目中的“租赁业”细目征收营业税。

光租业务，是指远洋运输企业将船舶在约定的时间内出租给他人使用，不配备操作人员，不承担运输过程中发生的各种费用，只收取固定租赁费的业务。

干租业务，是指航空运输企业将飞机在约定的时间内出租给他人使用，不配备机组人员，不承担运输过程中发生的各种费用，只收取固定租赁费的业务。

④交通部门有偿转让高速公路收费权行为，按“服务业”税目中的“租赁业”细目征收营业税。

⑤酒店产权式经营业主（以下简称业主）在约定的时间内提供房产使用权与酒店进行合作经营，如房产产权并未归属新的经济实体，业主按照约定取得的固定收入和分红收入均应视为租金收入，根据有关税收法律、行政法规的规定，按“服务业”税目中的“租赁业”细目征收营业税。

⑥双方签订承包、租赁合同（协议，下同），将企业或企业部分资产出包、租赁，出包方、出租方向承包方、承租方收取的承包费、租赁费（承租费，下同），按“服务业”税目征收营业税。出包方收取的承包费凡同时符合以下三个条件的，属于企业内部分配行为，不征收营业税：

第一，承包方以出包方名义对外经营，由出包方承担相关的法律责任；

第二，承包方的经营收支全部纳入出包方的财务会计核算；

第三，出包方与承包方的利益分配是以出包方的利润为基础的。

(7) 广告业。是指利用图书、报纸、杂志、广播、电视、电影、灯、路牌、招贴、橱窗、霓虹灯、灯箱等形式，为介绍商品、经营服务项目、文体节目或通告、声明等事项进行宣传和提供相关服务的业务。

(8) 其他服务业。是指上述业务以外的服务业务，如淋浴、理发、洗染、照相、美术、裱画、誊写、打字、镌刻、计算、测试、试验、化验、录音、录像、复印、晒图、设计、制图、测绘、勘探、打包、咨询等。

①“其他服务业”不包括修理修配、缝纫、疏浚、打井、打捞。

②下列各项属于“其他服务业”应税项目：

第一，非政府安排的地质勘探工作收入。地质勘探单位承担政府安排的地质勘探工作而取得的财政拨款，不属于营业税的征税范围，不征收营业税；但从事其他非政府安排的各项地质勘探工作而取得的收入，包括地质勘探单位分包给其他单位承担的政府安排的地质勘探工作所取得的收入，均按“服务业”税目中的“其他服务业”细目征税。

第二，动物肉品检疫费收入。动物检疫站对宰杀后的动物肉品进行检验鉴定，不属于对家禽、牲畜、水生动物疾病防治免征营业税的范围，其所得的检疫费收入，应按“服务业”税目中的“其他服务业”细目征税。

第三，勘察设计业务收入。对从事勘察设计业务的企业为建设项目提供可行性研究、咨询、评估、规划、勘察、设计、监督管理，以及有关工程建设的技术开发、技术咨询等服务业务，应按“服务业”税目中的“其他服务业”细目征税。

第四，管理服务收入。外商投资企业外聘管理服务公司负责本企业全部或部分经营管理，但对外仍以该外商投资企业的名义从事各项商业活动，并以定额或按经营、管理效益确定数额支付给受聘公司服务费，对管理公司取得的上述服务费收入，应按“服务业”税目中的“其他服务业”细目征税。

第五，非电信部门开办电话咨询业务收入。对于非国家电信管理部门直属的信息台，向用户提供电话咨询或信息服务的业务收入，应按“服务业”税目中的“其他服务业”细目征税。

第六，商品路的收费收入。对公司企业所建商品路收费站所收取的费用，应按“服务业”税目中的“其他服务业”细目征税。

税收拾粹

为支持国家 2008 年的奥运活动，财政部发布了财税〔2006〕128 号文件，规定免征北京奥组委向分支机构划拨所获赞助物资应缴纳的增值税。这些分支机构包括第 29 届奥林匹克运动会组织委员会帆船委员会（青岛），天津、上海、沈阳、秦皇岛等京外四家足球预赛城市，中国奥委会，中国残疾人联合会，北京奥林匹克电视转播公司（BOB 公司）第 29 届奥林匹克运动会马术比赛（香港）有限公司等。

第七，劳动服务公司的费用收入。劳动人事部门下属的劳动服务公司，不属于立法、司法、行政机关收取的各项费用收入，应按“服务业”税目中的“其他服务业”细日征税。

（八）转让无形资产

转让无形资产，是指转让不具有实物形态但能带来经济利益的资产的所有权或使用权的行为。本税目的征税范围包括转让土地使用权、转让商标权、转让专利权、转让非专利技术、转让著作权、转让商誉。

（1）转让土地使用权，是指土地使用者转让土地使用权的行为。“转让”原则上限于二级市场。土地所有者出让土地使用权和土地使用者将土地使用权归还给土地所有者的行为，不征收营业税。土地租赁，不按本税目纳税，按“服务业”税目中的“租赁业”细目征收营业税。

（2）转让商标权，是指转让商标的所有权或使用权的行为。

（3）转让专利权，是指转让专利技术的所有权或使用权的行为。

（4）转让非专利技术，是指转让非专利技术的所有权或使用权的行为。提供无所有权技术的行为，不按本税目纳税。如果属于提供技术咨询、技术协助、技术服务性劳务，则应按提供应税劳务的相应税目征税。

(5) 转让著作权，是指转让著作的所有权或使用权的行为。著作，包括文字著作、图形著作（如画册、影集）、音像著作（如电影母片、录像带母带）。

(6) 转让商誉，是指转让商誉的使用权的行为。

(7) 以无形资产投资入股，参与接受投资方的利润分配、共同承担投资风险的行为，不征收营业税。在投资后转让该项股份，也不征收营业税。

（九）销售不动产

不动产是指不能移动或移动后会引起性质、形状变化的财产，包括建筑物或构筑物、其他土地附着物。转让不动产有限产权或永久使用权，以及单位将不动产无偿赠与他人的行为，视同销售不动产。征税范围具体包括销售建筑物或构筑物、销售其他土地附着物。

(1) 销售建筑物或构筑物，是指有偿转让建筑物或构筑物所有权的行为。

(2) 销售其他土地附着物，是指有偿转让建筑物或构筑物以外的其他附着于土地的不动产所有权的行为。

(3) 单位将不动产无偿赠与他人，视同销售不动产。在销售不动产时连同不动产所占土地的使用权一并转让的行为，比照销售不动产征税。

(4) 以不动产投资入股，参与接受投资方利润分配、共同承担投资风险的行为，不征收营业税。在投资后转让该项股份，也不征收营业税。

(5) 纳税人自建住房销售给本单位职工，属于销售不动产行为，应照章征收营业税。

(6) 从事房地产开发经营征税的若干问题：

从事房地产开发的经营方式有合作建房、合资建房、中外合作开发房地产以及个人集资建房等。下面就这几种方式分别介绍其征税问题：

①对合作建房的征税。合作建房的通常做法是：由一方（甲方）提供土地使用权，另一方（乙方）提供建房资金。合作建房的方式可分为以下两种情况：

一是土地使用权与房屋所有权互换。双方都发生了应税行为，即在合作过程中，甲方以转让部分土地使用权为代价，换取部分房屋的所有权，发生了有偿转让土地使用权的应税行为，对甲方应按“转让无形资产”税目中的“转让土地使用权”细目征收营业税；对乙方应按“销售不动产”税目征税。双方或其中一方将分得的房屋出售，属于再次发生应税行为，应再按“销售不动产”税目征税。

二是以出租土地若干年的租金为代价换取房屋所有权。其合作方式是，由甲方将土地使用权出租给乙方若干年，乙方投资在该土地上建造建筑并使用，租赁期满后，乙方将土地使用权连同所建的建筑物归还甲方。在这一经营过程中，乙方是以建筑物为代价换取若干年的土地使用权，甲方以出租土地使用权为代价换取建筑物的所有权。对甲方应按“服务业”税目中的“租赁业”细目征收营业税；对乙方应按“销售不动产”税目征税。

②对入股合资建房的征税。入股合资建房，即甲方以土地使用权入股，乙方以货币资金入股，成立合营企业进行合作建房。这种形式的合作建房，又有以下三种情况：

一是双方采取风险共担、利润共享的分配方式。此种方式，甲、乙双方视为投资入股，对其不征收营业税。只对合营企业销售房屋取得的收入按“销售不动产”税目征收营业税；对双方分得的利润不征收营业税。

二是甲方采取按销售收入的一定比例提成的方式参与分配，或提取固定利润，这是一种转让土地使用权的收费方式。对甲方应按“转让无形资产”税目中的“转让土地使用权”细目征收营业税；对合营企业销售房屋取得的收入按“销售不动产”税目征收营业税。

三是房屋建成后双方按一定比例分配房屋。对甲方应按“转让无形资产”税目中的“转让土地使用权”细目征收营业税；对合营企业的房屋，在分配给甲、乙方后，如果各自销售，应按“销售不动产”税目征收营业税。

③对中外合作开发房地产的征税。通常做法是：中外双方成立合作公司建商品房，中方提供土地使用权，外商出资并负责商品房在境外的销售。双方采取分建筑面积、分销售收入来提取固定利润等分配方式。中外双方采取此种方式合作开发房地产时，中方以土地与外商合作建房，应按“转让无形资产”税目中的“转让土地使用权”细目征收营业税。对外销售商品房，包括双方分房各自销售的商品房和统一销售商品房，都应按“销售不动产”税目征收营业税。

④对个人筹资建房的征税。个人代表各购房户与拥有土地使用权的单位或个人（以下简称土地使用权拥有者）签订合作建房协议，由该个人负责找施工队建房，待房屋建成后，按合作建房协议与土地使用权拥有者分房，然后再将分得的房屋销售给各购房户。对该个人以此种方式经营房产，应对其向购房户收取的全部价款和价外费用，按“销售不动产”税目征收营业税。该个人与土地使用权拥有者的关系，可比照上述合作建房，区别情况处理。

⑤对房产包销的征税。房产开发企业与包销商签订合同，在合同期内将房产交由包销商根据市场价格销售，销售后由房产开发企业向购买者开具房产销售发票，包销商收取价差或手续费。此种方式属于由包销商代理销售。房产开发企业通过包销商销售的房产，应按“销售不动产”税目征收营业税；包销商应就其取得的价差或手续费收入，按“服务业”税目中的“代理业”细目缴纳营业税。

房产开发企业与包销商签订的合同期满，尚未售出的房产由包销商购进自行销售。这涉及两次销售，一是房产开发企业将房产销售给包销商，二是包销商购进房产销售，都应按“销售不动产”税目征收营业税。

二、营业税的税率

营业税实行比例税率。税率分别为3%、5%和一个幅度比例税率为5%～20%。其中：

（1）税率3%的适用范围：交通运输业、建筑业、邮电通信业、文化体育业。

（2）税率5%的适用范围：服务业、金融保险业、转让无形资产、销售不动产。

（3）税率5%～20%的适用范围：娱乐业。

自2001年5月1日起，按20%的税率征收营业税的娱乐业范围包括歌厅、舞厅、卡拉OK歌舞厅（包括夜总会、练歌房）、音乐茶座（包括酒吧）、台球室、高尔夫球场、保龄球馆、游艺场（如射击、狩猎、跑马、游戏机、卡丁车、热气球、动力伞、射箭、飞镖等）。

自2004年7月1日起，保龄球馆、台球室减按5%税率征收营业税。

（4）纳税人兼有不同税目应税行为的，应当分别核算不同税目的营业额、转让额和销售额，未分别核算的，从高适用税率。

第四节　营业税的计算

一、营业税的计税依据

营业税以营业额为计税依据。因此，正常情况下，营业额以纳税人从购买方收取的全部价款为计税依据。即包括在价款之外收取的一切费用，如向对方收取的手续费、基金、集资款、代收款项、代垫款项及其他各种性质的价外收费。其具体规定如下：

> **小提示**
>
> 营业税的计算方法较增值税、消费税简单，在计算过程中没有扣税规定，但在计税依据里有扣税规定。

（一）交通运输业的计税依据

交通运输业的计税依据为营业额，包括客运收入、装卸搬运收入、其他运输业务收入和运输票价中包含的保险费收入以及随同票价、货运运价及向客户收取的各种交通建设基金等。其中，国家对某些业务的营业额又作了具体规定：

（1）中央铁路运营业务的营业额包括以下各项收入：旅客票价收入、行李运费收入、包裹运费收入、旅游车上浮票价收入、应缴其他进款、保价收入、铁路建设基金收入。

（2）航空运输业的营业额包括航空运输企业、单位和个人经营客运、货运、邮运、包机运输、通用航空运输业务收入和其他业务收入以及运输价款中包含的保险费，还包括民航部门取得的地面服务收入，如国际航班服务费、机务费、飞机清洁费、航班延误费、运输服务费、航油附加费、导航费、代理国内和国际业务手续费、货物保管费、通信费、候机费以及机场建设费等。

（3）运输企业自中华人民共和国境内运输旅客或者货物出境，在境外改由其他运输企业承运旅客或者货物的，以全程运费减去付给该承包企业的运费后的余额为营业额。

（4）运输企业从事联运业务，以实际取得的营业额为计税依据。联运业务是指两个以上运输企业完成旅客或货物从发送地点至到达地点所进行的运输业务，联运的特点是"一次购买、一次收费、一票到底"。实际取得的营业额是指以其收到的收入扣除支付给后程承运者的各项费用后的余额。

（5）装卸搬运营业额包括货物装卸搬运收入、小件搬运收入、行包装卸收入。但装卸搬运收入不包括装卸搬运时的运输收入。

（6）中国国际航空股份有限公司（简称国航）与中国国际货运航空有限公司（简称货航）开展客运飞机腹舱联运业务时，国航以收到的腹舱收入为营业额；货航以其收到的货运收入扣除支付给国航的腹舱收入的余额为营业额，营业额扣除凭证为国航开具的"航空货运单"。

（二）建筑业的计税依据

建筑业的计税依据是承包建筑、修缮、安装、装饰和其他工程作业而取得的营业收入额，即建筑安装企业向建设单位收取的工程价款及工程价款之外收取的各种费用。其中，对某些业务的营业额又作了具体规定：

（1）从事建筑、修缮、装饰工程作业的营业额，无论与对方如何结算，均应包括所用原材料及其他物资和动力的价款在内。

（2）从事安装工程作业的营业额，如果安装企业只负责安装，并取得安装费收入，就以安装费收入为营业收入额；如果安装企业承包的安装工程总金额中包括了机器设备本身的价值在内，则其营业额应包括设备的价款在内。

小提示

自建行为的税务处理：

（1）若是自建自用的，则不交营业税；

（2）若是自建出售的，先按建筑业缴纳3%的营业税，再按销售不动产缴纳5%的营业税；

（3）若是自建赠送的，则视同销售，先按建筑业缴纳3%的营业税，再按销售不动产缴纳5%的营业税；

（4）若是自建出租的，按"服务业"税目中的"租赁业"细目缴纳5%的营业税；

（5）若是自建投资，又共同承担风险的，不缴纳营业税。

(3) 从事“建筑业”税目中“其他工程作业”细目的营业额，无论与对方如何结算，应包括工程所用原材料及其他物资和动力的价款在内。

(4) 单位和个人自建建筑物后销售，其自建行为视同提供应税劳务。其自建行为的营业额根据同类工程的价格确定；若没有同类工程价格的，则按组成计税价格计算。

(5) 建筑业的总承包人将工程分包或转包给他人的，以工程全部承包额减去付给分包人的价款后的余额作为营业额。

(6) 外国企业与我国企业签订机器设备销售合同，同时提供设备安装、装配、技术培训、指导、监督服务等劳务，其取得的劳务费收入，应缴纳营业税。如果销售合同中未列明上述劳务费金额或作价不合理的，税务机关可以根据实际情况，以不低于合同总价款的5%为原则，确定其劳务费收入，计算征收营业税。

(三) 金融保险业的计税依据

金融保险业的计税依据是营业收入额。金融业营业额具体包括贷款利息、融资租赁收益、金融商品转让收益及从事金融经纪业的其他金融业务的手续收入。对金融机构当期实际收到的结算罚款、罚息、加息等收入，也应并入营业额中征收营业税。保险业的营业额是指保险机构经营保险业务所得的保费。具体规定如下：

(1) 一般贷款业务的营业额为贷款利息收入（包括各种加息、罚息等）。

(2) 外汇转贷业务营业额包括：

①中国银行系统从事的外汇转贷业务，如上级行借入外汇资金后转给下级行贷给国内用户的，在下级行以其向借款方收取的全部利息收入全额为营业额（包括基准利率计算的利息和各种加息、罚息等）。在借入外汇的上级行，以贷款利息收入和其他应纳营业税的收入减去支付给境外的借款利息支出后的余额为营业额。

小提示

人民银行对金融机构的贷款业务不征收营业税；但人民银行对企业贷款或委托金融机构贷款的业务应当征收营业税。

②其他银行从事的外汇转贷业务，如上级行借入外汇资金后转给下级行贷给国内用户的，在下级行以其向借款方收取的全部利息收入减去上级行核定的借款利息支出额后的余额为营业额。上级行核定的借款利息支出额与实际支出额不符的，由上级行从其应纳的营业税中抵补。

(3) 融资租赁以其向承租者收取的全部价款和价外费用（包括残值）减去出租方承担的出租货物的实际成本后的余额，以直线法折算出本期的营业额。计算公式为：

$$本期营业额=(应收取的全部价款和价外费用-实际成本)\times\frac{本期天数}{总天数}$$

其中：

实际成本 = 货物购入原价 + 关税 + 增值税 + 消费税 + 运杂费 + 安装费 + 保险费 + 支付给境外的外汇借款利息支出

（4）金融商品转让业务，按股票、债券、外汇、其他四大类来划分。各类的营业额为金融商品的卖出价减去买入价后的余额，即营业额 = 卖出价 - 买入价。卖出价是指卖出原价，不得扣除卖出过程中支付的任何费用和税金。买入价是指购进原价，不得包括购进过程中支付的各种费用和税金。

同一大类不同品种金融商品买卖出现的正负差，在同一个纳税期内可以相抵，相抵后仍出现负差的，可结转下一个纳税期相抵，但年末仍出现负差的，不得转入下一个会计年度。金融商品的买入价，可以选定按加权平均法或移动加权法进行核算，选定后一年内不得变更。

（5）金融经纪业务和其他金融业务（中间业务）的营业额为手续费（佣金）类的全部收入，包括价外收取的代垫、代收代付费用（如邮电费、工本费）加价等，不得从中作任何扣除。

（6）金融企业从事受托收款业务，如代收电话费、水电煤气费、信息费、学杂费、寻呼费、社保统筹费、交通违章罚款、税款等，以全部收入减去支付给委托方价款后的余额为营业额。

（7）对金融机构的出纳长款收入，不计入营业额，不征收营业税。

（8）金融机构在提供金融劳务的同时，销售账单凭证、支票等属于应征收营业税的混合销售行为，应将此项销售收入并入营业额中缴纳营业税。金融机构提供金融保险业劳务时代收的邮电费也应并入营业额。

（9）银行及其他金融机构代发行国家各种债券的手续费收入，应计入营业额缴纳营业税。

（10）保险业务营业额包括：

①办理初保业务。营业额为纳税人经营保险业务向对方收取的全部价款，即向被保险人收取的全部保险费。

②储金业务。保险公司如采用收取储金方式取得经济利益的（即以被保险人所交保险资金的利息收入作为保费收入，保险期满后将保险资金本金返还被保险人），其储金业务的营业额为纳税人在纳税期内的储金平均余额乘以人民银行公布的一年期存款的月利率。储金平均余额为纳税期期初储金余额与期末余额之和乘以50%。

③保险企业开展无赔偿奖励业务的，以向投保人实际收取的保费为营业额。

④中华人民共和国境内的保险人将其承保的以境内标的物为保险标的的保险业务向境外再保险人办理分保的，以全部保费收入减去分保保费后的余额为营业额。

境外再保险人应就其分保收入承担营业税纳税义务，并由境内保险人扣缴境外再保险人应缴纳的营业税税款。

⑤保险企业已征收过营业税的应收未收保费，凡在财务会计制度规定的核算期限内未收回的，允许从营业额中减除。在会计核算期限以后收回的已冲减的应收未收保费，再并入当期营业额中。

(11) 金融企业贷款利息征收营业税的具体规定。

自2002年1月1日起，金融企业（包括国有、集体、股份制、合资、外资银行，以及其他所有制形式的银行城市信用社和农村信用社、信托投资公司和财务公司）应收未收利息核算期限由原来的180日调整为90日。

①金融企业发放贷款（包括自营贷款和委托贷款，下同）后，凡在规定的应收未收利息核算期内发生的应收利息，均应按规定申报缴纳营业税；贷款应收利息自结息之日起，超过应收未收利息核算期限或贷款本金到期（含展期）后尚未收回的，按照实际收到利息申报缴纳营业税。

②对金融企业2001年1月1日以后发生的已缴纳过营业税的应收未收利息（包括自营贷款利息和委托贷款利息，下同），若超过应收未收利息核算期限后仍未收回或其贷款本金到期（含展期）后尚未收回的，可从以后的营业额中减除。

小提示

关于金融企业贷款利息是否缴纳营业税的规定小结如下：

(1) 某金融企业在一个放款日将资金贷放给某一企业使用，从放款日这天算起至结息日，金融企业应察看本身的利息能不能收回来；若这期的利息收不回来，在会计上应该按照权责发生制处理，将这部分利息确认为应收未收利息（即这段时间未足90日）；在此情况下，应收未收利息应该缴纳营业税、企业所得税。

(2) 到了下一个结息日（这时的时间肯定超过90日），若此时的应收未收利息还是未收回来，在超过90日的情况下，这一期的利息不确认为收入，不缴纳营业税、企业所得税。

(3) 以后在什么时间将利息收回，再缴纳税款。

但在这里可能存在重复征税的问题，因此，在此时可以将先征收的税款给予冲减。

③金融企业在2000年12月31日以前已缴纳过营业税的应收未收利息，原则上应在2005年12月31日前从营业额中减除完毕。但已移交给中国华融、长城、东方和信达资产管理公司的应收未收利息不得从营业额中减除。

④税务机关对金融企业营业税征收管理时，负责核对从营业额中减除的应收未收利息是否已征收过营业税，该项从营业额中减除的应收未收利息是否符合财政部或国家税务总局制定的财务会计制度以及税法规定。

金融企业从营业额中减除的应收未收利息的额度和年限以该金融企业确定的额度和年限确定，各级地方政府及其财政、税务机关不得规定金融企业应收未收利息从营业额中减除的年限和比例。

（12）外币折合成人民币。金融保险业以外汇结算营业额的，应将外币折合成人民币后计算营业税。原则上金融业按其收到外汇的当天或当季季末中国人民银行公布的基准汇价折合营业额，保险业按其收到外汇的当天或当月最后一天中国人民银行公布的基准汇价折合营业额；报经省级税务机关批准后，允许按照财务制度规定的其他基准汇价折合营业额。

（四）邮电通信业的计税依据

邮电通信业的计税依据为营业收入额。具体分为邮政业务的营业额和电信业务的营业额。

（1）电信单位销售的各种有价电话卡，由于其计费系统只能按有价电话卡面值出账，并按有价电话卡面值确认收入，因此，不能直接在销售发票上注明折扣折让额，以按面值确认的收入减去当期财务会计上体现的销售折扣折让后的余额为营业额。

（2）电信部门以“集中受理”方式为集团客户提供跨省的出租电路业务，从受理地区的电信部门按取得的全部价款减除分割给参与提供跨省电信业务的电信部门的价款后的差额为营业额计征营业税。对参与提供跨省电信业务的电信部门，则按各自取得的全部价款为营业额计征营业税。

小提示

电信部门的业务较为特殊，如从广东打电话到黑龙江，其通过的电网一定要经过中间的省份，不可能一下子就打过去。所以，电信部门一次收费就要转付给中间省份一定的费用，并且其转付出去的部分可在计算时给予扣减。

（3）邮政电信单位与其他单位合作，共同为用户提供邮政电信业务及其他服务并由邮政电信单位统一收取价款的，以全部收入减去支付给合作方价款后的余额为营业额。

（4）中国移动通信集团公司通过手机短信公益特服号“8858”为中国儿童少年基金会接受捐款业务，以全部收入减去支付给中国儿童少年基金会的价款后的余额为营业额。

（五）文化体育业的计税依据

文化体育业的计税依据为营业额。具体规定如下：

（1）单位和个人进行演出，以全部票价收入或者包场收入减去付给提供演出场所的单位、演出公司或者经纪人的费用后的余额为营业额。提供演出场所的单位所取得的收入应按“服务业”税目中的“租赁业务”细目征税。而演出公司或经纪人所取得的收入应按“服务业”税目中的“代理业务”细目征税。

（2）游览场所的营业额是指公园、动（植）物园及其他游览场所销售门票的收入，不包括这些场所从事的其他游艺活动或其他经营活动的收入。

（六）娱乐业的计税依据

娱乐业的计税依据为经营娱乐业的营业收入。即纳税人向顾客收取的全部费用，包括门票费、台位费、点歌费、烟酒费和饮料费及经营娱乐业的其他各项收费。高尔夫俱乐部所收取的会员会费收入、游乐场所内的游艺项目的收费等也包括在内。

娱乐业的纳税人如果兼营营业税中其他税目的业务，应将娱乐业税目的营业额和其他税目的营业额分别核算，分别申报纳税。如果不能分别核算或不能准确核算各自的营业额，则按所涉及税目中的最高税率纳税。

（七）服务业的计税依据

服务业的计税依据是经营各项服务业的营业收入额。其中，某些项目营业额的具体规定如下：

（1）代理业的营业额，是指经营代理业务向委托方实际取得的手续费、管理费、介绍费、佣金和酬金等项目的收入。

①从事广告代理业务的，以其全部收入减去支付给其他广告公司或广告发布者（包括媒体、载体）的广告发布费后的余额为营业额。因为广告发布费应按“广告业”细目征税，而不按“代理业”细目征税。

②电脑福利彩票投注点代销福利彩票取得的任何形式的手续费收入，应照章征收营业税。

③从事物业管理的单位，以与物业管理有关的全部收入减去代业主支付的水、电、燃气，以及代承租者支付的水、电、燃气、房屋租金的价款后的余额为营业额。

（2）旅店业的营业额，是指提供住宿服务的营业额。由于旅店业的服务范围广泛，除了提供住宿和用餐外，还提供理发、日用品销售等服务，因此，税法规定，各经营项目需分别核算营业额，分别纳税。如果不分别核算营业额，则从高确定税率征税。

（3）旅游业的营业额。以收取的旅游费减去代旅游者支付给其他单位的房费、餐费、交通费、门票收入和其他代付费用后的余额为营业额。

旅游企业组织旅游团到中华人民共和国境外旅游，在境外改由其他旅游企业接团的，以全程旅游费减去付给该接团企业的旅游费后的余额为营业额。

旅游企业在境内组团旅游，改由其他旅游企业接团的，按照境外旅游的办法确定营业额。

（4）广告业的营业额，是指广告的设计、制作、刊登、播映等广告业务的收入额。对电台、电视台、报刊社、广告公司等广告经营单位取得的赞助收入，以及体育馆、运动场举办的体育比赛和文艺演出，为企业单位做广告所取得的广告费收入，均应按全额征税，不得扣除付给广告公司制作广告的加工费。

（八）转让无形资产的计税依据

转让无形资产的计税依据是无形资产的转让额。它包括受让方支付给转让方的全部货币、实物和其他经济利益。转让方收取实物时，由税务机关根据同类物品的市场价格核定实物的价值；转让方取得其他经济利益时，也由税务机关核定其货币价值。

（九）销售不动产的计税依据

销售不动产的计税依据为不动产的销售额，即销售方向购买方收取的全部价款和价外费用。它包括销售不动产时取得的实物或经济利益，还包括价外收取的各种基金、代收费用等。

单位和个人销售或转让其购置的不动产或受让的土地使用权，以全部收入减去不动产或土地使用权的购置或受让原价后的余额为营业额。

单位和个人销售或转让抵债所得的不动产、土地使用权的，以全部收入减去抵债时该项不动产或土地使用权作价后的余额为营业额。

（十）其他规定

（1）纳税人提供应税劳务、转让无形资产或销售不动产，如果价格明显偏低且无正当理由的，主管税务机关有权按下列顺序核定其营业额：

①按纳税人当月提供的同类应税劳务或者销售的同类不动产的平均价格核定。

②按纳税人最近时期提供的同类应税劳务或者销售的同类不动产的平均价格核定。

③按下列公式核定计税价格：

$$\text{计税价格}=\frac{\text{营业成本或工程成本}\times(1+\text{成本利润率})}{1-\text{营业税税率}}$$

其中，成本利润率由省（自治区、直辖市）人民政府所属税务机关确定。广东省规定为10%。

（2）单位和个人在提供营业税应税劳务、转让无形资产和销售不动产发生退款时，凡该项退款已征收过营业税的，允许退还已征税款，也可以从纳税人以后的营业额中减除。

（3）单位和个人在提供营业税应税劳务、转让无形资产和销售不动产时，如果将价款与折扣额在同一张发票上注明的，以折扣后的价款为营业额；如果将折扣额另开发票的，不论其在财务上如何处理，均不得从营业额中减除。

（4）单位和个人在提供应税劳务、转让无形资产和销售不动产时，因受让方违约而从受让方取得的赔偿金收入，应并入营业额中征收营业税。

（5）单位和个人因财务会计核算办法改变将已缴纳过营业税的预收性质的价款逐期转为营业收入时，允许从营业额中减除。

（6）劳务公司接受用工单位的委托，为其安排劳动力，凡用工单位将其应支付给劳动力的工资和为劳动力上缴的社会保险（包括养老保险金、医疗保险、失业保险、工伤保险等，下同）以及住房公积金统一交给劳务公司代为发放或办理的，以劳务公司从用工单位收取的全部价款减去代收转付给劳动力的工资和为劳动力办理社会保险及住房公积金后的余额为营业额。

（7）自2004年12月1日起，营业税纳税人购置税控收款机，经主管税务机关审核批准后，可凭购进税控收款机取得的增值税专用发票，按照发票上注明的增值税税额，抵免当期应纳增值税或营业税税额，或者按照购进税控收款机取得的普通发票上注明的价款，依下列公式计算可抵免税额：

$$可抵免税额=\frac{价款}{1+17\%}\times 17\%$$

当期应纳税额不足抵免的，未抵免部分可在下期继续抵免。

二、营业税的计算

营业税作为传统商品劳务税，其计税依据一般为营业收入全额，并按比例税率进行征收，所以计算征收较为简便。但在实际征收中，由于不同经营项目的实际经营情况不一，因此，计税时可分为三种情况：

（一）按营业收入全额计税

应纳税额＝营业收入全额×适用税率

例1：某卡拉OK歌舞厅某月取得门票收入15万元，点歌费7万元，出售烟酒和饮料的柜台本月营业额为28万元。请计算该歌舞厅本月应纳营业税税额。（娱乐业的税率为20%）

解：①计税收入额＝15＋7＋28＝50（万元）

②应纳税额＝50×20%＝10（万元）

（二）按营业收入差额计税

应纳税额＝（营业收入－规定扣除项目的金额）×适用税率

例2：某轻音乐团在体育中心举办三场音乐会，共取得票价收入166 800元，付给体育中心场地费30%，计50 040元；付给演出经纪人佣金5%，计8 340元。请计算该轻音乐团应纳营业税税额。

解：根据税法规定，应以票价收入总额减去支付的场地费和经纪人佣金后的余额为计税营业额。若由他人代为售票的，则售票者为税款的扣缴义务人。

该轻音乐团应纳税额＝（166 800－50 040－8 340）×3%＝3 252.6（元）

（三）按组成计税价格计税

应纳税额 = 组成计税价格 × 适用税率

其中，组成计税价格是指税务机关对某些不易确定计税价格的应税项目，根据含税价格应包含的因素所组合成的计税价格。

例3：某建筑公司自建楼房一栋竣工，建筑安装总成本4 000万元，将其40%售给另一单位，总售价7 000万元，本月预收5 000万元，其余自用。请计算该建筑公司应纳营业税税额。（当地营业税成本利润率为10%）

解：建筑企业自建不动产自用部分不纳营业税，自建不动产出售部分应交两个税目的营业税：

①按建筑业应纳税额 = 组价 × 3% $= \dfrac{4\ 000 \times 40\% \times (1 + 10\%)}{1 - 3\%} \times 3\%$

≈ 54.43（万元）

②按销售不动产应纳税额 = 售价（预收款）× 5% = 5 000 × 5%

= 250（万元）

③自建不动产出售共应纳税额 = 54.43 + 250 = 304.43（万元）

第五节　营业税的税收优惠

一、营业税的税收优惠规定

征收营业税与群众生活以及教育、卫生、文化等息息相关，因此，国家制定了一系列税收优惠政策，减免项目较多。但减免项目的设计应遵循以下基本原则：一是不按纳税人性质给予减免；二是减免税权高度集中。

> **税收拾粹**
>
> 奥地利的政府部门规定，被证明超过100年的所有物品均被视为古董。若携带古董入境，应当缴纳16%的营业税。

1. 根据《营业税暂行条例》规定，下列项目为营业税的减免项目

（1）托儿所、幼儿园、养老院、残疾人福利机构提供的育养服务、婚姻介绍、殡葬服务。

（2）残疾人个人提供的劳务。指残疾人本人为社会提供的劳务。

（3）学校及其他教育机构提供的教育劳务、学生勤工俭学所提供的劳务服务。其中，学校及其他教育机构，是指普通学校以及经地市级人民政府或同级教育行政主管部门批准成立、国家承认学历的各类学校。

（4）农业机耕、排灌、病虫害防治、农牧保险以及相关技术培训、家禽、牧

畜、水生动物的配种和疾病防治业务。

（5）纪念馆、博物馆、文化馆（站）、美术馆、书画馆、图书馆、文物保护单位举办文化活动所售门票收入，是指这些单位利用单位的场所举办文化体育业税目征税范围的文化活动所售的第一道门票收入。

经政府批准开放的宗教场所所售门票收入，是指寺庙、宫观、清真寺和教堂举办文化、宗教活动所售门票收入。

2. 根据国家的其他规定，下列项目减征或免征营业税

（1）保险公司开展的1年期以上返还性人身保险业务的保费收入免征营业税。返还性人身保险业务是指保期1年以上、到期返还本利的普通人寿保险、养老金保险、健康保险。

（2）对单位和个人（包括外商投资企业、外商投资设立的研究开发中心、外国企业和外籍人）从事技术转让、技术开发业务和与之相关的技术咨询、技术服务业务取得的收入，免征营业税。

技术转让是指转让者将其拥有的专利和非专利技术的所有权或使用权有偿转让给他人的行为。

技术开发是指开发者接受他人委托，就新技术、新产品、新工艺或者新材料及其系统进行研究开发的行为。

技术咨询是指就特定技术项目提供可行性论证、技术预测、专题技术调查、分析评价报告等。

与技术转让、技术开发相关的技术咨询、技术服务业务是指转让方（或受托方）根据技术转让或开发合同的规定，为帮助受让方（或委托方）掌握所转让（或委托开发）的技术而提供的技术咨询、技术服务业务。且这部分技术咨询、服务的价款与技术转让（或开发）的价款是开在同一张发票上的。

技术开发、技术转让业务是指自然科学领域的技术开发和技术转让业务。

（3）个人转让著作权，免征营业税。

（4）将土地使用权转让给农业生产者用于农业生产，免征营业税。

（5）工会疗养院（所）可视为"其他医疗机构"，免征营业税。

（6）凡经中央及省级财政部门批准纳入预算管理或财政专户管理的行政事业性收费、基金，无论是由行政单位收取的，还是由事业单位收取的，均不征收营业税。

（7）凡交通、建设部门贷款或按照国家规定有偿集资修建路桥、隧道、渡口、船闸收取的车辆通行费、船舶过闸费，收费项目由省（自治区、直辖市）财政部门会同物价、交通和建设部门审核，收费标准由省（自治区、直辖市）物价部门会同财政、交通或建设部门审核后，报同级人民政府审批，收费时要按照有关规定

到制定价格的主管部门申领收费许可证，使用省（自治区、直辖市）财政部门统一印（监）制的收费票据，所收资金全额纳入财政专户，实行“收支两条线”管理，不缴纳营业税。此前已征的税款不再退还，未征的税款不再补征。

凡国内外经济组织设立公路或城市道路经营企业收取车辆通行费，统一由省（自治区、直辖市）物价部门会同交通或建设部门审核后，报同级人民政府审批，收费时要按照有关规定使用税务发票，依法缴纳各项税收。

（8）立法机关、司法机关、行政机关的收费，同时具备下列条件的，不征收营业税：一是国务院、省级人民政府或其所属财政、物价部门以正式文件允许收费，而且收费标准符合文件规定的；二是所收费用是由立法机关、司法机关、行政机关自己直接收取的。

（9）社会团体按财政部门或民政部门规定标准收取的会费，不征收营业税。社会团体是指在中华人民共和国境内经国家社团主管部门批准成立的非营利性的协会、学会、联合会、研究会、基金会、联谊会、促进会、商会等民间群众社会组织。社会团体会费是指社会团体在国家法规、政策许可的范围内，依照社团章程的规定，收取的个人会员和团体会员的款额。

各党派、共青团、工会、妇联、中科协、青联、台联、侨联收取的党费、会费，比照上述规定执行。

对在京外国商会按财政部门或民政部门规定标准收取的会费，不征收营业税。对其除会费以外的各种名目的收入，凡属于营业税应税范围的，一律照章征收营业税。

（10）加强教育劳务的营业税有关规定。

①对从事学历教育的学校提供教育劳务取得的收入，免征营业税。

②对学生勤工俭学提供劳务取得的收入，免征营业税。

③对学校从事技术开发、技术转让业务和与之相关的技术咨询、技术服务业务取得的收入，免征营业税。

④对托儿所、幼儿园提供养育服务取得的收入，免征营业税。

⑤对政府举办的高等、中等和初等学校（不含下属单位）举办进修班、培训班取得的收入全部归学校所有的，免征营业税。

⑥对政府举办的职业学校设立的主要为在校学生提供实习场所，并由学校出资自办、由学校负责经营管理，经营收入归学校所有的企业，对其从事“服务业”税目规定的服务项目（广告业、桑拿、按摩、氧吧等除外）取得的收入，免征营业税。

（11）2006年6月1日后，个人将购买不足5年的住房对外销售的，全额征收营业税；个人将购买超过5年（含5年）的普通住房对外销售的，免征营业税；

个人将购买超过5年（含5年）的非普通住房对外销售的，按其销售收入减去购买房屋的价款后的余额征收营业税。

（12）对于从事国际航空运输业务的外国企业或香港、澳门、台湾企业从我国大陆运载旅客、货物、邮件的运输收入，在国家另有规定以前，应按4.65%的综合计征率计算征税。

（13）中国人民保险公司和中国进出口银行办理的出口信用保险业务，不作为境内提供保险，为非应税劳务，免征营业税。

（14）人民银行对金融机构的贷款业务，免征营业税。人民银行对企业贷款或委托金融机构贷款的业务应当征收营业税。

（15）金融机构往来业务暂免征收营业税。金融机构往来是指金融企业联行、金融企业与人民银行及同业之间的资金往来业务，包括再贴现、转贴现业务取得的收入。

（16）对电影放映单位放映电影取得的票价收入按收入全额征收营业税后，对电影发行单位向放映单位收取的发行收入不再征收营业税，但对电影发行单位取得的片租收入仍应按全额征收营业税。

（17）对合格境外机构投资者（QFII）委托境内公司在我国从事证券买卖业务取得的差价收入，免征营业税。

（18）住房专项维修基金是属于全体业主共同所有的一项代管基金，专项用于物业保修期满后物业共用部位、共用设施设备的维修和更新、改造。鉴于住房专项维修基金资金所有权及使用的特殊性，对房地产主管部门或其指定机构、公积金管理中心、开发企业以及物业管理单位代收的住房专项维修基金，不计征营业税。

（19）为了切实做好下岗失业人员再就业有关税收政策的落实工作，自2006年1月1日至2008年12月31日，按以下优惠政策执行：

①对商贸企业、服务型企业（除广告业、房屋中介、典当、桑拿、按摩、氧吧外）、劳动就业服务企业中的加工型企业和街道社区具有加工性质的小型企业实体，在新增加的岗位中，当年新招用持“再就业优惠证”人员，与其签订1年以上期限劳动合同并依法缴纳社会保险费的，按实际招用人数予以定额依次扣减营业税、城市维护建设税、教育费附加和企业所得税优惠。定额标准为每人每年4 000元，可上下浮动20%，由各省（自治区、直辖市）人民政府根据本地区实际情况在此幅度内确定具体定额标准，并报财政部和国家税务总局备案。

按上述标准计算的税收扣减额应在企业当年实际应缴纳的营业税、城市维护建设税、教育费附加和企业所得税税额中扣减，当年扣减不足的，不得结转下年使用。

对2005年年底前核准享受再就业减免政策的企业，在剩余期限内仍按原优惠方式继续享受减免政策至期满。

②对持“再就业优惠证”人员从事个体经营的（除建筑业、娱乐业以及销售不动产、转让土地使用权、广告业、房屋中介、桑拿、按摩、网吧、氧吧外），按每户每年8 000元为限额，依次扣减其当年实际应缴纳的营业税、城市维护建设税、教育费附加和个人所得税。纳税人年度应缴纳税款小于上述扣减限额的，以其实际缴纳的税款为限；大于上述扣减限额的，应以上述扣减限额为限。

对2005年年底前核准享受再就业减免优惠的个体经营人员，自2006年1月1日起按上述政策规定执行，原优惠政策停止执行。

上述下岗失业人员是指国有企业下岗失业人员；国有企业关闭破产需要安置的人员；国有企业所办集体企业（即厂办大集体企业）的下岗职工；享受最低生活保障且失业1年以上的城镇其他登记失业人员。

服务型企业是指从事现行营业税“服务业”税目规定经营活动的企业。

（20）自2005年3月1日起，对从事个体经营的军队转业干部、城镇退役士兵和随军家属，自领取税务登记证之日起，3年内免征营业税。个体经营是指雇工7人（含7人）以下的个体经营行为。军队转业干部、城镇退役士兵、随军家属从事个体经营，凡雇工8人（含8人）以上的，无论其领取的营业执照是否注明为个体工商业户，军队转业干部和随军家属均按照新开办的企业、城镇退役士兵按照新办的服务型企业的规定享受有关营业税优惠政策。

税收拾粹

营业税在欧洲有悠久的历史，早在中世纪，欧洲大部分国家的政府对营业商户每年征收一定金额用于营业，称为许可金。可是，许可金不论营业商户营业规模之大小均无区别，负担不均。1791年，法国改许可金为营业税，并按营业额大小征收。其后，各国相继仿效。

二、营业税的起征点

营业税起征点适用范围仅限于个人。纳税人的营业额未达到起征点的，不征营业税；营业额达到起征点的，应按营业额全额计算应纳税额。营业税起征点的规定如下：

（1）按期纳税的起征点为月营业额200~800元。

（2）按次纳税的起征点为每次（日）营业额50元。

（3）根据财税〔2002〕208号文规定，对下岗失业人员再就业的，自2003年1月1日至2005年12月31日止，提高营业税的起征点：将按期纳税的起征点幅度由现行月营业额200~800元提高到1 000~5 000元；将按次纳税的起征点由现行每次（日）营业额50元提高到每次（日）营业额100元。

省（自治区、直辖市）人民政府所属税务机关应在规定的幅度内，根据实际情况确定本地区适用的起征点，并报国家税务总局备案。

第六节 营业税的征收与税款缴纳

一、纳税义务发生时间

纳税义务发生时间，是确定应税事项已经发生而负有纳税义务的时间，不同于税款缴纳期限。

营业税的纳税义务发生时间，为纳税人收讫营业收入款项或者取得营业收入凭证的当天。税法对某些应税项目的纳税义务发生时间作了一些特殊规定。

（1）纳税人转让土地使用权或销售不动产，采用预收款方式的，其纳税义务发生时间为收到预收款的当天。

（2）纳税人自建成建筑物销售，其自建行为的纳税义务发生时间为销售自建成建筑物并收讫营业收入款项或者取得索取营业收入款项凭据的当天。

（3）纳税人将不动产无偿赠与他人，其纳税义务发生时间为不动产所有权转移的当天。

（4）会员费、席位费和资格保证金纳税义务发生时间为会员组织收讫会员费、席位费、资格保证金和其他类似费用款项或者取得这些款项凭据的当天。

（5）扣缴税款义务发生时间为扣缴义务人代纳税人收讫营业收入款项或者取得营业收入款项凭据的当天。

（6）建筑业纳税义务发生时间可划分为几种具体情况：①实行合同完成后一次性结算价款办法的工程项目，其纳税义务发生时间为施工单位与发包单位进行工程合同价款结算的当天；②实行旬末或月中预支、月终结算、竣工后清算办法的工程项目，其纳税义务发生时间为月份终了与发包单位进行已完工程价款结算的当天；③实行按工程形象进度划分不同阶段结算价款办法的工程项目，其纳税义务发生时间为各月份终了与发包单位进行已完工程价款结算的当天；④实行其他结算方式的工程项目，其纳税义务发生时间为与发包单位结算工程价款的当天。

（7）贷款业务。自2003年1月1日起，金融企业发放的贷款逾期（含展期）90日（含90日）尚未收回的，其纳税义务发生时间为纳税人取得利息收入权利的当天。原有的应收未收贷款利息逾期90日以上的，该笔贷款新发生的应收未收利息，其纳税义务发生时间为实际收到利息的当天。

（8）融资租赁业务的纳税义务发生时间为取得租金收入或取得租金收入价款凭据的当天。

（9）金融商品转让业务的纳税义务发生时间为金融商品所有权转移的当天。

（10）金融经纪业和其他金融业务的纳税义务发生时间为取得营业收入或取得营业收入价款凭据的当天。

（11）保险业务的纳税义务发生时间为取得保费收入或取得保费收入价款凭据的当天。

（12）金融企业承办委托贷款业务营业税的扣缴义务发生时间为受托发放贷款的金融机构代委托人收讫贷款利息的当天。

（13）单位和个人提供应税劳务、转让专利权、非专利技术、商标权、著作权和商誉时，向对方收取的预收性质的价款（包括预收款、预付款、预存费用、预收定金等，下同），其营业税纳税义务发生时间以按照财务会计制度的规定，该项预收性质的价款被确认为收入的时间为准。

（14）电信部门销售有价电话卡的纳税义务发生时间为售出电话卡并取得售卡收入或取得售卡收入凭据的当天。

二、纳税申报与税款缴纳期限

营业税的纳税申报期限与税款缴纳期限是一致的，即在同一期限内，既要办理纳税申报，又要办理税款缴纳。营业税纳税期限，由税务机关根据纳税人应纳税额大小核定，分为 5 日、10 日、15 日或者 1 个月。纳税人不能按期纳税，可按次纳税。

银行、财务公司、信托投资公司、信用社从事金融业务（不包括典当业）以季度为纳税期限，其他纳税人从事金融业务的以 1 个月为纳税期限。

经税务机关核定，纳税人以 1 个月为一期计算纳税的，应自期满之日起 10 日内申报缴纳税款；以 5 日、10 日、15 日为一期计算纳税的，应自期满之日起 5 日内预缴税款，于次月 1 日起 10 日内申报纳税，结清上月的应纳税款。

扣缴义务人的解缴税款期限，比照上述规定办理。

营业税税目税率表

税　目	征收范围	税　率（%）
交通运输业	陆路运输、水路运输、航空运输、管道运输、装卸搬运	3
建筑业	建筑、安装、修缮、装饰和其他工程作业	3
金融保险业	金融、保险	8
邮电通信业	邮政、电信	3
文化体育业	文化业和体育业	3

(续上表)

税　目	征收范围	税　率（%）
娱乐业*	经营歌厅、舞厅、卡拉OK厅、音乐茶座、台球室、高尔夫球场、保龄球馆、游艺场等娱乐场所，以及娱乐场所为顾客进行娱乐活动提供服务的业务	5~20
服务业	代理业、旅店业、饮食业、旅游业、仓储业、租赁业、广告业和其他服务业	5
转让无形资产	转让土地使用权、转让商标权、转让专利权、转让非专利技术、转让著作权和转让商誉	5
销售不动产	销售建筑物或构筑物和销售其他土地附着物	5

*自2001年5月1日起，按20%的税率征收营业税的娱乐业范围包括歌厅、舞厅、卡拉OK歌舞厅（包括夜总会、练歌房）、音乐茶座（包括酒吧）、台球室、高尔夫球场、保龄球馆、游艺场（如射击、狩猎、跑马、游戏机、卡丁车、热气球、动力伞、射箭、飞镖等）。

【本章小结】

1. 营业税是以在我国境内提供应税劳务、转让无形资产或销售不动产所取得的营业额为征税对象而征收的一种税。

2. 营业税的特点是计税依据为营业额全额，税额不受成本、费用高低影响；按行业设计税目税率；实行多环节征税，对商品每经过一个流转环节都要征收一道营业税。

3. 营业税的作用为：有利于及时、广泛、可靠地取得财政收入；体现国家政策，促进各行业协调发展；公平税负，促进企业改善经营管理。

4. 营业税的税目包括交通运输业、建筑业、金融保险业、邮电通信业、文化体育业、娱乐业、服务业、转让无形资产、销售不动产9个税目。

5. 营业税实行比例税率，税率分别为3%、5%和一个幅度比例税率为5%~20%。其中，适用税率3%的为交通运输业、建筑业、邮电通信业、文化体育业；适用税率5%的为服务业、金融保险业、转让无形资产、销售不动产；而娱乐业则适用5%~20%的税率。

6. 营业税的计税依据是营业额，可分为3种情况：按营业收入全额计税、按营业收入差额计税、按组成计税价格计税。

7. 征收营业税与群众生活以及教育、卫生、文化等息息相关，因此，国家制定了一系列税收优惠政策。

8. 营业税的纳税期限，分别为5日、10日、15日或者1个月。纳税地点原则上采取属地征收的方法。

【主要名词】

营业税　劳务　无形资产　不动产　比例税率　营业额

【复习思考题】

1. 增值税和营业税的征税范围是如何界定的？相对于增值税而言，营业税有哪些优点和缺点？

2. 营业税的征税对象是在我国境内有偿提供应税劳务、转让无形资产或销售不动产的行为。对于“境内”的有关规定是怎么样的？

3. 对纳税人提供应税劳务、转让无形资产或者销售不动产的价格明显偏低且无正当理由的，该如何确定其营业额？

4. 代购货物、代销货物的区别在哪里？其相应的税务处理是怎样的？

5. 什么叫自建行为？其相应的税务处理是怎么样的？

6. 金融企业贷款利息在什么情况下要缴纳营业税？其具体规定是怎么样的？

7. 国家为什么要制定一系列营业税税收优惠政策？营业税的减免规定具体有哪些？

第六章　关　税

关税属于中央税，又属于流转税，但又与其他流转税的管理机关及税目税率不同。关税采用复式税率，同一税目适用不同税率。

我国关税在维护国家权益、促进对外经贸发展、体现国家调节政策、保护本国经济发展等方面都起着重要作用。

读者通过本章可以了解以下内容：我国关税的作用及关税的不同类型，我国关税的政策及关税税则，货物及行李物品进口税的计算，保税制度的基本知识，以及专门对行驶于我国港口的外国籍船舶征收的船舶吨税。

第一节　关税概述

一、关税的概念

关税是国家对进出国境或关境的货物或物品所征收的一种税。

国境是一国主权所管辖的领土境域，而关境是一国海关征收关税的领域。在通常情况下，关境和国境的境域是一致的，应税货物通过国境也就是通过关境。但是关境与国境的范围有时又不尽一致：一种情形是关境小于国境，如一国在本国境内设立不征关税的自由港或进口加工区，这类免税区便属于关境以外的国土领域；另一种情形是关境大于国境，如几个国家结成关税同盟，规定在同盟国之间，货物进出彼此国境不征关税，只对来自和运往非同盟国的货物进出它们共同的关境时征收关税，就成员国而言，关境大于国境。

税收拾粹

关税，始终与国家权益和对外经济贸易紧紧地连在一起。我国自鸦片战争至新中国成立的一百多年间，帝国主义国家用洋枪洋炮强加给我国许多不平等条约和通商章程，使得我国的关税自主权丧失殆尽。关税管理权和关税收入由此被帝国主义国家长期控制。

二、关税的作用

关税是一国政府实现政治、经济和对外贸易关系目标的重要手段，对包括我国在内的发展中国家来说尤为如此。概括地说，关税具有以下四个方面的作用：

（一）维护国家主权和经济利益

对进出口货物征收关税，采取什么样的关税政策直接关系到国与国之间的主权和经济利益。历史发展至今天，世界各国之间的贸易竞争愈来愈激烈，发达国家和发展中国家之间的贸易愈来愈不公正，关税就成了各国政府维护本国政治、经济权益，乃至进行国际经济斗争的一个重要武器。利用关税与其他国家签订互惠协定，可以争取国家之间的平等贸易往来；关税壁垒可以作为保护本国生产的防卫手段；歧视关税可以作为实现本国政治目标的工具。尤其是对于中国这类发展中国家来说，关税在维护国家主权和经济利益方面起着更为重要的作用。我国《进出口关税条例》明确规定："任何国家或者地区对其进口的原产于中华人民共和国的货物征收歧视性关税或者给予其他歧视性待遇的，海关对原产于该国或者地区的进口货物，可以征收特别关税。"

（二）保护和促进本国工农业生产的发展

一个国家采取什么样的关税政策，是实行自由贸易，还是采用保护关税政策，是由该国的经济发展水平、产业结构、国际贸易收支以及参与国际经济竞争能力等多种因素决定的。国际上许多经济学家认为，自由贸易政策不符合发展中国家的实际情况。相反，这些国家为了顺利地发展民族经济、实现工业化，必须实行保护关税政策。我国作为发展中国家，一直十分重视利用关税保护本国的"幼稚工业"，促进进口替代工业发展，关税在保护和促进本国工农业生产的发展方面发挥了重要作用。

税收拾粹

海关合作理事会（Customs Co-operation Council）是世界性的、为统一关税、简化海关手续而建立的政府间协调组织。理事会于1952年12月正式成立，总部设在布鲁塞尔。现有成员95个，我国于1983年7月18日加入该理事会。

（三）积累财政资金

对世界大多数国家尤其是发达国家的税制结构进行分析可知，关税收入在整个财政收入中的比重不大，并呈下降趋势。但是，一些发展中国家，其中主要是那些国内工业不发达、工商税源有限、国民经济主要依赖某一种或几种初级资源产品出口以及国内许多消费品主要依赖进口的国家，征收进出口关税，仍然是他们取得财政收入的重要渠道之一。充分发挥关税在积累国内建设资金方面的作用，仍然是我国目前关税政策的一项重要内容。

（四）调节国民经济和对外贸易

关税是国家的重要经济杠杆，税率的高低和关税的减免，可以影响进出口规模，调节国民经济活动。如调节出口产品和出口产品生产企业的利润水平，有意识地引导各类产品的生产；调节进出口商品数量和结构，促进国内市场商品的供需平衡，保持国内市场的物价稳定。

三、关税的类型

世界各国的关税制度复杂，种类繁多。根据不同标准，关税可以分为不同类型。

（一）以应税货物的不同流向为标准，关税可以分为进口税、出口税和过境税

（1）进口税是海关对进口货物或物品所征收的关税，它是关税中最主要的一种。目前，由于征收出口税，尤其是征收过境税的国家极少，因此，通常所说的关税或国际税收协定、国际税收谈判中所指的关税，一般为进口税。一国征收进口税，一方面可以调节本国商品供求及价格关系，增加财政收入；另一方面有利于保护民族工业的发展。因此，进口税在各国财政经济中一直发挥着重要作用。

（2）出口税是海关对出口货物和物品所征收的关税。欧洲一些国家在十七八世纪以前曾以出口税作为重要的财政收入来源。但是，随着这些国家经济的发展、税源的拓展，出口税的财政意义已显得微不足道。更重要的是，征收出口税会提高本国出口商品的价格，使本国出口商品在国际竞争中处于不利地位。所以，当今一些西方发达国家都不再对出口商品征收出口税，美国宪法还规定不得征收出口税。目前，主要是一些经济不发达国家对其需要限制出口的部分货物征收出口税。

（3）过境税是海关对一国运往第三国的货物在通过本国关境时所征收的关税。这种关税在十五六世纪的欧洲曾经盛行一时，征税的目的主要在于取得财政收入。但是，由于过境税妨碍了商品流通、国际贸易和交通运输业的发展，所以到十九世纪，各国相继取消了过境税。

（二）依据征税目的的不同，关税可以分为财政关税和保护关税

（1）财政关税是以增加财政收入为主要目的的关税。其基本特征是：从进口货物看，征税对象一般为大量进口的消费品、非生活必需品，以及国内不能生产且没有替代品的消费品。这类商品进口愈多，税收收入愈大。从出口货物看，征税对象通常是国内资源极为丰富的垄断性出口商品或质优价廉的高技术产品。从进出口税率来看，不应定得过高，否则，税负过重，国内外消费者难以承受，这会影响商品进出口量，达不到增加财政收入的目的。征收财政关税的国家大多工业不发达，除土地、财产外的其他税源极为有限，因而，只能依赖于税源相对集中且征管容易的关税，筹集财政资金。随着一国工商业、服务业的发展和税源的开拓，关税的财政作用将逐步降低。以美国为例，1805 年联邦财政收入的 90% 左右来自关税，但目前已降至 2% 以下。

（2）保护关税是以保护本国工农业生产为目的而征收的关税。保护关税政策始于重商主义，当时欧洲一些国家实行对本国产品的全面保护政策，即对外国货物一律征高税，限制其进口。现在各国关税的保护对象和重点则有所不同。发达国家所要保护的通常是国际竞争性很强的商品，发展中国家则重在保护本国幼稚工业的发展。一些实行保护关税政策的国家，除了可以对奢侈品征高税，体现“寓禁于征”政策之外，对一般进口商品的税率则不宜定得过高。否则，这种“限制性关税”容易遭到其他国家的报复。

（三）依据计税标准的不同，关税可以分为从价税、从量税、复合税和选择税

（1）从价税是以进出口货物完税价格为计税标准的关税。

（2）从量税是以进出口货物的计量单位（重量、数量、面积、容积、长度等）为计税标准的关税。

（3）复合税是指在税则中对同一税目规定从价和从量两种税率，征税国海关可以根据需要，有时以从价为主，有时以从量为主。

（4）选择税虽然也是在税则中对同一税目规定从价和从量两种税率，但在征税时可由海关选择其中一种计征，一般是选择税额较高的一种。选择的基本原则是在物价上涨时使用从价税；在物价下跌时使用从量税。

（四）以对进口货物的输出国的差别待遇为标准，关税可以分为加重关税和优惠关税

（1）加重关税。也称歧视关税，是指对某些输出国、生产国的进口货物，因某原因（如歧视、报复、保护和经济方面的需要等）而使用比正常税率略高的税率征收关税。在这类歧视关税中，使用较多的是反倾销税和反补贴税。

反倾销税是进口国海关对被认定为构成出口倾销，并对其国内相关工业构成损害的进口产品所征收的一种临时进口附加税。1904 年，加拿大最早使用这种关税，以防止美国和其他国家的商品倾销。原《关税及贸易总协定》在反倾销问题上制定了一套多边规范，总的原则是一方面不赞成使用这种手段，但允许缔约国征收反倾销税，另一方面试图统一或协调一些国家的反倾销法规和做法。各国反倾销税的征税办法不尽相同，一般是根据当局所确定的倾销幅度来确定反倾销税税率。反倾销税税率的计算公式为：

$$\text{反倾销税税率}=\frac{\text{进口商品在进口国的销售价格}-\text{进口商品在其出口国国内市场上的正常销售价格}}{\text{进口商品在进口国的销售价格}}\times 100\%$$

反补贴税，亦称“抵消税”，是进口国对接受过补贴的外国货物在进入该国时所征收的一种进口附加税。征税的目的在于抵消进口商品由于接受政府补贴在降低成本方面所获得的额外好处，使其无法在进口国市场上进行低价竞销，以保护进口国同类商品的生产。征收反补贴税的数额一般不得超过这种产品在原产国或输出国制造、生产或输出时所直接或间接得到的资金或补贴的估计额。

（2）优惠关税。指一国对特定的受惠国给予优惠待遇，使用比普通税率略低的优惠税率。具体形式有互惠关税、特惠关税、普惠关税和关税最惠国待遇。

四、我国的关税政策

关税政策是国家在一定历史时期运用关税手段达到预期目的的行为准则。不同国家在不同时期的关税政策是不一样的，这主要取决于当时的政治、经济、外贸、外交以及产业发展政策等多种因素。我国关税的总政策原则是贯彻国家的对外开放政策，体现鼓励出口和扩大必需品的进口，保护与促进国民经济的发展，保证国家的关税收入。关税的上述总政策原则可细分为如下6项，亦即关税的具体政策原则：

（1）对进口国家建设和人民生活必需的，而国内又不能生产或供应不足的动、植物良种、肥料、饲料、药剂、精密仪器仪表、关键机器设备和粮食等制定低税率或免税；

（2）对原料、材料的进口税率，一般比半成品或成品低，特别是受自然条件制约、国内生产短期不能迅速发展的原料、材料，其税率应更低；

（3）对国内不能生产的或质量未过关的机械设备和仪器仪表的零件、部件的进口税率应比整机低；

（4）对国内已能生产和非国计民生必需的物品，应制定较高的税率；

（5）对符合国家产业政策，需要扶持、鼓励发展的幼稚工业，为了给予适当保护，对其相应的产品应制定较高的税率；

（6）对绝大多数出口货物不征出口税，但对国内资源有限或国际市场容量有限，而竞争性较强的货物，以及需要限制出口的极少数原料、材料和半制成品，必要时可以征收适当的出口税。

以上6项政策的基本精神，除了继续体现保护国内工农业生产的原则之外，还重在进一步贯彻对外开放方针，充分、灵活地运用关税杠杆，不再是单纯地防范，而是积极地促进、扩大必需品的进口，鼓励货物出口，限制国内外差价大、国内已能满足需要的产品进口，以利于我国对外贸易和国内经济建设的发展。

第二节　现行关税制度

一、关税的征税对象

关税的征税对象是进出我国国境的货物和物品。货物指贸易性商品；物品包括入境旅客随身携带的行李和物品、个人邮递物品、各种运输工具上的服务人员携带进口的自用物品、馈赠物品以及以其他方式进入国境的个人物品。

《进出口关税条例》规定，凡准许进出口的货物，除国家另有规定的以外，均应根据海关进出口税则征收进口或出口关税。对从境外采购进口的原产于中国境内的货物，海关也要依照税则征收进口关税。具体地说，除国家规定享受减免税的货物可以不征、免征或减征关税外，对其他进口货物和少数出口货物均应征收关税。

二、关税的纳税人

（一）货物的纳税人

从事贸易性商品进出口的纳税人是经营进出口货物的收、发货人。具体包括：

（1）外贸进出口公司；

（2）工贸或农贸结合的进出口公司；

（3）其他经批准有权经营进出口商品的企业。

（二）物品的纳税人（参见第四节）

三、海关进出口税则

（一）税则的内容

进出口税则是为了体现关税政策和便于货物监管，按商品分类目录编制，由国家公布的对进出关境货物征收关税时所适用税率的法规性规定，是进出口关税条例的组成部分。

现行的进出口税则是根据国际海关合作理事会的《商品名称及编码协调制度》制定的，于1991年11月1日正式实施。《商品名称及编码协调制度》（HS）采用6位数编码，是可供海关征税、统计、国际贸易管理、运输等方面使用的国际贸易商品分类目录管理。

采用《商品名称及编码协调制度》目录编制的进出口税则，包括3个主要部分：归类总规则、进口税率表、出口税率表，其中归类总规则是进出口货物分类的具有法律效力的原则和方法。税则共分21类，97章，并在《商品名称及编码协调制度》的5 019个税目的基础上，根据贯彻国家产业政策的需要和我国外贸进出口的实际情况，结合外贸许可证商品管理和海关统计业务的要求，增加了我国自己的子目。其中包括为体现国家产业政策和关税政策的商品；国家需要控制或者限制进口的商品和一些高新技术产品；在我国进出口贸易中比重较大需要进行统计的商品；以及实行许可证管理且范围明确，技术上能够区分的商品。

进出口税则中的商品分类目录由类、章、项目、一级子目和二级子目五个等级、八位数码组成，共计8 000多个税目。税则先按商品的自然属性、商品用途或行业分成21大类，各类下面分为若干章，各章下面再按品种规格、理化性质、制造方法、化学成分、加工程度、原理结构等因素分列税目、子目。税则采用8位数税目，前6位数是国际上通用的，第7、8位数是根据我国进出口商品具体情况增列的子目。按照税则归类总规则及其归类方法归类，每一种商品都能找到一个最适合的对应税目。

这21类商品分别是：

第一类：活动物；动物产品。

第二类：植物产品。

第三类：动植物油、脂及其分解产品；精制的食用油脂；动植物蜡。

第四类：食品、饮料、酒及醋；烟草及烟草代用品的制品。

第五类：矿产品。

第六类：化学工业及相关工业的产品。

第七类：塑料及其制品；橡胶及其制品。

第八类：生皮、皮革、毛皮及其制品；鞍具及挽具；广告用品、手提包及类似宣传品；动物肠线（蚕胶丝除外）制品。

第九类：木及木制品；木炭；软木及软木制品；稻草、秸秆、针茅或其他编结材料制品；篮筐及柳条编结品。

第十类：木浆及其他纤维素浆；纸及纸板的废碎品；纸、纸板及其他制品。

第十一类：纺织原料及纺织制品。

第十二类：鞋、帽、伞、杖、鞭及其零件；已加工的羽毛及其制品；人造花；人发制品。

第十三类：石料、石膏、水泥、石棉、云母及类似材料的制品；陶瓷产品；玻璃及其制品。

第十四类：天然或养殖珍珠、宝石或半宝石、贵金属、半贵金属及其制品；仿首饰；硬币。

第十五类：贱金属及其制品。

第十六类：机器、机械器具、电器设备及其零件；录音机及放声机、电视图像、声音的录制和重放设备及其零件、附件。

第十七类：车辆、航空器、船舶及有关运输设备。

第十八类：光学、照相、电影、计量、检验、医疗或外科用仪器及设备、精密仪器及设备；钟表、乐器；上述物品的零件、附件。

第十九类：武器、弹药及其零件、附件。

第二十类：杂项制品。

第二十一类：艺术品、收藏品及古物。

（二）关税税则归类

《商品名称及编码协调制度》把成千上万的商品加以综合，按照其不同性质分门别类，简化成了数量有限的商品分类项目。但是，世界上的商品是非常复杂的，要解决税目中的具体列名商品应包括什么范围，并非易事。因此，需要根据一个综合性的总规则进行税则归类，即把具体商品按照其特点在税则中找出最适合的税目，通俗地说，就是在税则中“对号入座”，以便依率计征。

税则归类主要解决以下问题：①如何正确理解类、章、目列名之间的关系和这些列名的范围，达到合法归类；②如何对一种列名商品的非完整品、未制成品、拆散件、零配件等进行归类；③如何对一种物质或物品与其他种物质或物品的混合物、组合物进行归类；④对一种商品具有多种分类特征，可以分别归入几个税号时应如何归类。

为了解决上述问题，国际上统一使用的《归类总规则》列举了5项规则：

（1）依据税目条文在先，后章注，再类注，最后按《归类总规则》的先后顺序，进行税则归类。

（2）税目所列货品应视为包括该项货品的不完整品、未制成品、拆散件、零配件。

税目中所列材料或物质，应视为包括该种材料或物质与其他材料或物质混合或组合的物品；税目中所列某种材料或物质构成的货品，应视为包括全部或部分由该种材料或物质构成的货品。

（3）列名比较具体的税目，优先于列名一般的税目。

（4）无法归入税则任何一个税目的货品，应归入与该项货品最相似的货品所适用的税目中。

（5）制成特殊形状仅适用于盛装某个或某类货品并适合长期使用的宣传品（如照相机套等）和通常用来包装某类商品的容器，若与所装货品同时报验并与货品同时出售的，应与所装货品一并归类。但重复周转使用的包装容器不在此列。

四、关税的税率及运用

（一）关税税率的设置

（1）进口关税设置最惠国税率、协定税率、特惠税率、普通税率、关税配额税率等税率。对进口货物在一定期限内可以实行暂定税率。

（2）出口关税设置出口税率。对出口货物在一定期限内可以实行暂定税率。

> **小提示**
>
> 最惠国税率、协定税率、特惠税率、普通税率、关税配额税率、报复性关税税率各有不同的适用对象。同一对象只能采用一种税率，采用哪种税率由货物原产地确定。

（二）关税税率的适用

（1）最惠国税率。最惠国税率适用于原产于共同适用最惠国待遇条款的世界贸易组织成员的进口货物，原产于与中华人民共和国签订含有相互给予最惠国待遇条款的双边贸易协定的国家或者地区的进口货物，以及原产于中华人民共和国境内的进口货物。

（2）协定税率。协定税率适用于原产于与中华人民共和国签订含有关税优惠条款的区域性贸易协定的国家或者地区的进口货物。

（3）特惠税率。特惠税率适用于原产于与中华人民共和国签订含有特殊关税优惠条款的贸易协定的国家或者地区的进口货物。

（4）普通税率。普通税率适用于原产于上述国家或者地区的进口货物，以及原产地不明的进口货物。

（5）暂定税率。适用最惠国税率的进口货物有暂定税率的，应当适用暂定税率；适用协定税率、特惠税率的进口货物有暂定税率的，应当从低适用税率；适用普通税率的进口货物，不适用暂定税率。

（6）关税配额税率。按照国家规定实行关税配额管理的进口货物，关税配额内的，适用关税配额税率；关税配额外的，其税率按上述规定计算。

（7）采取反倾销、反补贴、保障措施时的税率。按照有关法律、行政法规的规定对进口货物采取反倾销、反补贴、保障措施的，其税率的适用按照《中华人民共和国反倾销条例》、《中华人民共和国反补贴条例》和《中华人民共和国保障措施条例》的有关规定执行。

（8）报复性关税税率。任何国家或者地区违反与中华人民共和国签订或者共同参加的贸易协定及相关协定，对中华人民共和国在贸易方面采取禁止、限制、加征关税或者其他影响正常贸易的措施的，对原产于该国家或者地区的进口货物可以征收报复性关税，适用报复性关税税率。

征收报复性关税的货物、适用国别、税率、期限和征收办法，由国务院关税税则委员会决定并公布。

（9）税率的适用日期。进出口货物应当适用海关接受该货物申报进口或者出口之日实施的税率。进口货物到达前，经海关核准先行申报的，应当适用装载该货物的运输工具申报进境之日实施的税率。

有下列情形之一，需缴纳税款的，应当适用海关接受申报办理纳税手续之日实施的税率：

①保税货物经批准不复运出境的；

②减免税货物经批准转让或者移作他用的；

③暂准进境货物经批准不复运出境，以及暂准出境货物经批准不复运进境的；

④租赁进口货物，分期缴纳税款的。

因纳税义务人违反规定需要追征税款的，适用该行为发生之日实施的税率；行为发生之日不能确定的，适用海关发现该行为之日实施的税率。

五、货物的原产地规定

确定进出境货物的原产地的主要原因之一是对产自不同国家或地区的进口货物适用不同的关税税率。我国原产地规定基本上采用“全部产地生产标准”和“实质性加工标准”两种国际上通用的原产地标准。

（一）全部产地生产标准

全部产地生产标准是指进口货物“完全在一个国家内生产或制造”，生产国或制造国即为该货物的原产国。完全在一国生产或制造的货物包括：

（1）在该国领土或领海内开采的矿产品；

（2）在该国领土上收获或采集的植物产品；

（3）在该国领土上出生或由该国饲养的动物及其所得产品；

（4）在该国领土上狩猎或捕捞所得的产品；

（5）从该国的船只上卸下的海洋捕捞物，以及由该国船只在海上取得的其他产品；

（6）在该国加工船上加工以上5项所列物品所得的产品；

（7）在该国收集的、只适用于做再加工制造的废碎料和废旧物品；

（8）在该国完全使用上述（1）～（7）项所列产品加工成的制成品。

（二）实质性加工标准

实质性加工标准是适用于确定有两个或两个以上国家参与生产的产品的原产国的标准。其基本含义是：经过几个国家加工、制造的进口货物，以最后一个对货物进行经济上可以视为实质性加工的国家作为有关货物的原产国。实质性加工是指产品加工后，在进出口税则中4位数税号一级的税则归类已经有了改变；或者加工增值部分所占新产品总值的比例已超过30%（含30%）的。

此外，对机器、仪器、器材或车辆所用零件、部件、配件、备件及工具，如与主件同时进口且数量合理的，其原产地按主件的原产地确定；分别进口的，则按各自的原产地确定。

六、关税的减免

关税的减免分为法定性减免税、政策性减免税、临时性减免税。

（一）法定性减免税

根据《海关法》和《进出口关税条例》的法定条文规定的减免税，称为法定性减免税。主要有：

（1）关税税额在人民币10元以下的。

（2）无商业价值的广告品及货样。

（3）国际组织、外国政府无偿赠送的物资。

（4）进出境运输工具上装载途中必需的燃料、物料和饮食用品。

（5）经海关批准暂时进境或者暂时出境的下列货物，在进境或者出境时纳税义务人向海关缴纳相当于应纳税款的保证金或者提供其他担保的，可以暂不缴纳关税，并应当自进境或者出境之日起6个月内复运出境或者复运进境；经纳税义务人申请，海关可以根据海关总署的规定延长复运出境或者复运进境的期限。主要有：

①在展览会、交易会、会议及类似活动中展示或者使用的货物；

②文化、体育交流活动中所使用的表演、比赛用品；

③进行新闻报道或者摄制电影、电视节目使用的仪器、设备及用品；

④开展科研、教学、医疗活动使用的仪器、设备及用品；

⑤在本款第①～④项所列活动中使用的交通工具及特种车辆；

⑥货样；

⑦供安装、调试、检测设备时使用的仪器、工具；

⑧盛装货物的容器；

⑨其他用于非商业目的的货物。

（6）为境外厂商加工、装配成品和为制造外销产品而进口的原材料、辅料、零件、部件、配套件和包装物料，海关按照实际加工出口的成品数量免征进口关税或者对进口料、件先征进口关税，再按照实际加工出口的成品数量予以退税。

（7）因故退还的中国出口货物，经海关审查属实，可予免征进口关税，但已征收的出口关税不予退还。

（8）因故退还的中国进口货物，经海关审查属实，可予免征出口关税，但已征收的进口关税不予退还。

（9）有下列情形之一的进口货物，海关可以酌情减免税：

①在境外运输途中或者在起卸时，遭受损坏或者损失的；

②起卸后海关放行前，因不可抗力遭受损坏或者损失的；

③海关查验时已经破漏、损坏或者腐烂，经证明不是因保管不慎而造成的。

（10）无代价抵偿货物，即进口货物在征税放行后，发现货物残损、短少或品质不良，而由国外承运人、发货人或保险公司免费补偿或更换的同类货物，可以免税。但有残损或质量问题的原进口货物如未退运国外，其进口的无代价抵偿货物应照章征税。

（11）我国缔结或者参加的国际条约规定减征、免征关税的货物、物品，按照规定予以减免关税。

（12）法律规定减征、免征的其他货物。

（二）政策性减免税

在法定性减免税之外，根据国家制定发布的有关进出口货物减免关税的政策办理的减免税，称为政策性减免税。这类政策较多，如对经济特区等各类经济区或进出口货物的关税优惠政策，鼓励外商直接投资的关税优惠政策，促进技术进步和企业技术改造的关税优惠政策，用于科教文卫等公益事业的特定用途的进口货物的关税优惠政策。

（三）临时性减免税

在以上两项减免税之外，对某个纳税人由于特殊原因临时给予的减免税，称为临时性减免税。对因特殊原因，如天灾人祸等不可抗拒的外界因素引起进出口货物的纳税人无力承担纳税义务，一般必须在货物进出口前向所在地海关提出书面申请，并附必要的证明资料，经所在地海关审核后，转报海关总署或海关总署会同国家税务局、财政部审核批准。

为了遵循统一、规范、公平、公开的原则，有利于统一税法、公平税负、平等竞争，国家严格控制减免税，不再办理个案临时性减免税，对政策性减免税也在清理中，对不符合国际惯例的政策性减免税要逐步予以废止。

第三节　关税的计算

一、关税的完税价格

关税的完税价格，是按从价税标准征收关税时计算进出口货物应纳税额的价格。目前，我国关税实行从价计征。在税率一定的情况下，能否准确无误地审定完税价格，就成为贯彻国家关税政策、发挥关税职能作用的重要环节。因此，在征税之前，海关必须对申报的货物价格进行审查，核定其完税价格。

完税价格分为进口货物的完税价格和出口货物的完税价格。

（一）进口货物完税价格的确定

进口货物的完税价格由海关以符合《中华人民共和国进出口关税条例》（以下简称《进出口关税条例》）第十八条第三款所列条件的成交价格以及该货物运抵中华人民共和国境内输入地点起卸前的运输及其相关费用、保险费为基础审查确定。

1. 进口货物成交价格的概念

进口货物的成交价格，是指卖方向中华人民共和国境内销售该货物时买方为进口该货物向卖方实付、应付的，并按照《进出口关税条例》的规定调整后的价款总额，包括直接支付的价款和间接支付的价款。

> **小提示**
>
> 进口关税完税价格是进口增值税及进口消费税计税组成价格的组成部分，其计算正确与否关系到进口增值税、进口消费税的计算。

2. 进口货物的成交价格应当符合的条件

（1）对买方处置或者使用该货物不予限制，但法律、行政法规规定实施的限制，对货物转售地域的限制和对货物价格无实质性影响的限制除外；

（2）该货物的成交价格没有因搭售或者其他因素的影响而无法确定；

（3）卖方不得从买方直接或者间接获得因该货物进口后转售、处置或者使用而产生的任何收益，或者虽有收益但能够按照《进出口关税条例》的规定进行调整；

（4）买卖双方没有特殊关系，或者虽有特殊关系但未对成交价格产生影响。

3. 应当计入进口货物完税价格的费用

（1）由买方负担的购货佣金以外的佣金和经纪费；

（2）由买方负担的在审查确定完税价格时与该货物视为一体的容器的费用；

（3）由买方负担的包装材料费用和包装劳务费用；

（4）与该货物的生产和向中华人民共和国境内销售有关的，由买方以免费或者以低于成本的方式提供并可以按适当比例分摊的料件、工具、模具、消耗材料及类似货物的价款，以及在境外开发、设计等相关服务的费用；

（5）作为该货物向中华人民共和国境内销售的条件，买方必须支付的、与该货物有关的特许权使用费；

（6）卖方直接或者间接从买方获得的该货物进口后转售、处置或者使用的收益。

4. 进口时不计入货物完税价格的税收、费用

（1）厂房、机械、设备等货物进口后进行建设、安装、装配、维修和技术服务的费用；

（2）进口货物运抵境内输入地点起卸后的运输及其相关费用、保险费；

（3）进口关税及国内税收。

5. 货物完税价格的估定

进口货物的成交价格不符合《进出口关税条例》规定条件的，或者成交价格不能确定的，海关经了解有关情况，并与纳税义务人进行价格磋商后，依次以下列价格估定该货物的完税价格：

（1）与该货物同时或者大约同时向中华人民共和国境内销售的相同货物的成交价格。

（2）与该货物同时或者大约同时向中华人民共和国境内销售的类似货物的成交价格。

（3）与该货物进口的同时或者大约同时，将该进口货物、相同或者类似进口货物在第一级销售环节销售给无特殊关系买方最大销售总量的单位价格，但应当扣除以下项目：

①同等级或者同种类货物在中华人民共和国境内第一级销售环节销售时通常的利润和一般费用以及通常支付的佣金；

②进口货物运抵境内输入地点起卸后的运输及其相关费用、保险费；

③进口关税及国内税收。

（4）按照下列各项总和计算的价格：生产该货物所使用的料件成本和加工费用，向中华人民共和国境内销售同等级或者同种类货物通常的利润和一般费用，该

货物运抵境内输入地点起卸前的运输及其相关费用、保险费。

（5）以合理方法估定的价格。

纳税义务人向海关提供有关资料后，可以提出申请颠倒前款第（3）项和第（4）项的适用次序。

6. 以租赁方式进口货物的完税价格

以租赁方式进口的货物，以海关审查确定的该货物的租金作为完税价格。纳税义务人要求一次性缴纳税款的，纳税义务人可以选择按照《进出口关税条例》的规定估定完税价格，或者按照海关审查确定的租金总额作为完税价格。

7. 运往境外加工的货物的完税价格

运往境外加工的货物，出境时已向海关报明并在海关规定的期限内复运进境的，应当以境外加工费和料件费以及复运进境的运输及其相关费用和保险费审查确定完税价格。

8. 运往境外修理的机械器具、运输工具或者其他货物的完税价格

运往境外修理的机械器具、运输工具或者其他货物，出境时已向海关报明并在海关规定的期限内复运进境的，应当以境外修理费和料件费审查确定完税价格。

（二）出口货物完税价格的确定

出口货物的完税价格由海关以该货物的成交价格以及该货物运至中华人民共和国境内输出地点装载前的运输及其相关费用、保险费为基础审查确定。

出口货物的成交价格是指该货物出口时卖方为出口该货物应当向买方直接收取或间接收取的价款总额。出口关税不计入完税价格。

出口货物的成交价格不能确定的，海关经了解有关情况，并与纳税义务人进行价格磋商后，可以依次以下列价格估定该货物的完税价格：

（1）与该货物同时或者大约同时向同一国家或者地区出口的相同货物的成交价格；

（2）与该货物同时或者大约同时向同一国家或者地区出口的类似货物的成交价格；

（3）按照下列各项总和计算的价格：境内生产相同或者类似货物的料件成本、加工费用，通常的利润和一般费用，境内发生的运输及其相关费用、保险费；

（4）以合理方法估定的价格。

按照《进出口关税条例》规定计入或者不计入完税价格的成本、费用、税收，应当以客观的、可量化的数据为依据。

海关审查确定进出口货物的完税价格后，纳税义务人可以以书面形式要求海关就如何确定其进出口货物的完税价格作出书面说明，海关应当向纳税义务人作出书面说明。

二、关税应纳税额的计算

进出口货物的关税，以从价计征、从量计征或者国家规定的其他方式征收。

从价计征的计算公式为：

应纳税额 = 完税价格 × 关税税率

从量计征的计算公式为：

应纳税额 = 货物数量 × 单位税额

例：某电子技术进出口公司某月从国外进口一批电子计算机、磁带、磁盘，海关审定的到岸价格为480 000美元，美元与人民币比价为1∶8.7，进口关税税率为15%。请计算该公司应纳的关税税额。

解：①适用税率：15%

②关税完税价格 = 480 000 × 8.7 = 4 176 000（元）

③应纳税额 = 4 176 000 × 15% = 626 400（元）

第四节　进境物品进口税的计征

进境物品的关税以及进口环节海关代征税合称为进口税，由海关依法征收。关于进口税的计征，具体规定如下：

一、进境物品的纳税义务人

进境物品的纳税义务人，是指携带物品进境的入境人员、进境邮递物品的收件人以及以其他方式进口物品的收件人。

我国常驻境外的外交机构人员、留学人员、访问学者、赴外劳务人员、援外人员、远洋海员和外国驻华使馆、领事馆、有关国际机构人员，可以享受一定的免税待遇。

进境物品的纳税义务人可以自行办理纳税手续，也可以委托他人办理纳税手续。接受委托的人应当遵守《进出口关税条例》对纳税义务人的各项规定。

二、进境物品的归类、完税价格和适用税率的确定

海关应当按照“进境物品进口税税率表”及海关总署制定的“中华人民共和国进境物品归类表”、“中华人民共和国进境物品完税价格表”对进境物品进行归类，确定完税价格及其适用税率。

进境物品适用海关填发税款缴款书之日实施的税率和完税价格。

三、进口税的减免

海关总署规定数额以内的个人自用进境物品免征进口税。

超过海关总署规定数额但仍在合理数量以内的个人自用进境物品，由进境物品的纳税义务人在进境物品放行前按照相关规定缴纳进口税。

超过合理、自用数量的进境物品应当按进口货物依法办理相关手续。

国务院关税税则委员会规定，按货物征税的进境物品，按照《进出口关税条例》的有关规定征收关税。

四、进口税的计算公式

进口税实行从价计征。

进口税的计算公式为：

进口税税额＝完税价格×进口税税率

五、进口税的其他规定

进口税的减征、免征、补征、追征、退还以及对暂准进境物品征收进口税，参照《进出口关税条例》对货物征收进口关税的有关规定执行。

第五节　船舶吨税

船舶吨税是对在中国港口行驶的外国籍船舶和税法所规定的中国籍船舶征收的一种税。已缴纳船舶吨税的船舶不再缴纳车船使用牌照税、车船税。船舶吨税以1952年9月29日经前政务院财政经济委员会批准、海关总署发布的《中华人民共和国海关船舶吨税暂行办法》为基本的法律依据，由海关代为征收。经批准驶往未设立海关地区的船舶，由当地税务局代征。

一、船舶吨税的纳税人和征税范围

船舶吨税对在中华人民共和国港口行驶的外国籍船舶、外商租用的中国籍船舶，以及中外合营企业使用的中国籍船舶征收。船舶使用人（船长）或其招租的外轮代理公司为纳税人。

> **小提示**
>
> 凡征收了船舶吨税的船舶，不再对其征收车船税或车船使用牌照税，反之亦然。

船舶分为机动船舶和非机动船舶。机动船舶包括轮船、汽船和拖船，非机动船舶是指各种人力驾驶船舶及驳船、帆船。

二、船舶吨税的计税依据和适用税率

船舶吨税以船舶注册净吨位为计税依据，吨位尾数不足0.5吨的不计，达到或超过0.5吨的按1吨计税。

船舶吨税采用定额税率，按船舶净吨位的大小分等级设立单位税额，有90日和30日两种不同的税率，并实行复式税率。具体分为两栏：一般吨税税率和优惠吨税税率。我国现行船舶吨税税率表如下表所示：

船舶吨税税率表

船舶种类		净吨位	一般税额（日/吨）		优惠税额（日/吨）	
			90日	30日	90日	30日
机动船	轮船 汽船 拖船	500吨及以下	1.5	0.75	1.1	0.55
		501～1 500吨	2.2	1.1	1.6	0.8
		1 501～3 000吨	3.4	1.7	2.4	1.2
		3 001～10 000吨	3.9	1.95	2.8	1.4
		10 001吨及以上	4.5	2.25	3.2	1.6
非机动船	各种人力驾驶船舶及驳船、帆船	30吨及以下	0.7	0.35	0.5	0.25
		31～150吨	0.8	0.4	0.6	0.3
		151吨及以上	1.05	0.5	0.75	0.4

对于应税船舶的船籍国与我国签订相互给予船舶税费最惠国待遇条约或协定的，适用优惠吨税税率。对于应税船舶的船籍国与我国未签订相互给予船舶税费最惠国待遇条约或协定的，适用一般吨税税率。对中外合营企业使用的所有船舶和外商租用的中国籍船舶，适用优惠吨税税率。

三、纳税申报

对驶入我国境内但没有我国有效船舶吨税执照的应税船舶，应由纳税人在船舶进境时向进境地海关办理缴纳船舶吨税手续，填送申报表，并提供船舶国籍证明和船舶吨位证明书，同时声明申领船舶吨税执照的有效期。经特许驶往未设海关地点的进境应税船舶，应当向当地税务局申报缴纳船舶吨税。

四、税额计算与征收

船舶吨税的缴纳分为90日期缴纳与30日期缴纳两种，由纳税人于申请完税时自行选报其中一种。船舶吨税以人民币为计算本位，尾数不足1元的不计。应纳船舶吨税税额的计算公式为：

船舶吨税应纳税额＝船舶的净吨位×适用税额

海关根据纳税人的申报，审核其申报吨位与其提供的船舶国籍证明和船舶吨位证明书相符合后，按其申报执照的期限计征船舶吨税，并填发海关代征船舶吨税缴款书交由纳税人缴纳税款。

五、税款的缴纳

纳税人应自海关或税务局签发船舶吨税缴款书之日起30日内（星期日及节假日除外）向指定银行缴清税款。逾期未缴纳者，按日征收滞纳金。纳税人缴清船舶吨税后，海关填发船舶吨税执照，交纳税人收存。

船舶吨税执照的有效期自该船舶申报入境之日起算。在有效期内，该船舶可在我国港口停靠和在港口间行驶。船舶吨税执照期满后，仍需在我国港口停靠和在港口间行驶的，则应自到期之次日起5日内向海关申报缴纳船舶吨税。新船舶吨税执照有效期从原执照满期之日起算。船舶吨税执照期满，船舶再进入我国港口时，应重新办理船舶吨税申报纳税手续，新船舶吨税执照有效期从该次入境之日起算。

六、船舶吨税执照的期限

船舶吨税执照分为30日和90日两种有效期限，在执照上注明了该船舶的船名、船籍国、注册净吨位及有效期的起始日期和终止日期。在有效期内，船舶遇到驶入我国港口避难或进行修理，因防疫隔离不能上下货，以及被我国政府征用或租用的情况，可以凭港务机关的证明，经海关在其船舶吨税执照上批注，按其实际发生的日数，顺延执照的有效期限。

七、免税

对与我国建立了外交关系、享有我国给予外交豁免权的各领事馆使用的船舶，来我国港口避难、修理、停驶或拆毁、添装船用燃料、物料但不上下客、货的船舶，专为上下客、货及存货的泊碇趸船、浮桥趸船及浮船，以及被政府征用或租用的船舶等免征船舶吨税。

【趣味阅读】

茶叶税点燃独立战争

独立战争、1794年武装暴动、南北战争、内战后不断的叛乱冲突——美国历史上的多次战争竟因征税而起。经济学家查理斯·亚当斯从一个全新的角度考察了美国独立史，同时也描绘出了美国税收的发展历程。波士顿倾茶事件是美国独立战争的导火线，美国最近出版的邮票便描述了这起反抗英国殖民者的壮举。有人认为，倾茶事件的出现是反对向茶叶征税，但实质并非如此。

由于反对“唐深税”，北美商人一直抵制所有的英国货物，特别是茶叶。殖民地的人们早已习惯饮用荷兰的走私茶。由于英国仓库中茶叶存货过多，政府决定用其来打开北美市场。英国政府起初把茶叶低价卖给亲英的商人，只征较低的关税。他们坚信殖民地的家庭主妇们会买便宜茶叶，从而利用价格优势把荷兰茶叶挤出美国市场，这导致北美商人的走私茶损失巨大。1773 年，英国当局又颁布了茶叶税法，对殖民地进口 1 磅茶征 3 便士税，但免去东印度公司向殖民地销售茶叶的关税，同时禁止殖民地买卖走私茶。这更激化了矛盾。北美商人们反对的主要不是茶叶税本身，而是我们今天所说的“倾销”。1773 年 11 月，7 艘大型商船浩浩荡荡开往殖民地，4 艘开往波士顿，其他 3 艘开往纽约、查理斯顿和费城。船队还未靠岸，报纸评论便充满了火药味。纽约、查理斯顿和费城三地的进口商失去了接货的勇气，数以吨计的茶叶不得不被运回伦敦。运往波士顿的 4 船茶叶命运更惨。12 月 16 日，塞缪尔·亚当斯率领 60 名“自由之子”，化装成印第安人潜入商船，把船上价值约 1.5 万英镑的 342 箱茶叶全部倒入大海。这就是波士顿倾茶事件。

倾茶事件传到了英国，公众开始攻击殖民地的人民，连议会里北美人的朋友也谴责声不断。茶叶的所有者东印度公司更是强烈要求赔偿损失。英国政府盛怒不已，决定惩治波士顿人。英国关闭了波士顿港口，战船和军队也开进了殖民地，军政大权全落入了驻波士顿的司令官托马斯·盖奇之手。与战船舰队和英国士兵相比，那些曾经滥用职权的收税人倒显得和善多了。大炮、滑膛枪和刺刀已经迅速取代了征税用的钱袋和税票。恐怖笼罩着波士顿，革命已不可避免。1775 年 4 月 19 日，美国独立战争打响了第一枪。经过 6 年的艰苦奋战，北美人品尝到了胜利的滋味。可是不久后，想要重建政府的美国人发现，与他们所需要的税收相比，英国所征的税收简直是小菜一碟。他们渐渐知道，自治政府要征税也不是一件容易的事，更多的冲突在等着他们。英国人反而从这场战争中吸取了教训。1778 年，在英王乔治三世的同意下，英国议会宣布不在任何一个殖民地征税。但是，这个明智的法案来得太迟了。美国已经开始为独立而战，最终走出了日不落帝国的阴影。随后的 150 年中，英国议会在殖民地、领地中逐渐确立起绝对的权威，但每当涉及税收事宜，总是特别声明要得到当地议会中纳税人代表的同意。

【本章小结】

1. 关税的征税对象是进出我国国境的货物或物品。

2. 关税的完税价格，是按从价税标准征收关税时计算进出口货物应纳税额的价格。关税完税价格又分为进口货物的完税价格和出口货物的完税价格。

【主要名词】

关税　最惠国税率　反倾销税　协定税率　船舶吨税

【复习思考题】

1. 关税的不同类型是如何划分的？
2. 我国的关税政策是什么？
3. 关税的减免是怎样规定的？

第七章 企业所得税

企业所得税是我国所得税制度中的一个重要的税种。现行企业所得税是在原企业所得税、外商投资企业和外国企业所得税基础上合并的税种。

企业所得税应纳税额的计算，涉及税法及财务会计等知识。为了体现税法的公平、统一、合理，必须深入掌握其正确计算的方法。

读者通过本章可以了解以下内容：我国企业所得税的立法原则和特点，企业所得税的纳税人与征税对象，企业所得税的优惠政策及应纳税额的计算。

第一节 企业所得税概述

一、我国企业所得税制的发展

企业所得税是对企业的生产经营所得和其他所得征收的一种税。新中国成立后，我国政府非常重视企业所得税制度的建立和完善。1949 年，首届全国税务会议通过了包括对企业所得征税办法在内的统一全国税收政策的基本方案。1950 年，政务院发布了《全国税政实施要则》，规定在全国开征工商业税（所得税部分），其主要征税对象是私营企业、集体企业和个体工商户的应税所得，国营企业因由政府有关部门直接参与经营管理，所以其上缴国家财政以利润上交为主。1958 年和 1973 年我国进行了两次重大的税制改革，其核心是简化税制，其中工商业税（所得税部分）主要还是对集体企业征收，国营企业只征一道工商税，不征所得税。

知识窗

新中国成立后制定的第一部企业所得税法为 1980 年 9 月 10 日第五届全国人民代表大会第三次会议通过的《中华人民共和国中外合资经营企业所得税法》。

改革开放后，我国的企业所得税制度建设进入了一个新的发展时期。为适应改革开放、吸引外资的新形势的要求，1980 年 9 月和 1981 年 12 月，全国人民代表大会分别通过了《中华人民共和国中外合资经营企业所得税法》和《中华人民共和国外国企业所得税法》，对中外合资经营企业、外国企业开征了企业所得税。同时，作为企业改革和城市改革的一项重大措施，国务院决定在全国试行国营企业“利改税”。1984 年 9 月，国务院发布了《中华人民共和国国营企业所得税条例

(草案)》和《国营企业调节税征收办法》;1985 年 4 月,国务院发布了《中华人民共和国集体企业所得税暂行条例》;1988 年 6 月,国务院发布了《中华人民共和国私营企业所得税暂行条例》,分别对国营企业、集体企业和私营企业开征了企业所得税。

为适应中国建立社会主义市场经济体制的新形势,进一步推进改革开放,努力把国有企业推向市场,按照统一税法、简化税制、公平税负、促进竞争的原则,国家先后完成了外资企业所得税的统一和内资企业所得税的统一。1991 年 4 月,全国人民代表大会将《中华人民共和国中外合资经营企业所得税法》与《中华人民共和国外国企业所得税法》合并,制定了《中华人民共和国外商投资企业和外国企业所得税法》,并于同年 7 月 1 日起施行。1993 年 12 月 13 日,国务院将《中华人民共和国国营企业所得税条例(草案)》、《国营企业调节税征收办法》、《中华人民共和国集体企业所得税暂行条例》和《中华人民共和国私营企业所得税暂行条例》进行整合,制定了《中华人民共和国企业所得税暂行条例》,自 1994 年 1 月 1 日起施行。通过不断改革,我国形成了一套内资企业适用《中华人民共和国企业所得税暂行条例》、外资企业适用《中华人民共和国外商投资企业和外国企业所得税法》的企业所得税制度。

1994 年企业所得税制度的实施,在组织财政收入、促进经济增长、进行宏观调控等方面产生了积极效果。企业所得税作为我国税收收入的主体税种之一,随着我国国民经济的快速发展和企业经济效益的不断提高,其税收收入也取得了较快的增长。据统计,2006 年全国企业所得税收入达到了 7 080.7 亿元,占当年税收总收入的 18.81%,已成为仅次于增值税的第二大税种。企业所得税作为国家宏观调控的一种重要手段,在为国家财政组织收入的同时,也促进了我国产业结构的调整和经济平稳较快的增长。尤其是自改革开放以来,为吸引外资、发展经济,对外资企业采取了有别于内资企业的税收政策,这项政策的实施对改革开放、吸引外资、促进经济发展发挥了重要作用。截至 2006 年底,全国累计批准外资企业 59.4 万户,实际使用外资 6 919 亿美元。2006 年外资企业缴纳各类税款 7 950 亿元,占全国税收总量的 21.12%。

但是,现行内资、外资企业所得税制度在执行中也暴露出一些问题,已经不能适应新的形势要求:一是现行内、外资企业所得税税收政策差异较大,在税收优惠、税前扣除等政策上,存在对外资企业偏松、对内资企业偏紧的问题,企业要求统一税收待遇、公平竞争的呼声较高。二是现行企业所得税优惠政策存在较大漏洞,扭曲了企业经营行为,造成国家税款的流失。比如,一些内资企业采取将资金转到境外再投资境内的“返程投资”方式,就是为了能够享受外资企业的所得税优惠。三是现行内资税法、外资税法实施十多年来,我国经济社会情况和国际经济形势等都发生了很大变化,需要针对新情况及时完善制度和修订法律条款。因此,

2007年3月16日第十届全国人民代表大会第五次会议通过了《中华人民共和国企业所得税法》，终于实现了内、外资企业所得税统一征收，向法人所得税改革迈出了最关键的一步。自2008年1月1日起，《中华人民共和国外商投资企业和外国企业所得税法》废止，内、外资企业统一适用《中华人民共和国企业所得税法》。

二、企业所得税的立法原则

企业所得税立法的指导思想是：根据科学发展观和完善社会主义市场经济体制的总体要求，按照“简税制、宽税基、低税率、严征管”的税制改革原则，同时借鉴国际经验，建立各类企业统一适用的、科学规范的企业所得税制度，为各类企业创造公平的市场竞争环境。因此，改革企业所得税制度，统一内、外资企业所得税，需要贯彻以下原则：

（1）公平税负原则，解决目前内、外资企业税收待遇不同，税负差异较大的问题。

（2）科学发展原则，统筹经济社会和区域协调发展，促进环境保护和社会全面进步，实现国民经济的可持续发展。

（3）调控经济原则，按照国家产业政策要求，推动产业升级和技术进步，优化国民经济结构。

（4）国际惯例原则，借鉴世界各国税制改革的最新经验，进一步充实和完善企业所得税制度，尽可能体现税法的科学性、完备性和前瞻性。

（5）理顺分配原则，兼顾财政承受能力和纳税人负担水平，有效地组织财政收入。

（6）便于征管原则，规范征管行为，方便纳税人，降低税收征纳成本。

三、企业所得税的特点

企业所得税与其他税种相比，具有以下几个特点：

（一）征税对象是净所得

企业所得税的课税对象在理论上被定义为净所得，而不是总收入。事实上，各个企业的生产耗费、经营费用、开支水平不同，即使产品出售获得的总收入相同，但在扣除产品成本后，企业真正能自由支配的收入往往相差悬殊。因此总收入相同的纳税人，其纳税能力不一定相同。以净所得来衡量纳税能力更科学、更合理。

在实际中，企业所得税的净所得还要按照规定进行调整，得到的应税所得才是企业所得税的税基。因为政府常常将所得税作为调节国民收入分配、执行经济政策和社会政策的重要工具。例如，为了照顾到纳税人的某些特殊开支，税法规定通过扣除项目将这些开支排除在应税所得之外；又如，为了对纳税人的不同所得项目实行区别对待，税法规定通过对不予计列项目将某些所得排除在应税所得之外等。因此，企业所得税以净所得为征税对象，以应税所得为其税基。

（二）征税以量能负担为原则

企业所得税以纳税人的生产经营所得和其他所得为征税对象，所得税的负担轻重和纳税人所得的多少有着内在关联，所得多、负担能力大的多征；所得少、负担能力小的少征；无所得、没有负担能力的不征，以体现税收公平的原则。

（三）一般实行按年计征，分期预缴的征收办法

企业所得税的征收一般是以全年的应纳税所得额为税基，分月或分季预缴，年终汇算清缴。这一点与其他税种不同。如各流转税种，是在纳税人纳税义务确定后，由主管税务机关根据纳税人应纳税额的大小，分别核定限期征收。

第二节　企业所得税的纳税人和征税对象

一、企业所得税的纳税人

（一）纳税人的一般规定

在中华人民共和国境内，企业和其他取得收入的组织（以下统称企业）为企业所得税的纳税人。

这里的企业包括国有企业、集体企业、私营企业、联营企业、股份制企业、外商投资企业、外国企业以及有生产、经营所得和其他所得的其他组织。但是，个人独资企业、合伙企业不纳企业所得税，而是纳个人所得税。

> **小提示**
>
> 新企业所得税法以法人组织为纳税人，改变了以往内资企业所得税以独立核算的三个条件来判定纳税人标准的做法。按此标准，企业设有多个不具有法人资格营业机构的，实行由法人汇总纳税。

（二）居民纳税人与非居民纳税人的区分

根据居民税收管辖权原则，居民纳税人应当就其来源于中国境内、境外的所得缴纳企业所得税；而非居民纳税人应当就其来源于中国境内的所得缴纳企业所得税。我国企业所得税法对于居民纳税人与非居民纳税人的划分标准有以下两个原则：

（1）注册地原则。即凡依照中国法律、行政法规在中国境内成立的企业、事业单位、社会团体以及其他取得收入的组织都是中国企业所得税的居民纳税人。

（2）实际管理机构原则。即虽依照外国（地区）法律成立但实际管理机构在中国境内的企业也是中国企业所得税的居民纳税人。这里的实际管理机构，是指对企业的生产经营、人员、账务、财产等实施实质性全面管理和控制的机构。

因此，按照这个划分标准，依照外国（地区）法律成立且实际管理机构不在中国境内，但在中国境内设立机构、场所的，或者在中国境内未设立机构、场所，但有来源于中国境内所得的企业，都仅为中国企业所得税非居民纳税人。这里所说的机构、场所，是指在中国境内从事生产经营活动的机构、场所，包括以下几种情况：

（1）管理机构、营业机构、办事机构；

（2）工厂、农场、开采自然资源的场所；

（3）提供劳务的场所；

（4）从事建筑、安装、装配、修理、勘探等工程作业的场所；

（5）其他从事生产经营活动的机构、场所；

（6）非居民企业委托营业代理人在中国境内从事生产经营活动的，包括委托单位或者个人经常代其签订合同，或者储存、交付货物等，该营业代理人视为非居民企业在中国境内设立的机构、场所。

二、企业所得税的征税对象和征税范围

（一）征税对象

企业所得税以纳税人取得的生产经营所得和其他所得作为征税对象。其中：

（1）生产经营所得。生产经营所得是指从事物质生产、交通运输、商品流通、劳务服务，以及经国务院财政部门确认的其他营利事业取得的所得。

（2）其他所得。包括转让财产收入、股息、红利等权益性投资收益，利息收入，租金收入，特许权使用费收入，接受捐赠收入和其他收入。

此外，纳税人按照章程规定解散或破产，以及因其他原因宣布终止时，其清算终了后的清算所得，也属于企业所得税的征税对象。

（二）征税范围

居民企业应当就其来源于中国境内、境外的所得缴纳企业所得税。其中来源于境外的所得，纳税人已按收入来源地原则在境外缴纳了所得税，为避免重复征税，条例规定在境外实际缴纳的所得税款，准予在汇总纳税时，从其应纳税款中抵免。

非居民企业在中国境内设立机构、场所的，应当就其所设机构、场所取得的来源于中国境内的所得，以及发生在中国境外但与其所设机构、场所有实际联系的所得，缴纳企业所得税。

非居民企业在中国境内未设立机构、场所的，或者虽设立机构、场所但取得的所得与其所设机构、场所没有实际联系的，应当就其来源于中国境内的所得缴纳企业所得税。这里的实际联系是指非居民企业在中国境内设立的机构、场所拥有据以取得所得的股权、债权，以及拥有、管理、控制据以取得所得的财产等。

（三）境内、境外的所得判定原则

（1）销售货物所得，按照交易活动发生地确定；

（2）提供劳务所得，按照劳务发生地确定；

（3）转让财产所得，不动产转让所得按照不动产所在地确定，动产转让所得按照转让动产的企业或者机构、场所所在地确定，权益性投资资产转让所得按照被投资企业所在地确定；

（4）股息、红利等权益性投资所得，按照分配所得的企业所在地确定；

（5）利息所得、租金所得、特许权使用费所得，按照负担、支付所得的企业或者机构、场所所在地确定，或者按照负担、支付所得的个人的住所地确定；

（6）其他所得，由国务院财政、税务主管部门确定。

第三节　企业所得税的税率和税收优惠

一、企业所得税的税率

企业所得税税率，除依法减征或免征的以外，统一为25%的比例税率。但在满足一定条件时，可以享受优惠税率。

> **知识窗**
>
> 世界上其他国家和地区的企业所得税名目税率大多在25%～45%之间。印度为40%、日本为37%、马来西亚为35%、韩国为34%、泰国为30%、新加坡为27%、中国香港地区为16.5%。

二、预提所得税税率

非居民企业在中国境内未设立机构、场所，而有取得的来源于中国境内的利润、利息、租金、特许权使用费和其他所得，或虽设立机构、场所，但上述所得与其机构、场所没有实际联系的，征收税率为20%的预提所得税。但是国家给予10%的税收优惠。

预提所得税并非一种独立的税种，它实际上是一种源泉扣缴方法。预提所得税直接按收入全额计算，考虑到应减除成本、费用的因素，所以在确定预提所得税税率时，定得比企业所得税税率低。

企业所得税法针对不同纳税人、不同形式所得，规定了不同的比例税率，列表如下：

<table>
<tr><th>纳税人</th><th>范围</th><th>征税对象</th><th>税率</th></tr>
<tr><td rowspan="2">居民纳税人</td><td>依照中国法律、行政法规在中国境内成立的企业</td><td rowspan="2">生产经营所得、其他所得</td><td rowspan="3">25%</td></tr>
<tr><td>虽依照外国（地区）法律成立但实际管理机构在中国境内的企业</td></tr>
<tr><td rowspan="3">非居民纳税人</td><td>依照外国（地区）法律成立在中国境内设立机构、场所的，取得所得与其机构、场所有实际联系的企业</td><td>生产经营所得、其他所得</td></tr>
<tr><td>依照外国（地区）法律成立在中国境内设立机构、场所的，取得所得与其机构、场所没有实际联系的企业</td><td rowspan="2">利润、利息、特许权使用费等其他所得</td><td rowspan="2">10%</td></tr>
<tr><td>依照外国（地区）法律成立在中国境内未设立机构、场所的企业</td></tr>
</table>

三、居民纳税人企业所得税的税收优惠政策

企业所得税的税收优惠，是指国家根据经济和社会发展的需要，在一定的期限内对特定的企业、项目和地区的纳税人应缴纳的企业所得税，给予减征或免征的一种照顾和鼓励措施。税收优惠政策具有很强的政策导向作用，正确制定并运用这种措施，可以更好地发挥税收的调节功能。

（一）税额式优惠

（1）企业从事农、林、牧、渔业项目的所得，可以免征、减征企业所得税。

①企业从事下列项目的所得，免征企业所得税：

蔬菜、谷物、薯类、油料、豆类、棉花、麻类、糖料、水果、坚果的种植；农作物新品种的选育；中药药材的种植；林木的培育和种植；牲畜、家禽的饲养；林产品的采集；灌溉、农产品初加工、兽医、农技推广、农机作业和维修等农、林、牧、渔服务业项目；远洋捕捞。

②企业从事下列项目的所得，减半征收企业所得税：

花卉、茶以及其他饮料作物和香料作物的种植；海水养殖、内陆养殖。

③企业从事国家限制和禁止发展的项目，不得享受此项优惠。

（2）企业从事国家重点扶持的公共基础设施项目的投资经营的所得，自项目取得第一笔生产经营收入所属纳税年度起，第一年至第三年免征企业所得税，第四年至第六年减半征收企业所得税。

①这里所称国家重点扶持的公共基础设施项目，是指《公共基础设施项目企

业所得税优惠目录》规定的港口码头、机场、铁路、公路、城市公共交通、电力、水利等项目。

②企业承包经营、承包建设和内部自建、自用上述项目时，不得享受企业所得税优惠。

③按规定享受减免税优惠的项目，在减免税期限内转让的，受让方自受让之日起，可以在剩余期限内享受规定的减免税优惠；减免税期限届满后转让的，受让方不得就该项目重复享受减免税优惠。

（3）企业从事符合条件的环境保护、节能节水项目的所得，自项目取得第一笔生产经营收入所属纳税年度起，第一年至第三年免征企业所得税，第四年至第六年减半征收企业所得税。

①这里所称符合条件的环境保护、节能节水项目，包括公共污水处理、公共垃圾处理、沼气综合开发利用、节能减排技术改造、海水淡化等。项目的具体条件和范围由国务院财政、税务主管部门和国务院有关部门制定，报国务院批准后公布施行。

②按规定享受减免税优惠的项目，在减免税期限内转让的，受让方自受让之日起，可以在剩余期限内享受规定的减免税优惠；减免税期限届满后转让的，受让方不得就该项目重复享受减免税优惠。

（4）符合条件的技术转让所得免征、减征企业所得税。即一个纳税年度内，居民企业技术转让所得不超过500万元的部分，免征企业所得税；超过500万元的部分，减半征收企业所得税。

（5）民族自治地方的自治机关对本民族自治地方的企业应缴纳的企业所得税中属于地方分享的部分，可以决定减征或者免征。自治州、自治县决定减征或者免征的，须报省、自治区、直辖市人民政府批准。

①这里所称民族自治地方，是指依照《中华人民共和国民族区域自治法》的规定，实行民族区域自治的自治区、自治州、自治县。

②对民族自治地方内从事国家限制和禁止行业的企业，不得减征或者免征企业所得税。

（二）税基式优惠

（1）创业投资企业从事国家需要重点扶持和鼓励的创业投资，可以按投资额的70%抵扣应纳税所得额。

这里所称抵扣应纳税所得额，是指创业投资企业采取股权投资方式投资于未上市的中小高新技术企业2年以上的，可以按照其投资额的70%在股权持有满2年的当年抵扣该创业投资企业的应纳税所得额；当年不足抵扣的，可以在以后纳税年度结转抵扣。

（2）企业购置用于环境保护、节能节水、安全生产等专用设备的投资额，可以按投资额的10%实行税额抵免。

企业购置并实际使用《环境保护专用设备企业所得税优惠目录》、《节能节水专用设备企业所得税优惠目录》和《安全生产专用设备企业所得税优惠目录》规定的环境保护、节能节水、安全生产等专用设备的，该专用设备的投资额的10%可以从企业当年的应纳税额中抵免；当年不足抵免的，可以在以后5个纳税年度结转抵免。

享受该款规定的企业所得税优惠的企业，应当实际购置并自身实际投入使用前款规定的专用设备；企业购置上述专用设备在5年内转让、出租的，应当停止享受企业所得税优惠，并补缴已经抵免的企业所得税税款。

企业同时从事适用不同企业所得税待遇的项目的，其优惠项目应当单独计算所得，并合理分摊企业的期间费用；没有单独计算的，不得享受企业所得税优惠。

（3）根据企业所得税法，企业的下列收入为免税收入：

①国债利息收入；

②符合条件的居民企业之间的股息、红利等权益性投资收益；

③在中国境内设立机构、场所的非居民企业从居民企业取得与该机构、场所有实际联系的股息、红利等权益性投资收益；

④符合条件的非营利组织的收入。

（4）企业综合利用资源，生产符合国家产业政策规定的产品所取得的收入，减按90%计入收入总额。

①这里能享受减计收入优惠政策的收入是指企业以《资源综合利用企业所得税优惠目录》规定的资源作为主要原材料，生产国家非限制和禁止并符合国家和行业相关标准的产品取得的收入。

②原材料占生产产品材料的比例不得低于《资源综合利用企业所得税优惠目录》规定的标准。

（5）开发新技术、新产品、新工艺发生的研究开发费用，允许加计扣除。

企业为开发新技术、新产品、新工艺发生的研究开发费用，未形成无形资产计入当期损益的，在按照规定据实扣除的基础上，按照研究开发费用的50%加计扣除；形成无形资产的，按照无形资产成本的150%摊销。

（6）满足条件的企业职工工资允许加计扣除。

①企业安置残疾人员的，在按照支付给残疾职工工资据实扣除的基础上，按照支付给残疾职工工资的100%加计扣除。残疾人员的范围适用《中华人民共和国残疾人保障法》的有关规定。

②企业安置国家鼓励安置的其他就业人员所支付的职工工资可以加计扣除。其具体办法由国务院另行规定。

(7) 满足条件的固定资产允许加速折旧。

企业的固定资产由于技术进步等原因，确需加速折旧的，可以采取缩短折旧年限或者采取加速折旧的方法。

下列固定资产可以采取缩短折旧年限或者采取加速折旧的方法：

①由于技术进步，产品更新换代较快的固定资产；

②常年处于强震动、高腐蚀状态的固定资产。

采取缩短折旧年限方法的，最低折旧年限不得低于规定折旧年限的60%；采取加速折旧方法的，可以采取双倍余额递减法或者年数总和法。

(三) 税率式优惠

(1) 对符合规定条件的小型微利企业实行20%的优惠税率。

这里所称符合条件的小型微利企业，是指从事国家非限制和禁止行业，并符合下列条件的企业：

①工业企业，年度应纳税所得额不超过30万元，从业人数不超过100人，资产总额不超过3 000万元；

②其他企业，年度应纳税所得额不超过30万元，从业人数不超过80人，资产总额不超过1 000万元。

(2) 国家需要重点扶持的高新技术企业，减按15%的税率征收企业所得税。

这里所称国家需要重点扶持的高新技术企业，是指拥有核心自主知识产权，并同时符合下列条件的企业：

①产品（服务）属于《国家重点支持的高新技术领域》规定的范围；

②研究开发费用占销售收入的比例不低于规定比例；

③高新技术产品（服务）收入占企业总收入的比例不低于规定比例；

④科技人员占企业职工总数的比例不低于规定比例；

⑤《高新技术企业认定管理办法》规定的其他条件。

《国家重点支持的高新技术领域》和《高新技术企业认定管理办法》由国务院科技、财政、税务主管部门和国务院有关部门制定，报国务院批准后公布施行。

四、非居民纳税人企业所得税的税收优惠政策

非居民企业的下列所得免征企业所得税：

(1) 外国政府向中国政府提供贷款取得的利息所得；

(2) 国际金融组织向中国政府和非居民企业提供优惠贷款取得的利息所得；

(3) 经国务院批准的其他所得。

第四节　企业所得税的应纳税所得额

企业所得税的应纳税所得额是计算所得税的依据。企业每一纳税年度的收入总额，减除不征税收入、免税收入、各项扣除以及允许弥补的以前年度亏损后的余额，为应纳税所得额。

应纳税所得额＝收入总额－不征税收入－免税收入－各项扣除－弥补以前年度的亏损

一、收入总额的确认

企业以货币形式和非货币形式从各种来源取得的收入，称为收入总额。

（1）企业取得收入的货币形式，包括现金、存款、应收账款、应收票据、准备持有至到期的债券投资以及债务的豁免等。

（2）企业取得收入的非货币形式，包括固定资产、生物资产、无形资产、股权投资、存货、不准备持有至到期的债券投资、劳务以及有关权益等。企业以非货币形式取得的收入，应当按照公允价值（即按照市场价格确定的价值）确定收入额。

（一）收入总额的一般规定

（1）销售货物收入，是指企业销售商品、产品、原材料、包装物、低值易耗品以及其他存货取得的收入。

企业销售商品同时满足下列条件的，应确认收入的实现：

①商品销售合同已经签订，企业已将与商品所有权相关的主要风险和报酬转移给购货方；

②企业对已售出的商品既没有保留通常与所有权相联系的继续管理权，也没有实施有效控制；

③收入的金额能够可靠地计量；

④已发生或将发生的销售方的成本能够可靠地核算。

（2）提供劳务收入，是指企业从事建筑安装、修理修配、交通运输、仓储租赁、金融保险、邮电通信、咨询经纪、文化体育、科学研究、技术服务、教育培训、餐饮住宿、中介代理、卫生保健、社区服务、旅游、娱乐、加工以及其他劳务服务活动取得的收入。

企业在各个纳税期末提供劳务交易的结果能够可靠估计的，应采用完工进度（完工百分比）法确认提供劳务收入。

①提供劳务交易的结果能够可靠估计，是指同时满足下列条件：

a. 收入的金额能够可靠地计量；

b. 交易的完工进度能够可靠地确定；

c. 交易中已发生和将发生的成本能够可靠地核算。

②企业提供劳务完工进度的确定，可选用下列方法：

a. 已完工作的测量；

b. 已提供劳务占劳务总量的比例；

c. 发生成本占总成本的比例。

（3）转让财产收入，是指企业转让固定资产、生物资产、无形资产、股权、债权等财产取得的收入。

（4）股息、红利等权益性投资收益，是指企业因权益性投资从被投资方取得的收入。

股息、红利等权益性投资收益，除国务院财政、税务主管部门另有规定外，按照被投资方作出利润分配决定的日期确认收入的实现。

（5）利息收入，是指企业将资金提供他人使用但不构成权益性投资，或者因他人占用本企业资金取得的收入，包括存款利息、贷款利息、债券利息、欠款利息等收入。

利息收入按照合同约定的债务人应付利息的日期确认收入的实现。

（6）租金收入，是指企业提供固定资产、包装物或者其他有形资产的使用权取得的收入。

租金收入按照合同约定的承租人应付租金的日期确认收入的实现。

（7）特许权使用费收入，是指企业提供专利权、非专利技术、商标权、著作权以及其他特许权的使用权取得的收入。

特许权使用费收入按照合同约定的特许权使用人应付特许权使用费的日期确认收入的实现。

（8）接受捐赠收入，是指企业接受的来自其他企业、组织或者个人无偿给予的货币性资产和非货币性资产。

接受捐赠收入按照实际收到捐赠资产的日期确认收入的实现。

（9）其他收入，是指企业取得的除上述（1）~（8）规定的收入外的其他收入，包括企业资产溢余收入、逾期未退包装物押金收入、确实无法偿付的应付款项、已作坏账损失处理后又收回的应收款项、债务重组收入、补贴收入、违约金收入、汇兑收益等。

（二）相关收入实现的确认

（1）采用不同方式销售商品时，应按以下规定确认收入实现时间：

①销售商品采用托收承付方式的，在办妥托收手续时确认收入；

②销售商品采取预收款方式的，在发出商品时确认收入；

③销售商品需要安装和检验的，在购买方接受商品以及安装和检验完毕时确认收入，如果安装程序比较简单，可在发出商品时确认收入；

④销售商品采用支付手续费方式委托代销的，在收到代销清单时确认收入。

（2）以售后回购方式销售商品：销售的商品按售价确认收入，回购的商品作为购进商品处理。有证据表明不符合销售收入确认条件的，如以销售商品方式进行融资，收到的款项应确认为负债，回购价格大于原售价的，差额应在回购期间确认为利息费用。

（3）销售商品以旧换新：销售商品应当按照销售商品收入确认条件确认收入，回收的商品作为购进商品处理。

（4）有关销售折扣的规定：

①企业为促进商品销售而在商品价格上给予的价格扣除属于商业折扣，商品销售涉及商业折扣的，应当按照扣除商业折扣后的金额确定销售商品收入金额；

②债权人为鼓励债务人在规定的期限内付款而向债务人提供的债务扣除属于现金折扣，销售商品涉及现金折扣的，应当按扣除现金折扣前的金额确定销售商品收入金额，现金折扣在实际发生时作为财务费用扣除；

③企业因售出商品的质量不合格等原因而在售价上给予的减让属于销售折让；企业因售出商品质量、品种不符合要求等原因而发生的退货属于销售退回。企业已经确认销售收入的售出商品发生销售折让和销售退回时，应当在发生当期冲减当期销售商品收入。

（5）企业以买一赠一等方式组合销售本企业商品的，不属于捐赠，应将总的销售金额按各项商品的公允价值的比例来分摊确认各项的销售收入。

（6）采取产品分成方式取得收入的，按照企业分得产品的日期确认收入的实现，其收入额按照产品的公允价值确定。

（7）企业发生非货币性资产交换，以及将货物、财产、劳务用于捐赠、偿债、赞助、集资、广告、样品、职工福利或者利润分配等用途的，应当视同销售货物、转让财产或者提供劳务，但国务院财政、税务主管部门另有规定的除外。

（8）以分期收款方式销售货物的，按照合同约定的收款日期确认收入的实现。

（9）企业受托加工制造大型机械设备、船舶、飞机，以及从事建筑、安装、装配工程业务或者提供其他劳务等，持续时间超过12个月的，按照纳税年度内完工进度或者完成的工作量确认收入的实现。

（10）下列提供劳务满足收入确认条件的，应按规定确认收入：

①安装费。应根据安装完工进度确认收入。安装工作是商品销售附带条件的，安装费在确认商品销售实现时确认收入。

②宣传媒介的收费。应在相关的广告或商业行为出现于公众面前时确认收入。广告的制作费，应根据制作广告的完工进度确认收入。

③软件费。为特定客户开发软件的收费，应根据开发的完工进度确认收入。

④服务费。包含在商品售价内可区分的服务费，在提供服务的期间分期确认收入。

⑤艺术表演、招待宴会和其他特殊活动的收费。在相关活动发生时确认收入。收费涉及几项活动的，预收的款项应合理分配给每项活动，分别确认收入。

⑥会员费。申请入会或加入会员，只允许取得会籍，所有其他服务或商品都要另行收费的，在取得该会员费时确认收入；申请入会或加入会员后，会员在会员期内不再付费就可得到各种服务或商品，或者以低于非会员的价格销售商品或提供服务的，该会员费应在整个受益期内分期确认收入。

⑦特许权费。属于提供设备和其他有形资产的特许权费，在交付资产或转移资产所有权时确认收入；属于提供初始及后续服务的特许权费，在提供服务时确认收入。

⑧劳务费。长期为客户提供重复的劳务收取的劳务费，在相关劳务活动发生时确认收入。

（三）不征税收入的规定

（1）财政拨款。指各级人民政府对纳入预算管理的事业单位、社会团体等组织拨付的财政资金，但国务院和国务院财政、税务主管部门另有规定的除外。

（2）依法收取并纳入财政管理的行政事业性收费、政府性基金。

①行政事业性收费，是指依照法律法规等有关规定，按照国务院规定程序批准，在实施社会公共管理，以及在向公民、法人或者其他组织提供特定公共服务过程中，向特定对象收取并纳入财政管理的费用。

②政府性基金，是指企业依照法律、行政法规等有关规定，代政府收取的具有专项用途的财政资金。

（3）国务院规定的其他不征税收入，是指企业取得的，由国务院财政、税务主管部门规定专项用途并经国务院批准的财政性资金。

二、扣除项目

准予扣除项目是企业实际发生的与取得收入有关的、合理的支出，包括成本、费用、税金、损失和其他支出，准予在计算应纳税所得额时扣除。

（一）准予扣除项目应遵循的原则

纳税人发生的费用支出必须严格区分经营性支出和资本性支出。资本性支出不得在发生当期直接扣除，必须按税收法规规定分期折旧、摊销或计入有关投资的成本。除税收法规另有规定者外，税前扣除的确认一般应遵循以下原则：

（1）权责发生制原则。即纳税人应在支出发生时而不是实际支付时确认扣除。收益性支出在发生当期直接扣除；资本性支出应当分期扣除或者计入有关资产成本，不得在发生当期直接扣除。

（2）配比原则。即纳税人发生的支出应在支出应配比或应分配的当期申报扣除。纳税人某一纳税年度应申报的可扣除支出不得提前或滞后申报扣除。

（3）相关性原则。即纳税人可扣除的支出从性质和根源上必须与取得应税收入相关。企业的不征税收入用于支出所形成的费用或者财产，不得扣除或者计算对应的折旧、摊销扣除。

（4）确定性原则。即纳税人可扣除的支出不论何时支付，其金额必须是确定的。

（5）合理性原则。即纳税人可扣除支出的计算和分配方法应符合一般的经营常规和会计惯例。

小提示

企业在纳税年度内应计未计扣除项目，包括各类应计未计费用、应提未提折旧等，不得转移以后年度补扣。纳税人的财务会计处理与税法规定不一致的，应依照税收规定予以调整，按税法规定允许扣除的金额，准予扣除。

（二）准予扣除项目的基本范围

1. 成本

纳税人销售商品（产品、材料、下脚料、废料、废旧物资等）、提供劳务、转让固定资产和无形资产（包括技术转让）的成本。纳税人必须将经营活动中发生的成本合理划分为直接成本和间接成本。

直接成本是可直接计入有关成本计算对象或劳务的经营成本中的直接材料、直接人工等。

间接成本是指多个部门为同一成本对象提供服务的共同成本，或者同一种投入可以制造、提供两种或两种以上的产品或劳务的联合成本。

（1）成本内容。纳税人的各种存货应以取得时的实际成本计价。纳税人外购存货的实际成本包括购货价格、购货费用和税金。计入存货成本的税金是指购买、自制或委托加工存货发生的消费税、关税、资源税和不能从销项税额中抵扣的增值税进项税额。

纳税人自制存货的成本包括制造费用等间接费用。

（2）成本计价方法。纳税人各项存货的发出或领用的成本计价方法，可以采用个别计价法、先进先出法、加权平均法、移动平均法、计划成本法、毛利率法或零售价法等。如果纳税人正在使用的存货实物流程与后进先出法相一致，也可采用后进先出法确定发出或领用存货的成本。纳税人采用计划成本法或零售价法确定存货成本或销售成本，必须在年终申报纳税时及时结转成本差异或商品进销差价。

纳税人的成本计算方法、间接成本分配方法、存货计价方法一经确定，不得随意改变，如确需改变的，应在下一纳税年度开始前报主管税务机关批准。否则，对应纳税所得额造成影响的，税务机关有权调整。

2. 费用

费用是指纳税人每一纳税年度发生的可扣除的销售费用、管理费用和财务费用，已计入成本的有关费用除外。

（1）销售费用是应由纳税人负担的为销售商品而发生的费用，包括广告费、运输费、装卸费、包装费、展览费、保险费、销售佣金（能直接认定的进口佣金调整商品进价成本）、代销手续费、经营性租赁费及销售部门发生的差旅费、工资、福利费等费用。

从事商品流通业务的纳税人购入存货抵达仓库前发生的包装费、运杂费，运输存储过程中的保险费、装卸费，运输途中的合理损耗和入库前的挑选整理费用等购货费用可直接计入销售费用。如果纳税人根据会计核算的需要已将上述购货费用计入存货成本的，不得再以销售费用的名义重复申报扣除。

从事房地产开发业务的纳税人的销售费用还包括开发产品销售之前的改装修复费、看护费、采暖费等。

从事邮电等其他业务的纳税人发生的销售费用已计入营运成本的不得再计入销售费用重复扣除。

（2）管理费用是纳税人的行政管理部门为管理组织经营活动提供各项支援性服务而发生的费用。管理费用包括由纳税人统一负担的总部（公司）经费、研究开发费（技术开发费）、社会保障性缴款、劳动保护费、业务招待费、工会经费、职工教育经费、股东大会或董事会费、开办费摊销、无形资产摊销（含土地使用费、土地损失补偿费）、矿产资源补偿费、坏账损失、印花税等税金、消防费、排污费、绿化费、外事费和法律、财务、资料处理及会计事务方面的成本（咨询费、诉讼费、聘请中介机构费、商标注册费等），以及向总机构（指同一法人的总公司性质的总机构）支付的与本身营利活动有关的合理的管理费等。除经国家税务总局或其授权的税务机关批准外，纳税人不得列支向其关联企业支付的管理费。

总部经费，又称公司经费，包括总部行政管理人员的工资薪金、福利费、差旅费、办公费、折旧费、修理费、物料消耗、低值易耗品摊销等。

（3）财务费用是纳税人筹集经营性资金而发生的费用，包括利息净支出、汇兑净损失、金融机构手续费以及其他非资本化支出。

3. 税金

税金是指纳税人按规定缴纳的消费税、营业税、资源税、关税、城市维护建设费、教育费附加（现行征收比例为3%）等产品销售税金及附加。

4. 损失

损失是指企业在生产经营活动中发生的固定资产和存货的盘亏、毁损、报废损失，转让财产损失，呆账损失，坏账损失，自然灾害等不可抗力因素造成的损失以及其他损失。

企业发生的损失，减除责任人赔偿和保险赔款后的余额，依照国务院财政、税务主管部门的规定扣除。

企业已经作为损失处理的资产，在以后纳税年度又全部收回或者部分收回时，应当计入当期收入。

5. 确定上述扣除项目时的注意事项

(1) 除企业所得税法和实施条例另有规定外，企业实际发生的成本、费用、税金、损失和其他支出，不得重复扣除。

(2) 纳税人的财务会计处理与税法规定不一致的，应依照税收规定予以调整，按税法规定允许扣除的金额，准予扣除。

(三) 扣除项目的具体范围和标准

1. 工资薪金支出

工资薪金支出是纳税人每一纳税年度支付给在本企业任职或与其有雇佣关系的员工的所有现金或非现金形式的劳动报酬。

(1) 企业任职及雇佣员工的确定：在本企业任职或与其有雇佣关系的员工，包括固定职工、合同工、临时工。但下列情况除外：①应从提取的职工福利费中列支的医务室、职工浴室、理发室、幼儿园、托儿所人员；②已领取养老保险金、失业救济金的离退休职工、下岗职工、待岗职工；③已出售的住房或租金收入计入住房周转金的出租房的管理服务人员。

(2) 工资薪金支出范围的确定：工资薪金支出包括基本工资、奖金、津贴、补贴、年终加薪、加班工资，以及与任职或者受雇有关的其他支出。地区补贴、物价补贴和误餐补贴均应作为工资薪金支出。但纳税人发生的下列支出，不作为工资薪金支出：①雇员向纳税人投资而分配的股息性所得；②根据国家或省级政府的规定为雇员支付的社会保障性缴款；③从已提取职工福利基金中支付的各项福利支出（包括职工生活困难补助、探亲路费等）；④各项劳动保护支出；⑤雇员调动工作的旅费和安家费；⑥雇员离退休、退职待遇的各项支出；⑦独生子女补贴；⑧纳税人负担的住房公积金；⑨国家税务总局认定的其他不属于工资薪金支出的项目。

(3) 工资薪金支出的扣除标准：企业发生的合理的工资薪金支出，准予据实扣除。

所谓“合理的工资薪金”，是指企业按照股东大会、董事会、薪酬委员会或相关管理机构制定的工资薪金制度规定实际发放给员工的工资薪金。

2. 工会经费、职工福利费和职工教育经费

(1) 企业拨缴的工会经费，不超过工资薪金总额2%的部分，准予扣除。

(2) 企业发生的职工福利费支出，不超过工资薪金总额14%的部分，准予扣除。

（3）除国务院财政、税务主管部门另有规定外，企业发生的职工教育经费支出，不超过工资薪金总额2.5%的部分，准予扣除；超过部分，准予在以后纳税年度结转扣除。

软件企业的职工教育经费支出的规定如下：①软件企业发生的职工教育经费中的职工培训费用可全额据实扣除；②扣除职工培训费后的职工教育经费的余额，应按照工资薪金的2.5%的比例扣除；③对于不能准确划分职工教育经费中职工培训费的，一律按照工资薪金的2.5%的比例扣除。

3. 各类保险费和统筹基金

（1）企业依照国务院有关主管部门或者省级人民政府规定的范围和标准为职工缴纳的基本养老保险费、基本医疗保险费、失业保险费、工伤保险费、生育保险费等基本社会保险费和住房公积金，准予扣除。

（2）企业为投资者或者职工支付的补充养老保险费、补充医疗保险费，在国务院财政、税务主管部门规定的范围和标准内，准予扣除。

（3）除企业依照国家有关规定为特殊工种职工支付的人身安全保险费和国务院财政、税务主管部门规定可以扣除的其他商业保险费外，企业为投资者或者职工支付的商业保险费，不得扣除。

（4）企业参加财产保险，按照规定缴纳的保险费，准予扣除。

4. 借款费用

借款费用是纳税人为经营活动的需要承担的、与借入资金相关的利息费用。

（1）借款费用范围的确定：①长期、短期借款的利息；②与债券相关的折价或溢价的摊销；③安排借款时发生的辅助费用的摊销；④与借入资金有关，作为利息费用调整额的外币借款产生的差额。

（2）资本化的借款费用不允许扣除。

企业为购置、建造固定资产、无形资产和经过12个月以上的建造才能达到预定可销售状态的存货发生借款的，在有关资产购置、建造期间发生的合理的借款费用，应当作为资本性支出计入有关资产的成本。

（3）企业在生产经营活动中发生的合理的不需要资本化的借款费用，准予扣除。允许扣除的借款费用：

①非金融企业向金融企业借款的利息支出、金融企业的各项存款利息支出和同业拆借利息支出、企业经批准发行债券的利息支出。

②非金融企业向非金融企业借款的利息支出，不超过按照金融企业同期同类贷款利率计算的数额的部分。

③企业向关联方借款的利息支出，将适用特殊纳税调整方法。

④企业向除内部职工或其他非关联关系的自然人借款的利息支出，其借款情况同时符合以下条件的，其利息支出在不超过按照金融企业同期同类贷款利率计算的

数额的部分，准予扣除。

a. 企业与个人之间的借贷是真实、合法、有效的，并且不具有非法集资目的或其他违反法律、法规的行为；

b. 企业与个人之间签订了借款合同。

5. 汇兑损益

企业在货币交易中，以及纳税年度终了时将人民币以外的货币性资产、负债按照期末即期人民币汇率中间价折算为人民币时产生的汇兑损失，除已经计入有关资产成本以及与向所有者进行利润分配相关的部分外，准予扣除。

6. 公益性捐赠支出

（1）准予扣除的公益性捐赠支出是指企业通过公益性社会团体或者县级以上人民政府及其部门，用于《中华人民共和国公益事业捐赠法》规定的公益事业的捐赠。

（2）这里所称的公益性社会团体，是指同时符合下列条件的基金会、慈善组织等社会团体：

①依法登记，具有法人资格；

②以发展公益事业为宗旨，且不以营利为目的；

③全部资产及其增值为该法人所有；

④收益和营运结余主要用于符合该法人设立目的的事业；

⑤终止后的剩余财产不归属任何个人或者营利组织；

⑥不经营与其设立目的无关的业务；

⑦有健全的财务会计制度；

⑧捐赠者不以任何形式参与社会团体财产的分配；

⑨国务院财政、税务主管部门会同国务院民政部门等登记管理部门规定的其他条件。

纳税人直接向受赠人的捐赠不允许扣除。

（3）公益性捐赠支出扣除标准：企业发生的公益性捐赠支出，不超过年度利润总额12%的部分，准予扣除。这里的年度利润总额，是指企业依照国家统一会计制度的规定计算的年度会计利润。

7. 广告费和业务宣传费

企业发生的符合条件的广告费和业务宣传费支出，除国务院财政、税务主管部门另有规定外，不超过当年销售（营业）收入15%的部分，准予扣除；超过部分，准予在以后纳税年度结转扣除。

（1）企业所得税法所称“销售（营业）收入”包括销售货物收入、让渡资产使用权（收取资产租金或使用费）收入、提供劳务收入等主营业务收入，还包括其他业务收入、视同销售收入等，但是不含营业外收入、让渡固定资产或无形资产所有权收入、投资收益。即会计核算中的“主营业务收入”、“其他业务收入”，再加上视同销售收入。

（2）特殊行业的扣除率规定：

①化妆品制造、医药制造和饮料制造（不含酒类制造）：不超过当年销售（营业）收入30%的部分，准予扣除；超过部分，准予结转以后纳税年度扣除。

②对采取特许经营模式的饮料制造企业，饮料品牌使用方发生的不超过当年销售（营业）收入30%的广告费和业务宣传费支出可以在本企业扣除，也可以将其中的部分或全部归集至饮料品牌持有方或管理方，由饮料品牌持有方或管理方作为销售费用据实在企业所得税前扣除。

③烟草企业的烟草广告费和业务宣传费支出，一律不得在税前扣除。

8. 业务招待费

企业发生的与生产经营活动有关的业务招待费支出，按照发生额的60%扣除，但最高不得超过当年销售（营业）收入的5‰。

9. 用于环境保护、生态恢复等方面的专项资金

企业依照法律、行政法规有关规定提取的用于环境保护、生态恢复等方面的专项资金，准予扣除。上述专项资金提取后改变用途的，不得扣除。

10. 固定资产租赁费

纳税人根据生产经营需要租入固定资产而支付的租赁费，分别按下列规定处理：

（1）以经营租赁方式租入固定资产发生的租赁费支出，按照租赁期限均匀扣除。

（2）以融资租赁方式租入固定资产发生的租赁费支出，按照规定构成融资租入固定资产价值的部分应当提取折旧费用，分期扣除。

融资租赁是指在实质上转移与一项资产所有权有关的全部风险和报酬的一种租赁。符合下列条件之一的租赁为融资租赁：①在租赁期满时，租赁资产的所有权转让给承租方；②租赁期为资产使用年限的大部分（75%或以上）；③租赁期内租赁最低付款额大于或基本等于租赁开始日资产的公允价值。

11. 总机构分摊的费用

非居民企业在中国境内设立的机构、场所，就其中国境外总机构发生的与本机构、场所生产经营有关的费用，能够提供总机构出具的费用汇集范围、定额、分配依据和方法等证明文件，并合理计算分摊的，准予扣除。

12. 劳动保护支出

纳税人实际发生的合理的劳动保护支出，可以扣除。劳动保护支出是指确因工作需要为雇员配备或提供工作服、手套、安全保护用品、防暑降温用品等所发生的支出。

13. 达不到固定资产标准的税控收款机、加油机税控装置购置费用

(1) 税控收款机购置费用达到固定资产标准的，应按固定资产管理，其按规定提取的折旧额可在企业计算缴纳所得税前扣除；达不到固定资产标准的，购置费用可在所得税前一次性扣除。

(2) 加油机税控装置和机控加油机购置费用达到固定资产标准的，应按固定资产管理，其按规定提取的折旧额可在企业计算缴纳所得税前扣除；达不到固定资产标准的，购置费用可在所得税前一次性扣除。

14. 有关资产的费用

企业转让各类固定资产发生的费用、按规定计算的固定资产折旧、无形资产摊销，准予在计算应纳税所得额时扣除。

15. 纳税人按照经济合同规定支付的违约金（包括银行罚息）、罚款和诉讼费

纳税人按照经济合同规定支付的违约金（包括银行罚息）、罚款和诉讼费，可以扣除。

16. 资产损失

企业当期发生的固定资产和流动资产盘亏、毁损净损失，由其提供清查盘存资料，经主管税务机关审核后，准予扣除；企业因存货盘亏、毁损、报废等原因不得从销项税额中抵扣的进项税额，应视同企业财产损失，准予与存货损失一起在所得税前按规定扣除。

17. 其他

依照有关法律、行政法规和国家有关税法规定准予扣除的其他项目。如合理的会议费、差旅费、违约金、诉讼费等。

（四）不得扣除的项目

根据企业所得税法及有关规定，企业在计算应纳税所得额时，下列项目不得从收入总额中扣除：

(1) 向投资者支付的股息、红利等权益性投资收益款项；

(2) 企业所得税税款；

(3) 税收滞纳金；

(4) 罚金、罚款和被没收财物的损失；

(5) 非公益、救济性捐赠支出及超出扣除标准的公益、救济性捐赠支出；

(6) 赞助支出，即企业发生的与生产经营活动无关的各种非广告性质支出；

(7) 未经核定的准备金支出，即不符合国务院财政、税务主管部门规定的各项资产减值准备、风险准备等准备金支出；

(8) 企业之间支付的管理费、企业内营业机构之间支付的租金和特许权使用费，以及非银行企业内营业机构之间支付的利息；

(9) 与取得收入无关的其他支出。

三、亏损弥补的税务处理

纳税人发生年度亏损的，可以用下一纳税年度的所得弥补；下一纳税年度的所得不足弥补的，可以逐年延续弥补，但是延续弥补期最长不超过5年。税法所指的亏损，不是企业财务报表中反映的亏损额，而是企业财务报表中的亏损额经主管税务机关按税法规定核实调整后的金额。税法中的亏损，是指应纳税所得额为负数。五年弥补期是指从亏损年度的下一个年度算起，连续5年内不论盈利或亏损，按顺序连续计算亏损的弥补年限。在5年内未弥补完的亏损，从第6年起应从企业税后利润或盈余公积中弥补。对于在5年亏损弥补期间的某一年度或某几个年度当年实际经营又发生亏损的，应分别以各亏损年度后的次年算起，连续5年弥补各自的亏损。

四、确定应纳税所得额的其他有关问题

（一）纳税年度的确定

中国采用公历制，纳税年度是指从公历1月1日起至12月31日止。纳税人在一个纳税年度的中间开业，或者由于合并、分立等原因，使该纳税年度的实际经营期不足12个月的，应当以其实际经营期为一个纳税年度。纳税人清算时，应当以清算期间作为一个纳税年度。

（二）特殊情况下所得额的计算或调整

（1）清算所得的计算。纳税人依法进行清算时，其结算终了后的清算所得，应当依法缴纳企业所得税。首先，计算宣布清算时企业的全部财产以及清算期间取得的财产，减去各项债务清偿额及损失后，计算出企业结算时的全部资产净额或利润等剩余财产。然后，以全部资产净额或剩余财产，扣除企业未分配利润、各项基金、清算费用和投资者实缴资本金后的余额，作为应纳税的清算所得。

（2）企业不能提供完整、准确的成本、费用凭证，不能正确计算应纳税所得额的，由当地税务机关参照同行业或者类似行业的利润核定利润率，计算其应纳税所得额；企业不能提供完整、准确的收入凭证，不能正确申报收入额的，由当地税务机关采用成本（费用）加合理的利润等方法予核定，确定其应纳税所得额。

（3）纳税人与其他关联企业之间的业务往来，应当按照独立企业之间的业务往来收取或者支付价款、费用。不按照独立企业之间业务往来收取或者支付价款、费用而减少其应纳税得额的，税务机关应进行合理调整。

第五节　资产的税务处理

企业的各项资产，包括固定资产、生产性生物资产、无形资产、长期待摊费用、投资资产、存货等，以历史成本为计税基础，即以企业取得该项资产时实际发生的支出为计税基础。

企业持有各项资产期间资产增值或者减值，除国务院财政、税务主管部门规定可以确认损益外，不得调整该资产的计税基础。

一、固定资产的税务处理

企业所得税对固定资产的税务处理，包括规定固定资产的确认标准、计税基础，以及折旧范围、依据和方法等。

（一）固定资产的确认标准

纳税人的固定资产，是指企业为生产产品、提供劳务、出租或者经营管理而持有的、使用时间超过 12 个月的非货币性资产，包括房屋、建筑物、机器、机械、运输工具以及其他与生产经营活动有关的设备、器具、工具等。

（二）固定资产的计税基础

固定资产的计税基础，按下列原则处理：

（1）外购的固定资产，以购买价款和支付的相关税费以及直接归属于使该资产达到预定用途发生的其他支出为计税基础；

（2）自行建造的固定资产，以竣工结算前发生的支出为计税基础；

（3）融资租入的固定资产，以租赁合同约定的付款总额和承租人在签订租赁合同过程中发生的相关费用为计税基础，租赁合同未约定付款总额的，以该资产的公允价值和承租人在签订租赁合同过程中发生的相关费用为计税基础；

（4）盘盈的固定资产，以同类固定资产的重置完全价值为计税基础；

（5）通过捐赠、投资、非货币性资产交换、债务重组等方式取得的固定资产，以该资产的公允价值和支付的相关税费为计税基础；

（6）改建的固定资产，除已足额提取折旧的固定资产和租入固定资产的改建支出外，以改建过程中发生的改建支出增加计税基础。

（三）固定资产的折旧

1. 计提折旧的固定资产范围

（1）房屋、建筑物；

（2）在用的机器设备及运输车辆、器具、工具；

（3）季节性停用和大修理停用的机器设备；

(4) 以经营性租赁方式出租的固定资产;

(5) 以融资性租赁方式租入的固定资产;

(6) 财政部规定的其他应当计提折旧的固定资产。

2. 不得计提折旧的固定资产范围

(1) 房屋、建筑物以外未投入使用的固定资产;

(2) 以经营租赁方式租入的固定资产;

(3) 以融资租赁方式租出的固定资产;

(4) 已足额提取折旧但仍继续使用的固定资产;

(5) 与经营活动无关的固定资产;

(6) 单独估价作为固定资产入账的土地;

(7) 其他不得计算折旧扣除的固定资产。

3. 固定资产的折旧依据和方法

纳税人的固定资产一般采用直接折旧法。但从事开采石油、天然气等矿产资源的企业,在开始商业性生产前发生的费用和有关固定资产的折耗、折旧方法,由国务院财政、税务主管部门另行规定。

纳税人应当从固定资产投入使用月份的次月起计提折旧;停止使用的固定资产,应当从停止使用月份的次月起停止计提折旧。

企业应当根据固定资产的性质和使用情况,合理确定固定资产的预计净残值。固定资产的预计净残值一经确定,不得变更。

小提示

对纳税人按会计制度规定计提的固定资产减值准备,在申报纳税时要调增应纳所得额。对企业已全额集体坏账准备并注销的固定资产,可在经主管税务机关审核确认后,作为资产损失在税前扣除。

4. 固定资产的折旧年限

除国务院财政、税务主管部门另有规定外,固定资产计算折旧的最低年限如下:

(1) 房屋、建筑物,为20年;

(2) 飞机、火车、轮船、机器、机械和其他生产设备,为10年;

(3) 与生产经营活动有关的器具、工具、家具等,为5年;

(4) 飞机、火车、轮船以外的运输工具,为4年;

(5) 电子设备,为3年。

二、生产性生物资产的税务处理

生产性生物资产,是指企业为生产农产品、提供劳务或者出租等而持有的生物资产,包括经济林、薪炭林、产畜和役畜等。

（一）生产性生物资产的计税基础

生产性生物资产按照以下方法确定计税基础：

（1）外购的生产性生物资产，以购买价款和支付的相关税费为计税基础；

（2）通过捐赠、投资、非货币性资产交换、债务重组等方式取得的生产性生物资产，以该资产的公允价值和支付的相关税费为计税基础。

（二）生产性生物资产的折旧

生产性生物资产按照直线法计算的折旧，准予扣除。纳税人应当自生产性生物资产投入使用月份的次月起计算折旧；停止使用的生产性生物资产，应当自停止使用月份的次月起停止计算折旧。

企业应当根据生产性生物资产的性质和使用情况，合理确定生产性生物资产的预计净残值。生产性生物资产的预计净残值一经确定，不得变更。

生产性生物资产计算折旧的最低年限如下：

（1）林木类生产性生物资产，为10年；

（2）畜类生产性生物资产，为3年。

三、无形资产的税务处理

无形资产，是指企业为生产产品、提供劳务、出租或者经营管理而持有的、没有实物形态的非货币性长期资产，包括专利权、商标权、著作权、土地使用权、非专利技术、商誉等。

纳税人购买计算机硬件所附带的软件，未单独计价的，应并入计算机硬件作为固定资产管理；单独计价的软件，应作为无形资产管理。

> **小提示**
>
> 企业计提的无形资产减值准备不允许在税前扣除。具体处理和固定资产减值准备相同。

（一）无形资产的计税基础

无形资产按照以下方法确定计税基础：

（1）外购的无形资产，以购买价款和支付的相关税费以及直接归属于使该资产达到预定用途发生的其他支出为计税基础；

（2）自行开发的无形资产，以开发过程中该资产符合资本化条件后至达到预定用途前发生的支出为计税基础；

（3）通过捐赠、投资、非货币性资产交换、债务重组等方式取得的无形资产，以该资产的公允价值和支付的相关税费为计税基础。

（二）无形资产的摊销

无形资产按照直线法计算的摊销费用，准予扣除。

（1）无形资产的摊销年限不得低于10年；

（2）作为投资或者受让的无形资产，有关法律规定或者合同约定了使用年限的，可以按照规定或者约定的使用年限分期摊销；

（3）外购商誉的支出，在企业整体转让或者清算时，准予扣除。

四、长期待摊费用的税务处理

在计算应纳税所得额时，企业发生的下列支出作为长期待摊费用，按照规定摊销的，准予扣除：

（一）固定资产的改建支出

固定资产的改建支出，是指改变房屋或者建筑物结构、延长使用年限等发生的支出。可以作为长期待摊费用的固定资产的改建支出包括以下两项：

（1）已足额提取折旧的固定资产的改建支出，按照固定资产预计尚可使用年限分期摊销；

（2）租入固定资产的改建支出，按照合同约定的剩余租赁期限分期摊销。

改建的固定资产延长使用年限的，除上述规定外，应当适当延长折旧年限。

（二）固定资产的大修理支出

固定资产的大修理支出，是指同时符合下列条件的支出：

（1）修理支出达到取得固定资产时的计税基础的50%以上；

（2）修理后固定资产的使用年限延长2年以上。

固定资产的大修理支出，按照固定资产尚可使用年限分期摊销。

（三）其他应当作为长期待摊费用的支出

其他应当作为长期待摊费用的支出，自支出发生月份的次月起，分期摊销，摊销年限不得低于3年。

五、投资资产的税务处理

投资资产，是指企业对外进行权益性投资和债权性投资形成的资产。

企业在转让或者处置投资资产时，投资资产的成本，准予扣除。

投资资产按照以下方法确定成本：

（1）通过支付现金方式取得的投资资产，以购买价款为成本；

（2）通过支付现金以外的方式取得的投资资产，以该资产的公允价值和支付的相关税费为成本。

六、存货的税务处理

存货，是指企业持有以备出售的产品或者商品、处在生产过程中的在产品、在生产或者提供劳务过程中耗用的材料和物料等。

存货按照以下方法确定成本：①通过支付现金方式取得的存货，以购买价款和支付的相关税费为成本；②通过支付现金以外的方式取得的存货，以该存货的公允价值和支付的相关税费为成本；③生产性生物资产收获的农产品，以产出或者采收过程中发生的材料费、人工费和分摊的间接费用等必要支出为成本。

企业使用或者销售的存货的成本计算方法，可以在先进先出法、加权平均法、个别计价法中选用一种。计价方法一经选用，不得随意变更。

第六节　关联方特别纳税调整

一、关联方的认定

我国税法所认可的关联方，是指与企业有下列关联关系之一的企业、其他组织或者个人：

（1）在资金、经营、购销等方面存在直接或者间接的控制关系；

（2）直接或者间接地同为第三者控制；

（3）在利益上具有相关联的其他关系。

根据《特别纳税调整实施办法（试行）》，上述关系主要是指下列之一的关系：

（1）一方直接或间接持有另一方的股份总和达到25%以上，或者双方直接或间接同为第三方所持有的股份达到25%以上。若一方通过中间方对另一方间接持有股份，只要一方对中间方持股比例达到25%以上，则一方对另一方的持股比例按照中间方对另一方的持股比例计算。

（2）一方与另一方（独立金融机构除外）之间借贷资金占一方实收资本50%以上，或者一方借贷资金总额的10%以上是由另一方（独立金融机构除外）担保。

（3）一方半数以上的高级管理人员（包括董事会成员和经理）或至少一名可以控制董事会的董事会高级成员是由另一方委派；双方半数以上的高级管理人员（包括董事会成员和经理）或至少一名可以控制董事会的董事会高级成员同为第三方委派。

（4）一方半数以上的高级管理人员（包括董事会成员和经理）同时担任另一方的高级管理人员（包括董事会成员和经理），或者一方至少一名可以控制董事会的董事会高级成员同时担任另一方的董事会高级成员。

（5）一方的生产经营活动必须由另一方提供的工业产权、专有技术等特许权才能正常进行。

（6）一方的购买或销售活动主要由另一方控制。

（7）一方接受或提供劳务主要由另一方控制。

（8）一方对另一方的生产经营、交易具有实质控制，或者双方在利益上具有相关联的其他关系，包括虽未达到第（1）项持股比例，但一方与另一方的主要持股方享受基本相同的经济利益，以及家族、亲属关系等。

凡与另一企业构成关联企业的企业，均应在纳税年度终了后四个月内向主管税务机关报送“中华人民共和国国家税务总局外商投资企业和外国企业与其关联企业业务往来情况年度申报表”（以下简称申报表）。企业在本纳税年度内与两家或两家以上关联企业发生业务往来的，应分别填写申报表。

二、关联方往来业务交易额的认定

（一）关联方之间业务往来的类型

关联方之间业务往来的类型及其内容主要包括：

（1）有形财产的购销、转让和使用，包括房屋建筑物、交通工具、机器设备、工具、商品（产品）等有形财产的购销、转让和租赁业务；

（2）无形财产的转让和使用，包括土地使用权、版权（著作权）、商标、牌号、专利和专有技术等特许权以及工业品外观设计或实用新型等工业产权的所有权转让和使用权的提供业务；

（3）融通资金，包括各类长短期资金拆借和担保、有价证券的买卖及各类计息预付款和延期付款等业务；

（4）提供劳务，包括市场调查、行销、管理、行政事务、技术服务、维修、设计、咨询、代理、科研、法律、会计事务等服务的提供等。

（二）关联方交易额的确定

根据业务往来的性质，发生下列类型的业务往来，其所实际支付和收取的价款、费用金额，即为关联方交易额。具体来说有：

（1）企业与关联方之间的产品（商品）购销业务实际支付或收取的价款金额；

（2）企业与关联方之间融通资金的金额及其应计利息（包括各项有关费用）；

（3）企业与关联方之间提供劳务所实际支付或收取的劳务费金额；

（4）企业与关联方之间转让有形财产、提供有形财产使用权等所实际支付或收取的费用金额；

（5）企业与关联方之间转让无形财产、提供无形财产的使用权等所实际支付或收取的费用和金额。

三、调整方法的选用

（一）企业与其关联方业务往来的调整

企业与其关联方之间的业务往来，不符合独立交易原则而减少企业或者其关联方应纳税收入或者所得额的，税务机关有权按照合理方法调整。

所谓独立交易原则，是指没有关联关系的交易各方，按照公平成交价格和营业常规进行业务往来遵循的原则。

税法规定的调整方法包括：

(1) 可比非受控价格法，是指按照没有关联关系的交易各方进行相同或者类似业务往来的价格进行定价的方法；

(2) 再销售价格法，是指按照从关联方购进商品再销售给没有关联关系的交易方的价格，减除相同或者类似业务的销售毛利进行定价的方法；

(3) 成本加成法，是指按照成本加合理的费用和利润进行定价的方法；

(4) 交易净利润法，是指按照没有关联关系的交易各方进行相同或者类似业务往来取得的净利润水平确定利润的方法；

(5) 利润分割法，是指将企业与其关联方的合并利润或者亏损在各方之间采用合理标准进行分配的方法；

(6) 其他符合独立交易原则的方法。

(二) 企业与其关联方共摊成本的调整

企业与其关联方共同开发、受让无形资产，或者共同提供、接受劳务发生的成本，在计算应纳税所得额时应当按照独立交易原则与其关联方分摊共同发生的成本，达成成本分摊协议。

企业与其关联方分摊成本时，应当按照成本与预期收益相配比的原则进行分摊，并在税务机关规定的期限内按照税务机关的要求报送有关资料。

企业与其关联方分摊成本时违反规定的，其自行分摊的成本不得在计算应纳税所得额时扣除。

(三) 预约定价安排

企业可以向税务机关提出与其关联方之间业务往来的定价原则和计算方法，税务机关与企业协商、确认后，达成预约定价安排。所谓预约定价安排，是指企业就其未来年度关联交易的定价原则和计算方法，向税务机关提出申请，与税务机关按照独立交易原则协商、确认后达成的协议。

(四) 报送资料的要求

企业向税务机关报送年度企业所得税纳税申报表时，应当就其与关联方之间的业务往来，附送年度关联业务往来报告表。

税务机关在进行关联业务调查时，企业和其关联方以及与关联业务调查有关的其他企业，应当按照规定提供相关资料。这里与关联业务调查有关的其他企业，是指与被调查企业在生产经营内容和方式上相类似的企业。

提供的相关资料包括：

(1) 与关联业务往来有关的价格、费用的制定标准、计算方法和说明等同期资料；

(2) 关联业务往来所涉及的财产、财产使用权、劳务等的再销售（转让）价格或者最终销售（转让）价格的相关资料；

（3）与关联业务调查有关的其他企业应当提供的与被调查企业可比的产品价格、定价方式以及利润水平等资料；

（4）其他与关联业务往来有关的资料。

企业应当在税务机关规定的期限内提供与关联业务往来有关的价格、费用的制定标准、计算方法和说明等资料。关联方以及与关联业务调查有关的其他企业应当在税务机关与其约定的期限内提供相关资料。

企业不提供与其关联方之间业务往来资料，或者提供虚假、不完整资料，未能真实反映其关联业务往来情况的，税务机关有权依法核定其应纳税所得额。税务机关可以采用下列方法：

（1）参照同类或者类似企业的利润率水平核定；

（2）按照企业成本加合理的费用和利润的方法核定；

（3）按照关联方集团整体利润的合理比例核定；

（4）按照其他合理方法核定。

企业对税务机关按照前款规定的方法核定的应纳税所得额有异议的，应当提供相关证据，经税务机关认定后，调整核定的应纳税所得额。

（五）其他规定

（1）由居民企业，或者由居民企业和中国居民控制的、设立在实际税负明显低于法定税率的50%水平的国家（地区）的企业，并非由于合理的经营需要而对利润不作分配或者减少分配的，上述利润中应归属于该居民企业的部分，应当计入该居民企业的当期收入。

这里的控制包括：

①居民企业或者中国居民直接或者间接单一持有外国企业10%以上有表决权股份，且由其共同持有该外国企业50%以上股份；

②居民企业，或者居民企业和中国居民持股比例没有达到第①项规定的标准，但在股份、资金、经营、购销等方面对该外国企业构成实质控制。

（2）企业从其关联方接受的债权性投资与权益性投资的比例超过规定标准（金融企业为5∶1，其他企业为2∶1）而发生的利息支出，不得在计算应纳税所得额时扣除。

这里的债权性投资，是指企业直接或者间接从关联方获得的，需要偿还本金和支付利息或者需要以其他具有支付利息性质的方式予以补偿的融资。企业间接从关联方获得的债权性投资包括：

①关联方通过无关联第三方提供的债权性投资；

②无关联第三方提供的、由关联方担保且负有连带责任的债权性投资；

③其他间接从关联方获得的具有负债实质的债权性投资。

这里所称权益性投资，是指企业接受的不需要偿还本金和支付利息，投资人对企业净资产拥有所有权的投资。

（3）企业实施其他不具有合理商业目的的安排而减少其应纳税收入或者所得额的，税务机关有权按照合理方法调整。

这里所称不具有合理商业目的，是指以减少、免除或者推迟缴纳税款为主要目的。

企业与其关联方之间的业务往来，不符合独立交易原则或者企业实施其他不具有合理商业目的安排的，税务机关有权在该业务发生的纳税年度起10年内，进行纳税调整。

税务机关根据税收法律、行政法规的规定，对企业作出特别纳税调整的，应当对补征的税款，自税款所属纳税年度的次年6月1日起至补缴税款之日止的期间，按日加收利息。利息应当按照税款所属纳税年度中国人民银行公布的与补税期间同期的人民币贷款基准利率加5%计算。而且这些加收的利息，不得在计算应纳税所得额时扣除。

企业依照企业所得税法第四十三条和本条例的规定提供有关资料的，可以只按前款规定的人民币贷款基准利率计算利息。

第七节 企业所得税应纳税额的计算

一、查账征税应纳税额的计算

应纳税额是企业依照税法规定应向国家缴纳的税款。应纳税额的计算公式如下：

应纳税额 = 应纳税所得额 × 适用税率 − 减免税额 − 抵免税额

公式中的减免税额和抵免税额，是指依照企业所得税法和国务院的税收优惠规定减征、免征和抵免的应纳税额。

应纳税所得额 = 会计利润 ± 调整项目

例1：某企业2010年发生下列业务：

（1）销售产品收入2 000万元；

（2）接受捐赠材料一批，取得赠出方开具的增值税发票，注明价款10万元，增值税1.7万元；企业找一运输公司将该批材料运回企业，支付运杂费0.3万元；

（3）转让一项商标所有权，取得营业外收入60万元；

（4）收取当年让渡资产使用权的专利实施许可费，取得其他业务收入10万元；

（5）取得国债利息2万元；

（6）全年销售成本1 000万元；销售税金及附加100万元；

（7）全年销售费用500万元，含广告费400万元；全年管理费用200万元，含招待费80万元；全年财务费用50万元；

（8）全年营业外支出40万元，含通过政府部门对灾区捐款20万元；直接对私立小学捐款10万元；违反政府规定被工商局罚款2万元。

请计算该企业应纳所得税额。

解：①会计利润 =2 000 +10 +1.7 +60 +10 +2 -1 000 -100 -500 -200 -50 -40
=193.7（万元）

②国债利息收入是免税收入，应调减2万元。

③该企业对广告费的纳税调整额：

以销售营业收入（2 000 +10）万元为基数，不能包括营业外收入。

广告费限额 =（2 000 +10）×15% =301.5（万元）；广告费超支400 -301.5
=98.5（万元）

调增应纳税所得额98.5万元。

④该企业对招待费的纳税调整额：

招待费限额计算：80 ×60% =48（万元）与（2 000 +10）×5‰ =10.05（万元）两者之中取其小者，招待费限额为10.05万元，超支69.95万元。

⑤该企业对营业外支出的纳税调整额：

捐赠限额 =193.7 ×12% =23.24（万元）

该企业20万元公益性捐赠可以扣除；直接对私立小学的捐赠不得扣除；行政罚款不得扣除。

⑥应纳税所得税额 =193.7 -2 +98.5 +69.95 +12 =372.15（万元）

⑦应纳税额 =372.15 ×25% =93.04（万元）

二、外国已纳税额扣除的计算

已在境外缴纳的所得税税额，是指企业来源于中国境外的所得依照中国境外税收法律以及相关规定应当缴纳并已经实际缴纳的企业所得税性质的税款。为了避免重复征税，我国对境外已纳税额准予扣除。并按照企业与产生该境外所得来源的分支机构或子公司的关系不同，我国税法规定了直接抵免和间接抵免两种不同的方法。

（一）境外所得已纳税额扣除的规定

企业取得的下列所得已在境外缴纳的所得税税额，可以从其当期应纳税额中抵免，抵免限额为该项所得依照我国税法规定计算的应纳税额；超过抵免限额的部分，可以在以后五个年度内，用每年度抵免限额抵免当年应抵税额后的余额进行抵补：

（1）居民企业来源于中国境外的应税所得；

（2）非居民企业在中国境内设立机构、场所，取得发生在中国境外但与该机构、场所有实际联系的应税所得；

（3）居民企业从其直接或者间接控制的外国企业分得的来源于中国境外的股息、红利等权益性投资收益，外国企业在境外实际缴纳的所得税税额中属于该项所得负担的部分，可以作为该居民企业的可抵免境外所得税税额。

根据税法规定，前两种情况属于收到来源于分支机构的所得，因此适用直接抵免法；后一种情况属于收到来源于子公司（孙公司）的所得，因此适用间接抵免法。不论是直接抵免法还是间接抵免法，都是采用分国不分项的抵免限额法。其计算步骤基本相同：

（1）确定境外已纳税款。境外已纳税款，是指纳税人来源于中国境外的所得在境外实际缴纳的所得税税款。纳税人境外投资、经营活动获得的减免税，应区别不同情况按以下办法处理：

①纳税人在与中国缔结避免双重征税协定的国家，按所在国税法及政府规定获得的减免税，可由纳税人提供有关证明，经税务机关审核后，视同已交所得税进行抵免。

②对外经济合作企业承揽中国政府援外项目、当地国家（地区）的政府项目、世界银行等世界性经济组织的援建项目和中国政府驻外使馆、领事馆项目，获当地国家（地区）政府减免所得税的，可由纳税人提供有关证明，经税务机关审核后，视同已交所得税进行抵免。

③除上述两种情况外，纳税人的境外减免税或纳税后又得到补偿以及由他人代为承担的税款不得从已纳所得税中进行抵免。

小提示

“境内、境外所得按税法计算的应纳税总额”是按25%的法定税率计算的应纳税总额（这里的税率不得使用任何优惠或照顾税率）。“来源于某外国的所得额”是指来源于同一国家不同应税所得的合计，而且为税前利润。

（2）计算抵免限额。抵免限额是指纳税人的境外所得，依据中国税法规定，扣除为取得该项所得摊计的成本、费用以及损失后，得出应纳税所得额，据以计算的应纳税额。抵免限额的计算实行分国不分项原则。也就是说，对来源于境外某一国的各项所得不分项，而是要汇总到一起，作为来源于某外国的所得额，按我国税法计算抵免限额；而对于来源于境外多国的所得，则要按来源于每一个国家的所得，按我国税法分国计算抵免限额。抵免限额的计算公式如下：

境外所得税税款抵免限额＝境内、境外所得按税法计算的应纳税总额×来源于某外国的所得额÷境内、境外所得总额

（3）比较抵免限额和境外已纳税额，两者中较小者为实际的抵免数。如果纳税人来源于境外所得实际缴纳的税款低于抵免限额，可从其按境内和境外所得汇总缴纳的应纳税额中据实扣除；超过扣除限额的，其超过部分不得在本年度的应纳税额中扣除，也不得列为费用支出，但可用作以后年度税额扣除的余额补扣，补扣期

最长不超过5年。

（二）直接抵免法

直接抵免法适用于以下两种情况：

（1）居民企业来源于中国境外的应税所得；

（2）非居民企业在中国境内设立机构、场所，取得发生在中国境外但与该机构、场所有实际联系的应税所得。

如果不能确切知道境外的税前所得，而只知企业取得的税后利润，那么在进行抵免计算时必须将税后利润进行还原，还原公式为：

境外分回利润÷（1－来源国公司所得税税率）；或境外分回利润＋境外已纳税款

例2：某国有公司当年度境内经营应纳税所得额为4 000万元，其中在A、B两国设有分支机构。A国分支机构当年应纳税所得额为1 200万元，其中生产经营所得为1 000万元，A国规定税率为40%，特许权使用费所得为200万元，A国规定的税率为20%；B国分支机构当年应纳税所得额为800万元，其中生产经营所得为500万元，B国规定税率为30%，租金所得为300万元，B国规定的税率为10%。请计算该公司当年度境内外所得汇总缴纳的所得税额。

解：①公司境内外所得汇总应纳所得税额＝（4 000＋1 200＋800）×25%
＝1 500（万元）

②A国分支机构在境外已纳税额＝1 000×40%＋200×20%＝400＋40
＝440（万元）

A国分支机构税额抵免限额＝1 500×（1 200÷6 000）＝300（万元）

因为440＞300，故准予抵扣A国的已纳税额300万元，而剩下140（440－300）万元留待以后年度补扣。

③B国分支机构在境外已纳税额＝500×30%＋300×10%＝150＋30
＝180（万元）

B国分支机构税额抵免限额制1 500×（800÷6 000）＝200（万元）

因为180＜200，故准予抵扣的B国已纳税额180万元。

④当年度境内外所得汇总后缴纳所得税额＝1 500－300－180＝1 020（万元）

（三）间接抵免法

间接抵免法适用于以下两种情况：

（1）居民企业直接持有外国企业20%以上股份时，从该外国企业分得的来源于中国境外的股息、红利等权益性投资收益；

（2）居民企业以间接持股方式持有外国企业20%以上股份时，从该外国企业分得的来源于中国境外的股息、红利等权益性投资收益。

居民企业在依照税法规定抵免境外所得税税额中由其负担的税额的，从最低一层企业起逐层计算由上一层企业负担的税额，其计算公式如下：

本层企业由上一层企业负担的税额＝本层企业就利润和投资收益所实际缴纳和按税法规定计算负担的税额×本层企业向上一层企业分配的股息红利额÷本层企业所得税后利润额

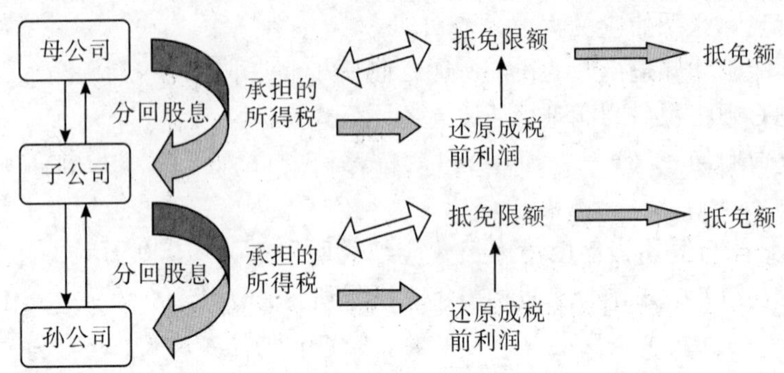

例3：某中美合资公司A拥有设在乙国子公司B的40%的股份。2010年度，A公司在中国获利100万元，B公司在乙国获利200万元，缴纳公司所得税后，向母公司支付股息50.4万元，该股息已缴纳预提所得税，乙国公司所得税税率为30%，乙国预提税税率为10%。请计算A公司的间接抵免额。

解：①B公司应纳税额＝200×30%＝60（万元）

B公司的税后利润＝200×（1－30%）＝140（万元）

B公司分配的毛股息＝50.4÷（1－10%）＝56（万元）

该毛股息承担的企业所得税＝60×（56÷140）＝24（万元）

②B公司分配的毛股息应纳税额＝（56＋24）×25%＝20（万元）

抵免限额＝（56＋24）×25%＝20（万元）

因为24＞20，故准予抵扣乙国的已纳税额20万元，而剩下4（24－20）万元留待以后年度补扣。

三、核定征收应纳税额的计算

为了加强企业所得税的征收管理，对部分中小企业采取核定征收的办法，计算其应纳税额。

（一）核定征收企业所得税的适用范围

纳税人具有下列情形之一的，应采取核定征收方式征收企业所得税：

（1）依照税收法律法规规定可以不设账簿的或按照税收法律法规规定应设置但未设置账簿的；

(2) 只能准确核算收入总额，或收入总额能够查实，但其成本费用支出不能准确核算的；

(3) 只能准确核算成本费用支出，或成本费用支出能够查实，但其收入总额不能准确核算的；

(4) 收入总额及成本费用支出均不能正确核算，不能向主管税务机关提供真实、准确、完整纳税资料，难以查实的；

(5) 账目设置和核算虽然符合规定，但并未按规定保存有关账簿、凭证及有关纳税资料的；

(6) 发生纳税义务，未按照税收法律法规规定的期限办理纳税申报，经税务机关责令限期申报，逾期仍不申报的。

(二) 核定征收企业所得税的办法

核定征收方式包括定额征收和核定应税所得率征收两种办法，以及其他合理的办法。

(1) 定额征收，是指税务机关按照一定的标准、程序和方法，直接核定纳税人年度应纳企业所得税额，由纳税人按规定进行申报缴纳的办法。实行定额征收办法的，主管税务机关要对纳税人的有关情况进行调查研究、分类排队、认真测算，并在此基础上按年从高直接核定纳税人的应纳所得税额。

(2) 核定应税所得率征收，是指税务机关按照一定的标准、程序和方法预先核定纳税人的应税所得率，由纳税人根据纳税年度内的收入总额或成本费用等项目的实际发生额，按预先核定的应税所得率计算缴纳企业所得税的办法。实行核定应税所得率征收办法的，应纳所得税额的计算公式如下：

应纳所得税额 = 应纳税所得额 × 适用税率

应纳税所得额 = 收入总额 × 应税所得率

或 = 成本费用支出额 ÷ (1 − 应税所得率) × 应税所得率

应税所得率应按下表规定的标准执行：

应税所得率表

行业	应税所得率（%）
农林牧渔业	3 ~ 10
制造业	5 ~ 15
批发和零售贸易业	4 ~ 15
交通运输业	7 ~ 15
建筑业	8 ~ 20

（续上表）

行业	应税所得率（%）
饮食业	8～25
娱乐业	15～30
其他行业	10～30

企业经营多业的，无论其经营项目是否单独核算，均由主管税务机关根据其主营项目，核定其适用某一行业的应税所得率。

对实行核定征收方式的纳税人，主管税务机关应根据纳税人的行业特点、纳税情况、财务管理、会计核算、利润水平等因素，结合本地实际情况，按公平、公正、公开原则分类逐户核定其应纳税额或应税所得率。

（3）企业所得税征收方式一经确定，如无特殊情况，在一个纳税年度内一般不得变更。实行纳税人自行申报纳税，税务机关查实征收方式的，如有符合核定征收方式的情形，一经查实，可随时变更为核定征收的方式。

纳税人年度应纳所得税额或应税所得率一经核定，除发生下列情况外，一个纳税年度内一般不得调整：①实行改组改制的；②生产经营范围、主营业务发生重大变化的；③因遭受风、火、水、地震等人力不可抗拒灾害的。

纳税人实行核定征收方式的，不得享受企业所得税各项优惠政策。纳税人按规定在享受企业所得税优惠政策期间或优惠政策到期后3年内，如出现符合核定征收方式的情形，一经查实，应追回因享受优惠政策而减免的税款（不包括2000年1月1日以前享受优惠政策已经期满的纳税人）。其中，按规定执行优惠政策尚未到期的，还应按核定征收的方式恢复征税。

例4：某私营企业2010年度向主管税务机关申报收入总额122万元，成本费用支出总额127.5万元，全年亏损5.5万元。经税务机关检查，支出的成本费用核算准确，但收入总额不能确定。税务机关对该企业实行核定征税办法，应税所得率为25%。该私营企业2010年应缴纳的企业所得税为多少？

解：按照核定征收办法，该企业应纳税所得额＝127.5÷（1－25%）×25%

＝42.5（万元）

应纳所得税额＝42.5×25%＝10.625（万元）

第八节　企业所得税的征收与纳税申报

一、征收缴纳方法

企业所得税按纳税年度计算。企业依法清算时，应当以清算期间作为一个纳税年度。

企业所得税分月或者分季预缴。企业按规定分月或者分季预缴企业所得税时，应当按照月度或者季度的实际利润额预缴；按照月度或者季度的实际利润额预缴有困难的，可以按照上一纳税年度应纳税所得额的月度或者季度平均额预缴，或者按照经税务机关认可的其他方法预缴。预缴方法一经确定，该纳税年度内不得随意变更。

企业应当自月份或者季度终了之日起十五日内，向税务机关报送预缴企业所得税纳税申报表，预缴税款。

企业应当自年度终了之日起五个月内，向税务机关报送年度企业所得税纳税申报表，并汇算清缴，结清应缴应退税款。

企业在报送企业所得税纳税申报表时，应当按照规定附送财务会计报告和其他有关资料。

企业在年度中间终止经营活动的，应当自实际经营终止之日起六十日内，向税务机关办理当期企业所得税汇算清缴。

企业应当在办理注销登记前，就其清算所得向税务机关申报并依法缴纳企业所得税。

企业计算缴纳企业所得税时，应以人民币计算。企业所得以人民币以外的货币计算的，预缴企业所得税时，应当按照月度或者季度最后一日的人民币汇率中间价，折合成人民币计算应纳税所得额。年度终了汇算清缴时，对已经按照月度或者季度预缴税款的，不再重新折合计算，只就该纳税年度内未缴纳企业所得税的部分，按照纳税年度最后一日的人民币汇率中间价，折合成人民币计算应纳税所得额。

经税务机关检查确认，企业少计或者多计前款规定的所得的，应当按照检查确认补税或者退税时的上一个月最后一日的人民币汇率中间价，将少计或者多计的所得折合成人民币计算应纳税所得额，再计算应补缴或者应退的税款。

二、纳税地点

除税收法律、行政法规另有规定外，居民企业以企业登记注册地为纳税地点；

但登记注册地在境外的，以实际管理机构所在地为纳税地点。

居民企业在中国境内设立不具有法人资格的营业机构的，应当汇总计算并缴纳企业所得税。企业汇总计算并缴纳企业所得税时，应当统一核算应纳税所得额，具体办法由国务院财政、税务主管部门另行制定。

非居民企业取得其在中国境内设立机构、场所的所得，以及发生在中国境外但与其所设机构、场所有实际联系的所得时，应以机构、场所所在地为纳税地点。主要机构、场所应当同时符合下列条件：

（1）对其他各机构、场所的生产经营活动负有监督管理责任；

（2）设有完整的账簿、凭证，能够准确反映各机构、场所的收入、成本、费用和盈亏情况。

非居民企业在中国境内设立两个或者两个以上机构、场所的，经税务机关审核批准，可以选择由其主要机构、场所汇总缴纳企业所得税。

非居民企业取得企业所得税法第三条第三款规定的所得，以扣缴义务人所在地为纳税地点。

【趣味阅读】

处理国际双重征税问题上比较特别的国家

在要求其居民公司承担无限纳税义务的国家或地区，为避免对居民公司来源于境外所得的国际双重征税问题，大多采用一定的方法来加以免除。方法主要有：扣除法、免税法或抵免法。

在处理国际双重征税问题上有一些比较特别的国家。如马耳他规定外国税收免除的条件及方法是：①所得来源国与马耳他签订有税收协定，则按协定方法免除；②所得来源国为英联邦国家，则按对等免除的原则进行；③在无①、②两种免除的情况下，外国来源所得已纳的外国税收可经特许作为支出处理。马来西亚的方法为：①按双边税收协定规定方法免除，但在计征年底内，外国税收可抵免总额不应超过在进行任何抵免之前本年度按应税所得计算的应付税款总额；②按国内法规免除，其免除额不能超过本年度应纳外国税收的1/2。

【本章小结】

1. 企业所得税是对我国内资、外资企业的生产经营所得和其他所得征收的一种税，它是我国所得税体系中的主体税种。

2. 企业所得税在立法中遵循下列原则：统一税法、公平税负、促进竞争；理顺和规范国家和企业分配关系，促进企业转换机制；兼顾我国实际，向国际惯例靠拢；简化税制，便于征管。

3. 企业所得税具有以下特点：征税对象是净所得额；税以量能负担为原则；一般实行按年计征，分期预缴的征收办法。

4. 企业所得税以纳税人取得来源于中国境内、境外的生产经营所得和其他所得作为征税对象。

5. 企业所得税以取得应税所得、实行独立核算的境内企业或者组织为纳税义务人。

6. 按照企业所得税法的规定，企业所得税实行33%的比例税率。另规定了两档优惠税率18%、27%。

7. 股权投资的所得税税务处理包括：企业股权投资所得的所得税处理、企业股权投资转让所得和损失的所得税处理、企业以部分非货币性资产投资的所得税处理、企业整体资产转让的所得税处理以及企业整体资产置换的所得税处理。

8. 企业所得税的计税依据是应纳税所得额，指纳税人每个纳税年度的收入总额减去准予扣除项目金额后的余额。

9. 企业所得税应纳税额的计算，应按年计算、分月或分季预缴、年终汇算清缴、多退少补的征纳办法。

【主要名词】

所得　企业所得税　应纳税所得额　应纳所得税额　税款抵免

【复习思考】

1. 企业所得税有哪些特点？
2. 企业所得税的征税对象是什么？征税范围包括哪些内容？
3. 作为企业所得税的纳税人应具备什么条件？
4. 企业所得税的应纳所得税额应如何确定？
5. 在计算应纳税所得额时，哪些项目不得从收入总额中扣除？
6. 境外所得已纳税额如何抵免？
7. 企业发生的年底亏损怎样弥补？
8. 企业应如何办理企业所得税的纳税申报？

第八章　个人所得税

个人所得税关系到个人利益，历来重要而敏感。个人所得税税源广泛，是所有经济发达国家的主要税源。我国的个人所得税制是为了适应经济改革开放的需要，于1980年起逐步形成和发展起来的。1994年，国家将原个人所得税、个人收入调节税、城乡个体工商业户所得税"三税"改革，合并成新的个人所得税。这对于进一步推进改革开放，增进公民纳税意识，维护国家权益，调节个人收入，实现社会公平和稳定，都有重大的现实意义。

随着我国经济的进一步发展，社会公民个人的收入渠道及数量都将越来越多，而通过我国个人所得税制的进一步完善，个人所得税的财政收入及经济调节、社会公平作用将会越来越重要。因此，个人所得税是一个十分重要的税种，也是一个很有发展前途的税种。

读者通过本章可以了解以下内容：我国个人所得税制的建立和发展过程，个人所得税的纳税人与征税对象，个人所得税税率及应纳税额的计算，个人所得税的优惠规定等。

第一节　个人所得税概述

一、个人所得税的概念

个人所得税是以个人（自然人）取得的各种所得为征税对象而征收的一种税。

一般来说，个人所得的含义有狭义和广义两种。狭义的个人所得仅限于每年经常、反复发生的所得。广义的个人所得包括在一定期限内个人获得的一切利益，而不论其利益的来源及方式，不论其是偶然的还是临时的，是货币、有价证券还是实物。目前，包括我国在内的世界各国实行的个人所得税一般均以这种广义含义的个人所得概念为基础。

从广义的个人所得概念出发，可以将个人取得的各种所得分为毛所得和净所得、财产所得和劳动所得、经常所得和偶然所得、自由支配所得和非自由支配所得、交易所得和转移所得、应收所得和实现所得、名义所得和实际所得、积极所得和消极所得等。

二、我国个人所得税制的建立和发展

我国个人所得税制的演变，大致经历了20世纪50年代个人所得税种的设置、80年代个人所得税制的建立和90年代个人所得税制的完善三个阶段。

> **税收拾粹**
>
> 个人所得税是近代的产物。其最近的发展在第二次世界大战期间，对薪资所得采取课源的方法的课税技术改进。日本于1940年采取课源法，针对薪资所得者就源扣缴。美国于1943年、英国于1944年采取该措施。

（一）20世纪50年代设置个人所得税税种

1950年1月，前政务院颁布的《全国税政实施要则》中列有"薪给报酬所得税"和"存款利息所得税"，这两个税种都是个人所得税的组成部分。前者是对个人工资、薪金、劳务报酬所得征收，由于种种原因，20世纪80年代以前一直未能开征；后者是对在我国境内取得利息的单位和个人征收，其征税范围包括存款利息所得，公债、公司债及其他有价证券之利息所得，股东、职工对工商业户垫款的利息所得。利息税按5%单一比例征收，自1950年12月前政务院公布《利息所得税暂行条例》至1959年因政府降低存款利率而停征利息所得税，其征税史前后不足10年。

（二）20世纪80年代建立个人所得税制

自1978年改革开放以来，我国对外贸易、对外经济交往、对外文化技术交流与合作不断扩大，外籍人员到中国工作、提供劳务并取得各种收入的情况日益增多。为了维护我国税收权益，遵循国际惯例，需相应制定对个人所得征税的法律、法规。为此，1980年9月10日第五届全国人民代表大会第三次会议审议通过了《中华人民共和国个人所得税法》，并同时公布实施。同年12月14日，经国务院批准，财政部公布了个人所得税法施行细则。至此，一个比较完整的个人所得税制度开始在中国建立。1986年9月，针对中国体制改革后中国国内个人收入发生很大变化的新情况，国务院发布了《中华人民共和国个人收入调节税暂行条例》，规定仅适用于本国居民。而个人所得税仅适用于从中国取得个人所得的外籍人员和其他个人。这样，就形成了对内、对外两套个人所得税制。这是由当时的客观经济情况决定的。

（三）20世纪90年代改革和完善个人所得税制

20世纪80年代个人所得税制的建立，虽然顺应了当时改革和开放的客观需要，但随着社会主义市场经济体制的建立，内外有别的个人所得税征税制度越来越不符合公平税负治税的思想。为了形成合理的收入分配机制，客观上要求进一步改革和完善个人所得税制。为此，1993年10月31日第八届全国人民代表大会常务委员会第九次会议通过了《关于修改〈中华人民共和国个人所得税法〉的决定》，同时公布了修改后的《中华人民共和国个人所得税法》，自1994年1月1日起施行。这次改革的主要内容为：

（1）合并税种。20 世纪 80 年代，中国对个人所得开征的税种除个人所得税、个人收入调节税外，严格地说，还包括 1986 年开征的城乡个体工商业户所得税。由于历史的原因，后者被看成企业所得税而未被列入个人所得税制。这次立法，规定了不分内外，所有中国居民和有来源于中国所得的非中国居民，均应依法缴纳个人所得税。同时，取消了个人收入调节税和城乡个体工商业户所得税。

（2）扩大征税范围。新的个人所得税不仅将个人进行股票、债券、土地使用、房产转让交易所形成的资本所得纳入征税范围，而且把个人从事个人工商事业（包括承包、承租经营）取得的所得，也纳入了个人所得税的征税范围。

（3）调整税率结构。原有的个人所得税采用 5% ~45% 的七级超额累进税率，而个人收入调节税采用 20% ~60% 的五级超额累进税率，边际税率偏高，累进速度偏快。现行个人所得税的最高边际税率已降低为 45%，工薪所得适用的税率结构增加为九档。今后，中国个人所得税率结构的改革应走降低边际税率、简化税率结构的道路，使税率结构有利于发挥对个人所得公平、合理分配的调节作用。

三、我国个人所得税制的特点

我国现行的个人所得税制具有以下几个主要特点：

（一）分类征收

世界各国实行的个人所得税制一般有 3 种，即分类所得税制、综合所得税制和混合所得税制。这 3 种税制各有所长，各国在设计税制时需根据具体情况加以运用。我国现行的个人所得税采用的是分类所得税制，即将个人取得的各种所得划分为 11 类，分别适用不同的费用减除规定和高低不等的税率及优惠办法。分类征收可以广泛采用源泉扣缴办法，方便征纳双方堵塞漏洞，同时，可以对不同的所得实行不同的征税办法，便于体现国家的政策。

> **税收拾粹**
>
> 台湾地区于 1956 年将“分类综合所得税制”改为“综合所得税制”。

（二）累进税率与比例税率并用

分类所得税制一般采用比例税率，而综合所得税制通常采用累进税率。我国现行的个人所得税利用两种税率的优点，即累进税率体现公平，比例税率体现效率；累进税率调节收入水平，比例税率实现普遍纳税，将其适当地运用到个人所得税制中。对工资、薪金所得，个体工商户的生产、经营所得，对企事业单位的承包、承租经营所得，采用累进税率，实现量能负担；对劳务报酬、稿酬等其他所得，采用比例税率，实现等比负担。

（三）计算简便

我国现行的个人所得税的费用减除采取总额扣除法，免去了按个人实际生活费用支出项目逐项计算的麻烦，而且各种所得项目分类计算，各有明确的减除费用规定，减除项目及方法易于掌握，计算比较简单，符合税制简便原则。

（四）采取源泉扣缴和自行申报两种征纳方法

我国现行个人所得税法规定，纳税人应纳的税额分别采取由支付单位源泉扣缴和纳税人自行申报两种方法。对于凡是可以在应税所得的支付环节扣缴个人所得税的，均由扣缴义务人履行代扣代缴税额的义务。对于没有扣缴义务人或不便于扣缴的情况，以及个人在两处以上取得工资、薪金所得的，才采取由纳税人自行申报纳税的方法。

第二节　个人所得税的纳税人

一、个人所得税纳税人的概念

个人所得税的纳税人是指在中国境内有住所，或者虽无住所但在境内居住满1年，以及无住所又不居住或居住不满1年，但有从中国境内取得所得的个人。

目前，个人所得税的纳税人包括中国公民、各类个体工商户、外籍个人和香港、澳门、台湾同胞等。

二、居民纳税人与非居民纳税人的判定标准

个人所得税的纳税人可以泛指取得所得的自然人。在实际生活中，自然人的情况是比较复杂的，如在一国是否居住、居住多长时间、有无住所等，情况各异，因此在税收上采取的政策也有所不同。为了有效地行使税收管辖权，我国根据国际惯例，对居民纳税人和非居民纳税人的划分采用了各国常用的住所和居住时间两个判定标准。

（一）住所标准

住所标准是以个人在一国境内拥有的住所确定其居民归属的判定标准。

住所分为永久性住所和习惯性住所。永久性住所具有法律意义；而习惯性住所与永久性住所有时是一致的，有时是不一致的。我国目前个人所得税税法将在中国境内有住所的个人，界定为“因户籍、家庭、经济利益关系而在中国境内习惯性居住的个人”。可见，我国采用的住所标准实际是习惯性住所标准。这里所称习惯性居住或住所，不是指

小提示

对在中国境内无住所的个人，实际在华逗留天数以入境、离境、往返或多次往返境内外的当日，均按1天计算其在华实际逗留天数。对在中国境内、境外机构同时担任职务或仅在境外机构任职的境内无住所个人，在计算其境内工作期间时，对其入境、离境、往返或多次往返境内外的当日，均按半天计算其在华实际工作天数。

实际居住或在某一个特定时期内的居住地，而是指因学习、工作、探亲、旅游等而在中国境外居住，在其原因消除之后，必须回到中国境内居住的，则中国为该纳税人习惯性居住地。

（二）居住时间标准

居住时间标准是以个人在一国境内居住的时间确定其居民归属的判定标准。

居住时间是个人在一国境内实际居住的日数。在实际生活中，有时个人在一国境内无住所，又没有经常性居住地，而是较频繁地来往于境内各地之间，或因业务需要时常更换住所，这样，就无法用住所标准来判断和划分是居民还是非居民。各国对个人所得长期征税的实践中，逐渐形成了以个人居住时间来衡量其是否是居民的居住时间标准。我国个人所得税法也采用了这一标准。

我国税法规定，在一个纳税年度在中国境内居住 365 日的纳税人即为中国居民。在居住期间内临时离境的，即在一个纳税年度中一次离境不超过 30 日或者多次离境累计不超过 90 日的，不扣减日数，连续计算。

上述两个判定标准是并列性标准，个人只要具备或达到其中任何一个标准，就可以认定为中国居民。

三、居民纳税人与非居民纳税人的纳税义务范围

（一）居民纳税人的纳税义务范围

按上述两个判定标准确定为中国居民的个人，即在中国境内有住所，或者虽无住所但在境内居住满 1 年的个人，属于我国的居民纳税人。按照国际惯例，居民纳税人应尽全面纳税义务，即要就其来源于中国境内外的全部所得，向我国政府缴纳个人所得税。

为了便于人员的国际交流，本着从宽、从简的原则，对于在中国境内无住所，但居住满 1 年而未超过 5 年的个人，就其在中国境内工作期间取得的由中国境内企业或个人雇主支付的工资、薪金缴纳个人所得税。对于其来源于中国境外的各种所得，经主管税务机关批准，可以只就由中国境内公司、企业以及其他经济组织或个人支付的部分缴纳个人所得税。如果上述个人在居住期间临时离境，在临时离境工作期间的工资、薪金所得，仅就由中国境内企业或个人雇主支付的部分纳税。对于居住超过 5 年的个人，从第 6 年起，开始就来源于中国境外的全部所得缴纳个人所得税。在中国境内有住所的居民纳税人不适用这项规定。

（二）非居民纳税人的纳税义务范围

根据上述两个判定标准确定为非中国居民的个人，即在中国境内无住所又不居住，或者无住所且在中国境内居住不满 1 年的个人，属于我国的非居民纳税人。非居民纳税人只就其来源于中国境内的所得向我国政府履行有限纳税义务，依法缴纳个人所得税。

非居民纳税人的情况比较复杂，涉及的所得来源及其支付形式也较多。为了兼顾有关国家的财政利益，我国税法根据国际惯例对非居民纳税人的纳税义务作了明确规定：

（1）对于在中国境内无住所而在一个纳税年度内在中国境内连续或累计工作不超过 90 日，或在税收协定规定的期间在中国境内连续或累计居住不超过 183 日的个人纳税义务的确定。

税法规定，这类纳税人仅就其实际在中国境内工作期间由中国境内企业或个人雇主支付，或者由中国境内机构负担的工资、薪金所得纳税。至于由境外雇主支付且不由该雇主设在中国境内机构负担的工资、薪金所得，免缴个人所得税。需要注意的是，如果该中国境内企业、机构属于采取核定利润方法计征企业所得税的，在该企业、机构任职、受雇的个人实际在中国境内工作期间取得的工资、薪金，不论是否在该企业、机构会计账簿中记载，均应视为该中国境内企业、机构支付或负担的工资、薪金，应予以征税。

（2）对于在中国境内无住所，但在一个纳税年度中在中国境内连续或累计工作超过 90 日，或在税收协定规定的期间在中国境内连续或累计居住超过 183 日但不满 1 年的个人纳税义务的确定。

税法规定，这类纳税人实际在中国境内工作期间取得的由中国境内企业或个人雇主支付，以及由境外企业或个人雇主支付的工资、薪金所得，均应缴纳个人所得税。至于其在中国境外工作期间取得的工资、薪金所得，除担任中国境内企业董事和高层管理人员在境外履行职务由境内企业支付董事费或工资、薪金所得须纳税外，其余不缴纳个人所得税。

（3）中国境内企业董事、高层管理人员纳税义务的确定。

所谓担任中国境内企业董事或高层管理职务的个人，主要是指担任公司正、副（总）经理、各职能技师、总监及其他类似公司管理层的职务，其取得的由中国境内企业支付的董事费或工资、薪金，不再区分是否在中国境内连续或累计居住不超过 90（或 183）日还是不超过 1 年，而应自其担任中国境内企业董事或高层管理职务之日起，至其解除上述职务之日止的期间，不论其是否在中国境外履行职务，均应申报缴纳个人所得税；其取得的由中国境外企业支付的工资、薪金所得，根据其在一个纳税年度内在中国境内连续或累计居住是否超过 90（或 183）日或者是 1 年，按上述确定方法，确定其是否应缴纳个人所得税。

表 8－1　　　　个人所得税纳税义务人及其纳税义务简表

<table>
<tr><td rowspan="2">纳税人</td><td rowspan="2" colspan="2">判断标准</td><td colspan="2">来源于中国境内的工薪所得（境内工作期间取得所得）</td><td colspan="2">来源于中国境外的工薪所得（境外工作期间取得所得）</td></tr>
<tr><td>境内机构支付</td><td>境外机构支付</td><td>境内机构支付</td><td>境外机构支付</td></tr>
<tr><td rowspan="3">居民纳税人</td><td colspan="2">在境内有住所</td><td>纳税</td><td>纳税</td><td>纳税</td><td>纳税</td></tr>
<tr><td rowspan="4">在境内无住所，境内居住时间在</td><td>5 年以上</td><td>纳税</td><td>纳税</td><td>纳税</td><td>纳税</td></tr>
<tr><td>1 年～5 年</td><td>纳税</td><td>纳税</td><td>纳税</td><td>不纳税</td></tr>
<tr><td rowspan="2">非居民纳税人</td><td>90 日～1 年</td><td>纳税</td><td>纳税</td><td>不纳税</td><td>不纳税</td></tr>
<tr><td>90 日以下</td><td>纳税</td><td>不纳税</td><td>不纳税</td><td>不纳税</td></tr>
</table>

第三节　个人所得税的征税对象

一、个人所得税征税对象的确定方法

个人所得税以个人取得的各项所得为征税对象。由于个人所得的范围很广，所以，如何明确规定征税的所得项目，是个人所得税征收制度的重要问题。世界各国一般有两种基本确定方法：一是分类课征法，即对纳税人取得的不同所得项目分项分率征收；二是综合课征法，即对纳税人一定时期内取得的各项所得综合申报，汇总计算征收。我国个人所得税基本上采用分类课征制。

二、个人所得税征税对象的具体项目

个人所得税法列举了 11 项应纳税所得项目：

（一）工资、薪金所得

工资、薪金所得，是指个人因任职或者受雇而取得的工资、薪金、奖金、年终加薪、劳动分红、津贴、补贴以及与任职或者受雇有关的其他所得。

（1）对于一些不属于工资、薪金性质的补贴、津贴和不属于纳税人本人工资、薪金所得项目的收入或者准予免税的收入，不予征税。这些项目包括：

①独生子女补贴；

②托儿补助费；

③按国家规定发放的差旅费津贴、误餐补助；

④执行公务员工资制度未纳入基本工资总额的补贴、津贴差额和家属成员的副食品补贴；

⑤个人按照国家或省（自治区、直辖市）人民政府规定的缴费比例或办法实际缴付的基本养老保险费、基本医疗保险费和失业保险费；

⑥单位和个人分别在不超过职工本人上一年度月平均工资12%的幅度内，其实际缴存的住房公积金，允许在个人应纳税所得额中扣除。单位和职工个人缴存住房公积金的月平均工资不得超过职工工作地所在的城市上一年度职工月平均工资的3倍，具体标准按照各地有关规定执行。

（2）公司职工取得的用于购买企业国有股权的劳动分红，按“工资、薪金所得”项目计征个人所得税。

（3）出租汽车经营单位对出租车驾驶员采取单车承包或承租方式运营，出租车驾驶员从事客货营运取得的收入，按“工资、薪金所得”项目计征个人所得税。

（4）对商品营销活动中，企业和单位对其营销业绩突出的雇员以培训班、研讨会、工作考察等名义组织旅游活动，通过免收差旅费、旅游费对个人实行的营销业绩奖励（包括实物、有价证券等），应根据所发生费用的全部并入营销人员当期的工资、薪金所得，按“工资、薪金所得”项目计征个人所得税，并由提供上述费用的企业和单位代扣代缴。

（5）退休人员再任职取得的收入，在减除按个人所得税法规定的费用扣除标准后，按“工资、薪金所得”项目缴纳个人所得税。

（6）单位为职工个人购买商业性补充养老保险等，在办理投保手续时应作为个人所得税的“工资、薪金所得”项目，按税法规定缴纳个人所得税；因各种原因退保，个人未取得实际收入的，已缴纳的个人所得税应予以退回。

（7）对企业为员工支付各项免税之外的保险金，应在企业向保险公司缴付（即该保险进入被保险人的保险账户）时并入员工当期的工资收入，按“工资、薪金所得”项目计征个人所得税，税款由企业负责代扣代缴。

（8）企事业单位和个人超过规定的比例和标准缴付的基本养老保险费、基本医疗保险费和失业保险费，应将超过部分并入个人当期的工资、薪金收入，计征个人所得税。

（9）企业有股票认购权的高级管理人员，在行使股票认购权时的实际购买价（行权价）低于购买日（行权日）公平市场价之间的数额，属于个人所得税“工资、薪金所得”项目的所得，应缴纳个人所得税。

（10）个人在股票认购权行使前，将其股票认购权转让所取得的所得，应并入其当月工资收入，按“工资、薪金所得”项目缴纳个人所得税。

（11）个人在公司（包括关联公司）任职、受雇，同时兼任董事、监事的，应将董事费、监事费与个人工资收入合并，统一按“工资、薪金所得”项目缴纳个人所得税。

（二）个体工商户的生产、经营所得

（1）个体工商户的生产、经营所得包括以下方面：

①个体工商户从事工业、手工业、建筑业、交通运输业、商业、饮食业、服务业、修理业以及其他行业生产、经营取得的所得；

②个人经政府有关部门批准，取得执照，从事办学、医疗、咨询以及其他有偿服务活动取得的所得；

③其他个人从事个体工商业生产、经营取得的所得；

④个人因从事彩票代销业务而取得的所得；

⑤上述个体工商户和个人取得的与生产、经营有关的各项应纳税所得。

（2）从事个体出租车运营的出租车驾驶员取得的收入，按“个体工商户的生产、经营所得”项目缴纳个人所得税。

（3）出租车属个人所有，但挂靠出租车经营单位或企事业单位，驾驶员向挂靠单位缴纳管理费的，或出租车经营单位将出租车所有权转移给驾驶员的，出租车驾驶员从事客货运营取得的收入，比照“个体工商户的生产、经营所得”项目征税。

（4）个人独资企业和合伙企业的个人投资者以企业资金为本人、家庭成员及其相关人员支付与企业生产经营无关的消费性支出及购买汽车、住房等财产性支出，视为企业对个人投资者利润分配，并入投资者个人的生产经营所得，按照“个体工商户的生产、经营所得”项目计征个人所得税。

（三）对企事业单位的承包经营、承租经营所得

对企事业单位的承包经营、承租经营所得，是指个人承包经营、承租经营以及转包、转租取得的所得，包括个人按月或者按次取得的工资、薪金性质的所得。

（四）劳务报酬所得

（1）劳务报酬所得，是指个人从事设计、装潢、安装、制图、化验、测试、医疗、法律、会计、咨询、讲学、新闻、广播、翻译、审稿、书画、雕刻、影视、录音、录像、演出、表演、广告、展览、技术服务、介绍服务、经纪服务、代办服务以及其他劳务取得的所得。

（2）对在商品营销活动中，企业和单位对其营销业绩突出的非雇员通过免收差旅费、旅游费并以培训班、研讨会、工作考察等名义组织旅游活动，对个人实行的营销业绩奖励（包括实物、有价证券等），应根据所发生费用的全部并入营销人员当期的工资薪金所得，按“劳务报酬所得”项目计征个人所得税，并由提供上述费用的企业和单位代扣代缴。

（3）个人兼职取得的收入应按“劳务报酬所得”项目缴纳个人所得税。

（4）个人担任公司董事、监事，且不在公司任职、受雇时，董事费、监事费按“劳务报酬所得”项目计征个人所得税。

在实际操作过程中，有时会出现难以判定一项所得是属于工资、薪金所得，还是劳务报酬所得的情况。这两者的区别在于：工资、薪金所得是属于非独立个人劳务活动，即在机关、社会团体、学校、部队、企业、事业单位及其他组织中任职、受雇而得到的报酬；而劳务报酬所得，是个人独立从事各种技艺、提供各项劳务取得的报酬。

（五）稿酬所得

稿酬所得，是指个人因其作品以图书、报刊形式出版、发表而取得的所得。将稿酬所得独立划归一个征税项目，而不作为劳务报酬所得的组成，主要是考虑到出版、发表作品的特殊性：第一，它是一种依靠较高智力创作的精神产品；第二，它具有普遍性；第三，它与社会主义精神文明和物质文明密切相关；第四，它的报酬相对较低。因此，稿酬所得应当与一般劳务报酬相区别，并给予适当的优惠照顾。

（六）特许权使用费所得

特许权使用费所得，是指个人提供专利权、商标权、著作权、非专利技术以及其他特许权的使用权取得的所得。

（1）提供著作权的使用权取得的所得，不包括稿酬所得。

（2）对于作者将自己的文字作品手稿原件或复印件公开拍卖（竞价）取得的所得，属于提供著作权的使用所得，故应按“特许权使用费所得”项目征收个人所得税。

（3）个人取得特许权的经济赔偿收入，应按“特许权使用费取得”项目征收个人所得税，税款由支付赔款的单位或个人代扣代缴。

（七）利息、股息、红利所得

利息、股息、红利所得，是指个人拥有债权、股权而取得的利息、股息、红利所得。

（1）按税法规定，个人取得的利息所得，除国债和国家发行的金融债券利息外，应当依法缴纳个人所得税。

（2）个人在银行结算账户的储蓄存款利息自2008年10月9日起暂免征个人所得税。

（3）除个人独资企业、合伙企业以外的其他企业的个人投资者，以企业资金为本人、家庭成员及其相关人员支付与企业生产经营无关的消费性支出及购买汽车、住房等财产性支出，视为企业对个人投资者的红利分配，按“利息、股息、红利所得”项目计征个人所得税。

（4）纳税年度内个人投资者从其投资企业（个人独资企业、合伙企业除外）借款，在该纳税年度终了后既不归还又未用于企业生产经营的，其未归还的借款可视为企业对个人投资者的红利分配，按“利息、股息、红利所得”项目计征个人所得税。

（八）财产租赁所得

财产租赁所得，是指个人出租建筑物、土地使用权、机器设备、车船以及其他财产权取得的所得。

（1）个人取得的财产转租收入，属于“财产租赁所得”的征税范围，由财产转租人缴纳个人所得税。在确认纳税义务人时，应以产权凭证为依据；对无产权凭证的，由主管税务机关根据实际情况确定。产权所有人死亡，在未办理产权继承手续期间，该财产出租而有租金收入的，以领取租金的个人为纳税义务人。

（2）酒店产权式经营业主（以下简称业主）在约定的时间内提供房产使用权与酒店进行合作经营，如房产产权并未归属新的经济实体，业主按照约定取得的固定收入和分红收入均应视为租金收入，根据有关税收法律、行政法规的规定，按“财产租赁所得”项目征收个人所得税。

（九）财产转让所得

财产转让所得，是指个人转让有价证券、股权、建筑物、土地使用权、机器设备、车船以及其他财产取得的所得。考虑到我国股市的实际情况和股票转让收益的特殊性，国家决定在近一两年内，对股票转让所得暂不征收个人所得税。除此以外，转让其他财产的所得，均应当依法缴纳个人所得税。

（1）股票转让所得。

对股票转让所得暂不征收个人所得税。

（2）量化资产股份转让。

对职工个人以股份形式取得的拥有所有权的企业量化资产，暂缓征收个人所得税；待个人将股份转让时，就其转让收入额，减除个人取得该股份时实际支付的费用支出和合理转让费用后的余额，按“财产转让所得”项目计征个人所得税。

（3）个人出售自有住房。

①根据个人所得税法的规定，个人出售自有住房取得的所得应按“财产转让所得”项目征收个人所得税。

②个人出售自有住房的应纳税所得额，按下列原则确定：

a. 个人出售除已购公有住房以外的其他自有住房，其应纳税所得额按照个人所得税法的有关规定确定。

b. 个人出售已购公有住房，其应纳税所得额为个人出售已购公有住房的销售价，减除住房面积标准的经济适用住房价款、原支付超过住房面积标准的房价款、向财政或原产权单位缴纳的所得收益以及税法规定的合理费用后的余额。

已购公有住房是指城镇职工根据国家和县级（含县级）以上人民政府有关城镇住房制度改革政策规定，按照成本价（或标准价）购买的公有住房。

经济适用住房价格按县级（含县级）以上地方人民政府规定的标准确定。

c. 职工以成本价（或标准价）出售集资合作建房、安居工程住房、经济适用住房以及拆迁安置住房，比照已购公有住房确定应纳税所得额。

③为鼓励个人换购住房，对出售自有住房并拟在现住房出售后1年内按市场价重新购房的纳税人，其出售现住房所应缴纳的个人所得税，视其重新购房的价值可全部或部分予以免税。具体办法为：

a. 个人出售现住房所应缴纳的个人所得税税款，应在办理产权过户手续前，以纳税保证金形式向当地主管税务机关缴纳。税务机关在收取纳税保证金时，应向纳税人正式开具“中华人民共和国纳税保证金收据”，并纳入专户存储。

b. 个人出售现住房后1年内重新购房的，按照购房金额大小相应退还纳税保证金。

购房金额大于或等于原住房销售额（原住房为已购公有住房的，原住房销售额应扣除已按规定向财政或原产权单位缴纳的所得收益，下同）的，全部退还纳税保证金；购房金额小于原住房销售额的，按照购房金额占原住房销售额的比例退还纳税保证金，余额作为个人所得税缴入国库。

c. 个人出售现住房后1年内未重新购房的，所缴纳的纳税保证金全部作为个人所得税缴入国库。

d. 个人在申请退还纳税保证金时，应向主管税务机关提供合法、有效的售房、购房合同和主管税务机关要求提供的其他有关证明材料，经主管税务机关审核确认后方可办理纳税保证金退还手续。

e. 跨行政区域售、购住房且符合退还纳税保证金条件的个人，应向纳税保证金缴纳地主管税务机关申请退还纳税保证金。

④对个人转让自用5年以上并且是家庭唯一生活用房取得的所得，免征个人所得税。

⑤个人现自有住房房产证登记的产权人为1人，在出售后1年内又以产权人配偶名义或产权人夫妻双方名义按市场价重新购房的，产权人出售住房所得应缴纳的个人所得税，可以按照财政部、国家税务总局、建设部《关于个人出售住房所得征收个人所得税有关问题的通知》（财税字〔1999〕278号）第三条的规定，全部或部分予以免税；以其他人名义按市场价重新购房的，产权人出售住房所得应缴纳的个人所得税，不予免税。

（4）个人通过招标、竞拍或其他方式购置债权以后，通过相关司法或行政程序主张债权而取得的所得，应按“财产转让所得”项目缴纳个人所得税。

（5）个人在行使股票认购权后，将已认购的股票（不包括境内上市公司股票）转让所取得的所得，应按“财产转让所得”项目缴纳个人所得税。

（6）股权成功转让后，转让方个人因受让方个人未按规定期限支付价款而取得的违约金收入，属于因财产转让而产生的收入。转让方个人取得的该违约金应并入财产转让收入，按“财产转让所得”项目缴纳个人所得税，税款由取得所得的转让方个人向主管税务机关自行申报缴纳。

（十）偶然所得

偶然所得，是指个人得奖、中奖、中彩以及其他偶然性质的所得。

（十一）经国务院财政部门确定征税的其他所得

个人取得的其他所得，难以界定应纳税所得项目的，由主管税务机关确定。如部分单位和部门在年终总结、各种庆典、业务往来及其他活动中，为其他单位和部门的有关人员发放现金、实物或有价证券。对个人取得的该项所得，应按“其他所得”项目缴纳个人所得税。

个人为单位或他人提供担保获得报酬，应按“其他所得”项目缴纳个人所得税，税款由支付所得的单位或个人代扣代缴。

三、所得来源的确定

由于纳税人的性质不同，其纳税义务也不同。对于非居民纳税人，只就其来源于中国境内的所得征税，因此，判断其所得来源地，就显得十分重要。下列所得，不论支付地在哪里，都应作为来源于中国境内的所得：

（1）在中国境内的公司、企业、事业单位、机关、社会团体、部队、学校等单位或经济组织中任职、受雇而取得的工资、薪金所得；

（2）在中国境内提供各种劳务而取得的劳务报酬所得；

（3）在中国境内从事生产、经营活动而取得的所得；

（4）个人出租的财产，被承租人在中国境内使用而取得的财产租赁所得；

（5）转让中国境内的房屋建筑物、土地使用权，以及在中国境内转让其他财产而取得的财产转让所得；

（6）提供在中国境内使用的专利权、专有技术、商标权、著作权以及其他各种特许权利而取得的特许权使用费所得；

（7）因持有中国的各种债券、股票、股权，而从中国境内的公司、企业或其他经济组织以及个人取得的利息、股息、红利所得；

（8）在中国境内参加各种竞赛活动取得名次的奖金所得，参加中国境内有关部门和单位组织的有奖活动而取得的中奖所得，购买中国境内有关部门和单位发行的彩票取得的中彩所得；

（9）在中国境内以图书、报刊方式出版、发表作品取得的稿酬所得。

第四节　个人所得税的税率和减免优惠

一、个人所得税的税率

（一）税率设计的原则

由于个人所得征税涉及面广、政策性强，因此在设计税率时，需要全面衡量、通盘考虑、科学设计。我国个人所得税税率在设计时，主要考虑了以下两点原则：

（1）税负从轻原则。现阶段我国大多数个人的所得来源还比较单一，主要依靠工资、薪金所得，而且总体收入水平不高，生活费用支出占个人收入的比重还比较大。因此，在设计税率时，应体现税负从轻原则。特别是工资、薪金所得适用的累进税率，要保证中等偏低收入水平的纳税人负担较少的税额。

（2）分类调节原则。尽管个人所得的形式多种多样，但由于各种所得的情况各有不同，因此个人所得大致可分为四类：第一类所得，为工资、薪金类所得及劳务报酬所得，属于个人劳务所得，其中一部分需用于生活支出，采用超额累进税率，可起到量能负担作用。第二类所得，是生产、经营类所得，这类所得涉及生产经营规模及效益问题，本应比照对企业利润征税的办法处理，但由于个体业主间的生产经营及获利情况相差悬殊，因此需要采用超额累进税率调节。第三类所得，包括特许权使用费、财产租赁所得或转让所得，这类所得多为一次性所得，且涉及的成本、费用与净所得的比例较为均衡，所以，应采取比例调节的办法。第四类所得，主要是利息、股息、红利类所得，这类所得属于食利性质，不仅不应扣除任何费用，还应实行超额累进调节的方法。但出于简化计税方法考虑，现行个人所得税采用了比例调节措施。

（二）适用税率

个人所得税法按不同的个人所得项目规定了超额累进税率和比例税率两种形式。

（1）5% ~45% 的九级超额累进税率，适用于工资、薪金所得。如表 8 -2 所示。

表 8 -2

级数	全月应纳税所得额	税率（%）	速算扣除数
1	不超过 500 元的	5	0
2	500 ~2 000 元的部分	10	25
3	2 000 ~5 000 元的部分	15	125
4	5 000 ~20 000 元的部分	20	375

（续上表）

级数	全月应纳税所得额	税率（%）	速算扣除数
5	20 000～40 000 元的部分	25	1 375
6	40 000～60 000 元的部分	30	3 375
7	60 000～80 000 元的部分	35	6 375
8	80 000～100 000 元的部分	40	10 375
9	超过 100 000 元的部分	45	15 375

（2）5%～35%的五级超额累进税率。适用于个体工商户的生产、经营所得和对企事业单位的承包经营、承租经营所得。如表 8－3 所示。

表 8－3

级数	全年应纳税所得额	税率（%）	速算扣除数
1	不超过 5 000 元的	5	0
2	5 000～10 000 元的部分	10	250
3	10 000～30 000 元的部分	20	1 250
4	30 000～50 000 元的部分	30	4 250
5	超过 50 000 元的部分	35	6 750

（3）20%的比例税率。适用于稿酬所得，劳务报酬所得，特许权使用费所得，利息、股息、红利所得，财产租赁所得，偶然所得和其他所得。

（三）其他特殊规定

个人所得税法为了体现国家政策，有效调节收入分配，对有关所得项目规定予以减征或加成征收。

（1）减征规定。我国为照顾稿酬所得，特规定按其应纳税额减征 30%，即稿酬所得实际税率仅为 14%。

（2）加成征收规定。税法对劳务报酬所得一次收入畸高的，规定实行加成征收，具体办法由国务院规定。根据个人所得税法实施条例的解释，上述“劳务报酬一次收入畸高”，是指个人一次取得劳务报酬，其应纳税所得额超过20 000元。对应纳税所得额超过 20 000 元至 50 000 元的部分，依照税法规定计算应纳税所得额后再按照应纳税额加征五成；超过 50 000 元的部分，加征十成。因此，劳务报酬所得实际上适用 20%、30%、40%的三级超额累进税率。如表8－4所示。

表 8－4

级数	每次应纳税所得额	税率（%）	速算扣除数
1	不超过 20 000 元的	20	0
2	20 000～50 000 元的部分	30	2 000
3	超过 50 000 元的部分	40	7 000

（3）由于目前承包、承租经营的形式较多，分配方式也不相同，因此国家税务总局特发布《关于承包、承租经营取得所得征税的通知》，通知规定个人所得税适用税率分为以下两种情况：①承包人、承租人对企业经营成果不拥有所有权，仅是按合同（协议）规定取得一定所得的，其所得按工资、薪金所得项目征税，即用5%～45% 的九级超额累进税率。②承包人、承租人按合同（协议）的规定只向发包出租方交纳一定费用后，企业经营成果归其所有的，承包、承租人取得的所得，按对企事业单位的承包经营、承租经营所得项目，适用 5%～35% 的五级超额累进税率。

（4）对储蓄存款利息所得征收个人所得税，减按 5% 的比例税率执行。减征幅度的调整由国务院决定。

二、个人所得税的减免优惠

根据我国税法规定以及财政部、国家税务总局的若干规定等，对个人所得项目的减税免税的优惠，主要可分为免税规定、减税规定和暂免税规定。

（一）免税规定

个人取得下列各项所得，免征个人所得税：

（1）省级人民政府、国务院部委和中国人民解放军军级以上单位，以及外国组织颁布的科学、教育、技术、文化、卫生、体育、环境保护等方面的奖金。

（2）国债和国家发行的金融债券利息。这里所称国债利息，是指个人持有中华人民共和国财政部发行的债券而取得的利息所得；所称金融债券利息，是指个人持有经国务院批准发行的金融债券而取得的利息所得。

（3）按照国家统一规定发给的补贴、津贴。这里所称补贴、津贴，是指按照国务院规定发给的政府特殊津贴、院士津贴、资深院士津贴以及国务院规定免纳个人所得税的其他补贴、津贴。

（4）福利费、抚恤金、救济金。这里所称福利费，是指根据国家有关规定，从企事业单位、国家机关、社会团体提留的福利费或者工会经费中支付给个人的生活补助费；所称救济金，是指国家民政部门支付给个人的生活困难补助费。这里所称生活补助费，是指由于某些特定事件或原因而给纳税人本人或其家庭的正常生活造成一定困难，其任职单位按国家规定从提留的福利费或者工会经费中向其支付的临时性困难补助。

但下列收入不属于免税的福利费范围：①从超出国家规定的比例或基数计提的福利费、工会经费中支付给个人的各种补贴、补助；②从福利费和工会经费中支付给本单位职工的人人有份的补贴、补助；③单位为个人购买汽车、住房、电脑等不属于临时性生活困难补助性质的支出。

（5）保险赔款。

（6）军人的转业费、复员费。

（7）按照国家统一规定发给干部、职工的安家费、退职费、退休工资、离休工资、离休生活补助费。

（8）依照我国有关法律规定应予免税的各国驻华使馆、领事馆的外交代表、领事官员和其他人员的所得。

（9）中国政府参加的国际公约以及签订的协议中规定免税的所得。

（10）企业和个人按照国家或地方政府规定的比例提取并向指定金融机构实际缴付的住房公积金、医疗保险金、基本养老保险金，不计入个人当期的工资、薪金收入，免予征收个人所得税。超过规定的比例缴付的部分计征个人所得税。个人领取原提存的住房公积金、医疗保险金、基本养老保险金时，免征个人所得税。

（11）关于发给见义勇为者的奖金问题。对乡、镇（含乡、镇）以上人民政府或经县（含县）以上人民政府主管部门批准成立的有机构、有章程的见义勇为基金或者类似性质组织，奖励见义勇为者的奖金或奖品，经主管税务机关核准，免征个人所得税。

（12）对个人取得的教育储蓄存款利息所得以及国务院财政部门确定的其他专项储蓄存款或者储蓄性专项基金存款的利息所得，免征个人所得税。

（13）其他经国务院财政部门批准免税的所得。

（二）减税规定

有下列情形之一的，经批准可以减征个人所得税，其减征的幅度和期限由省（自治区、直辖市）人民政府规定：

（1）残疾、孤老人员和烈属的所得。

（2）因严重自然灾害造成重大损失的。

（3）其他经国务院财政部门批准减税的。

（三）暂免征个人所得税的规定

下列所得，暂免征收个人所得税：

（1）外籍个人以非现金形式或实报实销形式取得的住房补贴、伙食补贴、搬迁费、洗衣费。

（2）外籍个人按合理标准取得的境内、外出差补贴。

（3）外籍个人取得的探亲费、语言训练费、子女教育费等，经当地税务机关审核批准为合理的部分。

（4）个人因举报、协查各种违法犯罪行为而获得的奖金。

（5）个人办理代扣代缴税款手续，按规定取得的扣缴手续费。

（6）个人转让自用达5年以上，并且是唯一的家庭生活居住用房取得的所得。

（7）对按《国务院关于高级专家离休退休若干问题的暂行规定》和《国务院办公厅关于杰出高级专家暂缓离休审批问题的通知》精神，达到离休、退休年龄，但确因工作需要，适当延长离休、退休年龄的高级专家（指享受国家发放的政府特殊津贴的专家、学者），其在延长离休、退休期间的工资、薪金所得，视同退休工资、离休工资，免征个人所得税。

（8）外籍个人从外商投资企业取得的股息、红利所得。

（9）凡符合下列条件之一的外籍专家取得的工资、薪金所得，可免征个人所得税：①根据世界银行专项贷款协议由世界银行直接派往我国工作的外国专家；②联合国组织直接派往我国工作的专家；③为联合国援助项目来华工作的专家；④援助国派往我国专为该国无偿援助项目工作的专家；⑤根据两国政府签订文化交流项目来华工作两年以内的文教专家，其工资、薪金所得由该国负担的；⑥根据我国大专院校国际交流项目来华工作两年以内的文教专家，其工资、薪金所得由该国负担的；⑦通过民间科研协定来华工作的专家，其工资、薪金所得由该国政府机构负担的。

（10）科研机构、高等学校转化职务科技成果以股份或出资比例等股权形式给予科技人员个人奖励，经主管税务机关审核后，暂不征收个人所得税。这里所称科研机构，是指按中央机构编制委员会和国家科学技术委员会《关于科研事业单位机构设置审批事项的通知》的规定设置审批事项的自然科学研究事业单位机构；高等学校，是指全日制普通高等学校。享受该税收优惠政策的科技人员必须是科研机构和高等学校的在编正式职工。但在获奖人按股份、出资比例获得分红时，对其所得按“利息、股息、红利所得”项目征收个人所得税。如该获奖人转让股权、出资比例，对其所得按“财产转让所得”项目征收个人所得税，财产原值为零。

（11）对被拆迁人按照国家有关城镇房屋拆迁管理办法规定的标准取得的拆迁补偿款，免征个人所得税。

（12）股权分置改革中非流通股股东通过对价方式向流通股股东支付的股份、现金等收入，暂免征收流通股股东的个人所得税。

第五节　个人所得税的计税依据和应纳税额的计算

一、个人所得税的计税标准和计税依据

（一）计税标准

个人所得税的计税标准是纳税人的各项所得的货币金额。除现金外，纳税人所得为实物的，应当按照所取得实物的凭证上注明的价格计算应纳税所得额，无凭证的实物或者凭证上所注明的价格明显偏低的，由主管税务机关参照当地市场价格核定应纳税所得额；纳税人所得为有价证券的，由主管税务机关根据票面价格和市场价格核定应纳税所得额。

各项所得的计算，以人民币为单位。所得为外国货币的，按照国家外汇管理机关的外汇牌价折合成人民币缴纳税款。

（二）计税依据

个人所得税的计税依据为应纳税所得额。除特殊项目外，一般是指个人的应税收入减去必要成本或费用后的余额。正确计算应纳税所得额，是依法计征个人所得税的基础和前提。

个人应税收入或所得在未计算征税之前属于“毛收入”。这是因为个人在取得收入或所得的过程中，需支付一些必要的成本或费用。从世界各国征收个人所得税的实践来看，一般都允许纳税人从其收入或所得总额中扣除必要的费用，仅就扣除费用后的余额征税。由于各国具体情况不同，各自的扣除项目、扣除标准及方法也不尽一致。我国现行的个人所得税采取分项确定、分类扣除，根据个人所得的不同情况分别实行定额、定率和会计核算3种扣除办法。具体的费用扣除又可以分为以下7种情况：

（1）工资、薪金所得，以每月收入额减除费用2 000元后的余额，为应纳税所得额。

（2）个体工商户的生产、经营所得，以每一纳税年度的收入总额，减除成本、费用以及损失后的余额，为应纳税所得额。

成本、费用，是指纳税义务人从事生产、经营所发生的各项直接支出和分配计入成本的间接费用以及销售费用、管理费用、财务费用；损失，是指纳税义务人在生产、经营过程中发生的各项营业外支出。

从事生产、经营的纳税义务人未提供完整、准确的纳税资料，不能正确计算应纳税所得额的，由主管税务机关核定其应纳税所得额。

（3）企事业单位的承包经营、承租经营所得，以每一纳税年度的收入总额，减除必要费用后的余额，为应纳税所得额。

（4）劳务报酬所得、稿酬所得、特许权使用费所得、财产租赁所得，每次收入不超过4 000元的，减除费用800元；4 000元以上的，减除20%的费用，其余额为应纳税所得额。

（5）财产转让所得，以转让财产的收入额减除财产原值和合理费用后的余额，为应纳税所得额。

（6）利息、股息、红利所得，偶然所得和其他所得，以每次收入额为应纳税所得额。

（7）个人所得中捐赠给教育事业和其他公益事业的部分，按照国务院有关规定从应纳税所得中扣除。

二、工资、薪金所得的计税方法

（一）计税依据的一般规定

（1）工资、薪金所得，以每月收入额减除费用2 000元后的余额，为应纳税所得额。这2 000元作为本人及赡养家属的生活费用和其他必要的费用，对所有的纳税人都是普遍适用的。

> **小提示**
>
> 工资、薪金所得应按月计算，如果是年工资或年薪需要折算成月工资或月薪。

按照国家规定，单位为个人缴付和个人缴付的基本养老保险费、基本医疗保险费、失业保险费、住房公积金，从纳税义务人的应纳税所得额中扣除。

（2）考虑到外籍人员和在境外工作的中国公民的生活水平比国内公民要高，而且，我国汇率的变化情况对他们的工资、薪金所得也有一定的影响。因此税法规定，对在中国境内无住所而在中国境内取得工资、薪金的纳税义务人和在中国境内有住所而在中国境外取得工资、薪金所得的纳税义务人，在每月2 000元的基础上，再减除2 800元。

上述在中国境内无住所而在中国境内取得工资、薪金所得的纳税人是指：①在中国境内的外商投资企业和外国企业中工作取得工资、薪金所得的外籍人员；②在中国境内的企事业单位、社会团体、国家机关中工作取得工资、薪金所得的外籍专家；③在中国境内有住所而在中国境外任职或者受雇取得工资、薪金所得的个人；④财政部确定的取得工资、薪金所得的其他人员；⑤华侨和香港、澳门、台湾同胞。

（二）计税依据的特殊规定

（1）一次性奖金的计算征税问题。

全年一次性奖金是指行政机关、企事业单位等扣缴义务人根据其全年经济效益和对雇员全年工作业绩的综合考核情况，向雇员发放的一次性奖金。一次性奖金也包括年终加薪和实行年薪制或绩效工资办法的单位根据考核情况兑现的年薪或绩效工资。

纳税人取得全年一次性奖金，单独作为一个月工资、薪金所得计算纳税，并按以下计税办法，由扣缴义务人发放时代扣代缴：

①先将雇员当月取得的全年一次性奖金除以 12 个月，按其商数确定适用税率和速算扣除数。

如果在发放年终一次性奖金的当月，雇员当月工资、薪金所得低于税法规定的费用扣除额，应将全年一次性奖金减除“雇员当月工资、薪金所得与费用扣除额的差额”后的余额，按上述办法确定全年一次性奖金的适用税率和速算扣除数。

②将雇员个人当月取得的全年一次性奖金，按上述第①项确定的适用税率和速算扣除数计算征税。

a. 如果雇员当月工资、薪金所得高于（或等于）税法规定的费用扣除额的，适用公式为：

应纳税额 = 雇员当月取得全年一次性奖金 × 适用税率 - 速算扣除数

b. 如果雇员当月工资、薪金所得低于税法规定的费用扣除额的，适用公式为：

应纳税额 =（雇员当月取得全年一次性奖金 - 雇员当月工资薪金所得与费用扣除额的差额）× 适用税率 - 速算扣除数

③在一个纳税年度内，对每一个纳税人，该计税办法只允许采用一次。

④实行年薪制或绩效工资的单位，个人取得年终兑现的年薪或绩效工资，按上述第②、③条执行。

⑤雇员取得除全年一次性奖金以外的其他各种名目奖金，如半年奖、季度奖、加班奖、先进奖、考勤奖等，一律与当月工资、薪金收入合并，按税法规定缴纳个人所得税。

⑥对无住所个人取得上述第⑤条所述的各种名目奖金，如果该个人当月在我国境内没有纳税义务，或者该个人由于出入境原因导致当月在我国工作时间不满一个月的，仍按照《国家税务总局关于在我国境内无住所的个人取得奖金征税问题的通知》（国税发〔1996〕183 号）计算纳税。

（2）取得不含税全年一次性奖金收入个人所得税的计算方法。

①按照不含税的全年一次性奖金收入除以 12 的商数，查找相应适用税率 A 和速算扣除数 A；

②含税的全年一次性奖金收入的计算公式为：

$$含税的全年一次性奖金收入 = \frac{不含税的全年一次性奖金收入 - 速算扣除数\ A}{1 - 适用税率\ A}$$

③按含税的全年一次性奖金收入除以 12 的商数，重新查找适用税率 B 和速算扣除数 B；

④应纳税额的计算公式为：

应纳税额 = 含税的全年一次性奖金收入 × 适用税率 B - 速算扣除数 B

如果纳税人取得不含税全年一次性奖金收入的当月工资、薪金所得，低于税法规定的费用扣除额，应先将不含税全年一次性奖金减去当月工资、薪金所得低于税法规定费用扣除额的差额部分后，再按照上述规定处理。

根据企业所得税和个人所得税的现行规定，企业所得税的纳税人、个人独资和合伙企业、个体工商户为个人支付的个人所得税款，不得在所得税前扣除。

（3）特定行业职工取得的工资所得的计税问题。

为了照顾采掘业、远洋运输业、远洋捕捞业因季节、产量等因素的影响，职工的工资、薪金收入呈现较大幅度波动的实际情况，对这三个特定行业的职工取得的工资、薪金所得，可按月预缴，年度终了后30日内，合计其全年工资、薪金所得，再按12个月平均计算实际应纳的税款，多退少补。计算公式为：

$$应纳税额=\left[\left(\frac{全年工资、薪金收入}{12}-费用扣除标准\right)\times 税率-速算扣除数\right]\times 12$$

（4）在外商投资企业、外国企业和外国驻华机构工作的中方人员取得的工资、薪金所得的计税问题。

①在外商投资企业、外国企业和外国驻华机构工作的中方人员取得的工资、薪金收入，凡是由雇佣单位和派遣单位分别支付的，支付单位应按税法规定代扣代缴个人所得税。同时，规定纳税义务人应以每月工资、薪金收入减除规定费用后的余额为应纳税所得额。为了有利于经营，对雇佣单位和派遣单位分别支付工资、薪金的，采取由支付者中的一方减除费用的方法，即只由雇佣单位在支付工资、薪金时，按税法规定减除费用，计算扣缴个人所得税；派遣单位支付的工资、薪金不再减除费用，以支付金额直接确定适用税率，计算扣缴个人所得税。

②对外商投资企业、外国企业和外国驻华机构发给中方工作人员的工资、薪金所得，应全额征税。但对可以提供有效合同或有关凭证，能够证明其工资、薪金所得的一部分按照有关规定上交派遣（介绍）单位的，可扣除其实际上交的部分，按其余额计征个人所得税。

（5）在中国境内无住所且居住不满1个月的个人，其工资、薪金所得的计税问题。

在中国境内无住所的个人，凡在中国境内居住不满1个月并就不满1个月期间的工资、薪金所得申报纳税的，均应以全月工资、薪金所得为依据计算应纳税额。计算公式为：

$$应纳税额=\left(\begin{matrix}当月工资、薪金\\应纳税所得额\end{matrix}\times 适用税率-速算扣除数\right)\times\frac{\begin{matrix}当月实际在\\境内天数\end{matrix}}{当月天数}$$

（6）境内、境外分别取得工资、薪金所得的费用扣除的计税问题。

纳税人在境内、境外同时取得工资、薪金所得的，应首先判断其境内、境外取得的所得是否为来源于一国的所得。如果纳税人能够提供在境内、境外同时任职或者受雇及其工资、薪金标准的有效证明文件，则可判定该所得分别来自境内和境外，应分别减除费用后计税。如果纳税人不能提供上述证明文件，则应视为来源于一国的所得。然后判断其取得的所得是否为来源于中国的所得。如果因任职、受雇、履约等原因而在中国境内提供劳务取得的所得，不论其支付地点是否在中国境内，均为来源于中国境内的所得。若其任职或者受雇单位在中国境外，应为来源于中国境外的所得，依照有关规定计税。

（7）关于企业经营者试行年薪制后征收个人所得税的问题。

对试行年薪制的企业经营者取得的工资、薪金所得，可以实行按年计算、分月预缴的方式计征个人所得税，即企业经营者按月领取的基本收入，在减除2 000 元的费用后，按适用税率计算应纳税款并预缴，年度终了领取效益收入后，合计其全年基本收入和效益收入，再按 12 个月平均计算实际应纳的税款。计算公式为：

$$\text{应纳税额}=\left[\left(\frac{\text{全年基本收入和效益收入}}{12}-\text{费用扣除标准}\right)\times\text{适用税率}-\text{速算扣除数}\right]\times 12$$

（8）关于个人认购股票等有价证券而从雇主处取得折扣或补贴收入征收个人所得税的问题。

在中国负有纳税义务的个人认购股票等有价证券，因其受雇期间的表现或业绩，从其雇主处以不同形式取得的折扣或补贴（指雇员实际支付的股票等有价证券的认购价格低于当期发行价格或市场价格的数额），属于该个人因受雇而取得的工资、薪金所得，应在雇员实际认购股票等有价证券时计算缴纳个人所得税。如因一次收入较多，全部计入当月工资、薪金所得计算缴纳个人所得税有困难的，可在报经当地主管税务机关批准后，自其实际认购股票等有价证券的当月起，在不超过 6 个月的期限内平均分月计入工资、薪金所得计算缴纳个人所得税。

上述个人在认购股票等有价证券后再转让所取得的所得，属于税法及其实施条例规定的股票等有价证券转让所得，适用有关对股票等有价证券转让所得征收个人所得税的规定。

（9）关于个人取得公务交通、通信补贴收入征税问题。

个人因公务用车和通信制度改革而取得的公务用车、通信补贴收入，扣除一定标准的公务费用后，按照“工资、薪金所得”项目计征个人所得税。按月发放的，并入当月“工资、薪金所得”计征个人所得税；不按月发放的，平摊到所属月份并与该月份“工资、薪金所得”合并后计征个人所得税。

公务费用的扣除标准，由省级地方税务局根据纳税人公务交通、通信费用的实际发生情况调查测算，报经省级人民政府批准后确定，并报国家税务总局备案。

（10）对国有企业职工因解除劳动合同而取得的一次性补偿收入征免个人所得

税问题。

①对国有企业职工，因企业依照《中华人民共和国企业破产法（试行）》宣告破产，从破产企业取得的一次性安置费收入，免征个人所得税。

②除上述第①条的规定外，国有企业职工与企业解除劳动合同取得的一次性补偿收入，在当地上年企业职工年平均工资的3倍数额内，可免征个人所得税。具体免征标准由各省（自治区、直辖市）和计划单列市的地方税务局规定。超过该标准的一次性补偿收入，应按照“工资、薪金所得”项目计征个人所得税。

③考虑到个人取得的一次性经济补偿收入数额较大，而且被解聘的人员可能在一段时间内没有固定收入，因此，对于个人取得的一次性经济补偿收入，可视为一次取得数月的工资、薪金收入，允许在一定期限内进行平均。具体平均办法为：以个人取得的一次性经济补偿收入，除以个人在本企业的工作年限数，以其商数作为个人的月工资、薪金收入，按照税法规定计算缴纳个人所得税。个人在本企业的工作年限数按实际工作年限数计算，超过12年的按12年计算。

④个人按国家和地方政府规定比例实际缴纳的住房公积金、医疗保险金、基本养老保险金、失业保险基金在计税时应予以扣除。

⑤个人在解除劳动合同后又再次任职、受雇的，对个人已缴纳个人所得税的一次性经济补偿收入，不再与再次任职、受雇的工资、薪金所得合并计算补缴个人所得税。

（三）应纳税额的计算方法

工资、薪金所得应纳税额的计算公式为：

应纳税额 = 应纳税所得额 × 适用税率 − 速算扣除数

= （每月收入额 − 2 000 或 4 800） × 适用税率 − 速算扣除数

税法规定，工资、薪金所得在计算应纳个人所得税额时，适用的是超额累进税率，所以计算比较烦琐。运用速算扣除数，可以简化计算过程。速算扣除数，是指在采用超额累进税率征税的情况下，根据超额累进税率表中划分的应税所得额级距和税率，先用全额累进方法计算出税额，再减去用超额累进方法计算的应征税额以后的差额。当超额累进税率表中的级距和税率确定以后，各级速算扣除数也固定不变，成为计算应纳税额时的常数。工资、薪金所得适用的速算扣除数见表8－2。

例1：某纳税人月工资收入2 700元，年终领取12个月的年终奖金7 200元。假如该纳税人前11个月已按规定缴纳了个人所得税。请计算其12月应纳的个人所得税税额。

解：①其每月的工资、薪金所得应纳税所得额 = 2 700 − 2 000 = 700（元）

②其每月应纳税额 = 700 × 10% − 25 = 45（元）

③其年终奖金应单独计税，因 $\frac{7\ 200}{12} = 600$，所以其适用税率为10%。

④其年终奖金应纳税额 =7 200 ×10% −25 =695（元）

⑤其 12 月应纳税额 =45 +695 =740（元）

例 2：假设例 1 中的纳税人为某企业的经营者，且该企业试行年薪制，他年终领取的 7 200 元是效益收入。请计算该纳税人每月应预缴税款及其年终应补（退）税款。

解：①其每月按照其基本收入预缴个人所得税。

每月工资、薪金所得应纳税所得额 =2 700 −2 000 =700（元）

该纳税人每月预缴税额 =700 ×10% −25 =45（元）

②其每月应纳税所得额 $=\frac{2\ 700\times 12+7\ 200}{12}-2\ 000=1\ 300$（元）

③其全年应纳税所得额 =（1 300 ×10% −25） ×12 =1 260（元）

④其年终应补纳税额 =1 260 −45 =1 215（元）

例 3：与我国未签订税收协定的国家的某外籍人员担任我国境内一家外商投资企业市场推广部经理助理，该企业每月支付其工资 10 000 元。该企业境外母公司每月另付其工资 4 200 美元（折合人民币 33 800 元），该个人 2008 年度内1 ~7 月都在境内履行职务实际工作，8 月 16 日起到境外工作。其在境外工作期间共取得境内企业和境外企业支付的工资折合人民币 2 200 000 元。请计算该纳税人应纳的个人所得税税额。

解：①该外籍人员在中国境内无住所，居住时间超过 90 日但不满 1 年，依我国税法规定，其实际在中国境内工作期间取得的由中国境内企业支付和由境外企业支付的工资薪金所得，均应申报纳税；至于其在中国境外工作期间取得的工资、薪金所得，不予征收个人所得税。

②月应纳税所得额 =(10 000 +33 800) −4 800 =39 000（元）

1 ~7 月都在境内工作，故应纳税额 =39 000 ×25% −1 375 =8 375（元）

8 月只有 15 天在境内工作，故应纳税额 $=\frac{8\ 375\times 15}{31}=4\ 052.42$（元）

③其全年应纳税额 =7 ×8 375 +4 052. 42 =62 677. 42（元）

例 4：若例 3 中，该外籍人员 2008 年度除 6 月中有 25 天出差在境外履行职务外，其余时间都在境内工作。其在境外工作时我国境内企业仍照发其工资。请计算其 2008 年全年应纳的个人所得税税额。

解：①该外籍人员在中国境内无住所，居住时间满 1 年，按照我国税法规定，其在中国境内工作期间取得的由中国境内企业支付和由境外企业支付的工资薪金，均应申报缴纳个人所得税，其间临时离境工作期间的工资薪金所得，仅就由中国境内企业支付的部分申报纳税。

②月应纳税所得额 =(10 000 +33 800) −4 800 =39 000（元）

③除去6月以外的其余各月应纳税额 $=39\,000\times25\%-1\,375=8\,375$（元）

④ 6月应纳税额 $=8\,375\times\left[1-\frac{33\,800}{33\,800+10\,000}\times\frac{25}{30}\right]$

$=2\,989.25$（元）

⑤年应纳税额 $=8\,375\times11+2\,989.25=95\,114.25$（元）

三、个体工商户的生产、经营所得的计税方法

（一）个体工商户生产经营所得应纳税所得额的一般规定

个体工商户的生产、经营所得，以每一纳税年度的收入总额，减除成本、费用以及损失后的余额，为应纳税所得额。如果从事生产、经营的纳税人未提供完整、准确的纳税资料，不能正确计算应纳税所得额的，由主管税务机关核定其应纳税所得额。

1. 收入总额的确定

个体工商户的收入总额是指个体户从事生产经营以及与生产经营有关的活动所取得的各项收入，包括商品（产品）销售收入、劳动收入、劳务服务收入、工程价款收入、财产出租或转让收入、利息收入、其他业务收入和营业外收入。具体规定如下：

（1）个体户的各项收入应当按权责发生制原则确定。

（2）个体工商户或个人专营种植业、养殖业、饲养业、捕捞业，其经营项目属于农业税（包括农业特产税，下同）、牧业税征税范围并已征收了农业税、牧业税的，不再计算征收个人所得税；不属于农业税、牧业税征税范围的，应对其计征个人所得税。兼营上述四业并且四业的所得单独核算的，比照上述原则办理，对属于征收个人所得税的，应与其他行业的生产、经营所得合并计征个人所得税；对于四业的所得不能单独核算的，应就其全部所得计征个人所得税。

（3）个体工商户和从事生产、经营的个人，取得与生产、经营活动无关的各项应税所得，应分别适用各应税项目的规定计算征收个人所得税。

（4）个体工商户与企业联营而分得的利润，按“利息、股息、红利所得”项目征收个人所得税。

2. 准予扣除的成本、费用及损失

成本、费用，是指纳税义务人从事生产、经营所发生的各项直接支出及分配计入成本的间接费用以及销售费用、管理费用、财务费用；损失，是指纳税义务人在生产、经营过程中发生的各项营业外支出。个体户的成本、费用以及营业外支出扣除的项目和标准，依照税收法律、法规及《个体工商户个人所得税计税办法（试行）》（国税发〔1997〕43号）的规定，具体规定如下：

（1）个体工商户业主的费用扣除标准和从业人员的工资扣除标准，由各省

(自治区、直辖市)地方税务局根据当地实际情况确定,并报国家税务总局备案。个体户业主的工资不得扣除。

(2)个体工商户在生产、经营期间借款的利息支出,凡有合法证明的,未超过按中国人民银行规定的同类、同期贷款利率计算的数额的部分,准予扣除。个体户用于与取得固定资产有关的利息支出,在资产尚未交付使用之前发生的,应计入购建资产的价值,不得作为费用扣除。

(3)个体户自申请营业执照之日起至生产经营之日止所发生符合本办法规定的费用,除为取得固定资产、无形资产的支出以及应计入资产价值的汇兑损益、利息支出外,可作为开办费,并自开始生产经营之日起于不短于5年的期限分期均额扣除。

(4)个体户购入低值易耗品的支出,原则上一次摊销,但一次性购入价值较大的,应分期摊销,分期摊销的价值标准和期限由各省(自治区、直辖市)地方税务局规定。

(5)个体户购置税控收款机的支出,应在2~5年内分期扣除,具体期限由各省(自治区、直辖市)地方税务局规定。

(6)个体户发生的与生产经营有关的财产保险、运输保险以及作业人员的养老、医疗及其他保险费用支出,按国家有关规定的标准计算扣除。

(7)个体户发生的与生产经营有关的修理费用,可据实扣除。修理费用发生不均衡或数额较大的,应分期扣除,分期扣除标准和期限由各省(自治区、直辖市)地方税务局规定。

(8)个体户按规定缴纳的与生产经营有关的消费税、营业税、城市维护建设税、资源税、土地使用税、土地增值税、房产税、车船税、印花税、耕地占用税以及教育费附加准予扣除。

(9)个体户按规定缴纳的工商管理费、个体劳动者协会会费、摊位费,按实际发生数扣除。缴纳的其他费用,其扣除标准和期限由各省(自治区、直辖市)地方税务局规定。

(10)个体户在生产经营过程中租入固定资产而支付的费用,分别按下列规定处理:

①以融资租赁方式(即出租人和承租人事先约定,在承租人付清最后一笔租金后,该固定资产即归承租人所有)租入固定资产而发生的租赁费,应计入固定资产价值,不得直接扣除。

②以经营租赁方式(即因生产经营需要临时租入固定资产,租赁期满后,该固定资产应归还出租人)租入固定资产的租赁费,可以据实扣除。

(11)个体户研究开发新产品、新技术、新工艺所发生的开发费用,以及研究开发新产品、新技术而购置单台价值在5万元以下的测试仪器和试验性装置的购置费准予扣除；单台价值在5万元以上的测试仪器和试验性装置，以及购置费达到固定资产标准的其他设备，按固定资产管理，不得在当期扣除。

（12）个体户在生产经营过程中发生的固定资产和流动资产盘亏及毁损净损失，由个体户提供清查盘存资料，经主管税务机关审核后，可以在当期扣除。

（13）个体户发生的与生产经营有关的收回的账款，应由其提供有效证明，报主管税务机关审核后，按实际发生数扣除。上述已扣除的账款在以后年度收回时，应直接作收入处理。

（14）个体户发生的与生产经营有关的业务招待费，由其提供合法凭证或单据，经主管税务机关审核后，在其收入总额5‰以内据实扣除。

（15）个体户将其所得通过中国境内的社会团体、国家机关向教育和其他社会事业以及遭受严重自然灾害地区、贫困地区的捐赠，捐赠额不超过其应纳税所得额30%的部分可以据实扣除。纳税人直接给受益人的捐赠不得扣除。

（16）个体户在生产经营过程中发生与家庭生活混用的费用，由主管税务机关核定分摊比例，据此计算确定的属于生产、经营过程中发生的费用，准予扣除。

（17）个体户的年度经营亏损，经申报主管税务机关审核后，允许用下一年度的经营所得弥补；下一年度所得不足弥补的，允许逐年延续弥补，但最长不得超过5年。

3. 不得扣除的支出

个体户的下列支出不得扣除：

（1）资本性支出，包括固定资产的购置、建造支出，无形资产及其他资产的支出，对外投资的支出。

（2）被没收的财物、支付的罚款。

（3）缴纳的个人所得税、固定资产投资方向调节税，以及各项税收的滞纳金、罚金和罚款。

（4）各种赞助支出。

（5）自然灾害或者意外事故损失有赔偿的部分。

（6）分配给投资者的股利。

（7）用于个人和家庭的支出。

（8）超过国家规定允许扣除的公益、救济性捐赠及非公益、救济性质的捐赠支出。

（9）与生产、经营业务无关的其他支出。

（10）国家税务总局规定不准扣除的其他支出。

（二）个人独资企业和合伙企业征收所得税的有关问题

个人独资企业和合伙企业比照个体工商户征收个人所得税。但税法对此有专门的规定——《关于个人独资企业和合伙企业投资者征收个人所得税的规定》（以下简称规定)，具体规定如下：

（1）个人独资企业和合伙企业的含义。

①依照《中华人民共和国个人独资企业法》和《中华人民共和国合伙企业法》登记成立的个人独资企业、合伙企业。

②依照《中华人民共和国私营企业暂行条例》登记成立的独资、合伙性质的私营企业。

③依照《中华人民共和国律师法》登记成立的合伙制律师事务所。

④经政府有关部门依照法律法规批准成立的负无限责任和无限连带责任的其他个人独资、个人合伙性质的机构或组织。

（2）个人独资企业以投资者为纳税义务人，合伙企业以每一个合伙人为纳税义务人（以下简称投资者）。

（3）个人独资企业和合伙企业（以下简称企业）每一纳税年度的收入总额减除成本、费用以及损失后的余额，作为投资者个人的生产经营所得，比照个人所得税的“个体工商户的生产经营所得”应税项目，适用5%～35%的五级超额累进税率，计算征收个人所得税。

这里所称收入总额，是指企业从事生产经营以及与生产经营有关的活动所取得的各项收入，包括商品产品销售收入、营运收入、劳务服务收入、工程价款收入、财产出租或转让收入、利息收入、其他业务收入或营业外收入。

（4）个人独资企业的投资者以全部生产经营所得为应纳税所得额；合伙企业的投资者按照合伙企业的全部生产经营所得和合伙协议约定的分配比例确定应纳税所得额，合伙协议没有约定分配比例的，以全部生产经营所得和合伙人数量平均计算每个投资者的应纳税所得额。这里所称生产经营所得，包括企业分配给投资者个人的所得和企业当年留存的所得（利润）。

（5）个人独资企业和合伙企业应纳税额的计算有两种办法：查账征税和核定征收。

①查账征税方式。凡实行查账征税办法的，生产经营所得比照《个体工商户个人所得税计税办法（试行）》（国税发〔1997〕43号）的规定确定。但下列项目的扣除依照有关规定执行：

a. 投资者的费用扣除标准，由各省（自治区、直辖市）地方税务局参照个人所得税法“工资、薪金所得”项目的费用扣除标准确定。投资者的工资不得在税前扣除。

b. 企业从业人员的工资支出按标准在税前扣除，具体标准由各省（自治区、直辖市）地方税务局参照企业所得税计税工资标准确定。

c. 投资者及其家庭发生的生活费用不允许在税前扣除。投资者及其家庭发生的生活费用与企业生产经营费用混合在一起，并且难以划分的，全部视为投资者个人及其家庭发生的生活费用，不允许在税前扣除。

d. 企业生产经营和投资者及其家庭生活共用的固定资产难以划分的，由主管税务机关根据企业的生产经营类型、规模等具体情况，核定准予在税前扣除的折旧费用的数额或比例。

e. 企业实际发生的工会经费、职工福利费、职工教育经费分别在其计税工资总额的2%、14%、2.5%的标准内据实扣除。

f. 企业每一纳税年度发生的广告和业务宣传费用不超过当年销售（营业）收入15%的部分，可据实扣除；超过部分可无限期向以后纳税年度结转。

g. 企业每一纳税年度发生的与其生产经营业务直接相关的业务招待费支出，按照发生额的60%扣除，但最高不超过当年销售（营业）收入的5‰。

h. 企业计提的各种准备金不得扣除。

②核定征收方式，包括定额征收、核定应税所得率征收以及其他合理的征收方式。

a. 有下列情形之一的，主管税务机关应采取核定征收方式征收个人所得税：企业依照国家有关规定应当设置但未设置账簿的；企业虽设置账簿，但账目混乱或者成本资料、收入凭证、费用凭证残缺不全，难以查账的；纳税人发生纳税义务，未按照规定的期限办理纳税申报，经税务机关责令限期申报，逾期仍不申报的。

b. 实行核定应税所得率征收方式的，应纳税额的计算公式为：

应纳税额 = 应纳税所得额 × 适用税率

应纳税所得额 = 收入总额 × 应税所得

$$\text{或} \qquad = \frac{\text{成本费用支出额}}{1-\text{应税所得率}} \times \text{应税所得率}$$

c. 应税所得率按表8－5规定的标准执行：

表8－5　　应税所得率表

行业	应税所得率（%）
工业、交通运输业、商业	5～20
建筑业、房地产开发业	7～20
饮食服务业	7～25
娱乐业	20～40

企业经营多业的，无论其经营项目是否单独核算，均应根据其主营项目确定其适用的应税所得率。

d. 实行核定征税的投资者，不能享受个人所得税的优惠政策。

e. 实行查账征税方式的个人独资企业和合伙企业改为核定征税方式后，在查账征税方式下认定的年度经营亏损未弥补完的部分，不得再继续弥补。

(6) 企业与其关联企业之间的业务往来，应当按照独立企业之间的业务往来收取或者支付价款、费用。不按照独立企业之间的业务往来收取或者支付价款、费用，而减少其应纳税所得额的，主管税务机关有权进行合理调整。

(7) 投资者兴办两个或两个以上企业的（包括参与兴办，下同），年度终了时，应汇总从所有企业取得的应纳税所得额，据此确定适用税率并计算缴纳应纳税款。

投资者兴办两个或两个以上企业的，根据上述第（5）条第②款 a 点规定准予扣除的个人费用，由投资者选择在其中一个企业的生产经营所得中扣除。

(8) 投资者兴办两个或两个以上企业，并且企业全部是独资性质的，其年度终了后汇算清缴时应纳税款的计算按以下方法进行：汇总其投资兴办的所有企业的经营所得作为应纳税所得额，以此确定适用税率，计算出全年经营所得的应纳税额，再根据每个企业的经营所得占所有企业经营所得的比例，分别计算出每个企业的应纳税额和应补缴税额。计算公式为：

$$\text{应纳税所得额} = \sum \text{各个企业的经营所得}$$

$$\text{应纳税额} = \text{应纳税所得额} \times \text{税率} - \text{速算扣除数}$$

$$\text{本企业应纳税额} = \frac{\text{应纳税额} \times \text{本企业的经营所得}}{\sum \text{各个企业的经营所得}}$$

$$\text{本企业应补缴的税额} = \text{本企业应纳税额} - \text{本企业预缴的税额}$$

(9) 企业的年度亏损，允许用本企业下一年度的生产经营所得弥补；下一年度所得不足弥补的，允许逐年延续弥补，但最长不超过 5 年。

投资者兴办两个或两个以上企业的，企业的年度经营亏损不能跨企业弥补。

(10) 投资者来源于中国境外的生产经营所得，已在境外缴纳所得税的，可以按照税法的有关规定计算扣除已在境外缴纳的所得税。

(11) 企业进行清算时，投资者应当在注销工商登记之前，向主管税务机关结清有关税务事宜。企业的清算所得应当视为年度生产经营所得，由投资者依法缴纳个人所得税。

（三）应纳税额的计算方法

个体工商户的生产、经营所得应纳税额的计算公式为：

$$\begin{aligned}\text{应纳税额} &= \text{应纳税所得额} \times \text{适用税率} - \text{速算扣除数} \\ &= (\text{全年收入总额} - \text{成本、费用以及损失}) \times \text{适用税率} - \text{速算扣除数}\end{aligned}$$

个体工商户的生产、经营所得适用的速算扣除数见表 8－3。

例 5：某个体运输户 2010 年度的有关经营数据资料如下：本年度耗用燃料 280 000 元；购置轮胎费 12 000 元；计提折旧 40 000 元；车辆保修费 26 000 元；交纳养路费 14 400 元；交纳车船税 4 800 元；支付司机工资、福利 22 800 元，支付其他管理费4 200元；行车事故损失37 500元；获得保险公司赔偿金22 500元；全年实现运输收入540 000元，交纳税金及附加18 684元，营业外收入43 000元，营业外支出28 000元。以前年度没有未弥补完的亏损。本年度每月预缴个人所得税2 000元。根据上述从账册、凭证中取得的资料，请计算该个体运输户2010年应纳个人所得税税额和年终应补缴税额。

解：①营运成本 = 280 000 + 12 000 + 26 000 + 40 000 + 14 400 + 22 800 + 37 500 − 22 500
=410 200（元）

②营运利润 =540 000 −410 200 −18 684 =111 116（元）

③利润总额 =111 116 − （4 800 +4 200） +43 000 −28 000 =117 116（元）

④应纳税所得额 = 利润总额 − 投资者费用 =117 116 −12 ×2 000 =93 116（元）

⑤应纳税额 =93 116 ×35% −6 750 =25 840.6（元）

⑥应补税款 =25 840.6 −2 000 ×12 =1 840.6（元）

所以该个体户全年应纳税款25 840.6元，年终应补纳税款1 840.6元。

四、对企事业单位的承包（承租）经营所得的计税方法

（一）计税依据的一般规定

（1）对企事业单位的承包（承租）经营所得，以每一纳税年度的收入总额减除必要费用后的余额，为应纳税所得额。

每一纳税年度的收入总额，是指纳税人按照承包（承租）经营合同规定分得的经营利润和工资、薪金性质的所得。个人的承包（承租）经营所得，既有工资、薪金性质，又有生产、经营性质，但考虑到个人按承包（承租）经营合同规定分到的是经营利润，涉及的生产、经营成本费用已经扣除，故这里所说的减除必要费用，是指按月减除2 000元，即减除的是相当于个人的生计及其他费用。

（2）在一个纳税年度中，承包经营或者承租经营期限不足1年的，以实际经营期为纳税年度。

> **小提示**
>
> 计算应纳个人所得税所得额，先要计算被承包企业的企业所得税，再计算被承包企业的净利润，净利润扣除上交承包费、承包人工资收入，再扣除每月2 000元的固定费用，才确定个人的承包计税所得额。

（二）应纳税额的计算方法

对企事业单位的承包（承租）经营所得，其个人所得税应纳税款的计算公式为：

应纳税额 = 应纳税所得额 × 适用税率 − 速算扣除数
= （纳税年度收入总额 − 必要费用） × 适用税率 − 速算扣除数

这里值得注意的是，由于承包（承租）经营的形式很多，分配方式上也不相同，故而国家规定承包（承租）人根据承包（承租）经营合同或协议规定取得所

得的适用税率也不一致（具体规定见上一节），因此其适用的速算扣除数，要注意与它所适用的税率相一致。

例 6：20××年国泰百货公司所属三个门市部分别由张某、李某承包经营（工商登记为企业）和王某承租经营（工商登记为个体户）。合同规定：张某从当年 5 月至 12 月承包经营一门市部，每个月从门市部领取工资及奖金 3 200 元，经营成果归公司所有。李某当年 4 月至 12 月负责承包经营二门市部，上交承包费后其经营成果归自己所有，李某在承包经营期内取得承包经营收入 55 800 元。王某当年1 月至 12 月承租经营三门市部，王某全年取得销售收入 504 800 元，期间发生的成本为 300 000 元，交纳租金 50 000 元，销售费用为 48 000 元，财务费用为 11 000 元。请计算张某、李某、王某在 20××年各自应纳个人所得税税额。

解：①张某承包经营的一门市部工商登记为企业，张某对经营成果不拥有所有权，依照税收法规之规定，张某取得的工资及奖金应按“工资、薪金所得”项目计税。

每月应纳税所得额 = 3 200 − 2 000 = 1 200（元）

每月应纳税额 = 1 200 × 10% − 25 = 95（元）

当年应纳个人所得税额 = 95 × 8 = 760（元）

②李某承包经营的二门市部工商登记为企业，李某对二门市部的经营成果拥有所有权，故按规定李某取得的承包经营收入应按“对企事业单位的承包经营、承租经营所得”项目计税。

应纳税所得额 = 55 800 − 9 × 2 000 = 37 800（元）

应纳税额 = 37 800 × 30% − 4 250 = 7 090（元）

③王某承租经营的三门市部工商登记为个体户，依照规定，王某承租经营三门市部取得的所得，应按“个体工商户的生产经营所得”项目计税。

应纳税所得额 = 504 800 − 300 000 − 50 000 − 48 000 − 11 000 − 12 × 2 000
= 71 800（元）

应纳税额 = 71 800 × 35% − 6 750 = 18 380（元）

五、劳务报酬所得的计税方法

（一）计税依据的一般规定

劳务报酬所得，每次收入不超过 4 000 元的，减除费用 800 元；4 000 元以上的，减除 20% 的费用，其余额为应纳税所得额。

（二）计税依据的特殊规定

（1）劳务报酬所得对“次”的规定。劳务报酬所得因其一般具有不固定性、不经常性，不便于按月计算，所以一般按“次”计算。根据不同劳务项目的特点，我国税法对劳务报酬所得的“次”具体规定为：

①只有一次性收入的，以取得该项收入为一次。例如，从事设计、安装、装潢、制图、化验、测试等劳务，往往是接受客户的委托、按照客户的要求，完成一次劳务后取得的收入。因此，属于只有一次性的收入应以每次提供劳务取得的收入为一次。

②属于同一事项连续取得收入的，以1个月内取得的收入为一次。例如，某歌手与一卡拉OK厅签约，在1年内每天到卡拉OK厅演唱一次，每次演出后付酬。在计算其劳务报酬所得时，应视为同一事项的连续性收入，以其1个月内取得的收入为一次计征个人所得税，而不能以每天取得的收入为一次。

（2）个人兼有不同的劳务报酬所得时，应当分别减除费用，计算缴纳个人所得税。

（三）应纳税额的计算方法

对劳务报酬所得，其个人所得税应纳税额的计算公式为：

（1）每次收入不足4 000元的：

应纳税额＝应纳税所得额×适用税率

＝（每次收入额－800）×20%

（2）每次收入在4 000元以上，但不超过25 000元的：

应纳税额＝应纳税所得额×适用税率

＝每次收入额×（1－20%）×20%

（3）每次收入超过25 000元的：

应纳税额＝应纳税所得额×适用税率－速算扣除数

＝每次收入额×（1－20%）×适用税率－速算扣除数

劳务报酬所得适用的速算扣除数见表8－4。

例7：有两位歌唱演员应邀参加某公司庆典活动的演出。按照协议，两位演员各演出4场，每次出场后付出场费。出场费为：普通演员甲每场400元；著名演员乙每场8 000元。请计算两位演员各应纳个人所得税税额。

解：计算纳税人的劳务报酬所得时，应视为同一事项的连续性收入，以4次合计数为1次，计征个人所得税。

①演员甲应纳税所得额＝400×4－800＝800（元）

演员甲应纳税额＝800×20%＝160（元）

②演员乙应纳税所得额＝8 000×4×（1－20%）＝25 600（元）

演员乙应纳税额＝25 600×30%－2 000＝5 680（元）

六、稿酬所得的计税方法

（一）计税依据的一般规定

稿酬所得，每次收入不超过4 000元的，减除费用800元；4 000元以上的，减除20%的费用，其余额为应纳税所得额。

（二）计税依据的特殊规定

> **小提示**
>
> 拍卖小说手稿所得属于特许权使用费，而不是稿酬。这两者在计算上有什么区别？

稿酬所得，以每次出版、发表取得的收入为一次。具体又可细分为：

（1）同一作品再版取得的所得，应视作另一次稿酬所得计征个人所得税。

（2）同一作品先在报刊上连载，然后再出版，或先出版，再在报刊上连载的，应视为两次稿酬所得征税，即连载作为一次，出版作为另一次。

（3）同一作品在报刊上连载取得收入的，以连载完后取得的所有收入合并为一次，计征个人所得税。

（4）同一作品在出版和发表时，以预付稿酬或分次支付稿酬等形式取得的稿酬收入，应合并计算为一次，计征个人所得税。

（5）同一作品出版、发表后，因添加印数而追加稿酬的，应与以前出版、发表时取得的稿酬合并计算为一次，计征个人所得税。

（6）同一作品在两处或两处以上出版、发表而取得的稿酬，应以各处取得的所得分次征税。

（7）作者去世后，对取得其遗作稿酬的个人，按稿酬所得征税。

（8）对于由单位接受约稿，然后组织个人从事著译、书画的，完成后由接受约稿单位取得稿酬分发给个人的，可仅就个人实得稿酬征税。

（三）应纳税额的计算方法

对稿酬所得，其个人所得税应纳税额的计算公式为：

（1）每次收入不足4 000元的：

应纳税额＝应纳税所得额×适用税率×(1－30%)

＝（每次收入额－800）×20%×(1－30%)

（2）每次收入在4 000元以上的：

应纳税额＝应纳税所得额×适用税率×(1－30%)

＝每次收入额×(1－20%)×20%×(1－30%)

例8：某作家在报纸上连载一篇长篇小说，每个月得稿酬2 000元，共获稿酬10 000元。连载后引起极大轰动，故出版社将之以单行本形式发行，作家再次获得稿酬20 000元。因小说畅销，出版社加印，再付给作家稿酬1 000元。请计算该作家应纳个人所得税税额。

解：①根据规定：小说连载应以连载完后取得的所有收入合并为一次，计征个人所得税。小说连载与小说出版，应视为两次计征个人所得税。因加印而追加的稿酬，应与以前出版取得的稿酬合并计算为一次，计征个人所得税。

②小说连载时：

作家应纳税额 = 10 000 ×（1 − 20%）× 20% ×（1 − 30%）= 1 120（元）

③小说出版时：

作家应纳税额 = 20 000 ×（1 − 20%）× 20% ×（1 − 30%）= 2 240（元）

④小说加印取得追加稿酬时：

作家应纳税额 =（20 000 + 1 000）×（1 − 20%）× 20% ×（1 − 30%）− 2 240
= 112（元）

七、特许权使用费所得的计税方法

（一）计税依据的一般规定

特许权使用费所得，每次收入不超过 4 000 元的，减除费用 800 元；4 000 元以上的，减除 20% 的费用，其余额为应纳税所得额。

（二）计税依据的特殊规定

特许权使用费所得，以某项使用权的一次转让所取得的收入为一次。有时一个纳税人，可能不仅拥有一项特许权利，每一项特许权的使用权也可能不止一次向他人提供，因此需要明确的是，每一使用权的每次转让所取得的收入为一次。如果该次转让取得的收入是分笔支付的，则应将各笔收入相加为一次的收入。

（三）应纳税额的计算方法

特许权使用费所得应纳税额的计算公式为：

（1）每次收入不足 4 000 元的：

应纳税额 = 应纳税所得额 × 适用税率
= （每次收入额 − 800）× 20%

（2）每次收入在 4 000 元以上的：

应纳税额 = 应纳税所得额 × 适用税率
= 每次收入额 ×（1 − 20%）× 20%

八、利息、股息、红利所得的计税方法

（一）计税依据的一般规定

利息、股息、红利所得以个人每次收入额为应纳税所得额，不扣除任何费用。即除特殊规定外，每次收入额直接就是应纳税所得额。上述每次收入，是指支付单位或个人每次支付利息、股息、红利时个人所取得的收入。

这里要注意以下几点：

（1）股份制企业在分配股息、红利时，以股票形式向股东个人支付应得的股息、红利（即派发红股），应以派发红股的股票票面金额为收入额，计算征收个人所得税。

（2）股份制企业用盈余公积金派发红股属于股息、红利性质的分配，对个人取得的红股数额，应作为个人所得征收个人所得税。

（3）股份制企业用资本公积金转增股本不属于股息、红利性质的分配，对个人取得的转增股本数额，不作为个人所得，不征收个人所得税。上述资本公积金，是指股份制企业股票溢价发行收入所形成的资本公积金。而与此不相符合的其他资本公积金分配个人所得部分，应当依法征收个人所得税。

（4）储蓄存款在 1999 年 10 月 31 日前孳生的利息所得，不征收个人所得税；储蓄存款在 1999 年 10 月 31 日至 2007 年 8 月 14 日孳生的利息所得，按照 20% 的比例税率征收个人所得税；储蓄存款在 2007 年 8 月 15 日后孳生的利息所得，按照 5% 的比例税率征收个人所得税；储蓄存款利息自 2008 年 10 月 9 日暂免个人所得税。

（二）应纳税额的计算方法

利息、股息、红利所得应纳税额的计算公式为：

应纳税额 = 应纳税所得额 × 适用税率

= 每次收入额 × 20%

九、财产租赁所得的计税方法

（一）计税依据的一般规定

财产租赁所得，每次收入不超过 4 000 元，减除费用 800 元；4 000 元以上的，减除 20% 的费用，其余额为应纳税所得额。

（二）计税依据的特殊规定

（1）纳税人在出租财产过程中缴纳的税金和国家能源交通重点建设基金、国家预算调节基金、教育费附加，可持完税（缴款）凭证，从其财产租赁收入中扣除。

（2）纳税人出租财产取得财产租赁收入，在计算征税时，除可依法减除规定费用和有关税、费外，还准予扣除能够提供有效准确凭证，证明由纳税人负担的该出租财产实际开支的修缮费用。允许扣除的修缮费用，以每次 800 元为限，一次扣除不完的，准予在下一次继续扣除，直至扣完为止。其计算公式为：

①每次收入不足 4 000 元的：

应纳税所得额 = 每次（日）收入额 − 准予扣除项目 − 修缮费用（以 800 元为限）− 800 元

②每次收入在 4 000 元以上的：

应纳税所得额 = ［每次（月）收入额 − 准予扣除项目 − 修缮费用（以 800 元为限）］×（1 − 20%）

（三）应纳税额的计算方法

财产租赁所得应纳税额的计算公式为：

应纳税额＝应纳税所得额×适用税率

例9：居住在某市市区的中国居民郑某，2010年1月1日至3月31日，前往A国出差，出国期间将其国内的小轿车出租给他人使用，每月取得租金5 000元。

请计算郑某小轿车租金收入应缴纳的个人所得税。

解：①出租小轿车每月应缴纳的营业税、城市维护建设税和教育费附加：

5 000×5%×（1＋7%＋3%）＝275（元）

②小轿车租金收入每月应缴纳的个人所得税：（5 000－275）×（1－20%）×20%＝756（元）

③1月至3月郑某出租小轿车共缴纳个人所得税：756×3＝2 268（元）

在实际征税过程中，有时会出现财产租赁所得纳税人不明确的情况。对此，在确定财产租赁所得纳税人时，应以产权凭证为依据。无产权凭证的，由主管税务机关根据实际情况确定纳税人。如果产权所有人死亡，在未办理产权继承手续期间，该财产出租且有租金收入的，以领取租金的个人为纳税人。

十、财产转让所得的计税方法

（一）计税依据的一般规定

财产转让所得以个人转让财产的收入额减除财产原值和合理费用后的余额为应纳税所得额。

财产转让所得允许减除的财产原值在不同情况下不同：

（1）有价证券。其原值为买入价以及买入时按照有关规定交纳的有关费用。

（2）建筑物。其原值为建造费或者购进价格以及其他费用。

（3）土地使用权。其原值为取得土地使用权所支付的金额、开发土地的费用以及其他有关费用。

（4）机器设备、车船。其原值为购进价格、运输费、安装费以及其他有关费用。

（5）其他财产。其原值参照以上方法确定。

纳税人如未提供完整、准确的财产原值凭证，不能正确计算财产原值的，由主管税务机关核定其财产原值。

财产转让所得中允许减除的合理费用，是指卖出财产时按照规定支付的有关费用。

（二）计税依据的特殊规定

转让债权财产原值的确定，一般采用加权平均法。即以纳税人购进的同一种类债券买入价和买进过程中交纳的税费总和，除以纳税人购进的该种类债券数量之和，乘以纳税人卖出的该种类债券数量，再加上卖出的该种类债券过程中交纳的税费和。

（三）应纳税额的计算方法

财产转让所得应纳税额的计算公式为：

应纳税额 = 应纳税所得额 × 适用税率

= （收入总额 - 财产原值 - 合理费用） ×20%

例 10：卢某于 2 月转让给本市某企业一台速印机，取得转让收入 120 000 元。此台速印机购进时的原价为 100 000 元，转让时支付有关费用 500 元。请计算卢某应纳个人所得税税额。

解：①应纳税所得额 = 120 000 - 100 000 - 500 = 19 500（元）

②应纳税额 = 19 500 × 20% = 3 900（元）

（四）个人转让住房的计算

自 2006 年 8 月 1 日起，个人转让住房按以下规定计算：

（1）对住房转让所得征收个人所得税时，以实际成交价格为转让收入。纳税人申报的住房成交价格明显低于市场价格且无正当理由的，征收机关依法有权根据有关信息核定其转让收入，但必须保证各税种计税价格一致。

（2）对转让住房收入计算个人所得税应纳税所得额时，纳税人可凭原购房合同、发票等有效凭证，经税务机关审核后，允许从其转让收入中减除房屋原值、转让住房过程中缴纳的税金及有关合理费用。

①房屋原值具体为：

a. 商品房：购置该房屋时实际支付的房价款及缴纳的相关税费。

b. 自建住房：实际发生的建造费用及建造和取得产权时实际缴纳的相关税费。

c. 经济适用房（含集资合作建房、安居工程住房）：原购房人实际支付的房价款及相关税费，以及按规定缴纳的土地出让金。

d. 已购公有住房：原购公有住房标准面积按当地经济适用房价格计算的房价款，加上原购公有住房超标准面积实际支付的房价款以及按规定向财政部门（或原产权单位）缴纳的所得收益及相关税费。

已购公有住房，是指城镇职工根据国家和县级（含县级）以上人民政府有关城镇住房制度改革政策规定，按照成本价（或标准价）购买的公有住房。

经济适用房价格按县级（含县级）以上地方人民政府规定的标准确定。

e. 城镇拆迁安置住房：根据《城市房屋拆迁管理条例》（国务院令第 305 号）和《建设部关于印发〈城市房屋拆迁估价指导意见〉的通知》（建住房〔2003〕234 号）等有关规定，其原值分别为：

Ⅰ. 房屋拆迁取得货币补偿后购置房屋的，为购置该房屋实际支付的房价款及缴纳的相关税费。

Ⅱ. 房屋拆迁采取产权调换方式的，所调换房屋原值为《房屋拆迁补偿安置协议》注明的价款及缴纳的相关税费。

Ⅲ. 房屋拆迁采取产权调换方式，被拆迁人除取得所调换房屋，又取得部分货币补偿的，所调换房屋原值为《房屋拆迁补偿安置协议》注明的价款和缴纳的相关税费减去货币补偿后的余额。

Ⅳ. 房屋拆迁采取产权调换方式，被拆迁人取得所调换房屋，又支付部分货币的，所调换房屋原值为《房屋拆迁补偿安置协议》注明的价款加上所支付的货币及缴纳的相关税费。

②转让住房过程中缴纳的税金，是指纳税人在转让住房时实际缴纳的营业税、城市维护建设税、教育费附加、土地增值税、印花税等税金。

③合理费用，是指纳税人按照规定实际支付的住房装修费用、住房贷款利息、手续费、公证费等费用。

a. 支付的住房装修费用。纳税人能提供实际支付装修费用的税务统一发票，并且发票上所列付款人姓名与转让房屋产权人一致的，经税务机关审核，其转让的住房在转让前实际发生的装修费用，可在以下规定比例内扣除：

Ⅰ. 已购公有住房、经济适用房：最高扣除限额为房屋原值的15%。

Ⅱ. 商品房及其他住房：最高扣除限额为房屋原值的10%。

纳税人原购房为装修房，即合同注明房价款中含有装修费（如铺装了地板，装配了洁具、厨具等）的，不得再重复扣除装修费用。

b. 支付的住房贷款利息。纳税人出售以按揭贷款方式购置的住房的，其向贷款银行实际支付的住房贷款利息，凭贷款银行出具的有效证明据实扣除。

c. 纳税人按照有关规定实际支付的手续费、公证费等，凭有关部门出具的有效证明据实扣除。

④纳税人未提供完整、准确的房屋原值凭证，不能正确计算房屋原值和应纳税额的，税务机关可根据《中华人民共和国税收征收管理法》第三十五条的规定，对其实行核定征税，即按纳税人住房转让收入的一定比例核定应纳个人所得税税额。具体比例由省级地方税务局或者省级地方税务局授权的地市级地方税务局根据纳税人出售住房的所处区域、地理位置、建造时间、房屋类型、住房平均价格水平等因素，在住房转让收入1%～3%的幅度内确定。

十一、偶然所得的计税方法

（一）计税依据的一般规定

偶然所得以个人每次收入额为应纳税所得额，不扣除任何费用。即除特殊规定外，每次收入额就是应纳税所得额。

> **小提示**
>
> 不是所有的偶然所得都征税。个人购买民政部门分配的中国福利彩票赈灾专项募捐额度内的福利彩票取得的中奖所得，一次中奖收入在10 000元以下（含10 000元）免征个人所得税，超过10 000元全额征税。

（二）应纳税额的计算方法

偶然所得应纳税额的计算公式为：

应纳税额 = 应纳税所得额 × 适用税率

= 每次收入额 × 20%

十二、其他所得的计税方法

（一）计税依据的一般规定

其他所得以个人每次收入额为应纳税所得额，不扣除任何费用。即除特殊规定外，每次收入额就是应纳税所得额。

（二）应纳税额的计算方法

其他所得应纳税额的计算公式为：

应纳税额 = 应纳税所得额 × 适用税率

= 每次收入额 × 20%

十三、个人所得税的特殊计税方法

除上述计税方法外，还有一些特殊情况需要单独规定特殊的计税方法。

（一）扣除捐赠款的计税方法

税法规定，个人将其所得捐献给教育事业和其他公益事业的部分，允许从应纳税所得额中扣除。上述捐赠是指个人将其所得通过中国境内的社会团体、国家机关向教育和其他社会公益事业以及遭受严重自然灾害的地区、贫困地区捐赠，捐赠额未超过纳税人申报的应纳税所得额30%的部分，可以从其应纳税所得额中扣除。

自2001年7月1日起，个人通过非营利的社会团体和国家机关向农村义务教育的捐赠，在计算缴纳个人所得税时，准予在税前的所得额中全额扣除。

例11：某人一次取得稿酬所得18 000元，此人拿出3 500元现金通过民政局捐赠给敬老院，出版社代扣了税款。请计算此人应纳个人所得税税额。

解：①未扣除捐赠额时的应纳税所得额 = 18 000 ×（1 − 20%）

= 14 400（元）

②捐赠的扣除限额 = 14 400 × 30% = 4 320（元）

因3 500 < 4 320，故捐赠的3 500元可全额扣除。

③应纳税所得额 = 14 400 − 3 500 = 10 900（元）

④应纳税额 = 10 900 × 20% ×（1 − 30%）= 1 526（元）

（二）境外所得已纳税额抵免的计税方法

在中国境内有住所，或者虽无住所但在中国境内居住满1年以上的个人，从中国境内和境外取得的所得都应缴纳个人所得税。实际上，纳税人的境外所得一般均已缴纳或负担了有关国家的所得税款。为了避免发生国家间对同一所得的重复征税，同时维护我国的税收权益，我国税法规定，纳税人从中国境外取得的所得，准予其在应纳税额中扣除已在境外缴纳的个人所得税税额。但扣除额不得超过该纳税人境外所得依照我国税法规定计算的应纳税额。由此涉及以下对境外缴纳税款抵免的 5 个特殊问题：

（1）实缴境外税款。即实际已在境外缴纳的税额是指纳税人从中国境外取得的所得，依照所得来源国家或地区的法律应当缴纳并且已经缴纳的税额。

（2）抵免限额。准予抵免（扣除）的实缴境外税款最多不能超过境外所得按我国税法计算的抵免限额（应纳税额或扣除限额）。我国个人所得税中的抵免限额采用分国不分项限额法，即分国别来自不同国家或地区的不同应税项目，依照税法规定的费用减除标准和适用税率计算抵免限额。对于同一国家或地区的不同应税项目，以其各项的抵免额之和作为来自该国或该地区所得的抵免限额。

（3）允许抵免额。允许抵免额是指允许纳税人在应纳我国个人所得税税额中扣除的税额，它要分国确定，也就是说，在计算出的来自一国或地区所得的抵免限额与实缴该国或地区的税款之间相比较，以数额较小者作为允许抵免额。

（4）超限额或不足限额的处理。在某一纳税年度如发生实缴境外税款超过抵免限额时，超限额部分不允许在应纳税额中抵扣，但是可以在以后纳税年度的该国或地区扣除限额的余额中补扣。这一做法称为限额的结转，但补扣期不得超过 5 年。如实缴境外税款低于抵免限额，即此时为不足限额，则应当在中国缴纳差额部分的税款。

（5）申请抵免。境外缴纳税款的抵免必须由纳税人提出申请，并提供境外税务机关填发的完税凭证原件。

例 12：某日籍来华人员已在中国境内居住 7 年。2010 年 1 月至 12 月在日本取得稿酬收入 5 000 元（人民币，下同），特许权使用费收入 7 000 元，共已被扣缴所得税1 150 元；同时，在美国取得利息收入 1 000 元，已缴纳所得税 250 元。经核查，境外完税凭证无误。请计算该纳税人上述来源于两国的所得抵免限额及其处理。

解：（1）在日本所得缴纳税款的抵扣：

①稿酬所得按我国税法计算的应纳税额：

应纳税所得额 = 5 000 ×（1 − 20%）= 4 000（元）

应纳税额 = 4 000 × 20% ×（1 − 30%）= 560（元）

②特许权使用费所得按我国税法计算的应纳税额：

应纳税额 = 7 000 ×（1 − 20%）× 20% = 1 120（元）

③抵扣限额 = 560 + 1 120 = 1 680（元）

④因为 1 150 < 1 680，故允许抵扣额为 1 150 元。

⑤该纳税人在日本所得缴纳个人所得税 1 150 元，低于抵扣限额，因此，可全额抵扣，需在中国补缴税款 530（1 680 − 1 150）元。

（2）在美国所得缴纳税款的抵扣：

①在美国取得的所得按我国税法计算的应纳税额：

应纳税额 = 1 000 × 20% = 200（元）

②因为在美国只有一项收入，故抵扣限额等于应纳税额为 200 元。

③因为 250 > 200，故允许抵扣额为 200 元。

④该纳税人在美国实际缴纳的个人所得税 250 元，超过了抵扣限额，因此，只能抵扣 200 元。其未抵扣完的 50 元，可在以后 5 年内从该纳税人在美国取得的所得中的征税抵扣限额有余额时补扣。

（三）两人以上共同取得同一项目收入的计税方法

两人以上共同取得同一项目收入的，如编一本书、参加同一场演出等，应当对每个人取得的收入分别按照税法规定减除费用后计算纳税，属于"先分、后扣、再税"的办法。

例 13：某高校四位老师共同编写出版一本 40 万字的教材，共取得稿酬17 000 元。其中主编一人得主编费 1 000 元，其余稿酬四人平分。请计算各人应纳个人所得税税额。

解：①主编所得 $= 1\,000 + \frac{17\,000 - 1\,000}{4} = 5\,000$（元）

应纳税额 $= 5\,000 \times (1 - 20\%) \times 20\% \times (1 - 30\%) = 560$（元）

②其余各人所得 $= \frac{17\,000 - 1\,000}{4} = 4\,000$（元）

应纳税额 $= (4\,000 - 800) \times 20\% \times (1 - 30\%) = 448$（元）

（四）关于单位或个人为纳税义务人负担税款的计征办法问题

单位或个人为纳税义务人负担个人所得税税款，应将纳税义务人取得的不含税收入换算为应纳税所得额，计算征收个人所得税。计算公式为：

$$应纳税所得额 = \frac{不含税收入额 - 费用扣除标准 - 速算扣除数}{1 - 税率} \quad ①$$

$$应纳税额 = 应纳税所得额 \times 适用税率 - 速算扣除数 \quad ②$$

公式①中的税率，是指不含税所得按不含税级距对应的税率；公式②中的税率，是指应纳税所得额按含税级距对应的税率。请注意，不含税级距适用于由他人代付税款的情况，而含税级距适用于由纳税人自己负担税款的情况。

表 8－6　　**工资、薪金所得适用税率**

级数	含税级距	不含税级距	税率（%）	速算扣除数
1	不超过 500 元的	不超过 475 元的	5	0
2	500 ~ 2 000 元的部分	475 ~ 1 825 元的部分	10	25
3	2 000 ~ 5 000 元的部分	1 825 ~ 4 375 元的部分	15	125
4	5 000 ~ 20 000 元的部分	4 375 ~ 16 375 元的部分	20	375

（续上表）

级数	含税级距	不含税级距	税率（%）	速算扣除数
5	20 000～40 000 元的部分	16 375～31 375 元的部分	25	1 375
6	40 000～60 000 元的部分	31 375～45 375 元的部分	30	3 375
7	60 000～80 000 元的部分	45 375～58 375 元的部分	35	6 375
8	80 000～100 000 元的部分	58 375～70 375 元的部分	40	10 375
9	超过 100 000 元的部分	超过 70 375 元的部分	45	15 375

表 8－7　个体工商户的生产、经营所得和对企事业单位的承包经营、承租经营所得适用税率

级数	含税级距	不含税级距	税率（%）	速算扣除数
1	不超过 5 000 元的部分	不超过 4 750 元的部分	5	0
2	5 000～10 000 元的部分	4 750～9 250 元的部分	10	250
3	10 000～30 000 元的部分	9 250～25 250 元的部分	20	1 250
4	30 000～50 000 元的部分	25 250～39 250 元的部分	20	4 250
5	超过 50 000 元的部分	超过 39 250 元的部分	35	6 750

表 8－8　劳务报酬所得适用税率

级数	含税级距	不含税级距	税率（%）	速算扣除数
1	不超过 20 000 元的部分	不超过 16 000 元的部分	20	0
2	20 000～50 000 元的部分	16 000～37 000 元的部分	30	2 000
3	超过 50 000 元的部分	超过 37 000 元的部分	40	7 000

（1）关于雇主为其雇员负担个人所得税税款的计税问题。

①雇主全额为其雇员负担税款的，直接按上述公式计算企业应代为缴纳的个人所得税税款。

②雇主为其雇员定额负担税款的，应将雇员取得的工资、薪金所得换算成应纳税所得额后，计算征收个人所得税。工资薪金收入换算成应纳税所得额的计算公式为：

应纳税所得额＝雇员取得的工资＋雇主代雇员负担的税款－费用扣除标准

③雇主为其雇员负担一定比例的工资应纳的税款或者负担一定比例的实际应纳税款的，应按下列公式计算应纳税所得额：

$$\text{应纳税所得额}=\frac{\begin{matrix}\text{未含雇主负担}\\\text{的税款的收入额}\end{matrix}-\text{费用扣除标准}-\text{速算扣除数}\times\text{负担比例}}{1-\text{税率}\times\text{负担比例}}$$

（2）关于单位或个人为纳税义务人的劳务报酬所得代付税款的计税问题。

①不含税收入额为 3 360 元（即含税收入额 4 000 元）以下的计算公式为：

$$应纳税所得额=\frac{不含税收入额-800}{1-税率}$$

②不含税收入额为 3 360 元（即含税收入额 4 000 元）以上的计算公式为：

$$应纳税所得额=\frac{(不含税收入额-速算扣除数)\times(1-20\%)}{1-税率\times(1-20\%)}$$

（五）关于个人取得退职费收入征免个人所得税的问题

（1）《中华人民共和国个人所得税法》第四条第七款的“可以免征个人所得税的退职费”是指个人符合《国务院关于工人退休、退职的暂行办法》（国发〔1978〕104 号）规定的退职条件并按该办法规定的退职费标准所领取的退职费。

（2）个人取得的不符合上述办法规定的退职条件和退职费标准的退职费收入，应属于与其任职、受雇活动有关的工资、薪金性质的所得，应在取得的当月按工资、薪金所得计算缴纳个人所得税。但考虑到作为雇主给予退职人员经济补偿的退职费，通常为一次性发给，且数额较大，以及退职人员有可能在一段时间内没有固定收入等实际情况，依照税法有关工资、薪金所得计算征税的规定，对退职人员一次取得较高退职费收入的，可视为其取得数月的工资、薪金收入，并以原每月工资、薪金收入总额为标准，划分为若干月份的工资、薪金收入后，计算个人所得税的应纳税所得额及税额。但按上述方法划分超过了 6 个月的工资、薪金收入的，应按 6 个月平均计算。个人取得全部退职费收入的应纳税款，应由其原雇主在支付退职费时负责代扣并于次月 7 日内上缴国库，个人退职后 6 个月内又再次任职、受雇的，对个人已缴纳个人所得税的退职费收入，不再与再次任职、受雇取得的工资、薪金所得合并计算补缴个人所得税。

（六）关于企业改组改制过程中个人取得的量化资产征税问题

（1）对职工个人以股份形式取得的仅作为分红依据，不拥有所有权的企业量化资产，不征收个人所得税。

（2）对职工个人以股份形式取得的拥有所有权的企业量化资产，暂缓征收个人所得税。待个人将股份转让时，就其转让收入额减除个人取得该股份时实际支付的费用支出和合理转让费用后的余额，按“财产转让所得”项目计征个人所得税。

（3）对职工个人以股份形式取得的企业量化资产参与企业分配而获得的股息、红利，应按“利息、股息、红利所得”项目征收个人所得税。

（七）关于个人取得无赔款优待收入征税问题

对于个人因任职单位缴纳有关保险费用而取得的无赔款优待收入，按照“其他所得”应税项目计征个人所得税。

对于个人自己缴纳有关商业保险费（保费全部返还个人的保险除外）而取得

的无赔款优待收入，不作为个人的应纳税收入，不征收个人所得税。

（八）个人股票期权所得征税问题

为适应企业（包括内资企业、外商投资企业和外国企业在中国境内设立的机构场所）薪酬制度改革，加强个人所得税征管，国家对企业员工（包括在中国境内有住所和无住所的个人）参与企业股票期权计划而取得的所得征收个人所得税，具体规定如下：

1. 关于员工股票期权所得征税问题

实施股票期权计划企业授予该企业员工的股票期权所得，应按《中华人民共和国个人所得税法》及其实施条例有关规定征收个人所得税。

企业员工股票期权（以下简称股票期权）是指上市公司按照规定的程序授予本公司及其控股企业员工的一项权利，该权利允许被授权员工在未来时间内以某一特定价格购买本公司一定数量的股票。

上述“某一特定价格”，被称为“授予价”或“施权价”，即根据股票期权计划可以购买股票的价格，一般为股票期权授予日的市场价格或该价格的折扣价格，也可以是按照事先设定的计算方法约定的价格；“授予日”也称“授权日”，是指公司授予员工上述权利的日期；“行权”也称“执行”，是指员工根据股票期权计划选择购买股票的过程；员工行使上述权利的当日为“行权日”，也称“购买日”。

2. 关于股票期权所得性质的确认及其具体征税规定

（1）员工接受实施股票期权计划企业授予的股票期权时，除另有规定外，一般不作为应税所得征税。

（2）员工行权时，其从企业取得股票的实际购买价（施权价）低于购买日公平市场价（指该股票当日的收盘价，下同）的差额，是因员工在企业的表现和业绩情况而取得的与任职、受雇有关的所得，应按“工资、薪金所得”适用的规定计算缴纳个人所得税。

对因特殊情况，员工在行权日之前将股票期权转让的，以股票期权的转让净收入，作为工资、薪金所得征收个人所得税。

员工行权日所在期间的工资、薪金所得，应按下列公式计算工资、薪金应纳税所得额：

股票期权形式的工资、薪金应纳税所得额 =（行权股票的每股市场价 - 员工取得该股票期权支付的每股施权价）×股票数量

（3）员工将行权后的股票再转让时获得的高于购买日公平市场价的差额，是因个人在证券二级市场上转让股票等有价证券而获得的所得，应按照“财产转让所得”适用的征免规定计算缴纳个人所得税。

（4）员工因拥有股权而参与企业税后利润分配取得的所得，应按照“利息、股息、红利所得”适用的规定计算缴纳个人所得税。

3. 关于工资、薪金所得境内外来源划分

按照《国家税务局关于在中国境内无住所个人以有价证券形式取得工资薪金所得确定纳税义务有关问题的通知》（国税函〔2000〕190 号）有关规定，需对员工因参加企业股票期权计划而取得的工资、薪金所得确定境内或境外来源的，应按照该员工据以取得上述工资、薪金所得的境内、外工作期间月份数比例来计算划分。

4. 关于应纳税款的计算

（1）认购股票所得（行权所得）的税款计算。员工因参加股票期权计划而从中国境内取得的所得，按上述通知规定应按工资、薪金所得计算纳税的，对该股票期权形式的工资、薪金所得可区别于所在月份的其他工资、薪金所得，单独按下列公式计算当月应纳税款：

$$\text{应纳税额}=\frac{\text{股票期权形式的工资、薪金应纳税所得额}}{\text{规定月份数}}\times\text{适用税率}-\text{速算扣除数}\times\text{规定月份数}$$

其中，规定月份数，是指员工取得来源于中国境内的股票期权形式工资、薪金所得的境内工作期间月份数，多于 12 个月的，按 12 个月计算；适用税率和速算扣除数，以股票期权形式的工资薪金应纳税所得额除以规定月份数后的商数，对照《国家税务总局关于印发征收个人所得税若干问题的通知》（国税发〔1994〕089 号）所附税率表确定。

（2）转让（销售）股票取得所得的税款计算。对于员工转让股票等有价证券取得的所得，应按现行税法和政策规定征免个人所得税。即个人将行权后的境内上市公司股票再行转让而取得的所得，暂不征收个人所得税；个人转让境外上市公司的股票而取得的所得，应按税法的规定计算应纳税所得额和应纳税额，依法缴纳税款。

（3）参与税后利润分配取得所得的税款计算。员工因拥有股权参与税后利润分配而取得的股息、红利所得，除依照有关规定可以免税或减税的外，应全额按规定税率计算纳税。

第六节　个人所得税的征收管理

个人所得税的纳税办法，有自行申报纳税和代扣代缴两种。根据《个人所得税法》及其实施条例和《税收征收管理法》及其实施细则的有关规定，国家税务总局分别制定并下发了《个人所得税代扣代缴暂行办法》（自 1995 年 4 月 1 日起执行）和《个人所得税自行申报纳税暂行办法》（自 1995 年 5 月 1 日起执行）。两个暂行办法分别对各自的纳税义务人、纳税期限、申报方式及申报地点等作了明确规定。

一、自行申报纳税

自行申报纳税，是由纳税人自行在规定的纳税期限内，向税务机关申报取得的应税所得项目和数额，如实填写个人所得税纳税申报表，并按照税法的规定计算应纳税额，据此缴纳个人所得税的一种方法。

（一）自行申报纳税的纳税义务人

纳税义务人有下列情形之一的，应当按照规定到主管税务机关办理纳税申报：

（1）年所得12万元以上的；

（2）从中国境内两处或者两处以上取得工资、薪金所得的；

（3）从中国境外取得所得的；

（4）取得应纳税所得，没有扣缴义务人的；

（5）国务院规定的其他情形。

（二）自行申报纳税的纳税期限

（1）一般规定。

除特殊情况外，纳税人应在取得应纳税所得额的次月7日内向主管税务机关申报所得并缴纳税款。纳税期限的最后一日如是法定休假日的，次日为期限的最后一日。

年所得12万元以上的纳税义务人，在年度终了后3个月内到主管税务机关办理纳税申报。

（2）特殊规定。

①账册健全的个体工商户的生产、经营所得应纳的税款，按年计算、分月预缴，由纳税人在次月7日内申报预缴，年度终了后3个月内汇算清缴，多退少补。账册不健全的个体工商户的生产、经营所得应纳的税款，由各地税务机关依据征管法及实施细则的有关规定，自行确定征收方式。

②纳税人年终一次性取得承包经营、承租经营所得的，自取得收入之日起30日内申报纳税；在1年内分次取得承包经营、承租经营所得的，应在取得每次所得后的7日内申报预缴，年度终了后3个月内汇算清缴，多退少补。

③从中国境外取得所得的纳税人，其来源于中国境外的应纳税所得，如在境外以纳税年度计算缴纳个人所得税的，应在所得来源国的纳税年度终了结清税款后的30日内，向中国主管税务机关申报纳税；如在取得境外所得时结清税款的，或者在境外按所得来源国税法规定免予缴纳个人所得税的，应在次年1月1日起30日内向中国主管税务机关申报纳税。

（三）自行申报纳税的申报方式

纳税人可以由本人或委托他人或采用邮寄方式在规定的申报期限内申报纳税。邮寄申报纳税的，以寄出地的邮戳日期为实际申报日期。纳税人确有困难，不能按期办理纳税申报的，经主管税务机关核准，可以延期申报。

（四）自行申报纳税的申报地点

（1）一般规定。

申报地点一般应为收入来源地的主管税务机关。

（2）特殊规定。

①纳税人从两处或两处以上取得工资、薪金所得的，可选择并固定在其中一地税务机关申报纳税。

②从境外取得所得的，应向境内户籍所在地或经常居住地税务机关申报纳税。

纳税人要求变更申报纳税地点的，须经原主管税务机关批准。

（五）个人独资企业和合伙企业投资者自行申报

（1）个人独资企业和合伙企业投资者应纳的个人所得税税款，按年计算、分月或者分季预缴，由投资者在每月或者每季度终了后7日内预缴，年度终了后3个月内汇算清缴，多退少补。

（2）企业在年度中间合并、分立、终止时，投资者应当在停止生产经营之日起60日内，向主管税务机关办理当期个人所得税汇算清缴。

（3）企业在纳税年度的中间开业，或者由于合并、终止等原因，使该纳税年度的实际经营期不足12个月的，应当以其实际经营期为一个纳税年度。

（4）投资者应向企业实际经营管理所在地主管税务机关申报缴纳个人所得税。投资者从合伙企业取得的生产经营所得，由合伙企业向企业实际经营管理所在地主管税务机关申报缴纳投资者应纳的个人所得税，并将个人所得税申报表抄送投资者。

（5）投资者兴办两个或两个以上企业的，应分别向企业实际经营管理所在地主管税务机关预缴税款，年度终了后办理汇算清缴时，区别不同情况分别处理。

①投资者兴办的企业全部是个人独资性质的，分别向各企业的实际经营管理所在地主管税务机关办理年度纳税申报，并按所有企业的经营所得总额确定适用税率，以本企业的经营所得为基础，计算应缴税款，办理汇算清缴。

②投资者兴办的企业中含有合伙性质的，投资者应向经营居住地主管税务机关申报纳税，办理汇算清缴，但经常居住地与其兴办企业的经营管理所在地不一致的，应选定其参与兴办的某一合伙企业的经营管理所在地为办理年度汇算清缴所在地，并在5年内不得变更。5年后需要变更的，须经原主管税务机关批准。

投资者变更个人所得税汇算清缴地点的，需符合以下相关条件：

a. 在上一次选择汇算清缴地点满5年；

b. 上一次选择汇算清缴地点未满 5 年，但汇算清缴地所办企业终止经营或者投资者终止投资；

c. 投资者在汇算清缴地点变更前 5 日内，已向原主管税务机关说明汇算清缴地点变更原因、新的汇算清缴地点等变更情况。

（6）投资者在预缴个人所得税时，应向主管税务机关报送个人独资企业和合伙企业投资者个人所得税申报表，并附送会计报表。

（7）年度终了后 30 日内，投资者应向主管税务机关报送个人独资企业和合伙企业投资者个人所得税申报表，并附送年度会计决算报表和预缴个人所得税纳税凭证。

（8）投资者兴办两个或两个以上企业的，向企业实际经营管理所在地主管税务机关办理年度纳税申报时，应附注从其他企业取得的年度应纳税所得额；其中含有合伙企业的，应报送汇总从所有企业取得的所得情况的合伙企业投资者个人所得税汇总申报表，同时附送所有企业的年度会计决算报表和当年度已缴个人所得税的纳税凭证。

二、代扣代缴

代扣代缴，是指按照税法规定负有扣缴义务的单位或者个人，在向个人支付应纳税所得时，应计算应纳税额，从其所得中扣出并上缴国库，同时向税务机关报送个人所得税报告表。这种方法，有利于控制税源，防止漏税和逃税。

（一）扣缴义务人和代扣代缴的范围

（1）凡支付个人应纳税所得的企业（公司）、事业单位、机关、社团组织、军队、驻华机构、个体户等单位或者个人，为个人所得税的扣缴义务人。这里所说的驻华机构，不包括外国驻华使馆、领事馆和联合国及其他依法持有外交特权和豁免权的国际组织驻华机构。我国税法规定对这些机构的人员所得免征个人所得税。

（2）代扣代缴的范围。扣缴义务人向个人支付下列所得，应代扣代缴个人所得税：工资、薪金所得；对企事业单位的承包经营、承租经营所得；劳务报酬所得；稿酬所得；特许权使用费所得；利息、股息、红利所得；财产租赁所得；财产转让所得；偶然所得；经国务院财政部门确定征税的其他所得。

（二）扣缴义务人的义务及应承担的责任

（1）扣缴义务人应指定支付应纳税所得的财务会计部门或其他有关部门的人员为办税人员，由办税人员具体办理个人所得税的代扣代缴工作。确定办税人员或办税人员发生变动时，应将名单及时上报主管税务机关。

（2）扣缴义务人的法定代表（或单位主要负责人）、财会部门的负责人对具体办理代扣代缴义务负法律责任。

（3）同一扣缴义务人的不同部门支付应纳税所得时，应报办税人员汇总。

（4）扣缴义务人在代扣税款时，必须向纳税人开具税务机关统一印制的代扣代收税款凭证，并详细注明纳税人姓名、工作单位、家庭住址和居民身份证或护照号码（无上述证件的，可用其他能有效证明身份的证件）等个人情况。对工资、奖金所得和利息、股息、红利所得等，因纳税人数众多、不便一一开具代扣代收税款凭证的，经主管税务机关同意，可不开具代扣代缴税款凭证，但应通过一定形式告知纳税人已扣缴税款。纳税人为持有完税依据而向扣缴义务人索取代扣代收税款凭证的，扣缴义务人不得拒绝。

扣缴义务人应主动向税务机关申领代扣代收税款凭证，据以向纳税人扣税。非正式扣税凭证，纳税人可以拒收。

（5）扣缴义务人依法履行代扣代缴税款义务时，纳税人不得拒绝。纳税人拒绝的，扣缴义务人应及时报告税务机关处理，并暂时停止支付其应纳税所得。否则，纳税人应缴纳的税款由扣缴义务人负担。扣缴义务人应扣未扣、应收未收税款的，由扣缴义务人缴纳应扣未扣、应收未收税款以及相应的滞纳金或罚款。其应纳税额按下列公式计算：

$$应纳税额=\frac{支付的收入额-费用扣除标准-速算扣除数}{1-税率}$$

扣缴义务人已将纳税人拒绝代扣代缴的情况及时报告税务机关的除外。

（6）扣缴义务人应设立代扣代缴税款账簿，正确反映个人所得税的扣缴情况，并如实填写“扣缴个人所得税报告表”及其他有关资料。

（三）代扣代缴期限

（1）扣缴义务人每月所扣的税款，应当在次月 7 日内上缴国库，并向主管税务机关报送“扣缴个人所得税报告表”、代扣代收缴款凭证和包括每一纳税人姓名、单位、职务、收入、税款等内容的支付收入明细表以及税务机关要求报送的其他资料。

（2）扣缴义务人违反上述规定不报送或者报送虚假纳税资料的，一经查实，其未在支付个人收入明细表中反映的向个人支付的款项，在计算扣缴义务人应纳税所得额时不得作为成本费用扣除。

（3）扣缴义务人因有特殊困难不能按期报送“扣缴个人所得税报告表”及其他有关资料的，经县级税务机关批准，可以延期申报。

【趣味阅读】

美国个税累进税率结构具有“级距消失”的特征

美国 1986 年税改时，在级距消失方面曾有一套完整的做法。以单身纳税人为例，税法规定 1988 年超额累进税率只有两级：年计税所得 17 850 美元以下的，税率为 15%；17 850 美元以上的，税率为 28%。这就是说，年计税所得虽然超过了

17 850 美元，但其中 17 850 美元部分适用 15% 的较低税率。纳税人从中可以得到 2 320.50 [17 850 × （28% －15%）] 美元的“级距利益”。不过，美国税改方案规定了年计税所得达到 43 150 美元时，再另征税率为 5% 的“级距消失附加税”，这样等于又有了 33% 新一级税率。若当年计税所得达到 89 560 美元时，由于超过 43 150 美元的那一部分计税所得要按 33% 较高税率课征，原先所获得的 2 320.50 美元的级距利益被全部收回，等于适用的累进税率又回归为 28% 这样一个统一的比例税率。

【本章小结】

1. 个人所得税是以个人（自然人）取得的各种所得为征税对象而征收的一种税。

2. 个人所得的含义有狭义和广义两种。狭义的个人所得仅限于每年经常、反复发生的所得。广义的个人所得包括在一定期限内个人获得的一切利益，而不论其利益的来源及方式，不论其是偶然的还是临时的，是货币、有价证券还是实物。目前，包括我国在内的世界各国实行的个人所得税一般均以这种广义含义的个人所得概念为基础。

3. 我国现行的个人所得税具有以下几个主要特点：分类征收、累进税率与比例税率并用、费用减除额宽、计算简便、采取源泉扣缴和自行申报两种征纳方法。

4. 个人所得税的纳税人是指在中国境内有住所，或者虽无住所但在境内居住满 1 年，以及无住所又不居住或居住不满 1 年，但有从中国境内取得所得的个人。

5. 为了有效地行使税收管辖权，我国根据国际惯例，对居民纳税人和非居民纳税人的划分采用了各国常用的住所和居住时间两个判定标准。

住所标准是以个人在一国境内拥有的住所确定其居民归属的判定标准。

居住时间标准是以个人在一国境内居住的时间确定其居民归属的判定标准。

6. 居民纳税人应负全面纳税义务，即要就其来源于中国境内外的全部所得，向我国政府缴纳个人所得税。

非居民纳税人只就其来源于中国境内的所得向我国政府履行有限纳税义务，依法缴纳个人所得税。

7. 个人所得税以个人取得的各项所得为征税对象。个人所得税法列举了 11 项应纳税所得项目：①工资、薪金所得；②个体工商户的生产、经营所得；③对企事业单位的承包经营、承租经营所得；④劳务报酬所得；⑤稿酬所得；⑥特许权使用费所得；⑦利息、股息、红利所得；⑧财产租赁所得；⑨财产转让所得；⑩偶然所得；⑪经国务院财政部门确定征税的其他所得。

8. 个人所得税的计税标准是纳税人的各项所得的货币金额，计税依据为应纳税所得额。

9. 个人所得税的纳税办法，有自行申报纳税和代扣代缴两种。

自行申报纳税，是由纳税人自行在规定的纳税期限内，向税务机关申报取得的应税所得项目和数额，如实填写个人所得税纳税申报表，并按照税法的规定计算应纳税额，据此缴纳个人所得税的一种方法。

代扣代缴，是指按照税法规定负有扣缴义务的单位或者个人，在向个人支付应纳税所得时，应计算应纳税额，从其所得中扣出并上缴国库，同时向税务机关报送个人所得税报告表。

【主要名词】

个人所得税　个人所得　住所标准　居住时间标准　居民纳税人　非居民纳税人　自行申报纳税　代扣代缴

【复习思考题】

1. 我国的个人所得税有哪些特点？
2. 居民纳税人和非居民纳税人划分的标准是什么？在纳税义务上有何区别？
3. 个人所得税在税率的规定上有何特点？
4. 个人所得税有哪些应税项目？各应税项目的应纳税所得额如何确定？
5. 个人所得税在什么情况下实行减征或加成征收？
6. 境外所得已纳税款如何抵免？
7. 个人所得税对减免税项目有哪些规定？
8. 个人所得税有哪些纳税办法？纳税人如何选择申报缴纳方式？

第九章　资源税

资源税，是国家运用税收杠杆促进资源合理开发、合理调节级差收入、促进企业平等竞争的一项重要措施。我国资源税自1984年开征以来，范围逐步扩大，方法逐步完善，已取得了较好的效果。1994年实行了新的资源税条例，将在税制体系中起着更重要而独特的作用。

读者通过本章可以了解以下内容：我国为什么要开征资源税，我国资源税的征税范围及计税依据，税率的规定及应纳税额的计算。

第一节　资源税概述

一、资源税的定义

资源税是指以各种自然资源及其级差收入为课税对象的一种税种。自然资源的种类很多，如土地资源、矿藏资源、水产资源、生物资源、海洋资源以及阳光、空气、风能等地面、地下和海底的一切资源。列入征税对象的自然资源，主要是一些需要开采、利用价值高、级差收益大、经济发展所需要的重要物资。在税率设计方面，一般根据资源的丰瘠程度和级差收入的多少，按不同开采区设计高低不同的定额税率，也有采用超额或超率累进税率的。

税收拾粹

盐税在历史上被称之为“盐课”，盐税的雏形在夏朝就产生了。到了周代，税收设为九赋，是国家财政的经常收入。其中，九赋之中的“山泽之赋”规定了对煮盐征收赋税。齐国的宰相管仲提出：若盐铁专卖，则能民不加赋而国家财用足。

很早就有一些国家对自然资源的开发和利用进行征税。特别是石油资源，在第二次世界大战后，已经成为各国经济发展的重要物资，由于不同开采区的储量、品位、开采条件等相差悬殊，所以级差收益很大，大多数石油开采国都对其征收各种形式的资源税。我国清朝和民国时期，都曾征收过“矿税”，实际上就是资源税。新中国成立后，中国从1984年10月1日起开征资源税。当时的征收范围很有限，仅局限于级差收入多、产量大并易于控制管理的原油、天然气和煤炭3种特定资源，此后又增加了铁矿石等资源。至于对盐征税，则历史悠久。新中国成立后，国家也一直对盐征税。1993 年 12 月 25 日，国务院发布了新的资源税条例，把资源税的征收范围进一步扩大，并把盐这种特定资源也纳入征税范围，同时取消了盐税税种。

二、资源税的作用

（一）促进资源合理开采，节约使用国有资源

长期以来，中国的自然资源一直实行无偿使用，对资源级差收入也未进行合理的调节，助长了一些企业乱采滥挖等行为，使资源条件遭受破坏，国家资源损失严重。开征资源税，可以根据资源状况和开发条件的优劣，确定不同的税额，把资源开采和使用与纳税人的切身利益结合起来。这样，一方面能够加强对自然资源的保护与管理，防止经营者乱占、滥用资源，减少资源的损失浪费；另一方面也促使经营者出于对自身经济利益方面的考虑，提高资源的开发利用率，最大限度地合理、有效地开发利用国有资源。

（二）合理调节级差收入，促进企业平等竞争

中国地域辽阔，各地资源结构和开发条件存在很大差异，在目前的市场条件下，如果不征收资源税，会使得企业利润不能真实反映企业的经营状况，不利于企业开展竞争。开征资源税，可以把由于自然资源条件优越而形成的级差收入收归国家所有，使各个资源生产企业在比较公平的条件下开展竞争，督促企业改善企业经营管理，提高经济效益。

（三）促进产业结构的调整

目前价格体系尚不完全合理，初级产品价格普遍偏低，资源产品效益大部分反映在加工工业中。配合资源产品的价格调整，加大资源税在税收收入中的份额，有利于改变资源产业长期利润水平偏低，处于国民经济薄弱环节的状况，有利于促进资源产业的发展。

（四）有利于正确处理国家与企业、个人之间的分配关系

通过征收资源税，对由于客观因素所造成的级差收入进行合理的调节，有利于正确处理国家与企业及个人之间的分配关系；有利于贯彻按劳分配、多劳多得的分配原则，调动企业和职工的积极性；有利于增加国家财政收入。

三、资源税的特点

现行资源税有以下几个特点：

（1）征收范围比较小。从理论上讲，资源税的征收范围应当包括一切开采的自然资源，但目前我国资源税的征收范围仅限于矿产品和盐，对其他自然资源不征收资源税。

（2）采用地区、产品差别定额税额。采用定额税率，既可简化征收手续，又有利于保证财政收入。实行差别税额，按照自然资源和开采条件的优劣规定不同的税额，体现级差收入多的多征、级差收入少的少征的原则，还有利于鼓励开采资源的企业加强成本核算，多创利润。

第二节　资源税的纳税人和征收范围

一、资源税的纳税人和扣缴义务人

（一）资源税的纳税人

资源税的纳税人包括在我国境内从事应税资源开采或生产而进行销售或自用的所有单位和个人。这里所称单位包括国有企业、集体企业、私有企业、股份制企业、外商投资企业和外国企业、其他企业和行政单位、事业单位、军事单位、社会团体等。个人指个体经营者和其他个人。

（二）资源税的扣缴义务人

资源税的扣缴义务人，是指收购应税而未税矿产品的单位。具体来说，资源税的扣缴义务人有以下几种：

（1）收购应税而未税矿产品的独立矿山、联合企业。有部分独立矿山、联合企业除自己开采矿产品外，还收购其周围或附近群众零星开采、个体户乃至乡镇企业开采的矿产品，用以自用、外销或完成自己承包的矿产品产量。对其收购的未税矿产品，就需要在收购时代扣代缴资源税。

（2）其他收购未税矿产品的单位。这类企业自己并不生产应纳资源税的矿产品，而只是收购一些小矿开采的矿产品，用以自用或再销售给使用单位，如一些专门从事采购的民矿收购单位。这类单位在收购应税未税矿产品时，同样成了资源税的扣缴义务人。

（3）在现行盐的产销体制下，有些地方由运销或公收单位统一销售盐，则盐的运销或公收单位为扣缴义务人，代扣代缴盐的资源税。

二、资源税的征收范围

资源税的征收范围，应当包括一切开发和利用的国有资源。由于自然资源的类别和品种繁多，且我国征收资源税尚缺乏经验，所以只选择了那些普遍开发、级差收入大、税源广、便于征收管理的矿产品和盐两大类作为资源税的征税对象。

资源税的具体征收项目，包括以下 7 个税目：

（1）原油。是指开采天然原油，不包括人造石油，也不包括原油制品。

（2）天然气。是指专门开采或与原油同时开采的天然气，暂不包括煤矿生产的天然气。

(3) 煤炭。是指原煤，不包括洗煤、选煤及其他煤炭制品。

(4) 其他非金属矿原矿。是指除上述产品和井矿盐以外的非金属矿原矿。

(5) 黑色金属矿原矿。

(6) 有色金属矿原矿。

(7) 盐。包括固体盐和液体盐。固体盐是指海盐原盐、湖盐原盐和井矿盐；液体盐是指卤水。

小提示

资源税的7个征收税目可以简化为：油、气、煤、非、黑、有、盐7个字，方便读者记忆。

第三节　资源税的计税依据和税额

一、资源税的计税依据

资源税的计税依据是应税产品的销售数量或自用数量。

(一) 一般规定

(1) 纳税人开采或生产应税产品销售的，以销售数量为计税依据。

(2) 纳税人开采或生产应税产品自用的，以自用数量为计税依据。

(二) 特殊规定

(1) 纳税人不能准确提供产品销售数量或移送使用数量的，以应税产品的产量或主管税务机关确定的折算比换算成的数量为计税依据。

(2) 原油中的稠油、高凝油与稀油划分不清或不易划分的，一律按原油的数量作为计税依据。

(3) 煤炭，对于连续加工前无法正确计算原煤移送使用量的，可按加工产品的综合回收率，将加工产品实际销量和自用量折算成原煤数量作为计税依据。

(4) 金属和非金属矿产品原矿，因无法准确掌握纳税人移送使用原矿数量的，可将其精矿按选矿比折算成原矿数量作为计税依据。

(5) 纳税人以自产液体加工固体盐，按固体盐税额征税，以加工的固体盐数量为计税依据。纳税人以外购液体盐加工固体盐，其加工固体盐所耗用液体盐的已纳税额准予抵扣。

二、资源税的税额

(一) 税额概况

资源税共设置7个税目，规定了10个幅度税额。在此基础上，财政部根据纳税人的资源状况在规定的税额幅度内，设置了 24 个子税目，58 档税额，最低为 0.3 元，最高为 60 元。

现行资源税的税额如下：

· 原油：8 ~ 30 元/吨

· 天然气：2 ~ 15 元/立方千米

· 煤炭：0.3 ~ 5 元/吨

· 其他非金属矿原矿：0.5 ~ 20 元/吨（或立方米）

· 黑色金属矿原矿：2 ~ 30 元/吨

· 有色金属矿原矿：0.4 ~ 30 元/吨

· 盐：固体盐　10 ~ 60 元/吨

　　液体盐　2 ~ 10 元/吨

（二）适用税额的确定

（1）纳税人开采或者生产不同税目应税产品的，应当分别核算不同税目应税产品的课税数量；未分别核算或者不能准确提供不同税目应税产品的课税数量的，从高适用税额。

（2）我国现行资源税在确定各地区产品的税额时，本着资源条件好、赢利多的多征，资源条件差、赢利少的少征的原则，制定了资源税税目税额明细表。其中，矿产品等级的划分，按几个主要品种的矿山资源等级表执行。对于划分资源等级的应税产品，在几个主要品种矿山资源等级表中未列举名称的纳税人适用的税额，由省（自治区、直辖市）人民政府根据纳税人的资源状况，参照资源税税目税率明细表和几个主要品种的矿山资源等级表中确定的邻近矿山的税额标准，在浮动 30% 的幅度内核定，并报财政部和国家税务总局备案。对于在资源税税目税额明细表中未列举名称的其他非矿原矿和其他有色金属矿原矿，由省（自治区、直辖市）人民政府决定征收或暂缓征收资源税，并报财政部和国家税务总局备案。

第四节　资源税的税收优惠和计算

一、资源税的税收优惠

为照顾纳税人的特殊情况和鼓励一些应税资源产品的开采，现行资源税规定以下情况减征或免征资源税：

（1）开采原油过程中用于加热、修井的原油，免税。

（2）纳税人在开采或者生产应税产品过程中，因意外事故或者自然灾害等原因遭受重大损失的，由省（自治区、直辖市）人民政府酌情决定减税或者免税。

（3）国务院规定的其他减税、免税项目，具体包括：对独立矿山应纳的铁矿石资源税减征 40%，按规定税额标准的 60% 征收。

二、应纳税额的计算

资源税的应纳税额，按照应税产品的计税依据和规定的单位税额计算。应纳税额的计算公式为：

应纳税额 = 计税依据 × 适用税额

= 课税数量 × 单位税额

其中，课税数量是指纳税人的应税产品销售数量、自产自用产品的移送使用数量和代扣代缴人的收购数量；单位税额是指资源税税目税额表上具体规定的税额标准。

例：某油田 4 月份生产原油 10 万吨（单位税额：8 元/吨），其中销售 6 万吨，用于自办油厂加工 2 万吨，用于加热、修井的原油 1 万吨，待销售 1 万吨，当月在采油过程中还回收伴生天然气 1 千万立方米（单位税额：8 元/千万立方米）。请计算该油田 4 月份应纳资源税税额。

解：①用于加热、修井的原油可以免税。

原油的课税数量 = 6 + 2 = 8（万吨）

②原油应纳税额 = 8 × 8 = 64（万元）

天然气应纳税额 = 1 × 8 = 8（万元）

③该油田应纳税额 = 64 + 8 = 72（万元）

第五节　资源税的征收管理

一、纳税义务发生时间和纳税期限

（一）纳税义务发生时间

（1）纳税人销售应税产品，其纳税义务发生时间是：①纳税人采取分期收款结算方式的，其纳税义务发生时间，为销售合同规定的收款日期的当天；②纳税人采取预收货款结算方式的，其纳税义务发生时间，为发出应税产品的当天；③纳税人采取其他结算方式的，其纳税义务发生时间，为收讫销售款或者取得索取销售款凭据的当天。

> **税收拾粹**
>
> 安徽省博物馆陈列着一件我国最早的免税通行证，叫“鄂君启金节”。它由青铜铸造，上有错金铭文，这是战国时楚怀王发给鄂君启的免税通行证。

（2）纳税人自产自用应税产品的纳税义务发生时间，为移送使用应税产品的当天。

（3）扣缴义务人代扣代缴税款的纳税义务发生时间，为支付首笔货款或者开具应支付货款凭据的当天。

（二）纳税期限

纳税人的纳税期限为1日、3日、5日、10日、15日或者1个月，由主管税务机关根据实际情况具体规定。不能按固定期限计算纳税的，可以按次计算纳税。

纳税人以1个月为一期纳税的，自期满之日起10日内申报纳税；以1日、3日、5日、10日或者15日为一期纳税的，自期满之日起5日内预缴税款，于次月1日起10日内申报纳税并结清上月税款。

扣缴义务人的解缴税款期限，比照上述规定执行。

二、纳税申报和纳税办法

（一）纳税申报

纳税人发生资源税纳税义务后，应在规定的期限内向税务机关申报。依照法规，资源税纳税人必须向主管税务机关报送纳税申报表，扣缴义务人应按规定履行代扣代缴的申报手续。

（二）纳税办法

资源税的纳税办法，由所在地主管税务机关视不同情况，选择下列方法中的一种：

（1）自行纳税。纳税人在纳税义务发生后，按照税务机关规定的期限向主管税务机关填报纳税申报表，并填写纳税缴款书，向所在地代理金库的银行缴纳税款。

（2）审核纳税。纳税人按期向税务机关填报纳税申报表，由税务机关审核后填发缴款书，按期缴纳。

（3）定额纳税。对会计核算不健全的小型业户，税务机关可根据其销售、自用、收购等情况，按季或按年核定其应纳税额，分月缴纳。

三、纳税地点

（一）纳税人的纳税地点

纳税人应纳的资源税，应当向应税产品的开采或者生产所在地主管税务机关缴纳。具体实施时，按具体情况执行。

（1）跨省（自治区、直辖市）开采资源税应税产品的单位与核算单位不在同一省（自治区、直辖市）的，对其开采的矿产品，一律在开采地纳税，其应纳税款由独立核算、自负盈亏的单位，按照开采地的实际销售量（或者自用量）及适用的单位税额计算划拨。

(2) 在本省（自治区、直辖市）范围内开采或者生产应税产品，其纳税地点需要调整的，由省（自治区、直辖市）税务机关决定。

(二) 扣缴义务人的纳税地点

扣缴义务人代扣代缴的资源税，应当向收购地主管税务机关缴纳。

【趣味阅读】

英国人想对尿布征税

据路透社报道，英国一项调查显示，超过一半的英国工人希望政府对一次性尿布征收惩罚性税收。

英国一项民意调查报告表明，绝大多数公众都特别关注那些污染环境的产品，并希望政府出台措施以抑制这些产品的使用。一些民众表示，自己已经做好了迎接有关惩罚性税收的准备。据了解，目前英国有90%以上的婴儿使用一次性纸尿布。英国环保人士认为，一次性纸尿布丢弃后要很长时间才能分解，在分解过程中还会释放有毒的气体，而且一次性纸尿布耗费的能源是棉尿布的35倍。因此，不少英国民众呼吁对这种纸尿布征收惩罚性税收。

【本章小结】

1. 资源税的纳税人包括在我国境内从事应税资源开采或生产而进行销售或自用的所有单位和个人。

2. 资源税的具体征收项目，包括原油、天然气、煤炭、其他非金属矿原矿、黑色金属矿原矿、有色金属矿原矿以及盐。

【主要名词】

资源税　原油

【复习思考题】

1. 我国开征资源税的作用是什么？
2. 资源税的计税依据是什么？
3. 资源税的计税依据是如何规定的？

第十章　土地增值税、城镇土地使用税和耕地占用税

本章的3种税都与土地有关，土地是财富的源泉，对土地增值额征税以及对使用土地、农业用地转为非农业用地的行为征税，是保证土地不被随意侵占、保护土地资源、调节土地级差收入、促进土地的合理开发和利用等的一项重要措施。

读者通过本章可以了解以下内容：我国现行对土地征税的概貌及政策规定，了解计税的正确方法。

第一节　土地增值税

一、土地增值税概述

（一）土地增值税的概念

土地增值税是对有偿转让国有土地使用权及土地上建筑物和其他附着物产权，取得增值性收入的单位和个人征收的一种税。土地属于不动产，对土地课税是一种古老的税收形式，也是当代各国普遍征收的一种财产税。对土地征税，依据税基不同，大致可以分为两大类：一类是财产性质的土地税，以土地的数量或价值为税基，或实行从量计税，或采取从价计税，前者如我国历史上的田赋地亩税等，后者如地价税等。这种土地税的历史悠久，属于原始的直接税或财产税。另一类是收益性质的土地税，它实质上是对土地收益或地租的征税。

税收拾粹

公元前594年，鲁国实行初税亩，即不分公田、私田，凡占有土地者均须按亩交纳土地税，井田之外的私田，从此也开始纳税。初税亩的出现，标志着我国已开始从奴隶制赋税制向封建制赋税制转化。

（二）开征土地增值税的意义

（1）征收土地增值税，是适应改革开放的新形势、进一步改革和完善税制、增强国家对房地产开发和房地产市场调控力度的客观需要。近几年来，我国房地产市场的发展，对于合理配置土地资源、提高土地使用效益、改善城市设施和人民生

活居住条件，以及带动相关产业的发展，都有积极作用。但是，也出现了一些问题，如房地产开发过热，一度炒买炒卖房地产的投机行为盛行，房地产价格上涨过猛，投入开发的资金规模过大，土地资源浪费严重，国家收回土地增值较少，不同程度地对国民经济发展造成了不良影响。在这种情况下，国家为了兴利抑弊，需要发挥税收分配的杠杆作用进行调控，以促进其健康发展。

(2) 征收土地增值税，主要是为了抑制炒买炒卖土地投机牟取暴利的行为。近几年来，房地产开发过热，主要是存在一些投机者，他们钻管理的空子，靠炒买炒卖牟取暴利。土地收益主要来源于土地的增值收益，包括自然增值和投资增值。特别是土地的自然增值，随着经济的发展，土地资源的相对短缺将会越来越严重。土地资源属于国家所有，国家为整治开发国土投入了巨额资金，应当在土地增值收益的分配中取得较多份额。征收土地增值税，通过对转让房地产的过高增值收益进行合理调节分配，一方面维护了国家利益，也对房地产正当开发者的合法权益给予保护；另一方面使投机者不能再牟取暴利，从根本上抑制炒买炒卖房地产的现象。

(3) 开征土地增值税，是为了规范国家参与土地增值收益的分配方式，增加国家财税收入。目前，我国涉及房地产交易市场的税收，主要有营业税、企业所得税、个人所得税、契税等。这些税对转让房地产收益可起到一般调节作用，对土地增值所获得的过高收入起不到特殊调节作用。在土地增值税未开征前，有些地区已通过征收土地增值费的办法，对土地增值过高收益进行调控，既增加了财政收入，也抑制了炒买炒卖房地产的投机行为。但各地办法不统一、收取标准差别也比较大，于是国家通过开征土地增值税来统一和规范国家参与土地增值收益分配的方式。

（三）中国土地增值税的特点

(1) 以转让房地产取得的增值税为征税对象，属于“土地转移增值税”的类型。

(2) 纳税人范围大。凡在我国境内转让房地产并取得收入的单位和个人，不论其经济性质，也不分内资、外资企业或中方、外籍人员；不论部门，也不分专营或兼营房地产业务，除税法规定免税的外，均有缴纳土地增值税的义务。

(3) 一般采用余额法或扣除法计算增值额作为计税依据。只是在几种特殊情况下，才采用评估价格计征。

(4) 实行超率累进税率。增值率高、税率高的，多纳税；增值率低、税率低的，少纳税，税负较为合理。

(5) 实行按次征收。土地增值税在房地产发生转让的环节，实行按次征收，每发生一次转让行为，就应根据每次取得的增值额征一次税。

二、土地增值税的征税范围和纳税人

（一）土地增值税的征税范围及其界定标准

根据《土地增值税暂行条例》及其实施细则的规定，土地增值税是对转让国有土地使用权及其地上建筑物和附着物并取得收入的行为征税。准确界定土地增值税的征税范围十分重要。在实际工作中，我们可以通过以下3条标准来判定：

（1）转让的土地，其使用权是否为国家所有。根据我国宪法和《土地管理法》的规定，城市的土地属于国家所有。农村和城市郊区的土地除由法律规定属于国家所有的以外，均属于集体所有。国家为了公共利益，可以依照法律规定对集体土地实行征用，依法被征用后的土地属于国家所有。对于上述法律规定属于国家所有的土地，其土地使用权在有偿转让时，属于土地增值税的征收范围。而农村集体所有的土地根据国家有关规定，其自行转让是一种违法行为，应由有关部门来处理；只有根据有关法律规定，由国家征用以后变为国家所有时，才能进行转让。对于目前违法把集体土地转让的情况，应在有关部门处理、补办土地征用或出让手续使之变为国家的土地之后，再纳入土地增值税的征税范围。

（2）土地使用权、地上的建筑物及其附着物的产权是否发生转让。

（3）是否取得收入。土地增值税的征收范围不包括房地产的产权虽转让但未取得收入的行为，如房地产的继承。需要强调的是，无论是单独转让国有土地使用权，还是房产产权与国有土地使用权一并转让，只要取得收入，均属土地增值税的征收范围。

（二）对若干具体情况的判定

根据以上3条判定标准，我们可以对以下若干具体情况是否属于土地增值税的征收范围进行判定：

（1）以出售方式转让国有土地使用权、地上的建筑物及附着物的。这里又分为3种情况：①出售国有土地使用权；②房地产开发；③存量房地产的买卖。这3种情况因其同时符合上述3个标准，所以属于土地增值税的征税范围。

（2）以继承、赠与方式转让房地产的，这种无偿转让房地产的行为，不属于土地增值税的征税范围。为了避免逃税，国家对“赠与”给予了明确界定，仅指以下情况：①房产所有人、土地使用权所有人将房屋产权、土地使用权赠与直系亲属或直接承担赡养义务人的；②房产所有人、土地使用所有人通过中国境内非营利的社会团体、国家机关将房屋产权、土地使用权赠与教育、民政和其他社会福利、公益事业的。

（3）房地产的出租，这种行为没有发生房产产权、土地使用权的转让，因此，不属于土地增值税的征税范围。

（4）房地产的抵押，在抵押期间房产的产权、土地使用权并没有发生权属的变更，因此不征收土地增值税。待抵押期满后，对于以房地产抵债而发生房地产权属转让的，应列入土地增值税的征税范围。

（5）房地产的交换，这种行为既发生了房产产权、土地使用权的转移，交换双方又取得了实物形态的收入，所以它属于土地增值税的征税范围。但对各人之间互换自有居住用房地产的，经当地税务机关核实，可以免征土地增值税。

（6）以房地产进行投资、联营的，暂免征收土地增值税。对投资、联营企业将上述房地产再转让的，应征收土地增值税。

（7）合作建房，即一方出地，另一方出资金，双方合作建房，建成后按比例分房自用的，暂免征收土地增值税；建成后转让的，应征收土地增值税。

（8）企业兼并转让房地产的，暂免征收土地增值税。

（9）房地产的代建房行为，对于房地产开发公司而言，其收入属于劳务收入性质，没有发生房地产权属的转移，故不属于土地增值税的征税范围。

（10）房地产的重新评估，因其没有发生房地产权属的转移，所以不属于土地增值税的征税范围。

（11）因国家收回国有土地使用权、征用地上的建筑物及其附着物而使房地产权属发生转让的，根据《土地增值税暂行条例》的有关规定，可以免征土地增值税。

（三）土地增值税的纳税人

土地增值税的纳税人为转让国有土地使用权、地上的建筑物及其附着物（以下简称转让房地产）并取得收入的单位和个人。单位是指各类企业单位、事业单位、国家机关和社会团体及其他组织。个人包括个体经营者。

三、土地增值税的征税对象

土地增值税的征税对象是纳税人转让房地产获得的增值额。此项增值额是指纳税人转让房地产所取得的收入减除规定的扣除项目金额后的余额。

（一）转让房地产取得的收入

纳税人转让房地产取得的收入，应包括转让房地产的全部价款及有关的经济收益，从收入的形式看，包括货币收入、实物收入和其他收入。其中，货币收入一般比较容易确定；实物收入的价值不太容易确定，一般要对这些实物形态的财产进行估价；至于其他收入，是指转让地产时取得的无形资产收入或具有财产价值的权利，如专利权、商标权、专有技术使用权、土地使用权、商誉权等。这类收入较少见，其价值需要进行专门的评估。

（二）税法允许扣除的项目

（1）取得土地使用权所支付的金额。它包括两方面的内容：

①纳税人为取得土地使用权所支付的地价款。如果是以协议、招标、拍卖等出

让方式取得土地使用权的，地价款为纳税人所支付的土地出让金；如果以行政划拨方式取得土地使用权的，地价款为按照国家有关规定补交的土地出让金；如果是以转让方式取得土地使用权的，地价款为向原土地使用权人实际支付的地价款。

②纳税人在取得土地使用权时按国家统一规定缴纳的有关费用。它指纳税人在取得土地使用权过程中，为办理有关手续按国家统一规定缴纳的有关登记、过户手续费。

（2）房地产开发成本。是指房地产开发项目实际发生的成本，包括土地的征用及拆迁补偿费、前期工程费、建筑安装工程费、基础设施费、公共配套设施费、开发间接费用等。这里的房地产开发成本实际上既包括开发土地的成本，又包括新建房及配套设施的成本。税法规定，在计算土地增值额时，房地产开发成本按纳税人房地产开发项目实际发生的成本予以扣除。房地产开发成本包括：

①土地征用及拆迁补偿费，包括土地征用费、耕地占用税、劳动力安置费及有关地上、地下附着物拆迁费的净支出、安置动迁房屋支出等。这里需强调的是，如果土地的征用及拆迁补偿是由政府或者他人承担的，纳税人是在已征用和拆迁好的土地上进行开发，则这部分支出已体现在纳税人取得土地使用权所支付的金额中，这部分土地的征用及拆迁补偿费在纳税人的房地产开发成本中就不允许再扣除。

②前期工程费，包括规划、设计、项目可行性研究和水文、地质、勘察、测绘、“三通一平”等支出。这里需强调的是，如果纳税人取得的是已经进行了土地开发的“熟地”，即已经达到“三通一平”，则这部分支出已体现在纳税人取得土地使用权所支付的金额中，这部分前期工程费在纳税人的房地产开发成本中就不允许再扣除。

③建筑安装工程费，是指房地产开发项目在建造过程中发生的各种建筑工程费用和安装工程费用。包括纳税人以出包方式支付给承包单位的建筑安装工程费，纳税人以自营方式发生的列入开发项目施工图预算内的各项建筑安装工程费。

④基础设施费，包括开发小区内道路、供水、供电、供气、排污、排洪、通信、照明、环卫、绿化等工程发生的支出。

⑤公共配套设施费，是指在房地产开发中必须建造但不能有偿转让的开发小区内公共配套设施所发生的支出。如开发小区内的派出所、幼儿园、学校、自行车棚、公共厕所等设施支出。

⑥开发间接费用，是指直接组织、管理开发项目发生的费用，包括工资、职工福利费、折旧费、修理费、办公费、水电费、劳动保护费、周转房摊销等。这里需强调的是，纳税人的行政管理部门（总部）为管理和组织经营活动而发生的管理费用，应在房地产开发费用中扣除，不应在此扣除。

（3）房地产开发费用。按《实施细则》解释，房地产开发费用包括开发土地的费用和新建房及配套设施的费用，即与房地产开发项目有关的销售费用、管理费用和财务费用。根据现行财务会计制度的规定，这3项费用作为期间费用，直接计入当期损益，不按成本核算对象进行分摊。故作为土地增值税扣除项目的房地产开发费用，不按实际发生数扣除，而按《实施细则》的标准进行扣除。这又可分为两种情况：

①纳税人能够按转让房地产项目计算分摊利息支出，并能提供金融机构的贷款证明，其允许扣除的房地产开发费用限额为：利息 +（取得土地使用权所支付的金额 + 房地产开发成本）×5%。值得注意的是，利息最高不能超过按商业银行同类同期贷款利息率计算的金额。此外，财政部、国家税务总局还对利息支出的计算问题作了两项专门规定：一是利息的上浮幅度按国家的有关规定执行，超过上浮幅度的部分不允许扣除；二是对于超过贷款期限的利息部分和加罚的利息，不允许扣除。

②纳税人不能按转让房地产项目计算分摊利息支出或不能提供金融机构款证明的，其允许扣除的房地产开发费用限额为：（取得土地使用权所支付的金额 + 房地产开发成本）×10%。

（4）旧房及建筑物的评估价格。是指在转让已使用的房屋及建筑物时，由政府批准设立的房地产评估机构评定的重置成本价乘以成新度折扣率后的价格。评估价格须经当地税务机关确认。这里所称重置成本，是指对旧房及建筑物，按转让时的建材价格及人工费用计算，建造同样面积、同样层次、同样结构、同样建设标准的新房及建筑物所需花费的成本费用。成新度折扣率的含义是，按旧房的新旧程度作一定比例的折扣。例如，一栋房屋已使用近十年，建造时的造价为1 000万元，按转让时的建材费用和人工费用计算，建同样的新房需花费4 000万元，该房有六成新，则该房的评估价格为2 400（4 000×60%）万元。

（5）与转让房地产有关的税金。是指在转让房地产时缴纳的营业税、城市维护建设税、印花税及教育费附加。需要明确的是，房地产开发企业转让时缴纳的印花税，在此不允许扣除，它直接列入管理费用中，计入当期损益。

（6）财政部规定的其他扣除项目。为了抑制炒买炒卖房地产的投机行为，保护正常开发投资者的积极性，特对从事房地产开发的纳税人实行一定特惠措施，允许其加计一部分扣除项目。加计扣除数为：（取得土地使用权所支付的金额 + 房地产开发成本）×20%。

（三）增值额

增值额是土地增值税的本质所在，准确核算增值额至关重要。因增值额是转让房地产取得的收入减除扣除项目后的余额，准确核算增值额，需要准确的房地产转让收入额和扣除项目的金额。但在实际房地产交易活动中，常出现纳税人不能准确提供房地产转让价格或扣除项目金额，致使增值额不准确，直接影响应纳税额的计算与缴纳。因此，《土地增值税暂行条例》规定，纳税人有下列情形之一的，按照房地产评估价格计算征收：

（1）隐瞒、虚报房地产成交价格的。应由评估机构参照同类房地产的市场交易价格进行评估。税务机关根据评估价格确定转让房地产的收入。

（2）提供扣除项目金额不实的。应由评估机构按照房屋重置成本价乘以成新度折扣率计算的房屋成本价和取得土地使用权时的基准地价进行评估。税务机关根据评估价格确定扣除项目金额。

（3）转让房地产的成交价格低于房地产评估且无正当理由的。由税务机关参照房地产评估价格确定转让房地产的收入。

四、土地增值税的税率与减免

（一）土地增值税的税率

增值税实行四级超率累进税率：

（1）增值额未超过扣除项目金额 50% 的部分，税率为 30% 。

（2）增值额超过扣除项目金额 50% ，未超过扣除项目金额 100% 的部分，税率为 40% 。

（3）增值额超过扣除项目金额 100% ，未超过扣除项目金额 200% 的部分，税率为 50% 。

（4）增值额超过扣除项目金额 200% 的部分，税率为 60% 。

上述四级超率累进税率，每级“增值额未超过扣除项目金额”的比例，均包括本比例数。

（二）土地增值税的减免

土地增值税的减免有以下 4 种情形：

（1）纳税人建造普通标准住宅出售，增值税额未超过扣除项目金额 20% 的，免征土地增值税；增值额超过扣除项目金额 20% 的，应就其全部增值额按规定计税。对于纳税人既建普通标准住宅又进行其他房地产开发的，应分别核算增值额。不分别核算增值额或不能准确核算增值额的，其建造的普通标准住宅不能适用这一免税规定。这里所称普通标准住宅，是指按所在地一般民用住宅标准建造的居住用宅。高级公寓、别墅、度假村等不属于普通标准住宅。普通标准住宅与其他住宅的具体划分界限由各省（自治区、直辖市）人民政府规定。

（2）因国家建设需要依法征用、收回的房地产免税。这是指城市市政规划、国家重点项目建设的需要而被政府征用的房产或收回的土地使用权。因城市实施规划、国家建设的需要而搬迁，由纳税人自行转让房地产的，比照有关规定免征土地增值税。

（3）个人因工作调动或改善居住条件而转让原自用住房，经向税务机关申报核准，凡居住满 5 年或 5 年以上的，免征土地增值税；居住满 3 年而未满 5 年的，减半征收土地增值税；居住未满3年的，按规定计征土地增值税。

（4）对1994年1月1日前签订开发及转让合同的房地产的减免税优惠。包括：①1994年1月1日以前已签订的房地产转让合同，不论其房地产在何时转让，均免征土地增值税。②1994年1月1日以前已签订房地产开发合同或已立项，并已按规定投入资金进行开发，其在1994年1月1日以后5年内首次转让房地产的，免征土地增值税。

签订合同日期以有偿受让土地合同签订之日为准，其中第②项的优惠期限延长至2000年底。

五、土地增值税应纳税额的计算

我国税法规定，土地增值税按照纳税人转让房地产取得的增值额和规定的税率计算征收。土地增值税的计算公式为：

应纳税额＝∑（每级距的土地增值额×适用税率）

不过在实际工作中，分步计算比较烦琐，一般可以采用速算扣除法计算。即计算应纳土地增值税税额，可按增值额乘以适用的税率减去扣除项目金额乘以速算扣除系数的简便方法计算。其计算公式为：

应纳税额＝增值额×适用税率－扣除项目金额×速算扣除系数

土地增值税适用的速算扣除系数如下表所示。

土地增值税适用的速算扣除系数表

级数	增值额占扣除项目金额的比例（即增值率）	税率（%）	速算扣除比例
1	增值率未超过50%的部分	30	0
2	增值率超过50%但未超过100%的部分	40	5%
3	增值率超过100%但未超过200%的部分	50	15%
4	增值率超过200%的部分	60	35%

土地增值税的计算步骤如下：

第一步：计算转让房地产的收入。

第二步：计算扣除项目金额。在具体计算土地增值税的扣除项目时，应注意区别以下两种转让房地产的情况：

①专门从事房地产开发的纳税人转让其新建房地产时，其扣除项目包括5项：取得土地使用权所支付的金额，房地产开发成本，房地产开发费用，与转让房地产有关的税金（营业税、城市维护建设税、教育费附加），以及财政部规定的20%加计。

②非从事房地产开发的纳税人转让其旧房时，其扣除项目包括3项：取得土地使用权所支付的金额，旧房及建筑物的评估价格，与转让房地产有关的税金（营业税、城市维护建设税、教育费附加、印花税）。

第三步：计算增值额。

土地增值额＝转让房地产的收入－扣除项目金额

第四步：计算增值率，确认纳税人所适用的税率。

第五步：计算应纳土地增值税税额。

例1：某房地产开发公司转让写字楼一幢，取得转让收入5 000万元，公司即按税法规定缴纳了有关税金（营业税税率5%，城建税等其他税金25万元）。已知该公司为取得土地使用权而支付的地价款和按国家统一规定交纳的有关费用为500万元，投入的房地产开发成本为1 500万元；房地产开发费用中的利息支出120万元（能够按转让房地产项目计算分摊，并能提供金融机构证明），比按工商银行同类同期贷款利率计算的利息多出10万元。公司所在地政府规定的其他房地产开发费用的计算扣除比例为5%。请计算该公司转让此楼应纳的土地增值税税额。

解：（1）确定转让房地产的收入为5 000万元。

（2）确定转让房地产的扣除项目金额：

①取得土地使用权而支付的金额为500万元。

②房地产开发成本为1 500万元。

③房地产开发费用＝(120－10)＋(500＋1 500)×5%＝210（万元）

④与转让房地产有关的税金＝5 000×5%＋25＝275（万元）

⑤从事房地产开发的加计扣除＝(500＋1 500)×20%＝400（万元）

⑥转让房地产的扣除项目金额＝500＋1 500＋210＋275＋400
＝2 885（万元）

（3）转让房地产的增值额＝5 000－2 885＝2 115（万元）

（4）增值额与扣除项目金额的比率＝$\frac{2\ 115}{2\ 885}\times 100\% = 73.31\%$

因此，该纳税人适用40%的税率。

（5）该纳税人应纳税额＝2 115×40%－2 885×5%＝701.75（万元）

六、土地增值税的征收办法

（一）纳税程序

土地增值税的纳税人应在转让房地产合同签订后的7日内，到房地产所在地主管税务机关办理纳税申报，并向税务机关提交房屋及建筑物产权、土地使用权证书，土地转让、房产买卖合同，房地产

税收拾粹

税收如母亲，经常被误解，但很少被遗忘。

——劳德·布兰威尔

评估报告及其他与转让房地产有关的资料。纳税人因经常发生房地产转让而难以在每次转让后申报的，经税务机关审核同意后，可以定期进行纳税申报，具体期限由税务机关根据情况确定。纳税人按照税务机关核定的税额及期限缴纳土地增值税。对于纳税人在项目全部竣工结算前转让房地产取得的收入，由于涉及成本确定或其他原因，而无法据以计算土地增值税的，可以预征土地增值税；待该项目全部竣工、办理结算后，再进行结算，多退少补。具体办法由各省（自治区、直辖市）地方税务局根据当地情况制定。

（二）纳税地点

土地增值税的纳税人应向房地产所在地主管税务机关办理纳税申报，并在税务机关核定的期限内缴纳土地增值税。这里所称房地产所在地，是指房地产的坐落地。纳税人转让的房地产坐落在两个或两个以上地区的，应按房地产所在地分别申报纳税。

在实际工作中，纳税地点的确定又可以分为以下两种情况：

（1）纳税人是法人。当转让的房地产坐落地与其机构所在地或经营所在地一致时，则在办理税务登记的原管辖税务机关申报纳税即可；如果转让的房地产坐落地与其机构所在地或经营所在地不一致时，则应在房地产坐落地所管辖的税务机关申报纳税。

（2）纳税人是自然人。当转让的房地产坐落地与居住地一致时，则在居住地税务机关申报纳税；当转让的房地产坐落地与其居住地不一致时，则在办理过户手续所在地的税务机关申报纳税。

第二节　城镇土地使用税

一、城镇土地使用税概述

（一）城镇土地使用税的概念

城镇土地使用税是以城镇土地为征税对象，对拥有土地使用权的单位和个人征收的一种税。

（二）城镇土地使用税的特点

（1）征税对象是城镇土地的使用人。我国宪法明确规定，城镇土地的所有权属于国家。国家既可以凭借财产处置权力对土地使用人获取的收益进行分配，又可以凭借政治权力对土地使用者进行征税。开征城镇土地使用税，实质上是运用国家政治权力，将纳税人获取的本应属于国家的土地收益集中到国家手中。

（2）征税范围较广。凡是在我国境内使用土地的单位和个人，不分内、外资企业，不分城乡，除农业用地外，一律按税法规定征收。

（3）实行差别幅度税额。城镇土地使用税为了调节土地位置不同产生的级差收入，实行差别幅度税额，即对不同城镇适用不同税额，对同一城镇的不同地段，根据市政建设状况和经济繁荣状况程度也确定不等的负担水平。

（4）在管理上，实行合理分权。城镇土地使用税除对征税范围、纳税人、幅度税额等要素作了统一规定外，还将税额标准的确定权和实施细则的制定权和解释权下放给地方，体现了合理分权、理顺分配关系的原则。

（三）城镇土地使用税的作用

（1）有利于促进土地的合理、节约使用。我国虽然幅员辽阔，但人均占用土地面积并不宽裕。过去，我国对非农业用地基本上都采取行政划拨、无偿使用的办法，造成大量土地资源的浪费。开征城镇土地使用税，是为了改变过去那种无偿使用国有土地的现象，而实行按规定纳税的办法。由于城镇土地使用税的税负，是按城市大小和所处地区经济繁荣程度确定的，因此，单位和个人多占地、占好地就要多纳税；少占地、占次地就少纳税。这样能够促进企业合理配置土地和节约使用土地。

（2）调节土地级差收入，鼓励公平竞争。在我国目前市场经济条件下，影响企业效益的客观因素很多。其中，地理位置的好坏是影响企业运输成本和流通费用，进而影响企业利润率高低的重要因素之一。如果不对这部分土地的级差收入征税，就会使得企业的利润不能真正反映企业主观经营情况，不利于企业经济核算，不利于企业公平竞争。开征城镇土地使用税，不仅能理顺国家与土地使用者的分配关系，而且为企业公平竞争创造了条件。

（3）广集地方财政资金，为实施分税制创造了条件。城镇土地使用税是地方税，是地方财政收入的一项稳定来源。同时，土地使用税对所有大、中、小城市和县城、建制镇、工矿及农村非农业用地开征，涉及面广，为建立和完善地方税体系、实行以分税制为基础的财政体系创造了条件。

二、城镇土地使用税的征税范围和纳税人

（一）征税范围

城镇土地使用税的征税范围是城市、县城、建制镇、工矿区。其中，城市是指国务院批准设立的城市，城市的征税范围为市区和郊区。县城是指县人民政府所在地，县城的征税范围为县人民政府所在的城镇。建制镇是指经省（自治区、直辖市）人民政府批准设立的建制镇，建制镇的征税范围为镇人民政府所在地。工矿区是指工商业比较发达，人口比较集中，符合国务院规定的建制镇标准，但尚未设立建制镇的大中型工矿企业所在地。工矿区的设立须经省（自治区、直辖市）人民政府批准。城市、县城、建制镇、工矿区的具体征税范围，由各省（自治区、直辖市）人民政府划定。

关于建制镇具体征税范围，由各省（自治区、直辖市）地方税务局提出方案，经省（自治区、直辖市）人民政府确定批准后执行，并报国家税务总局备案。对农、林、牧、渔业用地和农民居住用房屋及土地，不征收城镇土地使用税。

（二）纳税人

城镇土地使用税由拥有土地使用权的单位或个人缴纳。这里所称单位，包括国有企业、集体企业、私营企业、股份制企业、外商投资企业、外国企业以及其他企业和事业单位、社会团体、国家机关、军队以及其他单位；所称个人，包括个体工商户以及其他个人。

拥有土地使用权的纳税人不在土地所在地的，由代管人或实际使用人纳税；土地使用权未确定或权属纠纷未解决的，由实际使用人纳税；土地使用权共有的，由共有各方分别纳税。

三、城镇土地使用税的税额

（一）制定税额的依据

城镇土地使用税采用分等级的差别幅度税额，确定这种税率形式的依据是：

（1）不同规模城镇之间存在地价差异。我国地域辽阔，沿海、中、西部之间经济发展很不平衡，各城镇之间因规模不同，市政建设、经济繁荣程度不同，其土地的级差收益相差悬殊。在这种情况下，如对不同地区都适用同一税率，显然不太合理。因此，按城镇大小分等级，确定不同等级税额，对于公平税负十分必要。

（2）给予地方一定的税额设定权。即使在同一城市，不同地段之间土地的级差收入也不一样。城镇土地使用税对同一规模城镇采用幅度税额，而且最低税额与最高税额相差20倍，这样，可以使各地政府在划分所辖地区不同地段等级和确定适用税额时，有较大的自主权，因地制宜地运用税收手段调节土地收益，鼓励公平竞争。

（3）便于征收管理。世界各国城镇土地使用税的征收方法有很多种，按土地的价格计算有从价税；按土地使用面积计算有从量税。我国城镇土地使用税是对使用土地的单位和个人实行从量计税的办法。因为当土地没有出售时，其价格很难估计，采用从价税，计算会很复杂。测量土地使用面积却很方便，计算也准确，采用从量计税，其征收管理就较为简便。

（二）适用税额

城镇土地使用税采用分级差别幅度税额。每平方米城镇土地使用税年税额如下：

- 大城市：1.5～30元
- 中等城市：1.2～24元
- 小城市：0.9～18元

·县城、建制镇、工矿区：0.6～12元

上述大、中、小城市以公安部门登记在册的非农业正式户口人数为依据，按照国务院颁布的《城市规划条例》中规定的标准划分。现行的标准是：市区及郊区非农业人口总计在50万以上的，为大城市；市区及郊区非农业人口总计在20万至50万的，为中等城市；市区及郊区非农业人口总计在20万以下的，为小城市。

（三）税额的具体确定

根据《城镇土地使用税暂行条例》规定，省（自治区、直辖市）人民政府，应当在上述所列幅度内，根据市政建设状况、经济繁荣程度等条件，确定所辖地区的适用税额幅度。市、县人民政府应当根据实际情况，将本地区土地划分为若干等级，在省（自治区、直辖市）人民政府确定的税额幅度内，制定相应的适用税额标准，报省（自治区、直辖市）人民政府批准执行。

经省（自治区、直辖市）人民政府批准，经济落后地区城镇土地使用税的适用税率，标准可以适当降低，但降低额不能超过《城镇土地使用税暂行条例》规定的最低税额的30%。经济发达地区城镇土地使用税的适用税额标准可以适当提高，但须报经财政部批准。

四、城镇土地使用税的减免

（一）根据《城镇土地使用税暂行条例》第六条规定，免缴城镇土地使用税的土地

（1）国家机关、人民团体、军队自用的土地。这里所称人民团体是指经国务院授权的政府部门批准设立或登记备案并由国家拨付行政事业费的各种社会团体。自用土地，是指这些单位本身的办公用地和公务用地。

（2）国家财政部门拨付事业经费的单位自用的土地。是指由国家财政部门拨付经费、实行全额预算管理或差额预算管理的事业单位本身的业务用地，不包括实行自收自支、自负盈亏的事业单位占用的土地。

（3）宗教寺庙、公园、名胜古迹自用的土地。这里所称宗教寺庙自用的土地，是指举行宗教仪式等的用地和寺庙内宗教人员的生活用地。公园、名胜古迹自用的土地，是指供参观游览的用地及其管理单位的办公用地。

（4）市政街道、广场、绿化地带等公共用地。

（5）直接用于农、林、牧、渔业的生产用地。是指直接从事种植、养殖、饲养的专业用地，不包括农副产品加工场地和生活、办公用地。

（6）经批准开山填海整治的土地和改造的废弃土地，从使用的月份起免缴城镇土地使用税5～10年。这里所称开山填海整治的土地和改造的废弃土地，以土地管理机关出具的证明文件为依据确定；具体免税期限由各省（自治区、直辖市）税务局在《城镇土地使用税暂行条例》规定的期限内自行确定。

（二）由省（自治区、直辖市）税务局确定征免税的土地

（1）个人所有的居住房屋及院落用地；

（2）房产管理部门在房租调整改革前已租的居民住房用地；

（3）免税单位职工家属的宿舍用地；

（4）民政部门举办的安置残疾人占一定比例的福利工厂用地；

（5）集体和个人办的各类学校、医院、托儿所、幼儿园用地。

（三）其他规定

（1）对国家拨付事业经费和企业办的各类学校、托儿所、幼儿园自用的房产、土地，免征城镇土地使用税。

（2）国家机关、人民团体、军队、事业单位、宗教寺庙、公园、名胜古迹等单位的生产、营业用地和其他用地，不属于免税范围，应按规定缴纳城镇土地使用税。

（3）向居民供热并向居民收取采暖费的企业暂免征收城镇土地使用税。供热企业包括专业供热企业、兼营供热企业、单位自供热及为小区居民供热的物业公司等，不包括从事热力生产但不直接向居民供热的企业。

对于免征城镇土地使用税的“生产用房”和“生产占地”，是指上述企业为居民供热所使用的厂房及土地。对既向居民供热又向非居民供热的企业，可按向居民供热收取的收入占其总供热收入的比例划分征免税界限；对于兼营供热的企业，可按向居民供热收取的收入占其生产经营总收入的比例划分征免税界限。

五、城镇土地使用税的计税办法

（一）计税依据

城镇土地使用税以纳税人实际占用的土地面积为计税依据。为了做到计税依据准确可靠，必须由法定单位对纳税人实际占用的土地面积进行测量。由于土地的测量工作技术性较强，工作量大，在短时间内难以完成。这样，从便于及时组织税款入库考虑，税法规定城镇土地使用税的计税依据，应根据不同情况分别处理：

（1）凡已由省（自治区、直辖市）人民政府确定的单位组织测定的土地面积，以实际测定的占用面积为计税依据。

（2）凡尚未组织测量，但纳税人持有政府部门核发的土地使用证书的，以证书确认的土地面积为计税依据。

（3）对尚未核发土地使用证书的，暂以纳税人据实申报的土地面积为计税依据，待土地面积正式测量后，再按其测定的实际面积进行调整。

（二）应纳税额的计算

城镇土地使用税计算公式为：

年应纳税额＝计税土地面积（平方米）×适用税额

例2：某市一家百货公司坐落在繁华地段，该公司土地使用证书上记载占用土地的面积为5 400平方米，经确定属一等地段；该公司另设两个统一核算的分店均坐落在市区三等地段，共占地7 800平方米；该公司有一座仓库位于市郊，属五等地段，占地面积为1 000平方米；另外，该百货公司自办幼儿园，占地面积为2 100平方米，属三等地段。请计算该百货公司全年应纳城镇土地使用税税额。（该市土地等级及适用税额的划分标准是：一等地段年税额15元/平方米，三等地段年税额3元/平方米，五等地段年税额1.5元/平方米）

解：①百货公司占地应纳税额 = 5 400 × 15 = 81 000（元）

②分店占地应纳税额 = 7 800 × 3 = 23 400（元）

③仓库占地应纳税额 = 1 000 × 1.5 = 1 500（元）

④百货公司自办幼儿园按税法规定免税。

⑤该百货公司全年应纳税额 = 81 000 + 23 400 + 1 500 = 105 900（元）

六、城镇土地使用税的征收办法

（一）纳税期限

城镇土地使用税按年计算，分期缴纳。缴纳期限由省（自治区、直辖市）人民政府确定。

新征用的土地，依照下列规定缴纳城镇土地使用税：

（1）征用的耕地，自批准征用之日起满1年时开始缴纳城镇土地使用税。

（2）征用的非耕地，自批准征用次月起缴纳城镇土地使用税。

上述征用的耕地，以土地管理有关批准征用的文件为依据确定。

税收拾粹

我国税收究竟始于何时？比较流行的一种说法认为始于春秋时期，鲁宣公时的“初税亩”是对私田征税的开始。据《左传》记载：宣公十五年秋七月，初税亩。初，是开始的意思；税亩，是对土地征税。鲁宣公十五年，是公元前594年，距现在已有两千五百多年了。

（二）纳税地点

城镇土地使用税的纳税地点确定在土地所在地，由土地所在地的税务机关负责征收。纳税人使用的土地不属于同一省（自治区、直辖市）管辖范围的，应由纳税人分别向土地所在地的税务机关缴纳城镇土地使用税。在同一省（自治区、直辖市）管辖范围内，纳税人跨地区使用的土地，如何确定纳税地点，由各省（自治区、直辖市）税务局确定。

（三）纳税申报

纳税人应依照当地税务机关规定的期限，填写城镇土地使用税纳税申报表，将其占用土地的权属、位置、用途、面积和税务机关规定的其他内容，据实向当地税务机关办理纳税申报登记，并提供有关的证明文件资料。纳税人新征用的土地，必须于批准新征用之日起30日内申报登记。纳税人如有住址变更、土地使用权属转换等情况，从转移之日起，按规定期限办理申报变更登记。

第三节 耕地占用税

一、耕地占用税概述

（一）耕地占用税概念和特点

耕地占用税是对占用耕地建房或从事其他非农业建设的单位和个人，按其所占用耕地的面积和规定税额征收的一种一次性税收。它是根据1987年国务院发布的《中华人民共和国耕地占用税暂行条例》（以下简称《耕地占用税暂行条例》），对农业占用耕地征收的税。

耕地占用税的特点如下：

（1）征税对象是占用农田建房或从事非农业建设的行为。我国是一个人多地少的国家，耕地后备资源严重不足，再加上目前城乡非农业乱占滥用的情况严重，耕地资源不足，已成为我国社会经济特别是农业发展的一个重要制约因素。国家征收耕地占用税，可对非农业占用耕地起到一定的限制作用。

（2）实行地区差别幅度税额。耕地占用税以县为单位，以人均耕地面积为标准，确定单位税额。人均耕地面积越少，单位税额越高。采用地区差别幅度税额，是为了适应不同地区纳税人的承受能力，体现合理负担的原则，同时体现对人口多、经济发达地区占用耕地从严控制的精神。

（3）实行一次性课税制。耕地占用税不同于其他税种，不实行多次课征，也不是年年课征，而是按照“税不重征”的原则，实行一次课征制。纳税人在完税以后的使用、转让和继承过程中，不再缴纳耕地占用税。

（4）实行列收列支、专款专用。一般的税收收入都是统一纳入预算，由财政统一安排使用。但耕地占用税这种地方税种，按照“取之于土，用之于土”和“取之于农，用之于农”的征收使用原则，实行列收列支，专门用于改良现有耕地、开发宜耕地等农田建设，是“农业发展基金”的重要来源之一。

（二）耕地占用税的作用

（1）有利于限制滥占耕地行为。长期以来，我国非农业建设占用耕地基本上是无偿使用的，国家的土地所有权只是法律上的规定，在经济上没有得到直接体现。这是导致我国非农业建设大量占用耕地从宏观上得不到有效控制的根本原因之一。国家通过征收耕地占用税，可以有效地约束、调节纳税人占用耕地的行为，限制纳税人占用耕地从事非农用建设，促进土地资源的合理运用，比较好地保护了我国的耕地资源。

（2）有利于缓解人多地少地区的耕地紧张状况。耕地占用税以人均耕地面积为标准，人均耕地面积越少，单位税额越高，体现了强化对人多地少地区耕地占用的限制政策，对于缓解这些地区耕地紧张的状况有积极的作用。

（3）有利于合理利用土地。耕地占用税按规定的税额，对非农业占用耕地实行一次性征收，除占而不用超过两年者外，以后不再征税。这一特点决定了耕地占用税既可以通过规定较高的税额，强化对纳税人占用耕地决策的限制和调节作用，控制非农业基本建设，又可以避免税额较高对纳税人生产、生活产生长期的影响，促使人们合理利用土地。

二、耕地占用税的纳税人和征税范围

（一）纳税人

耕地占用税的纳税人，是指占用耕地建房或从事其他非农业建设的单位和个人，除外商投资企业、外国企业和外籍个人外。这就是说，不论谁占用（除免征或不征的外），不论耕地的所有权、使用权归属谁，不论占用耕地数量的多少，也不论用什么方式或手段占用耕地，只要占用的目的是建房或从事其他非农业建设，其占用者都要依法缴纳耕地占用税。因此，承包集体土地的农户和个体农民在其经营的耕地上搞非农业建设的，农业科研单位和事业单位在耕地上搞非农业建设的，也是耕地占用税的纳税人。

目前，外商投资企业不适用《耕地占用税暂行条例》的规定，因为《中华人民共和国土地管理法》已经明确规定，“中外合资经营企业、中外合作经营企业、外资企业使用土地管理办法，由国务院另行规定”。

（二）征税范围

耕地占用税的征税范围包括进行建房和其他非农业建设占用的国家所有和集体所有的耕地。这里所称耕地，是指用于种植农作物的土地（占用前3年内曾用于种植农作物的土地，亦视为耕地），它包括国家所有和集体所有的耕地。列入征税范围的耕地有：

（1）种植粮食作物、经济作物的土地。包括粮田、棉田、麻田、烟田、蔗田等。

（2）菜地。即城市郊区种植蔬菜的土地。

（3）园地。包括苗圃、花圃、茶园、果园、桑园和其他种植经济林木的土地。

（4）鱼塘。

（5）其他农用土地。如已开发从事种植、养殖的滩涂、草地、水面和林地等。占用这类土地是否征税，由省（自治区、直辖市）本着有利于保护农田土地资源和保护生态平衡的原则，结合具体情况加以确定。

占用上述耕地，并非都要征收耕地占用费。列入征税范围的，只是其中用作盖房和其他非农业建设的土地。因为这类行为，对农业发展极为不利，所以从税收上严格加以限制。至于农业内部结构调整占用的耕地，如退耕还林、退耕还牧等，都不属于耕地占用税的征收范围。

《中华人民共和国土地管理法》规定："承包经营土地的集体或者个人，有保护和按照承包合同规定的用途合理利用土地的义务。"对不按合同规定的用途利用土地者，属于盖房或者从事非农业建设的部分，照征耕地占用税；私自挖鱼塘、种果树、造林占用的承包耕地，则由有关部门处理，不在征收耕地占用税之列。

占用荒山、荒坡等非耕地，不属于征税范围。事实上，国家利用税收政策，对占用耕地加以限制，鼓励在不影响水土保持、不破坏生态平衡的前提下，尽可能利用非耕地进行非农业建设，从而达到保护农用土地资源的目的。

三、耕地占用税的税额

（一）制定税额的依据

耕地占用税实行地区差别幅度税额。由于我国地区之间生产力水平、经济发展状况差异较大，人口密度不同，人均占有耕地数量相差悬殊，决定了全国不能按同一固定税额征税，而必须根据不同地区的人均占有耕地数量和经济发展状况规定不同的税额，即实行地区差别幅度税额。

（二）税额的一般规定

《耕地占用税暂行条例》规定，耕地占用税以县为单位，按人均占有耕地数量确定适用税额：

（1）人均占有耕地在 1 亩以下（含 1 亩）的地区，每平方米 2 ~ 10 元；

（2）人均占有耕地在 1 ~ 2 亩（含 2 亩）的地区，每平方米 1.6 ~ 8 元；

（3）人均占有耕地在 2 ~ 3 亩（含 3 亩）的地区，每平方米 1.3 ~ 6.5 元；

（4）人均占有耕地在 3 亩以上的地区，每平方米 1 ~ 5 元。

（三）税额的具体规定

为了协调政策、避免毗邻地区征收税额过于悬殊，保证国家税收任务的完成，财政部对各省（自治区、直辖市）每平方米平均税额又作了具体规定：上海市 9 元，北京市 8 元，天津市 7 元，浙江、福建、江苏、广东 4 省各 6 元，湖北、湖南、辽宁 3 省各 5 元，河北、山东、江西、安徽、河南、四川 6 省各 4.50 元，陕西、贵州、云南 3 省和广西壮族自治区各 4 元，山西、黑龙江、吉林 3 省各 3.50 元，甘肃、青海 2 省和宁夏回族自治区、新疆维吾尔自治区、内蒙古自治区 3 个自治区各 2.50 元。

各省（自治区、直辖市）应有差别地规定各县（市）和郊区的适用税额，但全省平均数不得低于上述核定的平均税额。

在一个县范围内，如果乡镇之间情况差别较大，县规定乡镇的适用税额也可以有所差别。

（四）税额的特殊规定

（1）对经济特区、经济技术开发区和经济发达、人均耕地特别少的地区，适用税额可以适当提高，但最高不得超过上述规定税额的50%。

（2）对于公路建设占用耕地，应照章纳税。但考虑到公路建设的实际情况，可在规定的适用税额范围内，按低限税额征收。规定如下：凡是中央核定各地区的平均税额每平方米在5元（含5元）以上的地区，公路耕地占用税征税标准为每平方米2元；平均税额每平方米在5元以下的地区，公路耕地占用税征税标准为每平方米1.5元。

四、耕地占用税的减免

（一）特殊占地免税范围

（1）部队军事设施用地。军事设施用地，应限于部队（包括武警部队，下同），省（自治区、直辖市）以上指挥防护工程，配置武器、装备的作战（情报）阵地、尖端武器作战、试验基地，军用机场、港口（码头）、设防工程、军事通信台站、线路、导航设施、军用仓库、输油管线、靶场、训练场、营区、师（含师）级以下军事机关办公用房、专用修械所和通往军事设施的铁路、公路支线。部队非军事用途和从事非农业生产经营占用的耕地，不予免税。

（2）民用机场飞机跑道、停机坪、机场内必要的空地以及候机楼、指挥塔、雷达设施用地，给予免税。

（3）炸药库用地。国家物资储备部门炸药专用库房以及为保证安全所必需的用地，给予免税。

（4）学校用地。全日制大、中、小学校的教学用房、实验室、操场、图书馆、办公室以及师生员工食堂、宿舍用地，给予免税。学校从事农业生产经营占用耕地，不予免税。职工夜校、党校、团校、干校学习班、培训中心、函授学校等不在免税之列。

（5）医院占地。医院、卫生院、医疗站、诊所用地，给予免税。私人办医院、诊所也可享受免税待遇。疗养院，计划生育部门修建办公楼，计划生育药具站、技术指导站和培训教学楼以及卫生防疫站，妇幼保健院（站）修建试验楼、药具库、诊室等占用的耕地，不属于免税范围，应照章征税。

（6）敬老院、幼儿园用地，给予免税。

（7）殡仪馆、火葬场用地，给予免税。

（8）直接为农民生产服务的农田水利设施用地（不包括以发电、旅游为主的水利工程占地），给予免税。

上述免税用地，凡改变用途，不属于免税范围的，应从改变时起补缴耕地占用税。

（二）特殊户建房用地的减免

（1）水库移民、灾民、难民建房占用耕地，免征耕地占用税。

（2）农村居民（农业户口，包括渔民、牧民）占用耕地新建住宅，减半征收耕地占用税。城镇居民占用耕地新建住宅，农村居民或联户占用耕地从事非农业生产、经营，都应全额征收耕地占用税。

（三）纳税困难户的减免

下列经批准占用耕地的单位和个人，可以享受减免税照顾：

（1）农村革命烈士家属、革命残疾军人、鳏寡孤独及革命老根据地、少数民族聚居地区和边远贫困山区生活困难的农户，在规定的用地标准以内新建住宅纳税确有困难的，由纳税人提出申请，经所在乡（镇）人民政府审核，报经县人民政府批准后，可以给予减税或者免税。但减免限额一般应限制在农村居民新建住宅用地计征税额总数的10%以内，少数省、市贫困地区较多的，减免比例最高不超过15%。

（2）国家在“老、少、边、穷”地区采取以工代赈办法修筑的公路，缴税确有困难的，由省（自治区、直辖市）财政厅（局）审查核实，提出具体意见，报经财政部批准，可酌情照顾。

（3）对民政部门所办的福利工厂，应认真调查核实，确属安置残疾人就业的，按残疾人占工厂人员的比例，酌情给予减免税照顾。

五、耕地占用税的计税方法

（一）计税依据

耕地占用税以纳税人实际占用的耕地面积（平方米）为计税依据。

（二）应纳税额的计算

耕地占用税根据县（市）和镇（乡）征收机关建立的簿册资料，以纳税人实际占用的耕地面积，按照规定税额一次性计算征收。计算公式为：

应纳税额＝实际占用耕地面积×适用税额

例3：某村民占用耕地400平方米建造楼房，其中建设私人住房200平方米，建设日用百货商店200平方米。假设其所在地区的耕地占用税额为3元/平方米，请计算其应纳耕地占用税税额。

解：①农民新建住宅，可减半征收耕地占用税。

$$建设住宅应纳税额=200\times3\times\frac{1}{2}=300（元）$$

②建设日用百货商店应纳耕地占用税＝200×3＝600（元）

③该农民应纳耕地占用税＝300＋600＝900（元）

六、耕地占用税的征收管理

耕地占用税由基层财政机关负责征收管理。在纳税人获准占用耕地时，按规定税额一次缴清，同时核减农业税的计税土地面积。对单位或个人获准征用或占用耕地超过两年不使用的，按规定税额加征两成耕地占用税；对未经批准或超过批准限额，或超过农民住宅建房规定标准占用耕地的，由土地管理机关按《土地管理法》的有关规定处理。纳税人按有关规定向土地管理部门办理退还耕地的，已纳税款不予退还。

获准征用或者占用耕地的单位和个人，应持县级以上土地管理部门的批准文件向财政机关申报纳税。未在规定期限纳税的，可按日加收应纳税额0.5%的滞纳金。

【趣味阅读】

爱尔兰要征“肥胖税”

素以食用大量油炸食品著称的爱尔兰人，可能将为他们喜爱的高脂肪食物缴纳一笔“肥胖税”。据路透社报道，爱尔兰政府正考虑对高脂肪食品开征特别税，以抑制国内逐渐上升的肥胖水平。

随着爱尔兰经济开始出现空前的繁荣，爱尔兰人的腰围也日渐增大，肥胖成为一种“流行性”社会病。

在20世纪90年代后期，饭店和快餐连锁店在爱尔兰全国遍地开花，另外，爱尔兰国民还逐渐形成了久坐的不良习惯，这些都被认为是在过去10年里，爱尔兰超重和肥胖人数增加了70%的主要原因。有关部门发表的统计数据表明，在爱尔兰成年男女中，肥胖者的比例分别是14%和12%。此外，约有32%的爱尔兰儿童超重，10%的儿童已进入肥胖行列。

为此，爱尔兰政府出台了禁止酒吧的“快乐时间”等措施，向国民过量饮酒的陋习“宣战”。同时，爱尔兰政府还下令禁止在酒吧和饭店吸烟，该举措受到爱尔兰民众的热烈欢迎。继这些措施之后，爱尔兰政府又在考虑对脂肪含量高的快餐食品等发动“进攻”。

肥胖已经成为困扰许多国家尤其是西方发达国家的“通病”，一些国家不约而同地想起用税收作为抑制肥胖的“武器”。

【本章小结】

1. 土地增值税的征税对象是纳税人有偿转让国有土地使用权、土地上建筑物及其附着物产权所取得的增值额。

2. 城镇土地使用税的征税范围是城市、县城、建制镇、工矿区。

3. 耕地占用税是对占用耕地建房或从事其他非农业建设的单位和个人，按其所占用耕地的面积和规定税额征收的一种一次性税收。

【主要名词】

土地增值税　城镇土地使用税　耕地占用税

【复习思考题】

1. 土地增值税的征税范围是什么？
2. 城镇土地使用税的计税依据是什么？

第十一章　房产税、车船税、车辆购置税、契税

本章所述的4种税与房屋、车船等固定财产有关，因此都可以归为财产税。财产税是一种古老的税收形式，课征财产税能够公平分配社会财富，有助于将一些不使用或用于消费性的财产，投入使用或转化为生产性资源，有利于调节不劳而获财产，增加财政收入。所以，在财产税中我国还将进一步研究遗产税和赠与税的开征、其他财产税制的完善等。

读者通过本章可以了解以下内容：在我国，房产税、契税等一些财产税类的重要意义，熟悉各税的政策规定，探讨进一步完善财产税制的途径。

第一节　房产税

一、房产税概述

房产税是以房产为纳税对象，依据房产的价值或房产租金收入向房产所有人或经营人课征的一种税。

我国的房产税是从新中国成立初期就开始征收的。1951年1月30日，前政务院发布的《全国税政实施要则》，就将房产税和地产税列为全国统一征收的税种之一。同年5月，财政部发布了《房产税暂行条例（草案）》，并予以执行。同年6月29日，前政务院财经委员会又发布了《关于调整税收实行日期的通知》，将房产税和地产税合并为房地产税，并于1951年8月8日颁布施行《城市房地产税暂行条例》，开征范围为财政部核定的城市。1973年，国务院发布了《中华人民共和国工商税条例（草案）》，将对国有企业、集体企业征收的城市房地产税并入工商税，城市房地产税只对个人和华侨征收。1984年10月第二步利改税时，将原房地产税分为房产税和土地使用税两个税种，但当时课征条件尚未成熟，故保留此税种，暂缓开征。1986年9月15日，国务院发布了《中华人民共和国房产税暂行条例》（以下简称《条例》），于同年10月1日起对内资企业和个人开征。对涉外企业仍按1951年颁布的《城市房地产税暂行条例》的规定征税。

税收拾粹

税收是我们为文明付出的代价。

——奥利弗·霍姆斯

随着社会主义市场经济的建立，原房地产税制的一些规定已不能适应客观经济发展的需要，表现为：内外两套税制并存，税种不统一、税负不公平；对房产租金收入既征房产税又征营业税，重复课税；房产税以原值减除10%～30%后的余值为计税依据，与房产现值存在较大差距，形成了事实上的税基萎缩等。为了适应社会主义市场经济发展的要求，更好地发挥房产税对经济的调整作用，根据税制改革的总体要求，1993年，我国又对《条例》进行修改，起草了《中华人民共和国房产税条例（草案）》，待公布后正式实施。草案规定，中央只对某些税制要素进行统一的规定，如纳税人、征税范围等，而把税率的具体确定权、实施细则的制定权和解释权下放给地方政府。由于正式修改后的条例尚未公布，故目前我们继续执行原《条例》。

二、房产税的纳税人和征税对象

（一）纳税人

房产税的纳税人是指房产的产权所有人。房产产权属于全民所有的，其经营管理者为纳税人；产权出典的，其承典人为纳税人；房权所有人、承典人不在房产所在地的，或者产权未定或租典纠纷未解决的，其房产代管人或使用人为纳税人。

（二）征税对象

房产税的征税对象是房产。

凡在房产税征收范围内的具备房屋功能的地下建筑，包括与地上房屋相连的地下建筑以及完全建在地面以下的建筑、地下人防设施等，均应当依照有关规定征收房产税。上述具备房屋功能的地下建筑是指有屋面和维护结构，能够遮风避雨，可供人们在其中生产、经营、工作、学习、娱乐、居住或储藏物资的场所。

房产税的征税范围限于城市、县城、建制镇和工矿区。这里所称城市是指经国务院批准设立的，包括市区、郊区和市辖县的县城，不包括农村。县城是指未设立建制镇的县人民政府所在地。建制镇是指经各省（自治区、直辖市）人民政府批准设立的建制镇的镇人民政府所在地，不包括镇所辖的行政村。工矿区是指工商业比较发达，人口比较集中，符合国务院规定的建制镇标准，但未设立建制镇的大中型工矿企业所在地。

关于建制镇具体征税范围，由各省（自治区、直辖市）地方税务局提出方案，经省（自治区、直辖市）人民政府确定批准后执行，并报国家税务总局备案。对农、林、牧、渔业用地和农民居住用房屋及土地，不征收房产税。

三、房产税的计税办法

（一）自用房屋的计税依据

1. 自用的地上建筑物

依照房产原值一次减除10% ~30%后的余值为房产税的计税依据。具体减除幅度，由省（自治区、直辖市）人民政府规定。

房产原值，是指纳税人按照财务会计制度规定，在账簿记载的房产原值。对纳税人未按财务会计制度规定记载，房产原值不实和没有原值的房产，由房产所在地税务机关参考同时期的同类房产核定。

此外，还应注意以下3个问题：

（1）对投资联营的房产，在计征房产税时应予以区别对待。对于以房产投资联营，投资者参与投资利润分红，共担风险的，按房产原值作为计税依据计征房产税；对以房产投资收取固定资产收入，不承担联营风险的，实际是以联营名义取得房产租金，应根据《条例》的有关规定由出租方按租金收入计缴房产税。

（2）融资租赁房屋且租赁期满后，当承租方偿还最后一笔租赁费时，房屋产权要转移到承租方，这实际是一种变相的分期付款购买固定资产的形式，所以在计征房产税时应以房产余值计算征收，至于租赁期内房产税的纳税人，由当地税务机关根据实际情况确定。

（3）新建房屋交付使用时，如中央空调设备已计算在房产原值之中，则房产原值应包括中央空调设备；如中央空调设备作单项固定资产入账，单独核算并提取折旧，则房产原值不应包括中央空调设备。关于旧房安装空调设备，一般都作为单项固定资产入账，不应计入房产原值。

（4）为了维持和增加房屋的使用功能或使房屋满足设计要求，凡以房屋为载体，不可随意移动的附属设备和配套设施，如给排水、采暖、消防、中央空调、电气及智能化楼宇设备等，无论在会计核算中是否单独记账与核算，都应计入房产原值，计征房产税。

（5）对于更换房屋附属设备和配套设施的，在将其价值计入房产原值时，可扣减原来相应设备和设施的价值；对附属设备和配套设施中易损坏、需要经常更换的零配件，更新后不再计入房产原值。

2. 自用的地下建筑

（1）工业用途房产，以房屋原价的50% ~60%作为应税房产原值。

应纳税额 = 应税房产原值 × [1 -（10% ~30%）] ×1.2%

（2）商业和其他用途房产，以房屋原价的70% ~80%作为应税房产原值。

应纳税额 = 应税房产原值 × [1 -（10% ~30%）] ×1.2%

房屋原价折算为应税房产原值的具体比例，由各省（自治区、直辖市）和计划单列市财政和地方税务部门在上述幅度内自行确定。

(3) 对于与地上房屋相连的地下建筑，如房屋的地下室、地下停车场、商场的地下部分等，应将地下部分与地上房屋视为一个整体按照地上房屋建筑的有关规定计征房产税。

(二) 出租房屋的计税依据

不论地上建筑物还是地下建筑物，房屋出租时，以房产租金收入为房产税的计税依据。

所谓房产租金收入，是房屋产权所有人出租房产使用权所得的报酬，包括货币收入和实物收入。

如果是以劳务或者其他形式为报酬抵付房租收入的，应根据当地同类房产的租金水平，确定一个标准租金额从租计征。

纳税人对个人出租房屋的租金收入申报不实或申报数与同一地区同类房屋的租金收入相比明显不合理的，税务部门可以按照《中华人民共和国税收征收管理法》的有关规定，采取科学合理的方法核定其应纳税款。具体办法由各省（自治区、直辖市）地方税务机关结合当地实际情况制定。

(三) 税率

自住房屋的税率为1.2%，出租房屋的税率为12%。但对个人按市场价格出租的居民住房，可暂减按4%的税率征收房产税。

(四) 应纳税额的计算

1. 自住房屋的计算

应纳税额＝房产原值×(1－减除比率)×1.2%

例1：广州市某国有企业用2 000万元从某房地产开发公司购买了一幢楼房作生产经营用。请计算该楼房每年应缴纳的房产税税额。（广东省规定扣除房产原值的30%）

解：应纳房产税＝2 000×(1－30%)×1.2%＝16.8（万元）

2. 出租房屋的计算

应纳税额＝房产租金收入×适用税率（12%）

四、房产税的减免

为了贯彻党和国家的宗教政策，支持教育、卫生事业的发展，适当节约国家财政支出，以及鼓励私人买房、建房，我国房产税规定下列房产免征房产税：

(1) 国家机关、人民团体、军队自用的房产，即这些单位本身的办公用房和公务用房。

(2) 由国家财政部门拨付事业经费的单位自用的房产，即事业单位本身的业务用房。

（3）宗教寺庙、公园、名胜古迹自用的房产。宗教寺庙自用的房产，是指举行宗教仪式等的房屋和宗教人员使用的生活用房。公园、名胜古迹自用的房产是指供公共参观游览的房屋及其管理单位的办公用房。

（4）个人所有非营业用的房产。

（5）经财政部批准免税的其他房产。这类免税房产，情况特殊，范围较小，是根据实际情况确定的。主要有：

①已被损坏不堪使用的房屋和危险房屋，经有关部门鉴定，在停止使用后，可免征房产税。

②对高校后勤实体免征房产税。

③房产大修停用半年以上的，经纳税人申请，税务机关审核，在大修期间可免征房产税。

④对非营利性医疗机构、疾病控制机构和妇幼保健机构等卫生机构自用的房产，免征房产税。

⑤对房地产开发企业建造的商品房，在售出前，不征收房产税；但对售出前房地产开发企业已使用或出租、出借的商品房应按规定征收房产税。

⑥自2004年8月1日起，对军队空余房产租赁收入暂免征收房产税。暂免征收房产税的军队空余房产，在出租时必须悬挂“军队房地产租赁许可证”，以备查验。

⑦向居民供热并向居民收取采暖费的企业暂免征收房产税。供热企业包括专业供热企业、兼营供热企业、单位自供热及为小区居民供热的物业公司等，不包括从事热力生产但不直接向居民供热的企业。

对于免征房产税的“生产用房”和“生产占地”，是指上述企业为居民供热所使用的厂房及土地。对既向居民供热又向非居民供热的企业，可按向居民供热收取的收入占其总供热收入的比例划分征免税界限；对于兼营供热的企业，可按向居民供热收取的收入占其生产经营总收入的比例划分征免税界限。

⑧对国家拨付事业经费和企业办的各类学校、托儿所、幼儿园自用的房产、土地，免征房产税。

（6）除上述规定外，纳税人确有困难的，可以由各省（自治区、直辖市）人民政府确定给予定期减征或免征房产税的照顾。

五、房产税的征收管理

（一）征收办法和纳税期限

房产税采用按年计征、分期缴纳的征收管理办法。具体的纳税期限由各省（自治区、直辖市）人民政府规定。

（二）纳税义务发生时间

（1）购置新建商品房，自房屋交付使用之次月起计征房产税。

（2）购置存量房，自办理房屋权属转移、变更登记手续，房地产权属登记机关签发房屋权属证书之次月起计征房产税。

（3）出租、出借房产，自交付出租、出借房产之次月起计征房产税。

（4）房地产开发企业自用、出租、出借本企业建造的商品房，自房屋使用或交付之次月起计征房产税。

（三）纳税地点

房产税由房产所在地的税务机关征收。房产不在一地的纳税人，应按房产的坐落地点，分别向房产所在地的税务机关缴纳房产税。

第二节　车船税

一、车船税概述

车船税是对我国境内依法应当到公安、交通、农业、渔业、军事等管理部门办理登记的车辆、船舶，根据其种类，按照规定的计税单位和年税额标准计算征收的一种财产税。我国对车船征税的历史悠久。明清时，曾对内河商船征收船钞。新中国成立前，不少城市对车船征收牌照税。1951 年，中央人民政府前政务院颁布了《车船使用牌照税暂行条例》，对车船征收车船使用牌照税。1986 年 9 月，国务院在实施工商税制改革时，又发布了《中华人民共和国车船使用税暂行条例》。《中华人民共和国车船税暂行条例》就是在《车船使用牌照税暂行条例》和《中华人民共和国车船使用税暂行条例》基础上合并修订而成的。

税收拾粹

最早对私人拥有的车辆和舟船征税是在汉代初年（公元前 129 年），当时叫“算商车”。“算”为征税基本单位，一算为 120 钱，这时的征收对象还只限于载货的商船和商车。元狩四年（公元前 119 年），开始把非商业性的车船也列入征税范围。

征收车船税，不仅可以适当集中资金，满足地方财政需要，而且有助于配合有关部门加强对车船的管理，改善市政建设，维护公共道路，保养航道标志，促进交通运输业的发展。

二、车船税的纳税人和征税范围

（一）纳税人及扣缴义务人

车船税的纳税人是在中华人民共和国境内，车辆、船舶（以下简称车船）的所有人或者管理人。这里所称管理人，是指对车船具有管理使用权，不具有所有权的单位；车船管理部门，是指公安、交通、农业、渔业、军事等依法具有车船管理职能的部门。

如果车船的所有人或者管理人未缴纳车船税的，使用人应当代为缴纳车船税。

从事机动车交通事故责任强制保险业务的保险机构为机动车车船税的扣缴义务人，应当依法代收代缴车船税。机动车车船税的扣缴义务人依法代收代缴车船税时，纳税人不得拒绝。纳税人对扣缴义务人代收代缴税款有异议的，可以向纳税所在地的主管地方税务机关提出。

（二）征税范围

在机场、港口以及其他企业内部场所行驶或者作业，并在车船管理部门登记的车船，应当缴纳车船税。

出于节约能源，减轻低收入者负担，扶植农、渔业以及政策延续性和国际惯例等方面的考虑，下列车船免征车船税：

（1）非机动车船（不包括非机动驳船）。这里所称非机动车，是指以人力或者畜力驱动的车辆，以及符合国家有关标准的残疾人机动轮椅车、电动自行车等车辆；非机动船是指自身没有动力装置，依靠外力驱动的船舶；非机动驳船是指在船舶管理部门登记为驳船的非机动船。

（2）拖拉机。指在农业（农业机械）部门登记为拖拉机的车辆。

（3）捕捞、养殖渔船。指在渔业船舶管理部门登记为捕捞船或者养殖船的渔业船舶。不包括在渔业船舶管理部门登记为捕捞船或者养殖船以外类型的渔业船舶。

（4）军队、武警专用的车船。指按照规定在军队、武警车船管理部门登记，并领取军用牌照、武警牌照的车船。

（5）警用车船。指公安机关、国家安全机关、监狱、劳动教养管理机关和人民法院、人民检察院领取警用牌照的车辆和执行警务的专用车船。

（6）按照有关规定已经缴纳船舶吨税的船舶。

（7）依照我国有关法律和我国缔结或者参加的国际条约的规定应当予以免税的外国驻华使馆、领事馆和国际组织驻华机构及其有关人员的车船。这里所称我国有关法律，是指《中华人民共和国外交特权与豁免条例》和《中华人民共和国领事特权与豁免条例》。

三、车船税的税目和税率

（一）税目

（1）载客汽车。包括大型客车、中型客车、小型客车和微型客车 4 个子税目。其中，大型客车是指核定载客人数大于或者等于 20 人的载客汽车；中型客车是指核定载客人数大于 9 人且小于 20 人的载客汽车；小型客车是指核定载客人数小于或者等于 9 人的载客汽车；微型客车是指发动机气缸总排气量小于或者等于 1 升的载客汽车。

（2）载货汽车。客货两用汽车按照载货汽车的计税单位和税额标准计征车船税。

（3）三轮汽车和低速货车。三轮汽车是指在车辆管理部门登记为三轮汽车或者三轮农用运输车的机动车。低速货车是指在车辆管理部门登记为低速货车或者四轮农用运输车的机动车。

（4）摩托车。

（5）专项作业车和轮式专用机械车。专项作业车是指装置了专用设备或者器具，用于专项作业的机动车；轮式专用机械车是指具有装卸、挖掘、平整等设备的轮式自行机械。

（6）船舶。拖船是指专门用于拖（推）动运输船舶的专业作业船舶。拖船按照发动机功率每2匹马力折合净吨位1吨计算征收车船税。

（二）税率

车船税采用定额税率。

车船税计算所涉及的核定载客人数、自重、净吨位、马力等计税标准，以车船管理部门核发的车船登记证书或者行驶证书相应项目所载数额为准。纳税人未按照规定到车船管理部门办理登记手续的，上述计税标准以车船出厂合格证明或者进口凭证相应项目所载数额为准；不能提供车船出厂合格证明或者进口凭证的，由主管地方税务机关根据车船自身状况并参照同类车船核定。

车辆自重，是指机动车的整车质量。车辆自重尾数在0.5吨以下（含0.5吨）的，按照0.5吨计算；超过0.5吨的，按照1吨计算。

船舶净吨位尾数在0.5吨以下（含0.5吨）的，不予计算；超过0.5吨的，按照1吨计算。1吨以上的小型车船，一律按照1吨计算。

车辆税目税额表

税 目	计税标准	每年税额（元）	备 注
1. 载客汽车	每 辆	60～660	包括电车
（1）大型客车	每 辆	480～660	
（2）中型客车	每 辆	420～660	
（3）小型客车	每 辆	360～660	
（4）微型客车	每 辆	60～480	
2. 载货汽车	自重每吨	16～120	包括半挂牵引车、挂车
3. 三轮汽车、低速货车	自重每吨	24～120	

（续上表）

税目	计税标准	每年税额（元）	备注
4. 摩托车	每辆	36 ~ 180	
5. 专项作业车、轮式专用机械车	自重每吨	16 ~ 120	具体适用税额由省（自治区、直辖市）人民政府参照载货汽车的税额标准在规定的幅度内确定
6. 船舶	净吨位每吨	3 ~ 6	拖船和非机动驳船分别按船舶税额的50%计算
（1）净吨位小于或者等于200吨的	净吨位每吨	3	
（2）净吨位201吨至2 000吨的	净吨位每吨	4	
（3）净吨位2 001吨至10 000吨的	净吨位每吨	5	
（4）净吨位10 001吨及其以上的	净吨位每吨	6	

四、车船税的管理

车船税采取按年征收、分期缴纳的办法。具体纳税期限由省（自治区、直辖市）人民政府确定。

车船税的纳税地点，由省（自治区、直辖市）人民政府根据当地实际情况确定。跨省（自治区、直辖市）使用的车船，纳税地点为车船的登记地。

车船税的纳税义务发生时间，为车船管理部门核发的车船登记证书或者行驶证书所记载日期的当月。

各级车船管理部门应当在提供车船管理信息等方面，协助地方税务机关加强对车船税的征收管理。

扣缴义务人在代收车船税时，应当在机动车交通事故责任强制保险的保险单上注明已收税款的信息，作为纳税人完税的证明。除另有规定外，扣缴义务人不再给纳税人开具代扣代缴税款凭证。纳税人如有需要，可以持注明已收税款信息的保险单，到主管地方税务机关开具完税凭证。

扣缴义务人应当及时解缴代收代缴的税款，并向地方税务机关申报。扣缴义务人解缴税款的具体期限，由各省（自治区、直辖市）地方税务机关依照法律、行政法规的规定确定。

车船税实行源泉控制，一律由纳税人所在地的地方税务局负责征收和管理，各地对外省、市来的车船不再查补税款。

第三节　车辆购置税

一、车辆购置税概述

我国于 2001 年 1 月 1 日起开征车辆购置税，以代替车辆购置附加费，主要是基于以下考虑：

（1）车辆购置附加费是 1985 年经国务院批准，在全国范围内普遍强制征收的专项用于国家公路建设的政府性基金，已成为交通基础设施建设的重要资金来源，具有明显的税收特性。将车辆购置附加费改为车辆购置税，要求纳税人依法缴纳税款，有利于理顺政府分配关系，提高财政收入占 GDP 的比重，增强政府宏观调控能力。

（2）从国际通行做法看，发达的市场经济国家普遍通过税收筹集交通基础设施建设资金，极少采用收费的方式。这是因为，税收行为比收费行为规范，收支要纳入预算，实行规范化财政管理，接受社会各界监督。开征车辆购置税取代原有车辆购置附加费，有利于交通基础设施建设资金的依法足额筹集，确保资金专款专用，从而促进交通基础设施建设事业的健康发展。

税收拾粹

在新加坡，一辆进口车要征收 31% 的关税、140% 的附加注册税，还有其他牌照税等小金额手续费。此外，政府还要征收汽油税、路税、停车费等税费。在阿联酋，汽车进口关税定为 4% 的低关税，除此之外，再没有设置任何其他的附加税种。

车辆购置税作为中央财政收入，由中央财政根据交通部提出的、国家计委审批下达的公路建设投资计划，按照“保证重点和向西部地区倾斜”的原则，统筹安排，用于国道、省道干线公路建设。具体来说，车辆购置税收入将重点用于纳入行业规划的国家干线公路、特大桥梁、隧道，以及具有重要意义的省级干线公路建设；适当安排与上述公路相配套的重点汽车客货站、场设施建设。对西部地区公路建设项目所需资金，将优先安排。

二、车辆购置税的纳税人和征税对象

（一）纳税人

在中华人民共和国境内购置《车辆购置税条例》规定的车辆（以下简称应税

车辆）的单位和个人，为车辆购置税的纳税人。这里所称购置，包括购买、进口、自产、受赠、获奖或者以其他方式取得并自用应税车辆的行为；单位，包括国有企业、集体企业、私营企业、股份制企业、外商投资企业、外国企业以及其他企业和事业单位、社会团体、国家机关、部队以及其他单位；个人，包括个体工商户以及其他个人。

（二）征税范围

车辆购置税的征收范围包括汽车、摩托车、电车、挂车、农用运输车。车辆购置税征收范围的调整，由国务院决定并公布。

车辆购置税应税车辆的具体范围如下：

（1）汽车。包括各类汽车。

（2）摩托车。包括：①轻便摩托车，最高设计时速不大于50千米/小时，发动机汽缸总排量不大于50立方厘米的2个或者3个车轮的机动车；②两轮摩托车，最高设计车速大于50千米/小时，或者发动机汽缸总排量大于50立方厘米的两个车轮的机动车；③三轮摩托车，最高设计车速大于50千米/小时，或者发动机汽缸总排量大于50立方厘米，空车重量不大于400千克的3个车轮的机动车。

（3）电车。包括：①无轨电车，以电能为动力，由专用输电电缆线供电的轮式公共车辆；②有轨电车，以电能为动力，在轨道上行驶的公共车辆。

（4）挂车。包括：①全挂车，无动力设备，独立承载，由牵引车辆牵引行驶的车辆；②半挂车，无动力设备，与牵引车辆共同承载，由牵引车辆牵引行驶的车辆。

（5）农用运输车。包括：①三轮农用运输车，柴油发动机，功率不大于5.4千瓦，载重量不大于500千克，最高车速不大于40千米/小时的3个车轮的机动车；②四轮农用运输车，柴油发动机，功率不大于28千瓦，载重量不大于1 500千克，最高车速不大于50千米/小时的4个车轮的机动车。

三、车辆购置税的计税办法

（一）计算公式

车辆购置税实行从价定率的办法计算应纳税额。其计算公式为：

应纳税额＝计税价格×税率

（二）税率

车辆购置税的税率为10%。

车辆购置税税率的调整，由国务院决定并公布。

（三）车辆购置税的计税价格

车辆购置税的计税价格根据不同情况，按照下列规定确定：

（1）纳税人购买自用的应税车辆的计税价格，为纳税人购买应税车辆而支付给销售者的全部价款和价外费用。这里所称价外费用，是指销售方价外向购买方收取的基金、集资费、返还利润、补贴、违约金（延期付款利息）和手续费、包装费、储存费、优质费、运输装卸费、保管费、代收款项、代垫款项以及其他各种性质的价外收费。

（2）纳税人进口自用的应税车辆的计税价格的计算公式为：

计税价格＝关税完税价格＋关税＋消费税

（3）纳税人自产、受赠、获奖或者以其他方式取得并自用的应税车辆的计税价格，由主管税务机关参照最低计税价格核定。

（4）纳税人购买自用或者进口自用应税车辆，申报的计税价格低于同类型应税车辆的最低计税价格且无正当理由的，按照最低计税价格征收车辆购置税。

这里的“申报的计税价格低于同类型应税车辆的最低计税价格且无正当理由的”，是指纳税人申报的计税依据低于出厂价格或进口自用车辆的计税价格。

（5）进口旧车、因不可抗力因素导致受损的车辆、库存超过3年的车辆、行驶8万千米以上的试验车辆、国家税务总局规定的其他车辆，凡纳税人能出具有效证明的，计税依据为其提供的统一发票或有效凭证注明的价格。

（6）底盘发生更换的车辆，计税依据为最新核发的同类型车辆最低计税价格的70%。同类型是指同国别、同排量、同车长、同吨位、配置近似等（下同）。

（7）免税条件消失的车辆，自初次办理纳税申报之日起，使用年限未满10年的，计税依据为最新核发的同类型车辆最低计税价格按每满1年扣减10%，未满1年的计税依据为最新核发的同类型车辆最低计税价格；使用年限10年（含10年）以上的，计税依据为0。

（8）对国家税务总局未核定最低计税价格的车辆，纳税人申报的计税价格低于同类型应税车辆最低计税价格且无正当理由的，主管税务机关可比照已核定的同类型车辆最低计税价格征税。同类型车辆由主管税务机关确定，并报上级税务机关备案。各省（自治区、直辖市）和计划单列市国家税务局应制定具体办法及时将备案的价格在本地区统一。

（四）最低计税价格的确定

最低计税价格是指国家税务总局依据车辆生产企业提供的车辆价格信息，参照市场平均交易价格核定的车辆购置税计税价格。国家税务总局、交通部对最低计税价格在《关于车辆购置税若干政策及管理问题的通知》（以下简称《通知》）中有具体的规定：

（1）国产车辆的最低计税价格，暂按交通部《关于核定部分国产车辆和进口车辆计征车辆购置附加费（以下简称车购费）最低征费额的通知》中规定的最低征费额换算确定。换算公式为：

$$最低计税价格=\frac{最低征费额}{10\%}$$

（2）进口车辆的最低计税价格，在《通知》下发前，暂按交通部《关于核定部分国产车辆和进口车辆计征车辆购置附加费最低征费额的通知》中规定的最低征费额除以10%确定；在《通知》下发后，暂按《通知》所附《进口车辆最低计税价格目录》执行。

（3）对已经缴纳车购税并办理了登记注册手续的车辆，其发动机或底盘发生更换的，其最低计税价格按同类型新车最低计税价格的70%计算。

（4）原免税、减税车辆因转让、改变用途等原因不再属于免税、减税范围而缴纳车辆购置税的，其最低计税价格按以下办法确定：

$$最低计税价格=同类型新车最低计税价格\times(1-\frac{已使用年限}{规定使用年限})\times100\%$$

其中，规定使用年限为：国产车辆按10年计算，进口车辆按15年计算。超过规定使用年限的车辆，不再征收车辆购置税。

（5）对于国家税务总局未核定最低计税价格的车辆，代征机构可比照已核定最低计税价格的同类型车辆先行征税，并按照交通部车辆购置附加费征收管理办公室（以下简称交通部车购办）《关于报送车辆价格信息的通知》规定的程序，由省级车购费征管部门将有关信息报交通部车购办。交通部车购办提出初步意见报国家税务总局，由国家税务总局审定后发布执行。

（6）非贸易渠道进口车辆的最低计税价格，为同类型新车的最低计税价格。

纳税人以外汇结算应税车辆价款的，按照申报纳税之日中国人民银行公布的人民币基准汇价，折合成人民币计算应纳税额。

（五）关于旧车征收车辆购置税的问题

（1）对于交警部门查处的未缴纳车辆购置税或车辆购置附加费的车辆，凡属于1999年12月31日前购买且未上牌的，在补办上牌手续前应当补征车辆购置税。其计税方法，比照国家税务总局《通知》第一条第四款的规定确定：

$$最低计税价格=同类型新车最低计税价格\times(1-\frac{已使用年限}{规定使用年限})\times100\%$$

（2）对于交警部门查处的未缴纳车辆购置税或车辆购置附加费的车辆，凡属于达到报废年限或技术性能不符合安全要求、交警部门予以取缔的，不再补征车辆购置税。

四、车辆购置税的减免

车辆购置税的免税、减税，按照下列规定执行：

（1）外国驻华使馆、领事馆和国际组织驻华机构及其外交人员自用的车辆免税。

（2）中国人民解放军和中国人民武装警察部队列入军队武器装备订货计划的车辆免税。

（3）设有固定装置的非运输车辆免税。设有固定装置的非运输车辆是指：

①列入国家税务总局印发的免税图册的车辆；

②虽未列入免税图册但经国家税务总局批准免税的车辆。

（4）纳税人购置的农用三轮车免税。

（5）在外留学人员（含香港、澳门地区）回国服务的（以下简称留学人员），购买1辆国产小汽车免税。

（6）来华定居专家（以下简称来华专家）进口自用的1辆小汽车免税。

（7）防汛和森林消防部门购置的由指定厂家生产的指定型号的用于指挥、检查、调度、防汛（警）、联络的专用车辆（以下简称防汛专用车和森林消防专用车）免税。

（8）有国务院规定予以免税或者减税的其他情形的，按照规定免税或者减税。

五、车辆购置税的征收管理

车辆购置税由国家税务局征收。车辆购置税实行一次征收制度。购置已征车辆购置税的车辆，不再征收车辆购置税。

（一）纳税地点

纳税人应到下列地点办理车辆购置税纳税申报：

（1）需要办理车辆登记注册手续的纳税人，向车辆登记注册地的主管税务机关办理纳税申报。

（2）不需要办理车辆登记注册手续的纳税人，向所在地征收车辆购置税的主管税务机关办理纳税申报。

（二）纳税申报

车辆购置税实行一车一申报制度。

已经办理纳税申报的车辆发生下列情形之一的，纳税人应重新办理纳税申报：

（1）底盘发生更换的；

（2）免税条件消失的。

纳税人购买自用应税车辆的，应当自购买之日起60日内申报纳税；进口自用应税车辆的，应当自进口之日起60日内申报纳税；自产、受赠、获奖或者以其他方式取得并自用应税车辆的，应当自取得之日起60日内申报纳税。

车辆发生过户、转籍、变更等情况时，车主应在向公安机关车辆管理机构办理车辆变动手续之日起30日内，到主管税务机关办理档案变动手续。过户，是指车辆登记注册地未变而车主发生变动的情形。

车辆购置税税款应当一次缴清。

纳税人应当在向公安机关车辆管理机构办理车辆登记注册前，缴纳车辆购置税。

纳税人应当持主管税务机关出具的完税证明或者免税证明，向公安机关车辆管理机构办理车辆登记注册手续；没有完税证明或者免税证明的，公安机关车辆管理机构不得办理车辆登记注册手续。

税务机关应当及时向公安机关车辆管理机构通报纳税人缴纳车辆购置税的情况。公安机关车辆管理机构应当定期向税务机关通报车辆登记注册的情况。

税务机关发现纳税人未按照规定缴纳车辆购置税的，有权责令其补缴；纳税人拒绝缴纳的，税务机关可以通知公安机关车辆管理机构暂扣纳税人的车辆牌照。

免税、减税车辆因转让、改变用途等原因不再属于免税、减税范围的，应当在办理车辆过户手续前或者办理变更车辆登记注册手续前缴纳车辆购置税。

（三）退税申请

已缴纳车辆购置税的车辆，发生下列情形之一的，准予纳税人申请退税：

（1）因质量原因，车辆被退回生产企业或者经销商的。纳税人申请退税时，主管税务机关依据自纳税人办理纳税申报之日起，按已缴税款每满 1 年扣减 10% 计算退税额；未满 1 年的，按已缴税款全额退税。

（2）应当办理车辆登记注册的车辆，公安机关车辆管理机构不予办理车辆登记注册的，纳税人申请退税时，主管税务机关应退还全部已缴税款。

第四节　契税

一、契税概述

契税是在房产的产权发生转移时，按照订立的契约向产权承受人征收的一种税。因房产的产权发生转移，一般都要书立契约，契约因此而得名。契税是一个古老的税种。早在我国东晋时期就规定，凡买卖田宅、奴婢、牛马者，不论是否书立契券，均需纳税，称为“估税”。以后历代皆有征收。新中国成立后，前政务院于 1950 年 3 月 3 日公布了《中华人民共和国契税暂行条例》，规定对土地和房产因买卖、典当、赠与或交换，发生产权转移时，课征契税。1954 年 6 月，财政部对条例进行修正后，沿用至 1997 年国务院重新制定契税暂行条例之时。

征收契税，既有利于通过法律形式保护纳税人的合法权益，使产权转移有合法的依据，以及避免或减少产权纠纷，促进社会安定，又有利于确立房屋产权关系，加强房屋管理，并可以适当增加地方财政收入，促进地方经济和各项事业的发展。

二、契税的纳税人和征收对象

（一）纳税人

契税的纳税义务人是指境内转移土地、房屋权属承受的单位和个人。境内是指中华人民共和国实际税收行政管辖范围内。土地、房屋权属是指土地使用权和房屋所有权。单位是指企业单位、事业单位、国家机关、军事单位和社会团体以及其他单位。个人是指个体经营者及其他个人，包括中国公民和外籍人员。

（二）征税对象

契税的征税对象是境内转移的土地、房屋。具体包括：

（1）国有土地使用权出让。是指土地使用者向国家交付土地使用权出让费用，国家将国有土地使用权在一定年限内让与土地使用者的行为。

（2）土地使用权的转让。是指土地使用者以出售、赠与、交换或者其他方式将土地使用权转移给其他单位或个人的行为。土地使用权的转让不包括农村集体土地承包经营权的转移。

（3）房屋买卖。是指房屋所有者将其房屋出售，由承受者交付货币、实物、无形资产或者其他经济利益的行为。

（4）房屋赠与。是指房屋所有者将其房屋无偿转让给受赠者的行为。

（5）房屋交换。是指房屋所有者之间互相交换房屋的行为。

（6）承受国有土地使用权所支付的土地出让金。对承受国有土地使用权所应支付的土地出让金，要计征契税。不得因减免土地出让金而减免契税。

（7）对于承受与房屋相关的附属设施（包括停车位、汽车库、自行车棚、顶层阁楼以及储藏室，下同）所有权或土地使用权的行为，按照契税法律、法规的规定征收契税；对于不涉及土地使用权和房屋所有权转移变动的，不征收契税。

（8）以特殊方式转移土地、房屋权属的，视同土地使用权转让、房屋买卖或者房屋赠与。包括：①以土地、房屋权属作价投资、入股；②以土地、房屋权属抵债；③以获奖方式承受土地、房屋权属；④以预购方式或预付集资建房款方式承受土地、房屋权属；⑤土地使用权受让人通过完成土地使用权转让方约定的投资额度或投资特定项目，以此获取低价转让或无偿赠与的土地使用权。

三、契税的计税办法

（一）计税依据

契税的计税依据为不动产的价格。具体规定如下：

（1）国有土地使用权出让、土地使用权出售、房屋买卖，以成交价格为计税依据。成交价格是指土地、房屋权属转移合同确定的价格，包括承受者应交付的货币、实物、无形资产或者其他经济利益。

（2）土地使用权赠与、房屋赠与，由征收机关参照土地使用权出售、房屋买卖的市场价格核定。

（3）土地使用权交换、房屋交换的计税依据，为所交换的土地使用权、房屋的价格差额。即当交换价格相等时，免征契税；当交换价格不等时，由多交付的货币、实物、无形资产或其他经济利益的一方交纳契税。

（4）以划拨方式取得土地使用权，经批准转让房地产时，由房地产转让者补交契税。计税依据为补交的土地使用权出让费用或者土地收益。

（5）房屋附属设施征收契税的依据如下：

①采取分期付款方式购买房屋附属设施土地使用权、房屋所有权的，应按合同规定的总价款计征契税。

②承受的房屋附属设施权属如为单独计价的，按照当地确定的适用税率征收契税；如与房屋统一计价的，适用与房屋相同的契税税率。

（6）当成交价格明显低于市场价格且无正当理由的，或者所交换土地使用权、房屋的价格的差额明显不合理且无正当理由的，征收机关可以参照市场价格核定计税价格。

（二）税率

契税采用3% ~5%的幅度税率。实行幅度税率是考虑到我国经济发展不平衡、各地经济差别较大的实际情况。因此，各省（自治区、直辖市）人民政府可以在3% ~5%的幅度税率规定范围内，按照本地区的实际情况决定。

（三）应纳税额的计算

契税应纳税额的计算公式为：

应纳税额 = 计税依据 × 税率

四、契税的减免范围

（一）一般规定

下列情况免征契税：

（1）国家机关、事业单位、社会团体、军事单位承受土地、房屋用于办公、教学、医疗、科研和军事设施的，免税。

自2001年10月1日起，对县级以上人民政府教育行政主管部门或劳动行政主管部门批准并核发“社会力量办学许可证”，由企业事业组织、社会团体及其他社会组织和公民个人利用非国家财政性教育经费面向社会举办的教育机构，其承受的土

税收拾粹

西周时期，我国就有了比较发达的契约制度。到了东晋，出现了“估税”，这是早期的契税。当时规定，凡买卖田宅、奴婢、牛马，立有字据者，每一万钱交易额官府征收四百钱，即税率为4%，契税在宋代逐渐趋于完善，北宋开宝二年（公元969年）开始征收印契钱，并规定：凡民间典买田宅，要在两个月内向官输钱，请求验印。以后历代封建王朝对土地、房屋的买卖、典当等产权变动都征收契税，历代沿袭，并不断改进，一直沿用至今。

地、房屋权属用于教学的，比照该规定，免征契税。

（2）城镇职工按规定第一次购买公有住房的，免税。此项规定仅限于第一次，并且是经县以上人民政府批准，在国家规定标准面积以内购买的公有住房。

自2000年11月29日起，对各类公有制单位为解决职工住房而采取集资建房方式建成的普通住房或由单位购买的普通商品住房，经当地县以上人民政府房改部门批准、按照国家房改政策出售给本单位职工的，如属职工首次购买住房，均可免征契税。

（3）因不可抗力灭失住房而重新购买住房的，酌情减免。

（4）土地、房屋被县级以上人民政府征用、占用后，重新承受土地、房屋权属的，由省级人民政府确定是否减免。

（5）承受荒山、荒沟、荒丘、荒滩土地使用权，并且用于农、林、牧、渔业生产的，免税。

（6）经外交部确认，依照我国有关法律规定以及我国缔结或参加的双边和多边条约或协定，应当予以免税的外国驻华使馆、领事馆、联合国驻华机构及其外交代表、领事官员和其他外交人员承受土地、房屋权属。

（二）企业改制重组行为契税优惠的特殊规定

1. 企业公司制改造

非公司制企业，按照《中华人民共和国公司法》的规定，整体改建为有限责任公司（含国有独资公司）或股份有限公司，或者有限责任公司整体改建为股份有限公司的，对改建后的公司承受原企业土地、房屋权属，免征契税。

非公司制国有独资企业或国有独资有限责任公司，以其部分资产与他人组建新公司，且该国有独资企业（公司）在新设公司中所占股份超过50%的，对新设公司承受该国有独资企业（公司）的土地、房屋权属，免征契税。

2. 企业股权重组

在股权转让中，单位、个人承受企业股权，企业土地、房屋权属不发生转移，免征契税。

国有、集体企业实施“企业股份合作制改造”，由职工买断企业产权，或向其职工转让部分产权，或者通过其职工投资增资扩股，将原企业改造为股份合作制企业的，对改造后的股份合作制企业承受原企业的土地、房屋权属，免征契税。

3. 企业合并

两个或两个以上的企业，依据法律规定、合同约定，合并改建为一个企业，对其合并后的企业承受原合并各方的土地、房屋权属，免征契税。

4. 企业分立

企业依照法律规定、合同约定分设为两个或两个以上投资主体相同的企业，对派生方、新设方承受原企业土地、房屋权属，免征契税。

5. 企业出售

国有、集体企业出售，被出售企业法人予以注销，并且买受人妥善安置原企业30%以上职工的，对其承受所购企业的土地、房屋权属，减半征收契税；全部安置原企业职工的，免征契税。

6. 企业关闭、破产

企业依照有关法律、法规的规定实施关闭、破产后，债权人（包括关闭、破产企业职工）承受关闭、破产企业土地、房屋权属以抵偿债务的，免征契税；对非债权人承受关闭、破产企业土地、房屋权属，凡妥善安置原企业30%以上职工的，减半征收契税；全部安置原企业职工的，免征契税。

7. 其他

经国务院批准实施债权转股权的企业，对债权转股权后新设立的公司承受原企业的土地、房屋权属，免征契税。

政府主管部门对国有资产进行行政性调整和划转过程中发生的土地、房屋权属转移，免征契税。

企业改制重组过程中，同一投资主体内部所属企业之间土地、房屋权属的无偿划转，不征收契税。

（三）减免税管理

契税纳税人应在土地、房屋权属转移合同生效的10日内，向征收机关提出减免申报。计税金额在10 000万元（含10 000万元）以上的，由省级征收机关办理减免手续。契税的计税金额在10 000万元（含10 000万元）以上的减免，征收机关应在办理减免手续完毕之日起30日内报国家税务总局备案。

五、契税的征收管理

（一）纳税义务发生时间

纳税人在签订土地、房屋权属转移合同的当天，或者取得其他具有土地、房屋权属转移合同性质凭证的当天为纳税义务发生时间。其他具有土地、房屋权属转移合同性质凭证是指具有合同效力的契约、协议、和约、单据、确认书以及由省（自治区、直辖市）人民政府确定的其他凭证。

（二）纳税期限和纳税地点

纳税人应当自纳税义务发生之日起10日内，向土地、房屋所在地的契税征收机关办理纳税申报，并在契税征收机关核定的期限内缴纳税款，索取完税凭证。

纳税人出具契税完税凭证，土地管理部门、房产管理部门才能办理变更登记手续。

【趣味阅读】

汉武帝征税拓疆土

汉武帝在位时（公元前140年—公元前87年），一改汉初以来清静无为的治国方略，伐匈奴，收南越，通西域，治黄河，固疆扩边。他在位54年，进行了50次大小战争，特别是10多次大规模反击匈奴的战争，多年征战使得国家一度陷入“赋税既竭，犹不足以奉战士”的困境。然而，汉武帝果敢地开征了一系列临时性新税，提高原有税率，筹集了充足的军费，维护了国家安定，造就了西汉王朝的鼎盛局面。

汉武帝在元光六年（公元前129年），向充分享受了休养生息政策的商贾们，开征我国最早的“车船税”。凡不是官吏、三老（掌管教化的乡官）、戍边骑士者，有轺车（马车）一辆纳税120钱，商用车一辆纳税240钱，船（五丈以上）一艘纳税120钱。

车船作为商贾必不可少的交通运输工具，无法藏匿逃税，于是汉武帝不费吹灰之力便征集了大量税收。公元前119年，汉武帝向商贾们开征财产税——“缗钱税”，要求他们向官府如实呈报财产，经验收后，按率征税。商人财产每2 000钱征一算，即120钱；手工业者财产每4 000钱征一算。同时，又向高利贷者开征利息税——“贳（赊）贷税”。由此，国家得到了丰厚的收入。

汉武帝在元鼎五年（公元前112年），针对战马损耗严重，亟须补充的实际情况，开征牲畜税“马口钱”。开始按产驹数的1/10征马，后改为直接征钱，补足军费。太初四年（公元前101年），又结束了汉初以来关梁开放的免税政策，征收关税，供守关吏卒之用。另外，还临时增加田赋和人头税。

汉武帝以其雄才大略，筹措了雄厚的资金，最终打败匈奴，攻占南越、东越，建立了“东西9 302里，南北13 368里”的当时世界上最强大的西汉帝国。

【本章小结】

1. 房产税是以房产为纳税对象，依据房产的价值或房产租金收入向房产所有人或经营人课征的一种税。

2. 车船税是对我国境内依法应当到公安、交通、农业、渔业、军事等管理部门办理登记的车辆、船舶，根据其种类，按照规定的计税单位和年税额标准计算征收的一种财产税。

3. 契税是在房产的产权发生转移时，按照订立的契约向产权承受人征收的一种税。

4. 房产税、车船税、车辆购置税和契税都可归为财产税。

【主要名词】

房产税　车船税　车辆购置税　契税

【复习思考题】

1. 房产税的计税依据是什么?
2. 车船税和车辆购置税的征税范围是如何规定的?

第十二章　印花税、城市维护建设税

本章所述的2种税，都可划为以特定行为作为课税对象的行为目的税。行为税是一个泛指的集合概念，特定的行为是指政府加以引导、控制和监督的行为。特定行为税具有特定的目的，现实生活中可开征的行为税很多，所以行为税必须由国家权威机构审慎开征。

读者通过本章可以了解以下内容：我国对印花等一些特定行为征税的具体规定，懂得为何要征、向谁征以及征多少的基本知识。当读者自己发生应税行为时，可以做个清醒的、自觉的纳税人。

第一节　印花税

一、印花税概述

（一）印花税的概念

印花税是对经济活动和经济交往中书立、领受的凭证征收的一种税。因由纳税人自行粘贴印花税票（简称“贴花”）完税而得名。印花税始创于荷兰，目前世界各国都普遍征收，是一个历史悠久的税种。原政务院曾于1950年公布《印花税暂行条例》，经1953年和1956年两次修订后，缩小了征收范围。1958年税制改革时，并入工商统一税。1988年8月6日，国务院发布了《中华人民共和国印花税暂行条例》，同年10月1日起恢复征收印花税。

（二）开征印花税的意义

开征印花税，具有多方面的意义：

（1）印花税税负很轻，但征收面广，可以积少成多、取微用宏，有利于积累更多建设资金。

（2）通过对各种应税凭证贴花和检查，可以及时掌握经济活动的情况和问题，有利于加强对其他税种的征管。

（3）印花税由纳税人自行贴花完税，并实行轻税重罚的措施，有助于提高纳税人自觉纳税的法制观念。

(4) 目前世界上多数国家都征收印花税，我国开征印花税，有利于维护我国的经济权益。

二、印花税的纳税人和征税范围

(一) 纳税人

印花税的纳税人是指书立、领受在中国境内具有法律效力，受中国法律保护的应税凭证的单位和个人。这里所称单位和个人，是指国内各类企业、事业、机关、团体、部队以及外商投资企业、外国企业、其他经济组织及其他在华机构等单位以及个人。

根据书立、领受应纳税凭证的不同，纳税人可分别称为立合同人、立账簿人、立据人和领受人。对合同、书据等凡是由两方或两方以上当事人共同书立的凭证，其当事人各方都是纳税人，各就所持凭证的金额纳税。对政府部门发给的权利许可证，其领受人为纳税人。

(二) 征税范围

印花税的征税对象是应税凭证，包括纳税人以电子形式签订的各类应税凭证。列入应纳税凭证的具体范围有 5 大类：

(1) 各类经济技术合同。包括购销合同、加工承揽合同、建设工程勘察设计合同、建设安装工程承包合同、财产租赁合同、货物运输合同、仓储保管合同、借款合同、财产保险合同、技术合同等及具有合同性质的凭证（包括具有合同效力的协议、契约、合约、单据、确认书及其他各种名称的凭证）。

对发电厂与电网之间、电网与电网之间（国家电网公司系统、南方电网公司系统内部各级电网互供电量除外）签订的购售电合同按购销合同征收印花税。电网与用户之间签订的供用电合同不属于印花税列举征税的凭证，不征收印花税。

(2) 产权转移书据。是指单位和个人产权的买卖、继承、赠与、交换、分割等所立的书据，包括财产所有权和版权、商标专用权、专利权、专有技术使用权等转移书据。

对土地使用权出让合同、土地使用权转让合同按产权转移书据征收印花税。

对商品房销售合同按照产权转移书据征收印花税。

(3) 营业账簿。是指单位和个人从事生产经营活动所设立的账册。包括单位和个人从事生产经济活动所设立的各种账册、生产经营用账册、记载资金的账簿等。

(4) 权利许可证照。包括政府部门发给的房屋产权证、工商营业执照、商标注册证、专利证、土地使用证。

(5) 经财政部确定征税的其他凭证。

由于我国目前暂时未开征证券交易税，因此国家税务总局、国家体改委于

1992 年 6 月联合通知：股份制试点企业向社会公开发行的股票，因购买、继承、赠与所书立的股权转让书据，均依书立时证券市场当时实际成交价格计算的金额，由立据双方当事人分别按 4‰的税率缴纳印花税。这可作为印花税的特例来看待。

（三）企业改制过程中有关印花税的征收问题

1. 关于资金账簿的印花税

（1）实行公司制改造的企业在改制过程中成立的新企业（重新办理法人登记的），其新启用的资金账簿记载的资金或因企业建立资本纽带关系而增加的资金，凡原已贴花的部分可不再贴花，未贴花的部分和以后新增加的资金按规定贴花。

公司制改造包括国有企业依《公司法》整体改造成国有独资有限责任公司；企业通过增资扩股或者转让部分产权，实现他人对企业的参股，将企业改造成有限责任公司或股份有限公司；企业以其部分财产和相应债务与他人组建新公司；企业将债务留在原企业，而以其优质财产与他人组建新公司。

（2）以合并或分立方式成立的新企业，其新启用的资金账簿记载的资金，凡原已贴花的部分可不再贴花，未贴花的部分和以后新增加的资金按规定贴花。

合并包括吸收合并和新设合并。分立包括存续分立和新设分立。

（3）企业债权转股权新增加的资金按规定贴花。

（4）企业改制中经评估增加的资金按规定贴花。

（5）企业其他会计科目记载的资金转为实收资本或资本公积的资金按规定贴花。

2. 关于各类应税合同的印花税

企业改制前签订但尚未履行完的各类应税合同，改制后需要变更执行主体的，对仅改变执行主体、其余条款未作变动且改制前已贴花的，不再贴花。

3. 关于产权转移书据的印花税

企业因改制签订的产权转移书据免予贴花。

（四）证券投资者保护基金（以下简称保护基金）有关印花税的征收问题

（1）对保护基金公司新设立的资金账簿，免征印花税。

（2）对保护基金公司与中国人民银行签订的再贷款合同、与证券公司行政清算机构签订的借款合同，免征印花税。

（3）对保护基金公司接收被处置证券公司财产签订的产权转移书据，免征印花税。

（4）对保护基金公司以保护基金自有财产和接收的受偿资产与保险公司签订的财产保险合同，免征印花税。

（5）对与保护基金公司签订上述应税合同或产权转移书据的其他当事人，照章征收印花税。

三、印花税的税率和免税规定

（一）税目、税率

印花税共设有13个税目，采用比例税率和定额税率（税目税率表见下表）。确定采用何种税率的原则如下：一般载有金额的凭证，采用比例税率，如各类经济合同及合同性质的凭证，记载资金的账簿、产权转移书据等；没有记载金额或不属于资金账的凭证，采用按件定额税率，如其他营业账簿、权利许可证照等。

印花税税目、税率表

税目	范围	计税依据	税率
购销合同	包括供应、预购、采购、购销及协作、调剂、补偿、易货等合同	购销金额	0.3‰
加工承揽合同	包括加工、制作、修缮、修理、印刷、广告、测绘、测试等合同	加工及承揽收入	0.5‰
建设工程勘察设计合同	包括勘察、设计合同	收取费用	0.5‰
建筑、安装工程承包合同	包括建筑、安装工程承包合同	承包金额	0.3‰
财产租赁合同	包括租赁房屋、船舶、飞机、机动车辆、机械、器具、设备等合同	租赁金额	1‰
货物运输合同	包括民用航空、铁路运输、海上运输、内河运输、公路运输和联运合同。单据作为合同使用的，按合同贴花	运输费用	0.5‰
仓储保管合同	包括仓储、保管合同。仓单或栈单作为合同使用的，按合同贴花	仓储保管费用	1‰
借款合同	银行及其他金融组织和借款人（不包括银行同业拆借）所签订的借款合同。单据作为合同使用的，按合同贴花	借款金额	0.05‰
财产保险合同	包括财产、责任、保证、信用等保险合同	保险费金额	1‰
技术合同	包括技术开发、转让、咨询服务等合同	所载金额	0.3‰
产权转移书据	包括财产所有权、版权、商标专用权、专利、专有技术使用权等转移书据	所载金额	0.5‰

（续上表）

税　目	范　围	计税依据	税　率
股权转让书据		股权转让实际成交价格	1‰
营业账簿	生产经营用账册，包括：①记载资金的账簿；②其他账簿	①实收资本和资本公积的合计金额；②每件	① 0.5‰ ② 5元
权利、许可证照	包括政府部门发给的房屋产权证、工商营业执照、商标注册证、专利证、土地使用证	每件	5元

1. 比例税率

印花税的比例税率共分为4档，分别为1‰、0.5‰、0.3‰、0.05‰。

（1）对买卖、继承、赠与所书立的A股、B股股权转让书据，由立据双方当事人分别按1‰的税率缴纳证券（股票）交易印花税。

（2）适用1‰税率的是“财产租赁合同”、“仓储保管合同”和“财产保险合同”3个税目。

（3）适用0.5‰税率的是“加工承揽合同”、“建设工程勘察设计合同”、“货物运输合同”、“产权转移书据”4个税目和“营业账簿”税目中的记载资金的账簿。

（4）适用0.3‰税率的是“购销合同”、“建筑、安装工程承包合同”、“技术合同”3个税目。

（5）适用0.05‰税率的是“借款合同”税目。

2. 定额税率

印花税的定额税率是营业簿中的其他账簿和权利许可证照按件贴印花5元。

（二）免税规定

（1）已缴纳印花税凭证的副本或抄本。以副本或者抄本视同正本使用的，应另贴印花，不予免税。

（2）财产所有人将财产捐赠给政府、抚养老伤残的社会福利单位以及学校书立的凭证免税。

（3）国家指定的收购部门与村民委员会、农民个人签订的农副产品收购合同免税。

（4）无息、贴息、贷款合同免税。

（5）外国政府或国际金融组织向中国政府及国家金融机构提供优惠贷款所立的合同免税。

（6）房地产管理部门与个人签订的用于生活居住的租赁合同免税。

（7）农牧业保险合同免税。

（8）特殊货运凭证，如军事物资运输凭证、抢险救灾物资运输凭证、新建铁路的工程临管线运输凭证免税。

（9）自2003年1月1日起，继续对投资者（包括个人和机构）买卖封闭式证券投资基金免征印花税。

（10）上市公司国有股权无偿转让暂免征收证券（股票）交易印花税。

（11）股权分置改革过程中因非流通股股东向流通股股东支付对价而发生的股权转让暂免征收印花税。

四、印花税的计税办法

（一）应纳税额的计算

印花税应纳税额的计算公式为：

应纳税额 = 计税金额 × 适用税率

1. 各经济技术合同的税额计算

（1）购销合同。其计税依据为购销金额，指购销全额，不得作任何扣减。其计算公式为：

应纳税额 = 购销金额 ×0.3‰

其中，对于调剂合同和易货合同，应按合同所载的调剂、易货的合计金额计税；对于各类出版单位与发行单位之间订立的征订凭证，其计税金额按订购数量和履行单位的进货价格计算购销金额。

（2）加工承揽合同。其计税依据为加工或承揽收入的金额。如由受托方提供原材料，所提供原材料的金额可不计税。但受托方提供辅助材料的金额，应一并作为计税依据计税。其计算公式为：

应纳税额 = 加工或承揽收入 ×0.5‰

（3）建设工程勘察设计合同。其计税依据为收取的费用。其计算公式为：

应纳税额 = 收取费用 ×0.5‰

（4）建设、安装工程承包合同。其计税依据为承包金额，不剔除任何费用。若施工单位将自己承包的建设项目分包或者转包给其他施工单位所签订的分包合同或者转包合同，应按新的分包合同或转包合同所载金额计算应纳税额。其计算公式为：

应纳税额 = 承包总金额 ×0.3‰

（5）财产租赁合同。其计算公式为：

应纳税额＝租赁金额×1‰

经计算应纳税额不足1元的合同，按规定要按1元贴花。

（6）货物运输合同。其计税依据为运输费用金额，不包括装卸费。针对各种国内、国际货运形式，具体规定为：①对国内各种形式的货物联运，凡在起运地统一结算全程运费的，应以全程运费作为计税依据，由起运地运费结算双方缴纳印花税；凡分程结算运费的，应以分程的运费作为计税依据，分别由办理运费结算的各方缴纳印花税。②对国际货运，凡由我国运输企业运输的，不论在我国境内、境外起运或中转分程运输，我国运输企业所持的一份运费结算凭证，均按本程运费计算应纳税额；托运方所持的一份运输结算凭证，按全程运费计算应纳税额。由外国运输企业运输进出口货物的，外国运输企业所持的一份运费结算凭证免纳印花税；托运方所持的一份运费结算凭证应缴纳印花税。国际货运运费结算凭证在国外办理的，应在凭证转回我国境内时按规定缴纳印花税。其计算公式为：

应纳税额＝运输费用×0.5‰

（7）仓储保管合同。其计税依据是仓储保管费。其计算公式为：

应纳税额＝仓储保管费用×1‰

（8）借款合同。其计税依据为借款金额。其计算公式为：

应纳税额＝借款金额×0.05‰

（9）财产保险合同。其计税依据为保险费金额。其计算公式为：

应纳税额＝保险费金额×1‰

（10）技术合同。其计税依据为合同所载金额。其计算公式为：

应纳税额＝价款、报酬或使用费×0.3‰

2. 营业账簿的税额计算

（1）资金账簿。其计税依据为“实收资本”和“资本公积”两项的合计金额。其计算公式为：

应纳税额＝（实收资本＋资本公积）×0.5‰－已贴花税额

需要注意以下几个方面：

①企业发生分立、合并和联营等变更后，凡依法办理法人登记的新企业所设立的资金账簿，应于启用时计税贴花；凡不需重新进行法人登记的企业原有资金账簿，已贴印花继续有效。

②对有经营收入的事业单位，凡属由国家财政拨付事业经费，实行差额预算管理的单位，其记载经营业务的账簿，按其他账簿定额贴花，不记载经营业务的账簿不贴花；凡属经费来源实行自收自支的单位，其营业账簿，应对记载资金的账簿和其他账簿分别计算应纳税额。

③跨地区经营的分支机构使用的营业账簿，应由各分支机构于其所在地计算贴

花。对上级单位核拨资金的分支机构，其记载资金的账簿按核拨的账面资金额计税贴花，其他账簿按定额贴花；对上级单位不核拨资金的分支机构，只就其他账簿按件定额贴花。为避免对同一资金重复计税贴花，上级单位记载资金的账簿，应按扣除拨给下属机构资金数额后的其余部分计税贴花。

④外商投资企业、外国企业和其他经济组织及其在华机构记载资金的账簿，1994 年 1 月 1 日以后实收资本和资本公积增加的，就其增加部分贴花；对启用的新账簿，实收资本和资本公积未增加的，免贴印花。若一次贴花数额较大，经主管税务机关批准，可允许 3 年内分次贴足印花；经营期不足 3 年的企业，应在经营期内贴足印花。

（2）其他账簿。其计税依据为应税凭证件数。其计算公式为：

应纳税额 = 账簿总数 × 5

其中，外商投资企业、外国企业和其他经济组织及其在华机构在 1994 年1 月1 日以前启用的其他账簿不缴纳印花税，只对 1994 年 1 月 1 日以后启用的账簿贴花。

3. 产权转移书据的税额计算

产权转移书据应纳税额 = 产权转移金额 × 0. 5‰

4. 股权转让书据的税额计算

股权转让书据应纳税额 = 股权转让金额 × 3‰

5. 权利、许可证照的税额计算

权利、许可证照应纳税额 = 证照总数 × 5

（二）其他规定

（1）同一凭证因载有两个或两个以上经济事项而适用不同税目税率，如分别记载金额的，应分别计算应纳税额，相加后按合计税额贴花；如未分别记载金额的，按税率高的计税贴花。

（2）按金额比例贴花的应税凭证，如果只标明数量，未标明金额，按规定应先计算出计税依据后再计算应纳税额。对所载金额为外国货币的凭证，应按规定先折合成人民币后，再计税贴花。

（3）如果有些合同在签订时无法确定计税金额，对这类合同，目前采用两次纳税的办法：在签订时，先按每份合同定额贴花 5 元；结算时，再按实际金额和适用税率计税，补贴印花。

（4）外商投资企业、外国企业和其他经济组织及其在华机构（以下简称企业）除执行现行印花税法外，还有以下情况需要明确：①企业在 1993 年 12 月 31 日以前书立、领受的各种应税凭证，包括合同、产权转移书据、营业账簿以及权利、许可证照等，不缴纳印花税。②企业在 1993 年 12 月 31 日以前签订的应税合同，在 1994 年 1 月 1 日以后修改合同增加金额或原合同到期续签合同的，按规定贴花。③企业在 1993 年 12 月 31 日以前取得的产权转移书据和权利、许可证照，在 1994

年1月1日以后有更改、换证、换照、转让行为的，按规定贴花。

五、铁路运输凭证印花税征收若干问题

（一）纳税人

铁路货运业务中运费结算凭证载明的承、托运双方，均为货运凭证印花税的纳税人。

代办托运业务的代办方在向铁路运输企业交运货物并取得运费结算凭证时，应当代托运方缴纳印花税。代办方与托运方之间办理的运费结算清单，不缴纳印花税。

（二）应税凭证和计税依据

铁路货运运费结算凭证为印花税应税凭证，包括：

（1）货票（发站发送货物时使用）；

（2）运费杂费收据（到站收取货物运费时使用）；

（3）合资、地方铁路货运运费结算凭证（合资铁路公司、地方铁路单独计算核收本单位管内运费时使用）。

上述凭证中所列运费为印花税的计税依据，包括统一运价运费、特价或加价运费、合资和地方铁路运费、新路均摊费、电力附加费。对分段计费一次核收运费的，以结算凭证所记载的全程运费为计税依据；对分段计费分别核收运费的，以分别核收运费的结算凭证所记载的运费为计税依据。

（三）应纳税额的计算和税款代征

以运费金额按0.5‰的税率分别计算承、托运双方的应纳税额。税额不足1角的免税，超过1角的四舍五入计算到角。

铁路运输企业在收取货物运杂费的同时必须代征托运方应纳的印花税，并记入运费结算凭证的“印花税”项目内，运费结算凭证不再加盖印花税代扣专用章。

（四）税款缴纳

铁路运输企业代征的托运方应纳的印花税与铁路运输企业应纳的印花税统一由各铁路运输企业汇总后按下列方式上缴国库：

（1）铁路局（含广铁集团、青藏铁路公司）应纳印花税，依照铁路体制改革前所属原汇总缴纳印花税单位2004年印花税款占铁路局印花税的比例计算，按季向原汇总缴纳单位所在地的地方税务机关缴纳。对采用异地汇款方式缴纳税款的，原汇总缴纳单位所在地的地方税务机关应通知铁路局将税款直接汇入税务机关在国库开设的“待缴库税款”专户。

（2）集装箱和特货公司货运业务应纳的印花税向总机构所在地税务机关缴纳。

（3）合资铁路公司、地方铁路货运业务应纳的印花税向机构所在地税务机关缴纳。

六、印花税的征收管理

(一) 征收办法

印花税按照税额大小、应税项目纳税次数多少及税源控管的需要，分别采取自行贴花、汇贴或汇缴、委托代征3种纳税办法。

(1) 自行贴花。这种缴纳办法，一般适用于应税凭证较少，或同一种凭证较少，或同一种凭证缴纳税款次数较少的纳税人，使用范围比较广泛。

(2) 汇贴或汇缴。同一种类应税凭证，需频繁贴花的，纳税人可以根据实际情况自行决定是否采用按期汇总缴纳印花税的方式。汇总缴纳的期限为1个月。采用按期汇总缴纳方式的纳税人应事先告知主管税务机关。缴纳方式一经选定，1年内不得改变。

(3) 委托代征。这种办法适用对象是通过国家有关部门发放签证、公证或仲裁的应税凭证。税务机关可委托这些部门代征，并发给代征单位代征委托书。委托代征，是实行印花税税源控管的有效手段。

(二) 处罚规定

(1) 在应纳税凭证上未贴或者少贴印花税票的或者已粘贴在应税凭证上的印花税票未注销或者未划销的，适用《税收征管法》第六十四条的处罚规定。

(2) 已贴用的印花税票揭下重用造成未缴或少缴印花税的，适用《税收征管法》第六十三条的处罚规定。

(3) 伪造印花税票的，适用《税收征管法实施细则》第九十一条的处罚规定。

(4) 按期汇总缴纳印花税的纳税人，超过税务机关核定的纳税期限，未缴或少缴印花税款的，视其违章性质，适用《税收征管法》第六十三条或第六十四条的处罚规定，情节严重的，同时撤销其汇缴许可证。

(5) 纳税人违反以下规定的，适用《税收征管法》第六十条的处罚规定：

①违反《印花税条例施行细则》第二十三条的规定："凡汇总缴纳印花税的凭证，应加注税务机关指定的汇缴戳记、编号并装订成册，将已贴印花或者缴款书的一联粘附册后，盖章注销，保存备查。"

②违反《印花税条例施行细则》第二十五条的规定："纳税人对纳税凭证应妥善保存。凭证的保存期限，凡国家已有明确规定的，按规定办；没有明确规定的其余凭证均应在履行完毕后保存一年。"

第二节　城市维护建设税

一、城市维护建设税概述

城市维护建设税是对从事工商经营，缴纳消费税、增值税、营业税的单位和个人征收的一种税，是在改革原城市维护建设费的基础上建立的。开征城市维护建设税，可以扩大和稳定城市维护建设资金来源，对于新兴城市的开发、建设和老城市的维护、改造，加速城市维护建设事业的发展，加快改变我国城市、乡镇市政设施陈旧落后的面貌，更好地促进生产的发展，改善城镇居民的生活环境，有着极其重要的意义。

1984 年进行利改税第二步改革，为了配合利改税及保证城市建设资金有稳定的收入来源，国务院于 1985 年 2 月 8 日正式颁布了《中华人民共和国城市维护建设税暂行条例》（以下简称《条例》），并自 1985 年 1 月 1 日起在全国范围内施行。自 1994 年起工商税制全面改革，根据财政部、国家税务总局的规定，“在新的税收法律、法规未出台前，仍按原税法和税收条例执行”。因此，上述《条例》仍为现行城市维护建设税的法律依据。

现行城市维护建设税受本身的性质决定，与其他税收相比具有以下特点：

（1）税款专款专用。城市维护建设税所征税款要求保证用于城市的公用事业和公共设施的维护和建设。

（2）属于一种附加税。城市维护建设税是以消费税、增值税、营业税为计税依据，随“三税”同时征收，本身没有特定的征税对象，其征管方法也完全比照“三税”的有关规定办理。

（3）征收范围广。消费税、增值税、营业税是我国目前的主体税种，其征收范围基本包括了我国境内所有有经营行为的单位和个人。城市维护建设税以消费税、增值税、营税额作为税基，从这个意义上看，城市维护建设税是对所有有经营行为的纳税人的征税，因此，它的征税范围比其他任何税种的征收范围都要广。

（4）采用地区差别比例税率。城市维护建设税的负担水平是根据纳税人所在城镇的规模及其资金需要设计的。城镇规模大的，税率高一些；反之，低一些。例如，纳税人所在地在城市市区的，税率为 7%；在县城、建制镇的，税率为 5%。这样规定可使不同地区获得不同数量的城市建设资金，因地制宜地进行城市的维护和建设。

二、城市维护建设税的纳税人和征税范围

（一）纳税人

城市维护建设税的纳税人是在征税范围内从事工商经营，并缴纳消费税、增值税、营业税的单位和个人。无论是国有企业、集体企业、私营企业、个体工商户，还是其他单位、个人，只要缴纳了消费税、增值税、营业税中的任何一种税，都必须同时缴纳城市维护建设税。

外商投资企业和外国企业暂不缴纳城市维护建设税。

（二）征税范围

城市维护建设税的征收范围比较广。具体包括城市、县城、建制镇以及税法规定征税的其他地区。城市、县城、建制镇的范围，应将行政区划作为划分标准，不能随意扩大或缩小各自行政区域的管辖范围。

三、城市维护建设税的计税办法

（一）计税依据

城市维护建设税的计税依据是纳税人实际缴纳的消费税、增值税、营业税税额。这里所称“实际缴纳”，其实是指“三税”应纳税额，不包括加收的滞纳金和罚款。因为滞纳金和罚款是税务机关对纳税人采取的一种经济制裁，不是“三税”的正税，因此，不应包括在计税依据之内。

（二）税率

城市维护建设税实行地区差别比例税率。按照纳税人所在地的不同，税率分别规定为7%、5%、1%3个档次。不同地区的纳税人，实行不同档次的税率。

1. 一般规定

（1）纳税人所在地在城市市区的，税率为7%；

（2）纳税人所在地在县城、建制镇的，税率为5%；

（3）纳税人所在地不在城市市区、县城、建制镇的，税率为1%。

纳税单位或个人缴纳城市维护建设税的适用税率，一律按其纳税所在地的规定税率执行。县政府设在城市市区，其在市区办的企业，按市区的规定税率计算纳税。纳税人所在地为工矿区的，应根据行政区划分别按照7%、5%、1%的税率缴纳城市维护建设税。

2. 特殊规定

城市维护建设税的适用税率，一般规定按纳税人所在地的适用税率执行。但对下列两种情况，可按缴纳“三税”所在地的规定税率就地缴纳城市维护建设税：

（1）由受托方代征、代扣代缴“三税”的单位和个人；

（2）流动经营等无固定纳税地点的单位和个人。

对铁道部应纳城市维护建设税的税率，鉴于其计税依据为铁道部实际集中缴纳的营业税税额，难以适用地区差别税率，因此，财政部对此作了特案规定，税率统一为5%。

（三）应纳税额的计算

城市维护建设税应纳税额的计算公式为：

应纳税额＝应纳消费税、增值税、营业税税额×适用税率

其中，应纳消费税、增值税、营业税税额，根据消费税、增值税、营业税的纳税申报表中的数字计算。

四、城市维护建设税的减免

城市维护建设税是以消费税、增值税、营业税额为计税依据并与“三税”同时征收的。这样，税法规定对纳税人减免“三税”时，相应地减免了城市维护建设税。因此，城市维护建设税本身基本没有单独规定减免。但对部分纳税确有困难的，税法规定可由省（自治区、直辖市）人民政府酌情给予照顾。

五、城市维护建设税的征收管理

城市维护建设税，以纳税人实际缴纳的消费税、增值税、营业税税额为计税依据，分别与消费税、增值税、营业税同时缴纳。城市维护建设税的征收管理、纳税环节、奖罚等事项，比照“三税”的有关规定办理。

（一）纳税地点

根据税法规定的原则，针对一些比较复杂并有特殊性的纳税地点，财政部和国家税务总局作了如下规定：

（1）代扣代缴的纳税地点。代征、代扣代缴消费税、增值税、营业税的企业单位，同时也要代征、代扣代缴城市维护建设税。如果没有代扣城市维护建设税的，应由纳税单位或个人回到其所在地申报纳税。

（2）银行的纳税地点。各银行缴纳的营业税，均由取得营业收入核算单位在当地缴纳。即县以上各级银行直接经营业务取得的收入，由各级银行分别在所在地缴纳；县和设区的市由县支行或区办事处在其所在地纳税，而不能按所属营业所的所在地计算缴纳。

（3）跨省开采的油田，下属生产单位与核算单位不在一个省内的，其生产的原油，在油井所在地缴纳增值税，其应纳税款由核算单位按照各油井的产量和规定税率计算汇拨各油井缴纳。所以，各油井应纳的城市维护建设税，应由核算单位计算，随同增值税一并汇拨油井所在地，由油井在缴纳增值税的同时，一并缴纳城市

维护建设税。

（4）对管道局输油部分的收入，由取得收入的各管道局在所在地缴纳营业税。所以，其应纳城市维护建设税，也应由取得收入的各管道局在所在地缴纳营业税时一并缴纳。

（5）对流动经营等无固定地点的单位和个人，应随同“三税”在经营地按适用税率缴纳。

（二）违章处理

由于城市维护建设税是与消费税、增值税、营业税同时征收的，所以在一般情况下，城市维护建设税不单独加收滞纳金或罚款。但是，如果纳税人缴纳了“三税”之后，却不按照规定缴纳城市维护建设税的，可以对其单独加收滞纳金，也可以单独进行罚款。

【趣味阅读】

牙　税

牙税似乎是个很陌生的税种。“牙”就是牙齿的牙，那么“牙税”是不是和牙齿有关的税收呢？当然不是，牙税实际上是我们今天营业税的雏形，在我国唐代就已出现，距今已有1 400多年的历史了。

在唐代，随着商品经济的初步发展，出现了一种专事说合买卖的中间人，称为“牙侩”、“牙郎”或“牙人”，用今天的话来说就是“经纪人”、“中介人”，他们经营的场所叫做“牙行”，也就是今天的“交易所”；对这种中介行为征的税，自然叫“牙税”。到了清代，牙税已成为一个重要的大税种，牙税收入主要用于地方财政收入，也就是今天的“地方税”。当时，“牙郎”、“牙人”等古老的名称已消失，取而代之的是“牙纪”的称呼。

辛亥革命后，北洋政府和国民党政府继续征收牙税，但各省的税则很不一致，此税混乱不堪。1941年，国民党政府将牙税并入营业税征收，牙税最终发展为一个较现代的税种，但由于当时地方政权割据，许多地方仍遵行旧制，直到全国解放，牙税才彻底成为历史的遗迹。

那么，这种中介行业，为什么要称为“牙行”呢？据考证，中介行业本应称为“互”，就是互相的“互”。众人做买卖，叫做“互市”，但古时“互”和“牙”两字写法非常接近，久而久之，就误作了“牙”。

【本章小结】

1. 印花税是对经济活动和经济交往中书立、领受的凭证征收的一种税。
2. 城市维护建设税是对从事工商经营，缴纳消费税、增值税、营业税的单位和个人征收的一种税，是在改革原城市维护建设费的基础上建立的。

3. 印花税和城市维护建设税都可归为行为目的税。

【主要名词】

印花税　城市维护建设税

【复习思考题】

1. 印花税、城市维护建设税的征税范围是如何规定的？
2. 城市维护建设税的计税依据是什么？